# 2015-2016年中国工业技术创新发展蓝皮书

## The Blue Book on the Development of Industrial Technological Innovation in China（2015-2016）

中国电子信息产业发展研究院　编著

主　编/刘文强

副主编/何　颖　曹　方

人民出版社

责任编辑：邵永忠

封面设计：佳艺时代

责任校对：吕　飞

**图书在版编目（CIP）数据**

2015-2016年中国工业技术创新发展蓝皮书/刘文强　主编；

中国电子信息产业发展研究院　编著 . —北京：人民出版社，2016.8

ISBN 978-7-01-016512-7

Ⅰ . ① 2… Ⅱ . ①刘… ②中… Ⅲ . ①工业技术—技术革新—研究报告—

中国— 2015-2016 Ⅳ . ① F424.3

中国版本图书馆 CIP 数据核字（2016）第 174767 号

**2015-2016年中国工业技术创新发展蓝皮书**

2015-2016NIAN ZHONGGUO GONGYE JISHU CHUANGXIN FAZHAN LANPISHU

中国电子信息产业发展研究院　编著

刘文强　主编

**人 ${\small \cancel{}}$ 出 版 社** 出版发行

（100706　北京市东城区隆福寺街 99 号）

北京市通州京华印刷制版厂印刷　新华书店经销

2016 年 8 月第 1 版　2016 年 8 月北京第 1 次印刷

开本：710 毫米 ×1000 毫米　1/16　印张：23.5

字数：385 千字

ISBN 978-7-01-016512-7　定价：108.00 元

邮购地址　100706　北京市东城区隆福寺街 99 号

人民东方图书销售中心　电话（010）65250042　65289539

# 代 序

　　在党中央、国务院的正确领导下，面对严峻复杂的国内外经济形势，我国制造业保持持续健康发展，实现了"十二五"的胜利收官。制造业的持续稳定发展，有力地支撑了我国综合实力和国际竞争力的显著提升，有力地支撑了人民生活水平的大幅改善提高。同时，也要看到，我国虽是制造业大国，但还不是制造强国，加快建设制造强国已成为今后一个时期我国制造业发展的核心任务。

　　"十三五"时期是我国制造业提质增效、由大变强的关键期。从国际看，新一轮科技革命和产业变革正在孕育兴起，制造业与互联网融合发展日益催生新业态新模式新产业，推动全球制造业发展进入一个深度调整、转型升级的新时期。从国内看，随着经济发展进入新常态，经济增速换挡、结构调整阵痛、动能转换困难相互交织，我国制造业发展也站到了爬坡过坎、由大变强新的历史起点上。必须紧紧抓住当前难得的战略机遇，深入贯彻落实新发展理念，加快推进制造业领域供给侧结构性改革，着力构建新型制造业体系，推动中国制造向中国创造转变、中国速度向中国质量转变、中国产品向中国品牌转变。

　　"十三五"规划纲要明确提出，要深入实施《中国制造 2025》，促进制造业朝高端、智能、绿色、服务方向发展。这是指导今后五年我国制造业提质增效升级的行动纲领。我们要认真学习领会，切实抓好贯彻实施工作。

　　**一是坚持创新驱动，把创新摆在制造业发展全局的核心位置。**当前，我国制造业已由较长时期的两位数增长进入个位数增长阶段。在这个阶段，要突破自身发展瓶颈、解决深层次矛盾和问题，关键是要依靠科技创新转换发展动力。要加强关键核心技术研发，通过完善科技成果产业化的运行机制和激励机制，加快科技成果转化步伐。围绕制造业重大共性需求，加快建立以创新中心为核心载体、以公共服务平台和工程数据中心为重要支撑的制造业创新网络。深入推进制造业与互联网融合发展，打造制造企业互联网"双创"平台，推动互联网企业构建制

1

造业"双创"服务体系，推动制造业焕发新活力。

**二是坚持质量为先，把质量作为建设制造强国的关键内核。**近年来，我国制造业质量水平的提高明显滞后于制造业规模的增长，既不能适应日益激烈的国际竞争的需要，也难以满足人民群众对高质量产品和服务的热切期盼。必须着力夯实质量发展基础，不断提升我国企业品牌价值和"中国制造"整体形象。以食品、药品等为重点，开展质量提升行动，加快国内质量安全标准与国际标准并轨，建立质量安全可追溯体系，倒逼企业提升产品质量。鼓励企业实施品牌战略，形成具有自主知识产权的名牌产品。着力培育一批具有国际影响力的品牌及一大批国内著名品牌。

**三是坚持绿色发展，把可持续发展作为建设制造强国的重要着力点。**绿色发展是破解资源、能源、环境瓶颈制约的关键所在，是实现制造业可持续发展的必由之路。建设制造强国，必须要全面推行绿色制造，走资源节约型和环境友好型发展道路。要强化企业的可持续发展理念和生态文明建设主体责任，引导企业加快绿色改造升级，积极推行低碳化、循环化和集约化生产，提高资源利用效率。通过政策、标准、法规倒逼企业加快淘汰落后产能，大幅降低能耗、物耗和水耗水平。构建绿色制造体系，开发绿色产品，建设绿色工厂，发展绿色园区，打造绿色供应链，壮大绿色企业，强化绿色监管，努力构建高效清洁、低碳循环的绿色制造体系。

**四是坚持结构优化，把结构调整作为建设制造强国的突出重点。**我国制造业大而不强的主要症结之一，就是结构性矛盾较为突出。要把调整优化产业结构作为推动制造业转型升级的主攻方向。聚焦制造业转型升级的关键环节，推广应用新技术、新工艺、新装备、新材料，提高传统产业发展的质量效益；加快发展3D打印、云计算、物联网、大数据等新兴产业，积极发展众包、众创、众筹等新业态新模式。支持有条件的企业"走出去"，通过多种途径培育一批具有跨国经营水平和品牌经营能力的大企业集团；完善中小微企业发展环境，促进大中小企业协调发展。综合考虑资源能源、环境容量、市场空间等因素，引导产业集聚发展，促进产业合理有序转移，调整优化产业空间布局。

**五是坚持人才为本，把人才队伍作为建设制造强国的根本。**新世纪以来，党和国家深入实施人才强国战略，制造业人才队伍建设取得了显著成绩。但也要看到，制造业人才结构性过剩与结构性短缺并存，高技能人才和领军人才紧缺，基础制造、高端制造技术领域人才不足等问题还很突出。必须把制造业人才发展摆在更加突出的战略位置，加大各类人才培养力度，建设制造业人才大军。以提高现代经营管理水平和企业竞争力为核心，造就一支职业素养好、市场意识强、熟悉国内外经济运行规则的经营管理人才队伍。组织实施先进制造卓越工程师培养计划和专业技术人才培养计划等，造就一支掌握先进制造技术的高素质的专业技术人才队伍。大力培育精益求精的工匠精神，造就一支技术精湛、爱岗敬业的高技能人才队伍。

"长风破浪会有时，直挂云帆济沧海"。2016 年是贯彻落实"十三五"规划的关键一年，也是实施《中国制造 2025》开局破题的关键一年。在错综复杂的经济形势面前，我们要坚定信念，砥砺前行，也要从国情出发，坚持分步实施、重点突破、务求实效，努力使中国制造攀上新的高峰！

工业和信息化部部长　苗圩

2016 年 6 月

3

# 前 言

创新是引领发展的第一动力。习近平在 2016 年全国科技创新大会上指出，当前，要在我国发展的新的历史起点上，把科技创新摆在更加重要的位置，吹响建设世界科技强国的号角。在《中共中央关于制定国民经济和社会发展第十三个五年规划的建议》中提出，要依靠创新驱动，打造经济增长的新动力。制造业作为实体经济的主体，当前面临着低端供给过剩和高端供给不足的结构性问题，究其根源，还是创新能力不足。在《中国制造 2025》中，创新被列为制造业发展的主题，摆在制造业发展全局的核心位置。可见，创新驱动将成为未来一段时期发展的重要战略主题，也是我国落实制造强国建设的核心任务。

## 一

新一轮科技革命和产业变革蓄势待发，创新是引领制造业发展，赢得竞争新优势的第一动力。新技术不断交叉融合、群体突破，产品复杂度日趋提高，特别是一些重大颠覆性技术创新正在创造新产业新业态，大规模个性化订制、精准供应链管理成为主流。各国都在积极加强建设数字化、网络化、智能化、精细化和绿色化的产业创新体系，聚焦发展高端制造、未来医疗、智慧城市、清洁能源和数据信息等前沿领域。概括而言，全球工业技术创新面临以下新的发展形势：

第一，工业技术创新已成为经济结构调整和持续健康发展的战略支点。许多国家和地区都将创新提升到国家发展战略的核心层面，将创新作为刺激经济增长、提升国家竞争力的关键手段。2015 年，美国发布新版《美国国家创新新战略》，法国颁布《未来工业计划》，英国高度强调创新，在人类胚胎学研究、无人驾驶汽车、清洁能源、航空航天方面的动作引人注目，德国推出与中国加强科技合作的《中国战略 2015—2020》，加拿大出台《经济行动计划 2015》，日本推出《科技创新综合战略 2015》，以色列发布首份《国家创新报告》，我国出台《中国制造 2025》。

第二，工业品牌已经成为国家软实力的重要体现。世界各国都在争相介入新一轮国际分工争夺战中，质量品牌的优劣是创新成效的集中体现，也是发展中国家与发达国家之间的一道鸿沟。美国拥有众多国际知名品牌，在制造业基础及最前沿科技创新方面仍将处于领先地位；英国、德国、法国、日本等国家，有望依靠技术、资本和人才积累，通过产业升级进入第一梯队；中国、印度、墨西哥、南非等发展中国家，普遍存在大多数装备研发设计水平相对较低、试验检测手段不足、关键共性技术缺失、关键材料核心零部件严重依赖进口等现象，正处于国家品牌建设的重要推进阶段。

第三，知识产权成为新一轮竞争的利器。以美国为首的12个国家签署的TPP协议，知识产权条款是7个关键领域之一，TPP的核心在于发达国家力图通过主导国际知识产权标准，强化和巩固其产业技术创新能力及相应的市场化优势，将知识产权运用、保护与创新、贸易政策相结合，试图遏制我国对全球创新资源的利用，消解和削弱我国制造业国际竞争能力的提升。美欧等制造强国不断强化知识产权运用和保护，巩固和扩展其全球制造业竞争主导地位。美国发布实施《制造业创新中心知识产权指引》，强化其制造业全球竞争优势，并在新兴工业领域为本国企业海外布局和战略并购提供指导和资金使用便利。日本在智能制造等优势领域强化专利技术标准制定，严格知识产权许可限制，着力提升其制造业国际竞争控制力。欧盟不断提升制造业技术标准和环保要求，构筑知识产权壁垒。韩国通过知识产权布局抢占绿色、智能发展先机。

# 二

创新驱动企业先行。企业是科技和经济紧密结合的重要力量，只有以企业为主体，才能坚持市场导向，反映市场需求。企业创新主体地位能否确立，主导作用能否发挥，很大程度上决定了创新驱动战略的成败。《中共中央关于制定国民经济和社会发展第十三个五年规划的建议》提出："强化企业创新主体地位和主导作用，形成一批有国际竞争力的创新型领军企业，支持科技型中小企业健康发展。"

2015年5月26日，习近平视察位于杭州高新区的海康威视数字技术股份有限公司。察看产品展示和研发中心，对他们拥有业内领先的自主核心技术表示肯定。习近平指出："企业持续发展之基、市场制胜之道在于创新，各类企业都要把创新牢牢抓住，不断增加创新研发投入，加强创新平台建设，培养创新人才队伍，促进创新链、产业链、市场需求有机衔接，争当创新驱动发展先行军。"

新一轮科技革命与产业变革浪潮中，新的创新模式正在形成，企业的创新主体作用日益突出。一方面，大企业在技术集成和复杂产品创新过程中发挥总领作用，同时为中小企业创新创业搭建平台；另一方面，中小企业的创新活动正在进一步释放，大众创业、万众创新日益繁荣，全社会进入涌现创新的新时代。

# 三

现阶段，我国工业在自主创新能力、资源利用效率、产业结构水平、信息化程度、质量效益等方面和工业强国相比，仍然存在发展差距，转型升级和跨越发展面临的任务紧迫而艰巨。我们必须认真贯彻党的十八大和十八届五中全会精神，通过大力实施创新驱动发展战略，为工业强国发展注入强大动力。

第一，着力解决要素驱动、投资驱动向创新驱动转变的制约，使创新发展真正落实到创造新的增长点上。2015年3月，中共中央 国务院印发了《关于深化体制机制改革加快实施创新驱动发展战略的若干意见》，明确提出了面对全球新一轮科技革命与产业变革的重大机遇和挑战，面对经济发展新常态下的趋势变化和特点，必须加快实施创新驱动发展战略，着力打通科技成果向现实生产力转化的通道，把创新成果变成实实在在的产业活动。发挥市场对技术研发方向、路线选择和各类创新资源配置的导向作用，促进企业真正成为技术创新决策、研发投入、科研组织和成果转化的主体。

第二，坚持把创新摆在制造业发展全局的核心位置，建设制造业创新中心，积极落实制造强国战略。2015年5月，国务院印发了《中国制造2025》，这是我国实施制造强国战略第一个十年的行动纲领，提出推动跨领域跨行业协同创新，提高国家制造业创新能力。围绕产业链部署创新链，完善国家制造业创新体系，采取政府与社会合作、政产学研用产业创新战略联盟等新机制新模式，形成一批制造业创新中心，着力开展关键共性重大技术研究和产业化示范应用，促进向价值链高端延伸。

第三，培育新兴业态和创新公共服务模式，形成经济发展新动能。2015年7月，国务院出台了《关于积极推进"互联网＋"行动的指导意见》，明确提出推进"互联网＋"发展，重塑创新体系，激发创新活力，打造大众创业、万众创新的"双引擎"。通过鼓励构建以企业为主导，产学研用合作的创新网络或产业技术创新联盟，加强创新能力建设；支持建设跨界交叉领域的创新平台，逐步形成以龙头企业为主体的创新网络；强化知识产权战略，引导企业加强知识产权战略储备与布局，加大对新业态、新模式等创新成果的保护力度，加强关键环节专利导航，建立"互联网＋"知识产权保护联盟。

第四，把知识产权作为经济新常态下我国工业创新发展的重要战略资源和核心竞争力。2015年8月，《工业和信息化部贯彻落实〈深入实施国家知识产权战略行动计划（2014—2020年）〉实施方案》发布，知识产权在工业发展中的作用地位进一步加强。《中国制造2025》中也提出，建设制造强国、知识产权强国过程中，要加强国家科技重大专项关键核心技术的知识产权积累和储备，在重点发展领域，以及"互联网＋"的关键环节积累和储备一批核心技术知识产权。与此相应，在"中国制造2025"的重大工程和重要专项中实施重大关键技术、工艺和关键零部件的专利布局。支持骨干企业、高校、科研院所联合研发，获得和拥有一批具有竞争力的关键核心共性技术专利、软件著作权、集成电路布图设计和商业秘密等知识产权，形成一批产业化导向的关键核心技术专利组合。

第五，工业产品的质量品牌水平越来越成为制造强国软实力的象征。近两年，随着国内工业技术实力和质量水平的提升，中国工业企业品牌进入全球榜单的数量不断增多。但同时，国内产品的品牌影响力和美誉度依然有限，这从我国消费者近两年大量的出境购物、"海淘"购物等方面可见一斑。由此可见，我国虽为制造大国，但低端供给过剩和高端供给不足的结构性问题依然突出。党中央、国务院适时提出推进供给侧结构性改革，通过减少无效和低端供给，扩大有效和中高端供给，实现发展动力和发展方式的转变，推动中国制造向中国创造转变，中国速度向中国质量转变，中国产品向中国品牌转变。

创新是国家强盛和社会进步的不竭动力。展望"十三五"，按照创新、协调、绿色、开放、共享的五大发展理念，根据制造强国战略部署，围绕重点行业转型升级和新一代信息技术、智能制造、增材制造、新材料、生物医药等制造业领域的重大共性需求，围绕产业链部署创新链，围绕创新链配置资源链，进而延伸服务链，推进建设以制造业创新中心为核心的制造业创新体系建设，推动我国制造业发展迈向更高水平！

# 目 录

# 区 域 篇

## 政 策 篇

## 展 望 篇

# 附　　录

# 综合篇

# 第一章 2015年世界工业技术创新发展状况

## 第一节 世界工业技术创新情况

### 一、新一轮工业技术革命下各国争抢科技创新制高点

在新一轮工业技术革命和产业变革中，各国加强布局大数据、新能源、移动互联网等新技术创新产业，聚焦发展高端制造、未来医疗、智慧城市、清洁能源和数据信息等前沿领域。工业技术创新已成为经济结构调整和持续健康发展的决定性因素，许多国家都将创新提升到国家发展战略的核心层面，将创新作为刺激经济增长、提升国家竞争力的关键手段。值得关注的是[1]：美国全面兴起知识产权产业革命，不断加大体制机制创新，已经产生了对全球科技人力资源的配置能力，正在对其他发达国家的科技竞争带了更大的压力；英国、德国、日本、俄罗斯等国兴起地缘科技学说，正加强对科技布局的规划和提升相关领域的竞争优势，从而改变着全球科技产业供应链格局；以色列通过实施"破坏性创新战略"，已成为全球最具特色的科技人才、科技服务输出中心，并在硅谷产业集群等诸多领域迅速崛起。

2015年10月，白宫再次发布《美国创新新战略》[2]，将加大力度支持先进制造、精准医疗、大脑计划、先进汽车、智慧城市、清洁能源和节能技术、教育技术、太空探索和计算机新领域等9大战略领域。另外，美国政府还将继续寻找投资有利未来战略计划的通用技术，这些通用技术将会持续的影响人类经济社会发

---

[1] 《科技促进发展》，《环球视野》2014年第4期。

[2] Strategy for American Innovation: Executive Summary, the WHITE HOUSE president barack Obama, https://www.whitehouse.gov/innovation/strategy/executive-summary.

展，例如过去象征着工业1.0、2.0、3.0时代的蒸汽机、电力、晶体管和互联网。

2015年3月，英国核心科学年度预算中首次高度强调创新[1]，在人类胚胎学研究、无人驾驶汽车、清洁能源、航空航天方面的动作引人注目，其中无人驾驶汽车技术研发领域获1亿英镑政府经费；新能源研究加速装置获6000万英镑；物联网研发获得4000万英镑。此外，英国本年度科学预算还将设立4亿英镑竞争性经费。

2015年5月，法国推出了"未来工业"战略，该战略的推出意味着法国将重点支持数据经济、智慧物体、未来医疗、新型物流、未来交通、新型能源、可持续发展城市、数字安全和智慧饮食等9个信息化项目，试图利用信息化改造传统产业，实现制造业转型升级。为此，法国进一步推出了促进新兴技术发展、加快企业信息化转型升级、加强人才培训、做好宣传推广和开展国际合作五大发展举措。

德国2015年的研发经费预算为149亿欧元，比2005年增长了72%，研发经费重点投入到生命科学、智能汽车、新能源、网络安全及数字化经济和社会研究领域。这些科研投入将把德国打造成欧洲技术创新的引擎。为了落实德国"新高科技战略"，政府牵头成立了由经济界、科技界和社会团体代表组成的高科技论坛，即创新政策咨询委员会，进一步推动中小企业和社会大众创新。

莫斯科市将依托国立罗蒙诺索夫大学建设达43万平方米的研发集群，使莫斯科拥有自己的"硅谷"。俄高等教育机构正逐步建设技术转让中心，与国际企业签订合作协议，吸引更多投资，减缓人才流失。俄3月底颁布命令，拟拨款50亿卢布（约合1亿美元）扶持创新型小企业，实施创新计划并增加就业岗位。

2015年8月，加拿大推出"第一卓越研究基金"，支持量子材料和信息处理、支持干细胞研究和再生医学、粮食安全、北极可持续发展等多个领域发展，首次资助5个项目3.5亿加元。加拿大创新基金会也宣布首批基础设施建设资助项目，2330万加元资助基因组测序，1350万加元资助核试验、1240万加元资助研究北极地区石油泄漏的影响。

韩国总统朴槿惠上台后提出"创造经济"理念，这一理念在过去的三年时间里通过在科技领域的不断实践，正在逐步改变韩国的传统经济增长模式。韩国的信息技术与其他产业的融合速度不断加快，科技创新的气氛持续升温。传统产业

[1]　《2015年世界科技发展回顾》，《科技日报》2016年1月1日。

与科技、信息通信相融合的话，能够创造新的产业和就业岗位。

2015年7月，以色列国家研究和发展委员会向议会提交"以色列国家机器人计划"，强调要在国家层面推动机器人发展，打造经济增长和科技发展新引擎。以色列将在医疗、个人服务、交通、工业自动化、安全等5个领域推出应用研究项目，通过项目合作、协同创新、国际交流、人才培养等方式，推动以色列机器人科研和产业发展。

南非政府将科技创新视为经济增长驱动力，继续推进实施多个战略计划，重视国际科技合作。2015—2016年财政年度在科技创新上投入近75亿南特（相当于35亿元人民币）资金，还提出争取在2019年将科技创新预算经费提高至国内生产总值的1.5%。其科技工作重点是开发人力资本、创新知识、加强基础设施建设以及支持科研创新成果走向市场。重点支持的项目涉及氟化工产品、钛金属加工、纤维复合材料等领域。

巴西政府研发投入"量入为出"，总体坚持以下原则：一是重点确保基础研究投入；二是重视重大科技项目；三是强化项目在科技发展中的地位。巴西实施基因计划，在热带病的免疫研究和药物开发方面产出大量成果；此外，实施纳米科技计划并拨出专项资金，重点扶持纳米材料、纳米生物与化学及纳米机器3个领域的科研项目。

## 二、各国强化创新战略部署

当前，新一轮科技革命与产业变革浪潮席卷全球，各国推进建设数字化、网络化、智能化、精细化和绿色化的创新产业体系，努力提升本国的科技与产业竞争力。近年来美国出台《美国国家创新新战略》，法国颁布《未来工业计划》，英国首次加大科技财政支出，德国在稳步推进"工业4.0"基础上，推出与中国加强科技合作的《中国战略2015—2020》，加拿大出台《经济行动计划2015》，日本推出《科技创新综合战略2015》，以色列发布首份《国家创新报告》，中国出台《中国制造2025》并发布《关于深化体制机制改革加快实施创新驱动发展战略的若干意见》。

2015年10月，白宫科技政策办公室与美国国家经济委员会发布最新版《美国国家创新新战略》，提出美国创新生态系统的概念，并列举了一系列新政策。该报告指出，美国一直以来被标榜为创新国家，创新是美国经济增长的最重要要素。值得一提的是，奥巴马执政的至今的 8 年里，连续三次发布美国国家创新战略报告，可以看出其对创新战略的重视达到了过往历史的最高点。就如《美国国家创新新战略》中开篇所言，今天全力发展创新的国家明天将拥有全球经济，这是美国不能放弃的优势。对比于 2009 年和 2011 年的美国创新战略报告，此次美国更加重视构建创新生态系统和建设服务型社会。

法国将创新和工业复兴视为国家发展的重中之重，颁布了多项关于创新的国家战略方针、工业复兴计划以及创新投资框架计划，2013 年 5 月颁布《法国—欧洲 2020：研究、技术转移和创新的战略议程》，加强创新以促进法国经济复苏，在充分认识挑战的同时，确定科技发展的关键领域和优先事项，制订相应的行动计划，更好地协调区域战略、国家战略、欧洲战略和国际战略；2015 年 5 月，颁布了《未来工业计划》，促使法国企业将数字技术和互联网技术融入生产和经营管理中，实现组织模式、经营模式、研发模式和商业化模式的转型。

英国高度重视科技创新。2015 年 11 月，财政大臣奥斯本向议会提交的未来 4 年"开支审查报告"指出，核心科学预算将按其实际价值得到保护，相当于增加到 47 亿英镑。英国商业、创新及技能部将为航空航天和汽车技术提供超过 10 亿英镑资金支持。此外，能源与气候变化部将加大未来能源安全供应和降低碳化成本技术的投入，在未来 5 年创新计划投资将提升 1 倍。此外，英医学研究理事会将投资通用流感疫苗等领域，重点研发 12 项新型治疗、诊断和医疗技术，总金额为 1800 万英镑。

德国 2015 年出台"能源转型的哥白尼克斯计划"、IT 安全研究计划、"基因组编辑新方法对社会影响"研究计划、建立新的工业 4.0 合作平台等一系列支持研究和创新的计划。其中推出了与中国加强科技合作的《中国战略 2015—2020》，它包含了今后两国间具体合作的 35 个侧重点，9 个行动领域，涵盖创建持续性科研合作机制，以及电动汽车、光电子技术、数字化经济等关键技术、生命科学以及可持续性应对全球生态和环境挑战等内容。这是德国首个针对国别发布的科技合作战略，充分体现了德国对与中国进行科技合作的重视。

加拿大出台《经济行动计划 2015》（以下简称 EAP2015），支持世界级技术研究，对基础设施建设进行新的创造性投资，重点资助重大科研项目。旨在支持就业、增长与安全的平衡预算与低税收计划。EAP2015 提出了一系列新措施：一是鼓励制造业投资，二是支持世界级技术研究，三是提升航空航天业的竞争力。

日本推出《科技创新综合战略 2015》。日本科技整体形势并不乐观，目前主要面临以下几方面问题：一是研究经费不足，二是人才机制出现问题，三是研究开发投资效率相对较低，四是国际合作并不充分。而在 2016 年开始的第五个科技基本计划中，将进一步从政策和制度上对已有问题进行改正。目前正处于制订阶段的该计划有四个主要方针：创造新的面向未来产业创新和社会变革的价值；应对经济和社会难题；强化科技创新基础力量；构筑面向创新的人才、知识和资金的良性循环系统。

2015 年是以色列科技创新至关重要的一年，这一年里，其发布首份《国家创新报告》，讨论"国家机器人计划"，成立国家技术创新局，更选主要科技机构人事。2015 年 4 月，以色列经济部首席科学家办公室发布首份国家创新报告。报告概述了以色列高技术产业，分析了不同产业部门面临的挑战、机遇及发展趋势。该报告首度清晰描绘了以色列国家创新生态体系，指出构成以色列创新生态体系至关重要的五个要素，提出保持国家持续创新能力需要实现四个方面的突破。

2015 年，南非政府继续推进实施《2008—2018：面向知识经济的十年创新计划》、《面对全球变化重大挑战的国家研究计划》和《南非生物技术战略》等战略规划。试图利用科技与创新这一未来经济增长的驱动力量，以推动经济增长和增加工作机会，并应对失业、不平等和贫穷等挑战。

2015 年，巴西政府坚持把创新作为促进国家经济增长的第一要素，提出了加强科技创新的一系列科技政策[1]。巴西科技部颁布了一整套新的科研项目和创新管理规定，优化了科研项目政府经费补助的模式、减轻了科研人员过去执行繁杂程序的负担，尤其是采取差异化、柔性化的进口设备和合同服务管理办法，大大提升了国外先进科技吸收再创新效率。此外，巴西继续推进"创业巴西计划"，该计划现已资助近 200 家创新型中小企业，资助总额累计超过 1800 万美元。巴西出口与投资促进局也加入了其中，帮助初创企业产品出口。

## 三、世界工业技术创新模式正在重塑

在新一轮科技革命与产业变革中，制造业的创新模式呈现出新趋势新特征。首先是制造业与服务业深度融合发展，衍生出制造业服务化和服务型制造等产业形态，传统产业划分日益模糊；其次是产品复杂度日趋提高，技术创新转向交叉

---

[1] 《2015年世界科技发展回顾》，《科技日报》2016年1月1日。

融合和群体突破，大规模个性化定制、精准供应链管理成为主流；再次是创新模式更加多样，开放式创新日趋受到关注，众包、众创、众设、众筹等商业模式创新大量出现；最后是大数据技术被不断发掘，在医疗、金融、电子商务、零售、电信和交通等产业得到推广应用。

制造业与服务业深度融合发展，衍生出制造业服务化和服务型制造等产业形态。如无人机生产企业除了制造无人机外，还为客户提供无人机操作系统、航拍系统、数据库等服务，电视商除了生产电视外，还将电视节目、点播系统内置其中，提供服务和广告平台，制造商售出的不止是产品，更是包含了服务。

产品复杂度日益提高，创新越来越依赖于不同领域技术的交叉融合。创新资源配置、创新活动组织、创新服务提供的集成度也日益增加，创新活动由过去的依托单个企业完成转变为依靠一个全球化跨领域多主体构成的协同创新体系，例如波音787飞机[1]的制造，由全球化协作进行开发设计，其中整机设计由美国、日本、俄罗斯和意大利共同完成，零部件开发由40多个国家、135家供应商合作进行。

创新不仅不限于单项技术的突破，商业模式创新也大量出现。技术创新结合互联网下的商业模式创新正成为制造业创新驱动发展的新方向，也是科技成果转化为商业价值的倍增器。施乐复印机的定价模式、通用电气从卖发动机到卖时间、米其林轮胎从卖轮胎到卖里程、陕鼓动力从卖空压机到卖空气、山特维克从卖刀具到卖效率等，通过转变工业产品的商业模式，在定价和销售中更加注重产品的质量和效果，从而提升企业竞争力。

大数据技术在各行各业发挥突出作用。主要涵盖医疗、金融、电子商务、零售、电信和交通等领域，例如医疗行业结合大数据技术衍生出的"精准医疗"产业受到美国、英国和中国等国家的高度重视，又如，交通与大数据技术结合衍生出的"无人驾驶汽车"产业，美国IEEE预测，2025年全球无人驾驶汽车销量将达到23万辆，2035年将达到1180万辆，到2040年全球上路的汽车总量中，75%将会是无人驾驶汽车。

---

[1] 《PLM助波音787飞机项目实现全球化虚拟生产》，智造网，http://www.idnovo.com.cn/article/2015/1201/article_82589.html.

## 四、2015年全球创新指数

### （一）欧洲国家继续引领全球创新指数

欧洲国家在综合创新能力上一直位于全球前列，2014年全球创新指数前30名中就有19个来自欧洲，而2015年更是增加到20个，其外的东南亚和大洋洲国家仅有7个，北美洲国家有2个，北非和西亚国家只有1个。2015年，瑞士连续5年位列榜首，更是与第二名英国差距拉大，创新综合分数高出英国9.42%。2015年，中国的创新分数与上一年持平，位于全球第29，亚洲第7。北美洲仅有美国和加拿大上榜，分别为第5、第16名。北非和西亚只有以色列上榜，位于第22名（见表1-1）。

### （二）2015年中国创新效率指数有所下滑

2015年全球创新指数是以两个次级指标进行的综合评估。第一次级是创新投入类指标，该类指标体现国家创新领域的固有基础，主要包括：创新机构数量；人才结构和数量；科技基础设施；市场成熟程度；企业成熟程度。第二次级是创新产出类指标，该类指标体现的是创新的实际成果，主要包括：知识与技术产出；创新创意产出。

2015年全球创新指数创新效率平均为0.71，比上一年的0.74有所下降。而中国的创新效率同样由2014年的1.03（全球排名第2），下降为0.96（世界排名第6），一方面说明中国知识、技术与创意产出的效率一直处于全球领先水平，另一方面可以看出2015年中国知识、技术与创意产出的效率有所下降，主要原因可能是创新产出存在滞后性，近年来中国实施的《中国制造2025》《"互联网+"行动计划》《大数据指导意见》、"四创"等战略将在不远的未来为中国知识、技术与创意产出带来突破性增长。

表1-1  2015全球创新指数前30名

| 国家/地区 | 分数 | 排名 | 收入类型 | 类型排名 | 地区 | 区域排名 | 效率 | 效率排名 |
|---|---|---|---|---|---|---|---|---|
| 瑞士 | 68.30 | 1 | 高收入 | 1 | 欧洲 | 1 | 1.01 | 2 |
| 英国 | 62.42 | 2 | 高收入 | 2 | 欧洲 | 2 | 0.86 | 18 |
| 瑞典 | 62.40 | 3 | 高收入 | 3 | 欧洲 | 3 | 0.86 | 16 |
| 荷兰 | 61.58 | 4 | 高收入 | 4 | 欧洲 | 4 | 0.92 | 8 |

（续表）

| 美国 | 60.10 | 5 | 高收入 | 5 | 北美洲 | 1 | 0.79 | 33 |
|---|---|---|---|---|---|---|---|---|
| 芬兰 | 59.97 | 6 | 高收入 | 6 | 欧洲 | 5 | 0.77 | 41 |
| 新加坡 | 59.36 | 7 | 高收入 | 7 | 东南亚和大洋洲 | 1 | 0.65 | 100 |
| 爱尔兰 | 59.13 | 8 | 高收入 | 8 | 欧洲 | 6 | 0.88 | 12 |
| 卢森堡 | 59.02 | 9 | 高收入 | 9 | 欧洲 | 7 | 1.00 | 3 |
| 丹麦 | 57.70 | 10 | 高收入 | 10 | 欧洲 | 8 | 0.75 | 49 |
| 中国香港 | 57.23 | 11 | 高收入 | 11 | 东南亚和大洋洲 | 2 | 0.69 | 76 |
| 德国 | 57.05 | 12 | 高收入 | 12 | 欧洲 | 9 | 0.87 | 13 |
| 冰岛 | 57.02 | 13 | 高收入 | 13 | 欧洲 | 10 | 0.98 | 4 |
| 韩国 | 56.26 | 14 | 高收入 | 14 | 东南亚和大洋洲 | 3 | 0.80 | 27 |
| 新西兰 | 55.92 | 15 | 高收入 | 15 | 东南亚和大洋洲 | 4 | 0.77 | 40 |
| 加拿大 | 55.73 | 16 | 高收入 | 16 | 北美洲 | 2 | 0.71 | 70 |
| 澳大利亚 | 55.22 | 17 | 高收入 | 17 | 东南亚和大洋洲 | 5 | 0.70 | 72 |
| 奥地利 | 54.07 | 18 | 高收入 | 18 | 欧洲 | 11 | 0.77 | 37 |
| 日本 | 53.97 | 19 | 高收入 | 19 | 东南亚和大洋洲 | 6 | 0.69 | 78 |
| 挪威 | 53.80 | 20 | 高收入 | 20 | 欧洲 | 12 | 0.73 | 63 |
| 法国 | 53.59 | 21 | 高收入 | 21 | 欧洲 | 13 | 0.75 | 51 |
| 以色列 | 53.54 | 22 | 高收入 | 22 | 北非和西亚 | 1 | 0.83 | 20 |
| 爱沙尼亚 | 52.81 | 23 | 高收入 | 23 | 欧洲 | 14 | 0.86 | 17 |
| 捷克 | 51.32 | 24 | 高收入 | 24 | 欧洲 | 15 | 0.89 | 11 |
| 比利时 | 50.91 | 25 | 高收入 | 25 | 欧洲 | 16 | 0.74 | 59 |
| 马耳他 | 50.48 | 26 | 高收入 | 26 | 欧洲 | 17 | 0.95 | 7 |
| 西班牙 | 49.07 | 27 | 高收入 | 27 | 欧洲 | 18 | 0.72 | 67 |
| 斯洛文尼亚 | 48.49 | 28 | 高收入 | 28 | 欧洲 | 19 | 0.82 | 22 |
| 中国 | 47.47 | 29 | 中收入 | 1 | 东南亚和大洋洲 | 7 | 0.96 | 6 |
| 葡萄牙 | 46.61 | 30 | 高收入 | 29 | 欧洲 | 20 | 0.73 | 62 |

资料来源：世界知识产权组织、美国康奈尔大学等，2015年9月。

## 第二节　世界工业质量品牌情况

### 一、工业品牌已经是国家工业软实力的重要表现

在没有硝烟的国际战场上，国家实力竞争比拼的就是其拥有强势制造业品牌的数量和品牌本身的质量。美国是世界质量管理的发源地，"全面质量管理法"、"统

计质量管理法"都出自美国；日本 20 世纪 50 年代大搞"产业合理化运动"、开展"质量月"活动和推行日式的全面质量管理法；德国发布工业标准"锥形销"，发展出了具有德国特色的"法律—行业标准—质量认证"管理体系；而中国是制造大国，却不是品牌强国。

世界品牌实验室主席、诺贝尔经济学奖得主罗伯特·蒙代尔曾经说过[1]："现代经济的一个重要特征就是品牌主导，我们对于世界经济强国的了解和认识大多都是从品牌开始的。如我们通过苹果、通用认识了强大的美国；通过奔驰、西门子认识了德国；通过三星、现代了解了韩国；通过华为、海尔了解了中国。这些国家对世界经济和市场的渗透、占有和垄断是通过这些品牌实现的。"

## 二、2015年全球品牌排名榜单与趋势分析

"BrandZ 最具价值全球品牌 100 强"是由 WPP 旗下营销和品牌咨询公司 Millward Brown 进行的一项调查，目前已经是榜单发布的第十年，其通过判定现有和潜在消费者对某个品牌的认知，还整合入了品牌所有公司的财务数据，来估算品牌价值。现在只有这个排行榜能通过这种调查方式全方位反映品牌的综合价值。

科技行业是品牌价值上升最快的行业，在 2014 年里上升了 24%，而且在前 100 名中科技品牌的合并价值超过了 1 万亿美元，几乎是所有入榜品牌价值总和的三分之一。

电子商务品牌强力推动了零售类品牌的价值。阿里巴巴首次入榜就以 664 亿美元的品牌价值超过了亚马逊和沃尔玛，并且将零售品牌的总价值提升了 24%。以阿里巴巴和亚马逊为代表的电子零售商没有一个实体店，但它们的品牌价值高于在全球拥有 11000 家门店的沃尔玛。

欧洲品牌陷入停滞，美国品牌开始复苏，而中国品牌强势崛起。2015 年的排行榜上共有 14 个中国品牌，而 2006 年第一期榜单上只有一个中国品牌。在这 10 年间，来自中国的入榜品牌价值上升超过了 10 倍，由 2006 年时的 392 亿美元上升到了 2015 年的 4324 亿美元。相比之下，美国品牌在 10 年间品牌价值总和上升了 137%（2014 年上升了 19%），而欧洲品牌 10 年里只升值了 31%（2014

---

[1] 2015年《世界品牌500强》排行榜，MBA智库百科，http://wiki.mbalib.com/wiki/2015%E5%B9%B4%E3%80%8A%E4%B8%96%E7%95%8C%E5%93%81%E7%89%8C500%E5%BC%BA%E3%80%8B%E6%8E%92%E8%A1%8C%E6%A6%9C。

年缩水了 9.3%）。2015 年的榜单上只有 24 个欧洲品牌（2006 年时有 35 个）。这显示了在品牌领域"东风压倒了西风"。入选的中国品牌不断增加的结果是将欧洲品牌挤出了榜单（见表 1-2）。

表 1-2　2015 年 BRANDZ 全球最具价值品牌百强排行榜全榜单

| 排名 | 品牌 | 所属行业 | 品牌价值（亿美元） | 品牌贡献 | 价值提升 | 排名变化 |
|---|---|---|---|---|---|---|
| 1 | 苹果 | 科技 | 2469.22 | 4 | 67% | +1 |
| 2 | 谷歌 | 科技 | 1736.52 | 4 | 9% | −1 |
| 3 | 微软 | 科技 | 1155 | 4 | 28% | +1 |
| 4 | IBM | 科技 | 939.87 | 4 | −13% | −1 |
| 5 | 维萨 | 支付 | 919.62 | 4 | 16% | +2 |
| 6 | AT&T | 电信运营 | 894.92 | 3 | 15% | +2 |
| 7 | 威瑞森 | 电信运营 | 860.09 | 3 | 36% | +4 |
| 8 | 可口可乐 | 软饮料 | 838.41 | 5 | 4% | −2 |
| 9 | 麦当劳 | 快餐 | 811.62 | 4 | −5% | −4 |
| 10 | 万宝路 | 烟草 | 803.52 | 3 | 19% | −1 |
| 11 | 腾讯 | 科技 | 765.72 | 5 | 43% | +3 |
| 12 | 脸谱 | 科技 | 711.21 | 4 | 99% | +9 |
| 13 | 阿里巴巴 | 零售 | 663.75 | 2 | NEW ENTRY | |
| 14 | 亚马逊 | 零售 | 622.92 | 4 | −3% | −4 |
| 15 | 中国移动 | 电信运营 | 598.95 | 4 | 20% | 0 |
| 16 | 富国银行 | 区域银行 | 593.1 | 3 | 9% | −3 |
| 17 | 通用电气 | 多元化 | 592.72 | 2 | 5% | −5 |
| 18 | UPS | 物流 | 517.98 | 5 | 9% | −2 |
| 19 | 迪斯尼 | 娱乐 | 429.62 | 5 | 24% | +4 |
| 20 | 万事达卡 | 支付 | 401.88 | 4 | 2% | −2 |
| 21 | 百度 | 科技 | 400.41 | 5 | 35% | +4 |
| 22 | 中国工商银行 | 区域银行 | 388.08 | 2 | −8% | −5 |
| 23 | 沃达丰 | 电信运营 | 384.61 | 3 | 6% | −3 |
| 24 | SAP | 科技 | 382.25 | 3 | 5% | −5 |
| 25 | 美国运通 | 支付 | 380.93 | 4 | 11% | −1 |
| 26 | 沃尔玛 | 零售 | 352.45 | 2 | 0% | −4 |
| 27 | 德国电信 | 电信运营 | 338.34 | 3 | 18% | 0 |
| 28 | 耐克 | 服装 | 297.17 | 4 | 21% | +6 |

（续表）

| 排名 | 品牌 | 所属行业 | 品牌价值（亿美元） | 品牌贡献 | 价值提升 | 排名变化 |
|---|---|---|---|---|---|---|
| 29 | 星巴克 | 快餐 | 293.13 | 4 | 14% | +2 |
| 30 | 丰田 | 汽车 | 289.13 | 4 | −2% | −4 |
| 31 | 家得宝 | 零售 | 277.05 | 2 | 25% | +9 |
| 32 | 路易威登 | 奢侈品 | 274.45 | 5 | 6% | −2 |
| 33 | 百威 | 啤酒 | 266.57 | 4 | 9% | +2 |
| 34 | 宝马 | 汽车 | 263.49 | 4 | 2% | −2 |
| 35 | 汇丰 | 全球银行 | 240.29 | 3 | −11% | −7 |
| 36 | 加拿大皇家银行 | 区域银行 | 239.98 | 4 | 6% | +2 |
| 37 | 帮宝适 | 婴儿用品 | 237.57 | 5 | 5% | +2 |
| 38 | 巴黎欧莱雅 | 个人护理 | 233.76 | 4 | 0% | −2 |
| 39 | 惠普 | 科技 | 230.39 | 3 | 18% | +10 |
| 40 | 赛百味 | 快餐 | 225.61 | 4 | 7% | +3 |
| 41 | 中国建设银行 | 区域银行 | 220.65 | 2 | −12% | −8 |
| 42 | ZARA | 服装 | 220.36 | 3 | −5% | −5 |
| 43 | 梅赛德斯—奔驰 | 汽车 | 217.86 | 4 | 1% | −1 |
| 44 | 甲骨文 | 科技 | 216.8 | 2 | 4% | +1 |
| 45 | 三星 | 科技 | 216.02 | 4 | −17% | −16 |
| 46 | Movistar | 电信运营 | 212.15 | 3 | 2% | 0 |
| 47 | 多伦多道明银行 | 区域银行 | 206.38 | 4 | 3% | 0 |
| 48 | 澳大利亚联邦银行 | 区域银行 | 205.99 | 3 | −2% | −4 |
| 49 | 埃克森美孚 | 石油天然气 | 204.12 | 1 | 3% | −1 |
| 50 | 中国农业银行 | 区域银行 | 201.89 | 1 | 11% | +4 |
| 51 | 埃森哲 | 科技 | 201.83 | 3 | 11% | +4 |
| 52 | 吉列 | 个人护理 | 197.37 | 5 | 4% | 0 |
| 53 | 联邦快递 | 物流 | 195.66 | 5 | 15% | +5 |
| 54 | 壳牌 | 石油天然气 | 189.43 | 1 | 0% | −1 |
| 55 | 爱马仕 | 奢侈品 | 189.38 | 5 | −13% | −14 |
| 56 | 英特尔 | 科技 | 183.58 | 2 | 58% | +30 |
| 57 | 高露洁 | 个人护理 | 179.77 | 4 | 2% | −1 |
| 58 | 英国电信 | 电信运营 | 179.53 | 3 | 17% | +6 |
| 59 | 澳新银行 | 区域银行 | 177.02 | 4 | −7% | −8 |
| 60 | 花旗 | 全球银行 | 174.86 | 2 | 1% | −3 |

（续表）

| 排名 | 品牌 | 所属行业 | 品牌价值（亿美元） | 品牌贡献 | 价值提升 | 排名变化 |
|---|---|---|---|---|---|---|
| 61 | ORANGE | 电信运营 | 173.84 | 3 | 12% | +1 |
| 62 | 中国人寿 | 保险 | 173.65 | 3 | 44% | +19 |
| 63 | 中国石化 | 石油天然气 | 172.67 | 1 | 21% | +4 |
| 64 | 宜家 | 零售 | 170.25 | 3 | −12% | −14 |
| 65 | 中国银行 | 区域银行 | 164.38 | 2 | 16% | +3 |
| 66 | 敦豪 | 物流 | 163.01 | 4 | 19% | +7 |
| 67 | 思科 | 科技 | 160.6 | 2 | 17% | +5 |
| 68 | 中国平安 | 保险 | 459.59 | 3 | 29% | +9 |
| 69 | 西门子 | 科技 | 154.96 | 3 | −8% | −10 |
| 70 | 华为 | 科技 | 153.35 | 3 | NEW ENTRY | |
| 71 | 中国石油 | 石油天然气 | 150.22 | 1 | 21% | +5 |
| 72 | 合众银行 | 区域银行 | 147.86 | 3 | −1% | −7 |
| 73 | EBAY | 零售 | 141.71 | 3 | −9% | −12 |
| 74 | HDFC银行 | 区域银行 | 140.27 | 4 | NEW ENTRY | |
| 75 | H&M | 服装 | 138.27 | 2 | −11% | −12 |
| 76 | 古驰 | 奢侈品 | 138 | 5 | −14% | −16 |
| 77 | JP摩根 | 全球银行 | 135.22 | 3 | 9% | +2 |
| 78 | 本田 | 汽车 | 133.32 | 4 | −5% | −8 |
| 79 | 百事可乐 | 软饮料 | 131.34 | 4 | 14% | +9 |
| 80 | 福特 | 汽车 | 131.06 | 3 | 11% | +4 |
| 81 | 英国石油 | 石油天然气 | 129.38 | 1 | 1% | −7 |
| 82 | 澳洲电讯 | 电信运营 | 127 | 4 | NEW ENTRY | |
| 83 | 肯德基 | 快餐 | 126.49 | 4 | 6% | 0 |
| 84 | 西太平洋银行 | 区域银行 | 124.20 | 4 | 6% | +1 |
| 85 | 领英 | 科技 | 122 | 5 | −2% | −7 |
| 86 | 桑坦德银行 | 全球银行 | 121.81 | 3 | 10% | +5 |
| 87 | 沃尔沃斯 | 零售 | 118.18 | 4 | −1% | −5 |
| 88 | 贝宝 | 支付 | 118.06 | 4 | 20% | +9 |
| 89 | 大通银行 | 区域银行 | 116.61 | 3 | 0% | −2 |
| 90 | 阿尔迪 | 零售 | 116.6 | 2 | 22% | +10 |
| 91 | 荷兰国际集团 | 全球银行 | 115.6 | 3 | 18% | +7 |
| 92 | 推特 | 科技 | 114.47 | 4 | −17% | −21 |

（续表）

| 排名 | 品牌 | 所属行业 | 品牌价值（亿美元） | 品牌贡献 | 价值提升 | 排名变化 |
|------|------|----------|-------------------|----------|----------|----------|
| 93 | 日产 | 汽车 | 114.11 | 3 | 3% | −3 |
| 94 | 红牛 | 软饮料 | 113.75 | 4 | 5% | −2 |
| 95 | 美国银行 | 区域银行 | 113.35 | 2 | 12% | −1 |
| 96 | 都科摩 | 电信运营 | 112.23 | 3 | 12% | −1 |
| 97 | 好市多 | 零售 | 112.14 | 2 | NEW ENTRY | |
| 98 | 软银 | 电信运营 | 111.31 | 2 | NEW ENTRY | |
| 99 | 中国电信 | 电信运营 | 110.75 | 4 | NEW ENTRY | |
| 100 | 丰业银行 | 区域银行 | 110.44 | 2 | −3% | −11 |

资料来源：WPP 旗下华通明略（Millward Brown）发布，2015 年 5 月 27 日

## 三、世界主要发达国家工业企业品牌发展情况

世界各国都在争相介入新一轮国际分工争夺战中，质量品牌的优劣是创新成效的集中体现，也是发展中国家与发达国家之间的一道鸿沟。第一梯队，美国拥有众多国际知名品牌，处于全球领先地位；第二梯队，包括英国、德国、法国、日本等发达国家；第三梯队，主要是芬兰、俄罗斯、意大利、以色列等具有独特要素优势的国家；第四梯队，中国、印度、墨西哥、南非等发展中国家。然而，大部分发达国家的制造业产品并非一开始就是"优质"的代名词，它们在企业品牌建设中同样经历了很多阻碍。例如，过去的德国制造意味着低端和劣质，甚至被英、法等国侮辱，要求德国必须在产品上标明"德国制造"，也正因为这样激发了德国的研发创新意识，让如今的"德国制造"成为精品；又如美国，众所周知的美国著名品牌通用汽车公司曾经也因经营不善几近破产，股价从 60 美元降到 1 美元的谷底。

### （一）德国

8200 万人口的德国拥有 2300 个世界名牌。德国从农业国到工业强国，对品牌有着深刻的理解。在 19 世纪以农业为主的经济模式转型进入工业化革命时，德国也走过偷学技术、仿造产品的阶段。当时德国产品质量低劣，价格低廉，曾经被欧洲各国认为是"劣质产品"的象征。为此，英国等国通过了 1887 年的《新商标法》，明确要求德国产品必须标注"德国制造"，这在当时是一个带有侮辱性

色彩的符号。现在,德国产品是世界上质量最过硬的产品,"德国制造"已成了精准、可靠、高品质的代名词。

一百多年来,德国产品发生了根本性的逆袭,这其中的变化既源于在19世纪,德国明确提出"理论与实践相结合"的国家战略,该战略提出后,德国在短短的50年间,集聚了世界顶尖的科学家、工程师以及技术工人,在雄厚的基础科学研究基础上,大力促进应用科学的发展,使德国工业经济发生跳跃式提升;也源于德国企业对品牌的重视,将"专注"、"精准"、"完美"、"执着"的德国"工匠精神"注入企业的生产经营活动中,将德国的工业精神与制造文明融入"德国制造"这一国家品牌中。

德国制造由"质量低劣、价格低廉"向"精准、可靠、高品质"转变的主要原因可以归结为以下几点。一是"隐形冠军"为品牌成功奠定了坚实基础。德国中小企业中有1400个左右是"隐形冠军",被称为"散落在德国各地的珍珠",在全世界3500个"隐形冠军"中,德国占到了近一半,集中在医疗技术、环境、专用设备、化工、电子设备等领域,致力于工业核心零部件的生产和供应;二是拥有明晰的企业理念作为品牌的灵魂。例如宝马公司的理念:"开车的快乐",奥迪公司的理念:"技术的前瞻者";三是加强技术创新和质量管控。例如,宝马公司在产品研发中将创新与满足客户需求紧密结合;四是完善的服务;五是良好的社会责任;六是员工的责任意识;七是考虑风险与市场认可度;八是深刻认识品牌建设的迫切性;九是品牌塑造要持之以恒;十是品牌与文化要密切结合。

### (二)日本

日本是仅次于美国的世界创新大国,在研究专利、品牌高校、巨型企业等领域均表现突出。研究专利方面,数据显示,在美国专利局专利申请库中,日本每年申请的专利数量按国别排列第二,仅次于美国。品牌大学方面,在英国教育杂志《泰晤士报高等教育》公布的"全球大学排名"中,日本在高等教育领域一直保持亚洲第一,其中东京大学、京都大学等排名位列前60。巨型企业方面,丰田、本田、日立、日产、松下、索尼、东芝、三菱等企业占据着全球企业、电子、电气设备和商贸等领域近1/3的市场份额,在用户体验、技术创新、产品质量等指标上遥遥领先于亚洲其他国家。此外,关键科技领域方面,日本的尖端机器人、先进材料都有不错的表现。

## （三）以色列

以色列是全球仅有的以犹太民族为主的国家，在商业、科技等领域具有独特的优势。一组数据显示，全球共有 154 个犹太人获得了诺贝尔奖，占全部诺贝尔奖总数的 20%。以色列政府提出的"破坏性创新"战略，让其在科学技术、军事、教育等领域具有竞争优势，尤其在电子信息和化学方面，取得了众多的突破性科研创新成果，此外，以色列在美国设立了从事电影和电视、报社等事业的大型公司。从人才结构来看，以色列的劳动力文化程度位居全球第一，其中研究生以上人数占全国总人数的 24% 以上。一直以来，以色列都以头脑和思想作为他们的财富，很多的美国高科技公司都在以色列建设研究中心；以色列孵化器的孵化企业效率也是全球最高的，此外，以色列上市企业数仅次于美国。

# 第三节　世界工业知识产权和标准情况

## 一、TPP确立了高于TRIPS协议的知识产权保护标准

经过五年半的磋商谈判，参加 TPP 谈判的 12 个国家于 2015 年 10 月 5 日达成了基本协议。TPP 由美国主导，在其力主之下确立了比 TRIPS 协议（即《与贸易有关的知识产权协议》）更为严格的知识产权保护标准[1]。

TPP 创设了药品数据专有权，加强对药品数据的法律保护。TRIPS 协议明确了对药品实验数据或其他数据信息进行保护的国际标准，但并未设立新的知识产权类别。TPP 不仅创设了药品数据专有权，且明显放宽了对药品数据提供保护的基本条件，从保护目的、范围、期限等方面对 TRIPS 协议第 39.3 条相关内容进行了扩张。TRIPS 协议对药品数据进行保护，旨在"以防不正当的商业使用"，而 TPP 对药品数据进行专有权保护并不限于此，无论对药品数据的使用是否属正当商业使用，除非药品数据的专有权人同意，否则药品监管机构不得批准第三人使用药品数据的申请。TPP 将保护对象范围扩大为所有涉及"安全性和有效性的试验或其他数据"。在保护期限上，TRIPS 协议将药品数据的保护期限交由成员国根据各自情况决定（我国为药品管理部门批准药品上市后的 6 年）；TPP 给予药品数据专有权 8 年保护期限。

TPP 以美国做法为蓝本，全面升级了知识产权制度。在书籍、影视和音乐等

---

[1] 王磊、马冬：《如何破解TPP知识产权"紧箍咒"？》，《赛迪专报》2016年第1期。

版权密集型产业，TPP 将著作权保护期限延长至作者有生之年加上去世后 70 年；对于侵权盗版商品，TPP 规定的刑事处罚力度明显较 TRIPS 严格。在专利权保护制度方面，扩展了可申请专利范围，被 TRIPS 明确禁止授予专利权的动植物被纳入可申请专利范围，且规定各国应该对"已知产品的新形式、新用途或者新的使用方法"给予专利保护，使得生产商可以通过对已有产品微细改变申请专利而变相延长原有专利的垄断权利，即将到期的专利有可能借此"长生不老"（Evergreening）。在商业秘密保护方面，要求成员国像美国那样，对窃取商业秘密的行为建立严厉的刑事惩罚制度。

TPP 加强了知识产权执法，惩罚措施堪称严峻。对于假冒、盗版产品，在海关方面，TPP 要求缔约国对于"可疑假冒产品、混淆性相似的商标、盗版产品"依职权启动边境措施，即使该产品只是过境该国。较之于 TRIPS，TPP 极大地放宽了适用对象和范围，启动海关措施的标准之低，将为恶意的海关扣押提供可能。对于知识产权侵权的损害赔偿数额，TPP 提供了极高的自由度，增加了侵权纠纷赔偿的不可预见性和风险性。对于盗版产品和假冒商标产品，处罚措施更为严厉。司法机构有权将这些侵权货物不做任何补偿进行销毁，为减少进一步侵权，此种销毁也适用于在生产或创造中使用的材料和工具。在 TRIPS 规定中，主要处理方法是将侵权商品、工具排除出商业渠道，销毁仅限于在不违反现有宪法规定，且处理时应考虑侵权的严重程度及采取的法律救济间的比例协调关系，以及第三方利益。

## 二、知识产权国际化布局各国差距较大

知识产权已经成为当前各国产业竞争的焦点，运用知识产权布局已成为企业尤其是跨国企业在国际市场竞争中攻城略地的重要策略。目前，知识产权国际化布局的能力各国高下明显，美国、日本等领先国家优势明显。美国专利及商标局（USPTO）2014 年度共授权专利 326182 件（发明、外观设计等专利分布情况见图 1-1），公开专利申请 364706 件。从获得授权专利数量较多的国家看，2014 年美国获得 USPTO 授权专利数量为 173738 件，位居第一名；日本以 58885 件的授权数量排名第二。包括我国台湾地区在内，2014 年我国共在美国获得授权专利 23068 件，排名第三，其中台湾地区获得授权专利 13856 件，而大陆地区获得授权专利 9212 件，不足日本在美获得授权专利数量的 1/6。

从在美国获得授权专利的持有公司看，IBM 继续保持第一位，2014 年授权专利为 7537 件，超过 2013 年 720 件（2013 年 IBM 授权专利 6817 件）。谷歌公司以 42% 的增长速度，位居 2014 年获得美国授权专利数量增速第一，该公司由 2013 年的 1879 件快速增长到 2014 年的 2664 件。高通公司（Qualcomm Inc.）获得授权专利增速仅次于谷歌公司。2014 年，高通公司获得授权专利数量为 2640 件，其中包括当年最大同族专利（含 482 项专利族成员）；2013 年为 2118 项，增长近 24%。在美国进行专利布局，获得授权专利数实现两位数增长的企业除 IBM、谷歌、高通、英特尔、苹果和惠普等美国公司外，还有韩国的三星、LG 电子公司，日本企业则有丰田汽车公司、理光公司（Ricoh）。相比较而言，我国则只有华为公司一家，进入了 2014 年度美国专利授权 TOP50 榜（由 2013 年的第 51 位上升至第 48 位）。

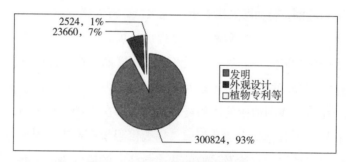

图1-1　2014年美国授权专利情况

资料来源：AcclaimIP。

PCT 国际专利申请情况与马德里商标申请是表征知识产权国际化程度的主要指标。根据世界知识产权组织的统计，2014 年美国 PCT 国际专利申请数量为 61492 件，占总数的 28.7%，继续保持世界第一的位置；日本为 42459 件，占比为 19.8%；我国为 25539 件，占比为 11.9%；德国为 18008 件，占比 8.4%；韩国为 13151 件，占比为 6.1%。前五个国家 PCT 国际专利申请数量占 2014 年度总数的比例近 75%；其他各国合计占比约 25%，低于美国一国申请的数量（2014 年 PCT 各国国际专利申请数量情况见图 1-2）。在马德里商标申请方面，2014 年美国马德里商标申请数量为 6595 件，占总数的 13.8%，是 2014 年马德里商标申请最多的国家，相当于我国的近 3 倍（我国申请数量为 2225 件，占比为 4.6%，位居第 7 位）。

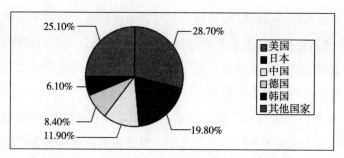

图1-2　2014年PCT各国国际专利申请数量情况

资料来源：世界知识产权组织。

　　美、日、欧三方专利族不仅能够被OECD用于衡量国家间的发明绩效，也可以全面地反映各国企业的专利价值和质量，以及产业的国际竞争力。近年来我国美、日、欧三方专利族数量增长快速，排名也在稳步上升，但与领先国家美、日、德等发达国家相比数量差距仍然较大。国家知识产权局基于欧专局于2015年公布的2014年的申请数据预测，我国在2014年拥有的美、日、欧三方专利族数量已位于美、日、德之后，排名第四（见表1-3）。并且，根据目前的增长态势，预计2016年前后我国美、日、欧三方专利族申请数量将超越德国，位居世界第三[1]。但是，距离排名第一和第二位置的美国和日本数量差距仍然较大，赶超这两个国家可谓任重道远。

表1-3　部分国家美、日、欧三方专利族数量估计值

| 国别 | 2008年 | 2009年 | 2010年 | 2011年 | 2012年 | 2013年 | 2014年 |
|---|---|---|---|---|---|---|---|
| 美国 | 22867.5 | 20153 | 22725 | 22513.9 | 23696 | 25076.3 | 26780.1 |
| 日本 | 14878.7 | 14351.8 | 15668.2 | 17728.6 | 19304 | 19035 | 18213 |
| 德国 | 12546.7 | 11466.2 | 12442.8 | 12570.1 | 12706.3 | 11991.3 | 11902.2 |
| 中国 | 2566.5 | 3232.2 | 4891.8 | 6440.9 | 7282.8 | 8469.8 | 9982.1 |
| 韩国 | 3964.2 | 3952.4 | 4743.4 | 5044.3 | 5625.8 | 6094 | 6229.4 |

资料来源：欧专局（分数计数法，2008—2014）。

## 三、商业秘密保护受到国际更高程度关注

　　技术创新作为驱动企业发展的动力源作用凸显，核心技术专利和商业秘密等

---

[1]　国家知识产权局规划发展司：《我国向外专利申请指标分析》，《专利统计简报》2015年第20期。

知识产权日益被视为企业的战略资源。尤其是商业秘密,相对于专利的公开性而言,商业秘密因其隐秘性而在保护企业核心竞争力方面具有不可替代的独特作用,被视为最为宝贵的资产备受重视。国际社会尤其是以美国为代表的发达国家对于加强商业秘密保护的要求十分强烈。

2015年4月,美国贸易代表办公室(USTR)发布《2015年特别301报告》,再次将我国列入"优先观察国名单"之中,对于我国商业秘密保护状况十分不满是重要原因之一。自2012年以来,美国开始将商业秘密保护作为重点关注问题,在每年一度的特别301报告中对包括我国在内的一些国家进行考察,其中我国一直是其重点关注对象。美国至今已连续4年在特别301报告中指责我国商业秘密盗窃活动严重,侵犯美国有关公司合法权益。除对我国及其他有关国家商业秘密保护情况"评头论足"外,美国政府还启动司法程序对"窃取"美国公司商业秘密的行为予以严厉制裁。2015年5月,美国司法部以窃取美国公司商业秘密为由起诉我国天津大学海归教授张浩等6人,引发舆论广泛关注。此前,美国司法部还曾于2014年5月以窃取美国公司商业秘密为由,起诉我国5名军官。

鉴于日本企业商业秘密泄露事件多发频发,日本参院全体会议于2015年7月通过了新《反不正当竞争法》,新法强化对泄露企业商业秘密和窃取商业秘密行为予以严厉打击。个人罚款上限由原来的1000万日元大幅度提高至3000万日元,企业则由之前的3亿日元提高至10亿日元,并新增了没收非法所得制裁措施。刑事处罚力度也明显加大,新法规定了检察机关主动起诉和提前介入泄密案件调查的权利。新法还加大了被告方企业的举证责任,规定由被告方承担主要举证责任[1]。

与此同时,欧盟也加快了推进商业秘密法案改革的步伐。欧洲议会和主席国卢森堡于2015年底就加强商业秘密和保密信息保护的欧盟规则初步达成一致。达成的指令草案明确禁止非法获取、使用和披露商业秘密,要求欧盟成员国严格法律责任以震慑非法披露商业秘密行为[2]。

在商业秘密保护方面,TPP知识产权条款对各成员国提出了更高要求,成员国应像美国那样,对窃取商业秘密的行为建立严厉的刑事惩罚制度。

---

[1] 《日通过新〈反不正当竞争法〉严惩跳槽者泄密》,中国保护知识产权网,http://www.ipr.gov.cn/article/gjxw/lfdt/yz/qtyz/201507/1852729.html。
[2] 《欧盟商业秘密和商标措施改革进展》,中国保护知识产权网,http://www.ipr.gov.cn/article/gjxw/lfdt/oz/qtoz/201512/1883885.html。

# 第二章　2015年中国工业技术创新发展状况

　　2015 年是我国"十二五"规划的最后一年，为实现我国经济稳中求胜、实现赶超，我国下一步经济发展的重要抓手是实施创新驱动发展战略。

　　党的十八大和十八届三中、五中全会决议指出，坚持创新发展，必须把创新摆在国家发展全局的核心位置，必须把发展基点放在创新上，培育发展新动力，深入实施创新驱动发展战略。围绕会议提出的要求，通过落实《中国制造 2025》发展规划、工业化和信息化深度融合战略，着力推进产业技术创新、知识产权管理、质量品牌和技术标准体系等方面的工作，我国工业的整体竞争能力不断提升，工业创新能力持续提高。

## 第一节　中国工业技术创新情况

　　党的十八届三中全会公报指出，要深化科技体制改革，建立健全鼓励原始创新、集成创新、引进消化吸收再创新的体制机制，建立产学研协同创新机制，强化企业在技术创新中的主体地位，发挥大型企业创新骨干作用，激发中小企业创新活力，推进应用型技术研发机构市场化、企业化改革，建设国家创新体系[1]。围绕上述要求，在政府的引导下，企业为创新主体，政产学研用合作的创新体系已逐步完善，我国工业技术创新迈向了一个新高度。

### 一、产业创新体系逐步完善，企业主体地位得到巩固

　　企业技术创新主体地位得到巩固。构建了以政府引导、企业为主导的政产学研用合作机制，鼓励行业骨干企业与上下游企业、科研院所、高等院校以及行业

---

[1]　党的十八届三中全会公报。

协会等共建行业战略联盟，以多种形式，促进政产学研用紧密融合，实现重点领域关键核心技术突破和产业化。在国家技术创新示范企业认定方面，形成了国家、省、市三级培育认定体系，2015年共认定了75家。

引导企业加大技术创新力度。由有条件的企业牵头组织实施产业化目标明确的项目，企业加大了研发投入，企业自主创新能力得到提高。着力吸纳企业参与"新一代宽带无线移动通信网"、"高档数控机床与基础制造技术"、"核心电子器件、高端通用芯片及基础软件产品"等重大科技专项及战略性新兴产业发展专项的决策。

科技成果转化得到进一步推进。2014年7月，国务院总理李克强主持召开国务院常务会议，就科技成果使用、处置以及收益分配等科技成果转化方面的问题进行商讨，决定对上述问题进行试点改革。经国务院批准，财政部、科技部和国家知识产权局印发了《关于开展深化中央级事业单位科技成果使用、处置和收益管理改革试点的通知》（以下简称《通知》）。本次改革总体考虑包括：一是以有利于推进科技成果转化为出发点，努力探索符合科技成果转化规律和科技成果特点的新型管理模式；二是激励单位和科研人员创新创造，更好地实现创造性劳动的价值；三是注重相关法律制度和政策要求，不脱离事业单位实际情况，稳步推进改革先行试点。

产业创新体系逐步完善。党的十八届五中全会提出"创新、协调、绿色、开放、共享"的发展理念，落实创新驱动发展战略和"大众创业、万众创新"的重要举措，发挥科技创新在全面创新中的引领作用。《中国制造2025》发展规划提出完善国家制造业创新体系，加强顶层设计，加快建立以创新中心为核心载体、以公共服务平台和工程数据中心为重要支撑的制造业创新网络，建立市场化的创新方向选择机制和鼓励创新的风险分担、利益共享机制[1]。规划提出依托政府与社会合作、政产学研用相结合的产业创新联盟，形成一批制造业创新中心，建设一批促进协同创新的公共服务平台，建设重点领域制造业工程数据中心，建设一批重大科学研究和实验设施。2015年，工业和信息化部启动编制了制造业创新中心建设方案，抓紧布局建设一批围绕制造业重大共性需求和关键核心技术的创新中心，进一步完善产业创新体系。

## 二、R&D经费投入增速放缓，投入强度持续上升

2014年，我国科技经费投入、国家财政科技支出以及研究与试验发展（R&D）

---

[1] 《中国制造2025》发展规划。

经费投入力度持续加大。从研究与试验发展（R&D）投入情况来看，2014 年
R&D 经费支出共计 13015.6 亿元，较 2013 年 R&D 经费支出 11846.6 亿元增加
1169 亿元，增长 9.87%，较上年增速 15% 有所放缓；R&D 经费投入强度为 2.05%，
比上年提高了 0.04 个百分点（见图 2-1）。

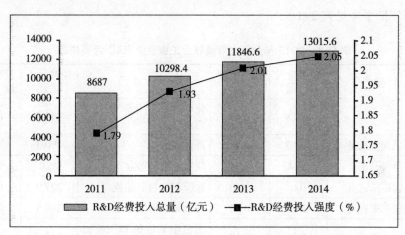

图2-1　2011—2014年我国R&D经费投入总量及研发投入强度情况

资料来源：《2011—2015 年全国科技经费投入统计公报》。

从创新活动的主体来看，各类企业研究与试验发展（R&D）经费支出
10060.6 亿元，比上年增长 10.9%，企业经费占全国经费总量的比重为 77.3%，企
业在创新活动中的主体地位进一步得到加深（见图 2-2）。

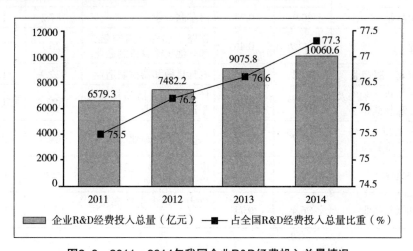

图2-2　2011—2014年我国企业R&D经费投入总量情况

资料来源：《2011—2015 年全国科技经费投入统计公报》。

分产业部门[1]看，研究与试验发展（R&D）经费投入超过 500 亿元的行业大类有 7 个，这 7 个行业的（R&D）经费占全部规模以上工业企业研究与试验发展经费的比重为 61.1%，较上年下降了 0.2 个百分点；研发经费在 100 亿元以上且投入强度（与主营业务收入之比）超过了规上工业平均水平的行业大类有 10 个，与上一年持平（见表 2-1）。

表 2-1 2013 年分行业规模以上工业企业 R&D 经费情况

| 行业 | 经费投入（亿元） | 投入强度（%） | 行业 | 经费投入（亿元） | 投入强度（%） |
|---|---|---|---|---|---|
| 采矿业 | 290.8 | 0.45 | 化学原料和化学制品制造业 | 746.5 | 0.90 |
| 煤炭开采和洗选业 | 151.5 | 0.50 | 医药制造业 | 390.3 | 1.67 |
| 石油天然气开采业 | 84.4 | 0.74 | 化学纤维制造业 | 75.0 | 1.05 |
| 黑色金属矿采选业 | 9.0 | 0.10 | 橡胶和塑料制品业 | 227.9 | 0.76 |
| 有色金属矿采选业 | 20.3 | 0.32 | 非金属矿物制品业 | 246.5 | 0.43 |
| 非金属矿采选业 | 9.9 | 0.19 | 黑色金属冶炼和压延加工业 | 642.0 | 0.86 |
| 制造业 | 8890.9 | 0.91 | 有色金属冶炼和压延加工业 | 330.6 | 0.64 |
| 农副食品加工业 | 195.9 | 0.31 | 金属制品业 | 251.2 | 0.69 |
| 食品制造业 | 112.7 | 0.55 | 通用设备制造业 | 620.6 | 1.32 |
| 酒、饮料和精制茶制造业 | 98.8 | 0.60 | 专用设备制造业 | 540.9 | 1.55 |
| 烟草制品业 | 20.9 | 0.23 | 汽车制造业 | 787.2 | 1.16 |
| 纺织业 | 177.7 | 0.46 | 铁路、船舶、航空航天和其他运输设备制造业 | 426.1 | 2.40 |
| 纺织服装、服饰业 | 74.2 | 0.35 | 电气机械和器材制造业 | 922.9 | 1.38 |
| 皮革、毛皮、羽毛及其制品和制鞋业 | 40.1 | 0.29 | 计算机、通信和其他电子设备制造业 | 1392.5 | 1.63 |
| 木材加工和木、竹、藤、棕、草制品业 | 32.7 | 0.25 | 仪器仪表制造业 | 169.0 | 2.04 |
| 家具制造业 | 27.1 | 0.37 | 电力、热力、燃气及水生产和供应业 | 72.6 | 0.11 |
| 造纸和纸制品业 | 96.4 | 0.71 | 电力、热力生产和供应业 | 61.9 | 0.11 |

---

[1] 产业部门仅包括规模以上工业企业，即年主营业务收入2000万元及以上的工业法人单位。

（续表）

| 行业 | 经费投入（亿元） | 投入强度（%） | 行业 | 经费投入（亿元） | 投入强度（%） |
|---|---|---|---|---|---|
| 印刷和记录媒介复制业 | 34.2 | 0.51 | 燃气生产和供应业 | 5.6 | 0.11 |
| 文教、工美、体育和娱乐用品制造业 | 65.5 | 0.44 | 水的生产和供应业 | 5.2 | 0.30 |
| 合计 | 9254.3 | 0.84 | 石油加工、炼焦和核燃料加工业 | 106.6 | 0.26 |

注：本表中工业行业分类按国民经济行业分类（GB/T 4754—2011）标准划分。
资料来源：《2013 年全国科技经费投入统计公报》。

从地区看，江苏、广东的研究与试验发展（R&D）经费在全国范围内领先，均达到了 1600 亿元以上；北京地区的研究与试验发展（R&D）经费投入强度（与地区生产总值之比）最大，为 5.95%，较上一年的 6.08% 有所下滑（见表 2-2）。

表 2-2　2013 年各地区研究与试验发展（R&D）经费情况

| 地　区 | R&D经费支出（亿元） | R&D经费投入强度（%） |
|---|---|---|
| 全　国 | 13015.6 | 2.05 |
| 北　京 | 1268.8 | 5.95 |
| 天　津 | 464.7 | 2.96 |
| 河　北 | 313.1 | 1.06 |
| 山　西 | 152.2 | 1.19 |
| 内蒙古 | 122.1 | 0.69 |
| 辽　宁 | 435.2 | 1.52 |
| 吉　林 | 130.7 | 0.95 |
| 黑龙江 | 161.3 | 1.07 |
| 上　海 | 862.0 | 3.66 |
| 江　苏 | 1652.8 | 2.54 |
| 浙　江 | 907.9 | 2.26 |
| 安　徽 | 393.6 | 1.89 |
| 福　建 | 355.0 | 1.48 |
| 江　西 | 153.1 | 0.97 |
| 山　东 | 1304.1 | 2.19 |
| 河　南 | 400.0 | 1.14 |
| 湖　北 | 510.9 | 1.87 |
| 湖　南 | 367.9 | 1.36 |

（续表）

| 地 区 | R&D经费支出（亿元） | R&D经费投入强度（%） |
|---|---|---|
| 广 东 | 1605.4 | 2.37 |
| 广 西 | 111.9 | 0.71 |
| 海 南 | 16.9 | 0.48 |
| 重 庆 | 201.9 | 1.42 |
| 四 川 | 449.3 | 1.57 |
| 贵 州 | 55.5 | 0.60 |
| 云 南 | 85.9 | 0.67 |
| 西 藏 | 2.4 | 0.26 |
| 陕 西 | 366.8 | 2.07 |
| 甘 肃 | 76.9 | 1.12 |
| 青 海 | 14.3 | 0.62 |
| 宁 夏 | 23.9 | 0.87 |
| 新 疆 | 49.2 | 0.53 |

资料来源：《2013年全国科技经费投入统计公报》。

### 三、重大突破性、颠覆性创新缺乏，自主创新能力亟待加强

2015年汤森路透发布了《2015全球创新企业百强榜》，日本有40家企业入选，力压美国35家企业，成为榜首。而中国内地无一家企业入围，这是继2014年中国大陆首次有企业入围之后，又一次缺席了榜单。本次《2015全球创新企业百强榜》是由汤森路透知识产权与科技事业部评选而出。具体的评判标准包括专利授权成功率、专利总授权量、专利的全球覆盖率以及专利的影响力。造成无一内地企业上榜的原因有二：一是企业缺乏重大突破性、颠覆性创新，目前的大部分创新仅围绕当前的需求进行技术改造，缺少发展前瞻性的创新。二是虽然目前中国大陆的企业仍然热衷于发展自己的知识产权，国内专利申请量逐年增高，但是对于国际专利的申请还处于起步阶段，这对于企业自身在创新领域以及国际影响力的发展有着一定的冲击。

## 第二节　中国工业质量品牌情况

质量品牌是国家综合实力的集中反映，是打造中国经济升级版的关键，关系

到亿万群众的福祉，更是体现高技术产业国际竞争力的一个重要指标。目前我国高技术产业发展仍然处于"爬坡过坎"的关键时刻，产业"大而不强"，激烈的国际竞争对我国工业质量工作提出了严峻挑战。

## 一、质量品牌促进经济结构转型升级

近年来，质量品牌越来越受到全社会的重视，成为了工业转型升级过程中重要的工作抓手，质量品牌同样是生产力的要素之一，是物质和文化的相结合的产物。近年来，中国出台了一系列推进质量品牌建设工作的相关政策，2013 年 6 月 7 日国务院办公厅印发了《质量工作考核办法的通知》（国办发〔2013〕47 号），国务院为全面贯彻实施《质量发展纲要（2011—2020 年）》，出台了《2014 年工作行动计划（国办发〔2014〕18 号）》，质量品牌战略越来越受到国家的高度重视。

按照工业和信息化部《关于做好 2015 年工业质量品牌建设工作的通知》（工信部科函〔2015〕115 号）的要求，2015 年以提高发展质量和效益为中心，主动适应经济发展新常态，促进实现"三个转变"，增强工业质量品牌竞争力。着眼"十三五"规划布局，以两化深度融合，加快转型升级等中心任务为主线，部署年度任务，谋划长远发展。一手抓全面推进，夯实质量品牌工作基础，建立长效机制；一手抓重点提升，解决质量品牌建设突出问题[1]。重点工作包括：（1）改善质量品牌社会和市场环境，制定发布品牌管理体系国家标准，积极宣贯国家和行业标准，完善"工业产品质量企业自我声明"平台建设，继续组织开展"工业企业质量信誉承诺活动"。（2）推广先进质量方法，继续组织开展质量标杆活动，引导企业学习实践卓越绩效模式、精益生产、六西格玛和现场管理等质量管理方法。（3）深化工业品牌培育，完善品牌培育工作制度，继续开展工业企业品牌培育试点示范工作，深化推进产业集群区域品牌建设，完善品牌专业人才培养工作模式。（4）提升产品实物质量，开展工业企业质量品牌诊断和提升活动，完善工业产品质量控制和技术评价实验室体系建设，组织开展产业链质量保证方法研究。（5）加强政策规划研究，开展质量品牌法律法规研究，推动法规和规章立项工作。总结"十二五"时期质量品牌工作，部署编制"十三五"质量品牌规划。2015 年，工业和信息化部认定了 33 家"全国质量标杆企业"，举行了 4 期质量标杆经验学习交流活动，分享了山东景芝酒业股份有限公司、青岛红领集团有限公司、海信

---

[1] 《关于做好2015年工业质量品牌建设工作的通知》（工信部科函〔2015〕115号）。

集团有限公司、山推工程机械股份有限公司、山东扳倒井股份有限公司、四川科伦药业股份有限公司等6家标杆企业的实践经验。另外，评选出97家"全国工业品牌培育示范企业"、113项"全国机械工业用户满意产品"。同时，核定北京中关村科技园区管理委员会等15家单位作为第二批产业集群区域品牌建设试点工作组织实施单位，开展产业集群区域品牌建设工作。

## 二、各行业工业产品质量技术水平全面提升

2013年，在国家创新驱动发展战略指引下，工信部及各地方工信部门不断加大质量品牌工作力度，大多数行业的产品质量工作取得明显进展。各行业平均质量技术水稳中有升，涌现出一批高质量工业产品，产品质量和品牌信誉不断提升，假冒伪劣、以次充好、偷工减料现象有所减少，技术进步在提高工业产品整体质量水平和淘汰落后产能方面逐渐发挥主导作用。基于对133家实验室产品质量报告的分析，我国装备制造、电子信息、软件、钢铁、建材、有色等重点工业领域产品质量发展总体呈现以下特征。

### （一）装备制造业涌现出一批高质量产品

部分起重机、农用机械产品达到国际先进甚至领先水平；汽车业快速增长，零部件企业实力大幅提升；一批重大数控机床新产品研制成功，填补了国内技术空白。从实验室报告检测数据看，农机具、数控机床、中小型汽油机、送检柴油机样机、低压电器、空调产品合格率均比上年提升，分别达90%、85%、88%、95%、90%和92%。

### （二）通信设备技术水平稳步提升

企业普遍比较重视技术创新，产品质量提升较快。据实验室报告，平板高清电视机、显示器、视盘机、投影机、台式PC机、笔记本电脑、电话机、传真机等日常生活办公用电子信息产品，一次性合格率都在90%以上；移动通信基站、数字程控电话交换机、服务器、处理器、存储器、光纤光缆等网络通信设备质量相对比较稳定；智能手机、北斗接收终端芯片、光伏电池组件等产品质量技术水平明显提升。

### （三）工业嵌入式软件保持高速增长，部分国产信息安全软件产品质量较好

工业嵌入式软件产业保持高速增长态势，在工业控制、医疗电子、通信、仪

器仪表等应用领域发挥着越来越大的作用，成为我国软件业快速发展的重要驱动力。信息安全产品如防火墙、网络安全隔离卡与线路选择器、安全隔离与信息交换产品等，产品质量较好，在政府部门、金融、证券基金、医疗、能源、广电、电力、民航、交通、文化等领域得到广泛应用。国产中间件基本形成了与国外产品配套的同类型产品，产品质量取得大幅提升。

**（四）建材行业主要产品质量提升较大**

根据实验室报告，2013年三季度水泥国抽批次产品合格率97.14%；新型墙体材料、陶瓷砖国抽合格率分别为87.5%、93.9%，比上年上升了16个、4.3个百分点；2013年四季度卫生陶瓷国家监督抽查产品抽样合格率为93.7%，比2012年提升1.2个百分点；2013年玻璃纤维及绝热材料总体合格率85%，比2012年提高5个百分点。

**（五）钢铁行业重点产品合格率较高**

根据实验室报告，2013年H型钢、热轧带肋钢筋、预应力钢绞线产品合格率分别为99.9%、93.4%、98%，无缝钢管检测显示产品质量良好，铁精矿品位达到67%—69%，$SiO_2$降到3%—5%，国产铁精矿质量已达到或超过国外进口成品铁矿石质量。

**（六）有色金属行业主要产品质量明显提升**

根据实验室上报检测数据：铝及铝合金建筑型材产品抽样合格率92%，铜及铜管材产品抽样合格率91%，其他有色金属产品及矿产品送检合格率达98%以上；混合稀土产品质量状况较为稳定，按转化为稀土氧化物计算，稀土总量七成以上样品能达到92%,稀土相对纯度大于99.999%的单一稀土产品样品明显增多；电解铝产品及主要原料产品质量基本稳定。但钛合金加工产品质量不稳定、成品率低，精炼铂族金属产品质量波动性较大。

**三、中国质量品牌面临的问题与挑战**

近年来，我国工业产品质量虽有一定提高，但必须看到我国工业产品技术水平基本上还处于国际中等水平，产品质量与先进国家相比还有很大差距。一是在性能、功能上发达国家仍占有明显优势，二是一致性、稳定性、可靠性、安全性仍然是国产工业产品质量不高的主要方面，三是事关提高行业质量技术水平的共性技术研发问题仍未得到根本解决，最终表现为产品国际竞争力较弱。如在装备制造行业，高端装备领域中的"重主机轻配套"和"重洋轻土"问题依旧突出；电子信息产业中，平板显示器生产技术与世界先进水平相差 2—3 代，大规模集成电路工艺制程水平约相差 1 个数量级；软件行业中，汽车和机械制造等重点行业的工业嵌入式软件、桌面操作系统、大型数据库、工程软件等细分领域在性能及可靠性方面与国际先进水平仍存差距；钢铁行业中，一些高强度、耐腐蚀、长寿命的高性能产品研发和技术水平有待进一步提高；建材、钢铁等多个行业均存在低端产品产能过剩、产品同质化严重的问题；有色金属行业中，钛合金加工产品产品质量不稳定、成品率低，精炼铂族金属产品质量波动性较大，产生上述问题的深层次原因在于以下方面。

## （一）关键核心技术受制于人

长期以来，我国大部分工业行业核心技术仍以进口为主，国产技术水平相对落后，企业技术创新能力不足，难以达到工业产品在可靠性、寿命及加工精度等方面的高质量水平要求。如原材料工业和配套零部件产业的关键核心技术仍未突破，成为制约工业产品质量提升的一大瓶颈。在装备制造行业中，高档数控系统、高速主轴单元、精密滚动功能部件等大量采用日本、德国、中国台湾、韩国产品，国产中档数控系统国内市场占有率只有 35%，高档数控系统 95% 以上依靠进口；内燃机产品中的电控技术、高压喷射技术、稀薄燃烧技术等主要依靠国外，关乎节能减排的关键零部件系统基本上完全外购；发动机电子控制系统、整车安全系统和排放处理系统等关键技术，基本被国外汽车零部件巨头垄断。核心技术的对外依赖不仅给产品质量管控带来了风险，更给产业安全造成了重大隐患。

## （二）产品标准体系不健全

一是部分产品标准缺失或针对产品相关性能指标检测标准缺失。我国大多数软件产品缺乏统一的质量评价和测试标准，在航空航天、国防军事领域的工业嵌入式软件中，微小缺陷就能威胁到生命安全和国家安全，可能造成巨额损失；在消费电子领域，产品更新换代较快，复杂度不断提升，标准跟不上造成的产品质量问题尤为突出，如我国到现在都还没有锂电池行业标准。二是部分产品标准滞后或不完善，新产品标准制修订速度与新产品发展不同步，如建材行业中的超薄浮法玻璃，物联网、光伏产品、微功率无线电产品等一些电子信息产品，其行业标准均已不适合目前行业发展现状。

### （三）部分中小企业质量意识淡薄

当前，部分行业中小企业对质量管理投入不足，重速度、轻质量，质量管理流于形式，或者没有完善和健全的质量管理体系和制度，或者部分已获生产许可证的企业不能保持生产的一致性，导致其产品质量不稳定。如2013年新型墙体材料产品国家监督抽查中，大、中型企业抽查合格率较高，分别为91.7%、95.7%，小型企业抽查合格率仅为84.7%，低于抽查合格率平均数87.5%；2013年第2批平板玻璃产品国家监督抽查中，大型企业抽查合格率为83.7%，中型企业抽查合格率仅为72.7%；2013年纸巾、湿巾产品国家监督抽查中，大中型企业产品合格率均为100%，小型企业产品合格率仅为88.7%，低于92.2%的抽查平均合格率。

### （四）行业监管力度不足

尽管国家逐步加大了对产品质量的宏观管理力度，一些行业仍然存在监管力度不足的问题。一是行业监管缺失，如由于政府管理职能和体制变化，机械行业的行业监管没有进行及时调整，造成监管缺失；二是行业监管手段不完善，如工业嵌入式软件产品质量主要是通过企业自测的方式来保证，而缺少相关行业监管手段；三是行业监管强度不够，对小微企业的监管力度仍需加强，建材、轻工、纺织、石化等行业中依旧存在无证生产现象。

## 第三节　中国工业部分领域知识产权和标准情况

随着国家创新驱动发展战略的深入推进，以及"大众创业、万众创新"氛围日益浓厚，科技创新作为我国经济社会发展核心动力共识进一步凝聚，科技创新活动活跃度空前，科技创新成果层出不穷，体现为各类知识产权申请与授权量逐年创下新高，保持了持续快速发展态势。根据世界知识产权组织2015年12月14日发布的《2015年度世界知识产权指标》报告，2014年我国专利、工业品外观设计、商标等知识产权申请量均位居世界第一，成为"世界知识产权发展的主要推动力"。我国智能移动终端、高端装备制造、航空航天等领域专利申请量继续保持了较高增长速度，3D打印、机器人等一些新兴产业专利布局意识和能力

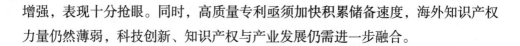

增强，表现十分抢眼。同时，高质量专利亟须加快积累储备速度，海外知识产权力量仍然薄弱，科技创新、知识产权与产业发展仍需进一步融合。

## 一、大飞机

2015 年 11 月 2 日，我国自主研制的 C919 大型客机在上海中国商飞公司总装下线。作为我国首款按照最新国际适航标准研制的干线民用飞机，C919 大型客机自 2008 年开始研制，7 年来实现了 102 项关键技术攻关，并且拥有了中国在大型民用客机上的自主知识产权。作为大飞机主制造商，中国商用飞机有限公司（简称"中国商飞"），在关键核心技术攻关的同时，非常重视运用知识产权保护技术创新成果。自 2008 年申请专利以来，中国商飞专利数量呈现快速增长趋势，且专利结构优于我国专利平均状况，表明该公司在迅速增加专利数量同时，也注重提高专利质量。公司现持有专利申请 584 件，包括中国申请 524 件，海外申请 60 件。其中，中国申请有 4 件通过转让方式获得。从专利结构看，中国商飞公司在我国 520 件专利申请中发明专利 376 件，实用新型 107 件，外观设计 37 件，其中发明专利占比超过 70%；另外，中国商飞拥有 PCT 专利申请 45 件，欧洲专利申请 9 件，美国专利申请 6 件[1]。

大飞机采用世界商用飞机普遍采用的"主制造商 + 供应商"研发模式，对国内系统供应商产生明显带动效应。除中国商飞坚持拥有自主知识产权外，相关系统供应商在其带动下也积极申请专利（见表 2–3）。从专利申请涉及大飞机技术领域分布看[2]，截至目前，动力装置集成方面我国申请人申请专利 55 件，其中，中国商飞及其子公司申请 21 件；全权限电传飞控系统由我国首次自行研发设计，实现技术突破，围绕该系统我国申请人申请专利 39 件，其中，中国商飞申请 4 件；C919 大型客机主结构材料首次大量应用了铝锂合金，围绕铝合金、铝锂合金材料应用技术，我国申请人申请专利 185 件，其中，中国商飞公司申请专利 7 件。

---

[1] 刘柳：《专利护航，让中国的大飞机翱翔蓝天》，超凡智库，http://z.chaofan.wang/news/guoneizixun/8972.html。
[2] 陈景秋：《国产大飞机：专利羽翼日渐丰满》，中国知识产权报资讯网，http://www.cipnews.com.cn/showArticle.asp?Articleid=38469。

表 2-3　大飞机主要相关公司专利申请情况

| 序号 | 公司名称 | 数量（件） |
|---|---|---|
| 1 | 中国商用飞机有限公司 | 584 |
| 2 | 中航工业集团西安飞机设计研究所 | 573 |
| 3 | 哈尔滨飞机工业集团有限公司 | 567 |
| 4 | 沈阳飞机工业（集团）有限公司 | 559 |
| 5 | 成都飞机工业（集团）有限责任公司 | 232 |
| 6 | 洪都航空工业集团有限责任公司 | 194 |
| 7 | 北京航空航天大学 | 158 |

资料来源：中国知识产权报资讯网。

中国商飞及相关供应商公司在 C919 的研发过程中重视运用知识产权维护技术创新成果，以战略视野开展国内外专利布局，并取得了明显效果，共同对 C919 提供有力专利技术支撑。与此同时，仍应清醒地看到，作为全球航空工业的"后来者"，我国大飞机在未来发展过程中仍不可避免地面临全球航空工业巨头所设置的专利壁垒。以被誉为航空工业"皇冠上的明珠"的航空发动机为例，技术发达国家通过专利战略布局，严格控制着相关关键核心技术。美国、日本、英国 3 个国家围绕航空发动机的专利申请总量之和高达 14256 件，占总申请量的 77.4%，这种高度集中性充分说明航空发动机制造的先进技术仍被美国、日本、英国航空制造企业所垄断。其中，美国的专利申请又占绝对优势，以 7770 件居于榜首 [1]。

## 二、3D打印技术

世界知识产权组织在 2015 年 11 月 11 日发布的《2015 年世界知识产权报告》中，将 3D 打印技术、纳米技术和机器人工程学视为继飞机、抗生素和半导体等技术之后有潜力突破成为未来世界经济发展新引擎的新兴技术领域。令人振奋的是，近年来我国紧跟这三个技术领域发展前沿，积极开展专利前瞻布局，在专利申请方面与发达国家并驾齐驱，被世界知识产权组织称为"唯一一个向这个先进的、工业化国家小组靠近的新兴中等收入国家" [2]。同时，不能不引起注意的是，我国在这三个领域目前尚处于向美国、日本、德国、法国、英国等国家靠近的"跟

[1]　吴艳、赵云等：《大型飞机发动机技术专利状况分析》，《电子知识产权》2011年第2期。
[2]　《〈2015年世界知识产权报告〉：日本、美国、德国、法国、英国、韩国引领3D打印、纳米技术和机器人工程学前沿技术专利申请》，联合国新闻网，http://www.un.org/chinese/News/story.asp?NewsID=25090。

跑者"或者"并行者",领跑的仍是发达工业国家。就 3D 打印技术而言,有关发明更多地集中在美国、德国和日本,而我国在最近几年奋起直追,并有后来居上之势。最先占据优势的是日本,其后美国超越了日本,截至 2011 年,我国在 3D 打印技术领域数量申请专利几乎相当于日本与美国之和。

从专利申请人看,发达国家专利申请居前的多是企业,其中美国的 Stratasys 和 3DSystems 公司是 3D 打印的早期推动者,目前这两家公司的专利申请数量居于前两位。该领域专利申请前 10 名企业中,美国公司占据 4 席,德国和日本分别占据 3 席,而我国尚无任何一家公司进入前 10 名。由于政府近年来对该技术领域的政策激励和大量投资,我国 3D 打印专利申请更多地源于大学和科研机构,在该领域专利申请世界排名前 10 家大学和科研机构中,我国占 6 家[1](见表 2-4)。专利申请人集中于大学和科研机构表明,我国 3D 打印技术产业化应用不足。

表 2-4  1995 年以来前 10 名大学和专业机构专利申请人

| 机构名称 | 所属国家 | 专利申请数量 |
| --- | --- | --- |
| 费劳恩霍夫研究所 | 德国 | 89 |
| 中国科学院 | 中国 | 79 |
| 华中科技大学 | 中国 | 46 |
| MIT | 美国 | 37 |
| 西安交通大学 | 中国 | 34 |
| 南加州大学 | 美国 | 31 |
| 华南理工大学 | 中国 | 27 |
| 哈尔滨工业大学 | 中国 | 24 |
| TNO | 荷兰 | 24 |
| 北京工业大学 | 中国 | 17 |

资料来源:《世界知识产权组织报告 2015》。

近年来,我国 3D 打印技术专利申请持续增长,增速较快。从专利申请数量看,截至 2013 年,我国在 3D 打印技术领域共申请专利 1704 件。其中,发明专利申请 978 件,占专利申请总数近 60%,实用新型专利和外观设计专利共 726 件,占专利总数约 40%。从 3D 打印技术领域看,我国在该领域的专利申请分布较为广泛,涵盖打印材料、打印设备、打印工艺过程、产品生产等。其中,较为集中在以下

---

[1]  WIPO:《2015年世界知识产权报告》,第102页。

技术领域：首先是打印材料领域，主要是优化热塑性塑料、陶瓷材料和金属粉末等打印材料配方；其次是改进打印成型工艺；再次主要是模型制造和成型设备制造。另外，应用方面集中在汽车家电、航空航天设备的零部件制造，生物医学领域的仿生器官制造等[1]。从专利申请人看，在我国专利申请的前10名申请人中尚没有国外企业或机构，但随着3D打印技术应用推广，不排除未来几年内国外申请人在我国加大布局力度，尤其是在塑性材料打印制品成型技术、打印装备技术等重点技术领域，我国尚落后国外近10年时间，应抓紧时机加大相关技术基础研究和产业化应用技术研究，并在国内外积极布局。

## 三、工业机器人

工业机器人代表未来生产力，已成为当今世界工业领域不可或缺的"生产者"。对于我国而言，劳动力成本上升倒逼制造业企业产业升级，加上机器人价格下降等因素，更多的企业将考虑采用工业机器人以替代劳动力，工业机器人市场发展潜力巨大。市场需求激发了工业机器人领域技术创新活力，也推动了我国工业机器人专利申请数量不断攀升，占世界机器人专利申请比重不断提高。根据世界知识产权组织研究报告，早期美国、欧洲之后是日本对于机器人产业的发展起到了巨大推动作用，2000年以来，先是韩国，接着是我国对于该产业发展的重要性日益显现。2000年我国在机器人领域的专利申请仅占该领域世界专利申请总量的1%，而到了2011年，我国在该领域的专利申请数量占比迅速提高至25%。相反，日本的占比则从2000年的56%快速下降至2011年21%[2]。

尽管我国机器人专利申请数量增长迅猛，但由于行业起步较晚，专利积累不足，与日本、德国、美国等工业机器人强国相比，关键核心技术专利储备和布局仍需大力加强。围绕工业机器人的核心部件机器人本体、减速器、伺服电机、控制系统等4个部分，日本、美国等发达国家行业巨头早已开始了专利布局（见表2-5）。以RV减速器为例，我国申请人申请专利26件，有效专利13件，发明专利只有2件；而国外申请人在我国申请专利47件，其中有效专利26件全部为发明专利[3]。而且，我国企业申请专利均不属于核心技术。

[1] 陈军、张韵君：《基于专利地图的中国3D打印技术发展研究》，《中国科技论坛》2015年第11期。
[2] WIPO：《2015年世界知识产权报告》，第124页。
[3] 《工业机器人专利布局：减速器和伺服电机差距大》，工控网，http://gongkong.ofweek.com/2014-11/ART-310002-8420-28902734_3.html。

表2-5　工业机器人全球专利技术目标国/来源国数据统计（单位：件）

| 目标国/来源国 | 日本 | 中国 | 美国 | 德国 | 韩国 |
|---|---|---|---|---|---|
| 日本 | 31506 | 11 | 563 | 302 | 59 |
| 中国 | 558 | 9276 | 118 | 84 | 29 |
| 美国 | 2727 | 61 | 5204 | 649 | 217 |
| 德国 | 1412 | 68 | 1237 | 2569 | 124 |
| 韩国 | 845 | 7 | 198 | 92 | 3382 |

资料来源：工控网。

从竞争格局看，目前外国品牌仍在我国工业机器人市场中占主导地位，我国企业与外资企业差距十分明显。2015年度，以日本发那科、安川，瑞士ABB和德国库卡为代表的国际巨头企业继续加大对中国市场专利布局和生产布局，同时依靠其知识产权垄断优势扩大市场份额，销售额同比实现较大增长。未来我国工业机器人发展仍然面临核心技术落后和应用不足等现实问题，尤其是，在核心技术上与国际巨头间的巨大差距成为制约机器人行业发展的关键因素。我国在专利数量及专利布局方面与发达国家差距很大，亟须加大研发力度，掌握核心技术，采取合理专利策略，开展专利布局。

## 四、高端装备制造

核电装备领域，自2014年"华龙一号"成功研发以来，我国核电关键技术、关键零部件及技术创新成果产业化方面相继取得新进展，自主知识产权储备增加，核能"走出去"取得新突破，产业发展空间加快拓展，发展基础日益牢固。但与此同时，国际产业竞争压力有增无减。目前世界核电专利主要分布在美国、日本和欧洲诸国，其中日本所占比例最大，我国等发展中国家所拥有的专利技术还比较少（见表2-6）。我国核电专利申请总量与核电强国相去甚远，日本专利数相当于我国的近10倍，美国相当于我国的5倍[1]。另外，由于我国核电市场规模潜力巨大，近年来核电强国的企业不断加强在我国的核电专利布局，申请数量增长较快，其中美国在我国申请量最大，日本专利申请发展迅猛。

---

[1] 宋明强、周涛等：《中国核电知识产权存在的问题及解决途径》，《华电技术》2014年第12期。

表 2-6    世界各国核电专利分布

| 国　家 | 占　比 |
|---|---|
| 日本 | 38% |
| 美国 | 20% |
| 德国 | 13% |
| 法国 | 8% |
| 英国 | 6% |
| 中国 | 4% |
| 其他 | 11% |

资料来源：《华电技术》2014年第12期。

　　工程机械领域，行业所面临的国内政策环境正在改善，有利于工程机械行业发展的积极因素正在积聚，龙头企业正抓住机遇，大力推进创新驱动发展战略实施，不断向高端制造迈进。我国工程机械行业内的龙头企业如中联重科、三一重工、徐工集团等通过引进消化吸收、自主创新和大规模技术改造，在关键核心技术、零部件等方面不断实现新的突破，知识产权积累增加迅速。值得注意的是，制造强国企业不断加强在我国的专利布局，申请数量增长较快，日本跨国公司在中国工程机械领域有所渗透[1]。从表2-7发明专利总量看，日立建机株式会社排名第三，神钢建设机械株式会社排名第六，这两家公司都具有较强的创新能力和竞争力。对于日本跨国公司在国内工程机械行业相关领域建立的专利技术壁垒，需要引起重视。

表 2-7    工程机械发明专利及申请人情况（单位：件）

| 企业名称 | 发明专利 |
|---|---|
| 中联重科股份有限公司 | 267 |
| 三一重工股份有限公司 | 242 |
| 日立建机株式会社（日本） | 162 |
| 三一重机有限公司 | 94 |
| 徐州重机有限公司 | 59 |
| 神刚建设机械株式会社（日本） | 51 |
| 三一汽车起重机械有限公司 | 46 |

[1]　曲伟：《基于专利情报分析的我国工程机械技术领域发展现状研究》，《机械制造》2014年12月总第604期。

37

（续表）

| 企业名称 | 发明专利 |
|---|---|
| 徐工集团工程机械股份有限公司 | 38 |
| 广西柳工股份有限公司 | 32 |
| 山推工程机械股份有限公司 | 32 |

资料来源：《机械制造》2014年12月总第604期。

# 第三章　五大热点

## 热点一：中共中央"十三五"规划建议明确提出创新是引领发展的第一动力

2015 年 10 月 29 日，在中国共产党第十八届中央委员会第五次全体会议上，审议并通过《中共中央关于制定国民经济和社会发展第十三个五年规划的建议》。

### 一、把创新摆到国家发展全局的核心位置上来

会议明确提出，通过推进理论创新、制度创新、科技创新、文化创新等各方面创新，把创新摆到国家发展全局的核心位置上来，把发展基点放在创新上，塑造更多发挥先发优势的引领型发展局面，形成促进创新的体制架构；着力优化劳动力、资本、土地、技术、管理等要素配置，培育发展新动力，激发创新创业活力，推动新技术、新产业、新业态蓬勃发展，推动大众创业、万众创新。

### 二、培育发展新动力

发挥消费对增长的基础作用，着力扩大居民消费，引导消费朝着智能、绿色、健康、安全方向转变，以扩大服务消费为重点带动消费结构升级。促进流通信息化、标准化、集约化。

发挥投资对增长的关键作用，深化投融资体制改革，优化投资结构，增加有效投资。发挥财政资金撬动功能，创新融资方式，带动更多社会资本参与投资。更进一步推广政府和社会资本合作模式，创新公共基础设施投融资体制。

增强对外投资和扩大出口的结合度，发挥出口对增长的促进作用，培育以技

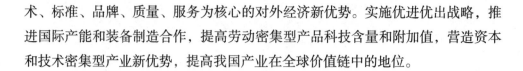

术、标准、品牌、质量、服务为核心的对外经济新优势。实施优进优出战略,推进国际产能和装备制造合作,提高劳动密集型产品科技含量和附加值,营造资本和技术密集型产业新优势,提高我国产业在全球价值链中的地位。

### 三、拓展发展新空间

拓展区域发展空间。以"一带一路"建设、京津冀协同发展、长江经济带建设为引领,以区域发展总体战略为基础,从而形成沿海沿江沿线经济带为主的纵向横向经济轴带。发挥城市群辐射带动作用,优化发展京津冀、长三角、珠三角三大城市群,形成东北地区、中原地区、长江中游、成渝地区、关中平原等城市群。发展一批中心城市,强化区域服务功能。支持绿色城市、智慧城市、森林城市建设和城际基础设施互联互通。推进重点地区一体发展,培育壮大若干重点经济区。推进城乡发展一体化,开辟农村广阔发展空间。

拓展产业发展空间。支持节能环保、生物技术、信息技术、智能制造、高端装备、新能源等新兴产业发展,支持传统产业优化升级。推广新型孵化模式,鼓励发展众创、众包、众扶、众筹空间。发展天使、创业、产业投资,深化创业板、新三板改革。

拓展基础设施建设空间。实施重大公共设施和基础设施工程。实施网络强国战略,加快构建高速、移动、安全、泛在的新一代信息基础设施。加快完善水利、铁路等基础设施网络。完善能源安全储备制度。加强城市公共交通、防洪防涝等设施建设。实施城市地下管网改造工程。加快开放电信、交通等自然垄断行业的竞争性业务。

拓展网络经济空间。发展分享经济,通过实施"互联网+"行动计划,发展物联网技术和应用,促进互联网和经济社会良好融合发展。实施国家大数据战略,推进数据资源开放共享,推进产业组织、商业模式、供应链、物流链创新,支持基于互联网的各类创新。

拓展蓝色经济空间。坚持陆海统筹,壮大海洋经济,科学开发海洋资源,保护海洋生态环境,维护我国海洋权益,建设海洋强国。

### 四、深入实施创新驱动发展战略

发挥科技创新在全面创新中的引领作用,加强基础研究,强化原始创新、集成创新和引进消化吸收再创新。推进有特色高水平大学和科研院所建设,鼓励企业开展基础性前沿性创新研究，重视颠覆性技术创新。在重大创新领域组建一批国家实验室，积极组织国际大科学计划和大科学工程，实施一批国家重大科技项目。

推动政府职能从研发管理向创新服务转变。完善国家科技决策咨询制度。坚持战略和前沿导向，集中支持事关发展全局的基础研究和共性关键技术研究；在此基础上找出瓶颈制约问题，并制定系统性技术解决方案。

强化企业创新主体地位和主导作用，形成一批有国际竞争力的创新型领军企业，支持科技型中小企业健康发展。依托企业、高校、科研院所建设一批国家技术创新中心，形成若干具有强大带动力的创新型城市和区域创新中心。完善企业研发费用加计扣除政策，扩大固定资产加速折旧实施范围，推动设备更新和新技术应用。

深化科技体制改革，引导构建产业技术创新联盟。推动跨领域跨行业协同创新，促进科技与经济深度融合；建立从实验研究到生产的全过程科技创新模式；构建普惠性创新支持政策体系，加大金融支持和税收优惠力度。深化知识产权领域改革，加强知识产权保护。

扩大高校和科研院所自主权，赋予创新领军人才更大人财物支配权、技术路线决策权。实行以增加知识价值为导向的分配政策，提高科研人员成果转化收益分享比例，鼓励人才弘扬奉献精神。

## 热点二：全面提高发展质量和核心竞争力是《中国制造2025》的重点任务

2015年5月8日，国务院关于印发了《中国制造2025》的通知（国发〔2015〕28号）。通知中提出，制造业是国民经济的主体，是立国之本、兴国之器、强国之基。

### 一、创新驱动、质量为先

《中国制造2025》，明确提出了：

创新驱动。完善有利于创新的制度环境，推动跨领域跨行业协同创新，突破一批重点领域关键共性技术，坚持走创新驱动的发展道路。

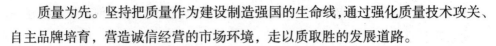

质量为先。坚持把质量作为建设制造强国的生命线,通过强化质量技术攻关、自主品牌培育,营造诚信经营的市场环境,走以质取胜的发展道路。

绿色发展。加强节能环保技术、工艺、装备推广应用,全面推行清洁生产,把可持续发展作为建设制造强国的重要着力点。提高资源回收利用效率,发展循环经济,构建绿色制造体系。

结构优化。把结构调整作为建设制造强国的核心关键环节,改造提升传统产业,发展先进制造业,推动生产型制造向服务型制造转变。走提质增效的发展道路,优化产业空间布局,培育一批具有核心竞争力的产业集群和企业群体。

人才为本。加快培养制造业发展急需的各类人才,把人才作为建设制造强国的根本。走人才引领的发展道路,建设一支素质优良、结构合理的制造业人才队伍,营造大众创业、万众创新的良好氛围。

## 二、加强质量品牌建设

优化质量发展环境,夯实质量发展基础,努力实现制造业质量大幅提升。鼓励企业追求卓越品质,提升企业品牌价值和中国制造整体形象,形成具有自主知识产权的名牌产品。

推广先进质量管理技术和方法。推动重点产品技术、安全标准全面达到国际先进水平,建设重点产品标准符合性认定平台,开展质量标杆和领先企业示范活动,普及先进生产管理模式和方法。

推进制造业品牌建设。为提升企业内在素质,要围绕研发创新、生产制造、质量管理和营销服务全过程,从根本上夯实品牌发展基础。打造一批特色鲜明、竞争力强、市场信誉好的产业集群区域品牌;加大中国品牌宣传推广力度,加速我国品牌价值评价国际化进程。

## 热点三:发展众创空间,推进大众创新创业

2015 年 3 月 2 日,为更好地顺应信息经济时代大众创业、万众创新的新趋势,加快发展众创空间等新型创业服务平台,激发亿万群众创造活力,营造良好创新创业生态环境,打造经济发展的新引擎,国务院办公厅印发了《关于发展众创空间推进大众创新创业的指导意见》(国办发〔2015〕9 号)。

## 一、加快形成大众创业、万众创新的生动局面

全面落实党的十八大和十八届二中、三中、四中全会精神，按照党中央、国务院决策部署，以营造良好创新创业生态环境为目标，以激发全社会创新创业活力为主线，以构建众创空间等创业服务平台为载体，加快形成大众创业、万众创新的生动局面。

坚持市场导向、加强政策集成、强化开放共享、创新服务模式的基本原则，有效集成创业服务资源，提供全链条增值服务。强化创业辅导，培育企业家精神，发挥资本推力作用，提高创新创业效率。

## 二、致力于形成新业态和经济增长点

到 2020 年，形成一批有效满足大众创新创业需求、具有较强专业化服务能力的众创空间等新型创业服务平台；培育一批天使投资人和创业投资机构，投融资渠道更加畅通；孵化培育一大批创新型小微企业，形成新的产业业态和增长点；提供更多高质量就业岗位，以创业促进就业。

## 三、落实八项重点任务，营造良好的创新创业生态环境

1. 加快构建众创空间。总结推广创客空间、创业咖啡、创新工场等新型孵化模式，充分发挥国家自主创新示范区、国家高新技术产业开发区、科技企业孵化器等有利条件，发挥行业领军企业、创业投资机构、社会组织等社会力量的作用，创建一批众创空间。发挥政策集成和协同效应，为广大创新创业者提供良好的工作空间、网络空间、社交空间和资源共享空间。

2. 鼓励科技人员和大学生创业。推进实施大学生创业引领计划，鼓励高校开发开设创新创业教育课程，建立健全大学生创业指导服务专门机构，加强大学生创业培训，整合发展国家和省级高校毕业生就业创业基金，为大学生创业提供场所、公共服务和资金支持，以创业带动就业。

3. 支持创新创业公共服务。支持中小企业公共服务平台和服务机构建设，为中小企业提供全方位专业化优质服务，促进科技基础条件平台开放共享。加强电子商务基础建设，为创新创业搭建高效便利的服务平台，提高小微企业市场竞争力。完善专利审查快速通道，对小微企业亟须获得授权的核心专利申请予以优先审查。

4.加强财政资金引导。通过中小企业发展专项资金，运用阶段参股、风险补助和投资保障等方式，引导创业投资机构投资于初创期科技型中小企业。发挥国家科技成果转化引导基金作用，综合运用设立创业投资子基金、贷款风险补偿、绩效奖励等方式，促进科技成果转移转化；通过市场机制引导社会资金和金融资本支持创业活动。发挥财税政策作用支持天使投资、创业投资发展，培育发展天使投资群体，推动大众创新创业。

5.完善创业投融资机制。发挥多层次资本市场作用，开展互联网股权众筹融资试点。规范和发展服务小微企业的区域性股权市场，促进科技初创企业融资，完善创业投资、天使投资退出和流转机制。鼓励银行业金融机构新设或改造部分分（支）行，作为从事科技型中小企业金融服务的专业或特色分（支）行，提供科技融资担保、知识产权质押、股权质押等方式的金融服务。

## 热点四：用"互联网＋"助推各个领域创新发展

2015年6月24日，国务院常委会审议通过了"互联网＋"行动指导意见（以下简称《指导意见》）。这是一个非常重要的政策性文件，"互联网＋"这一新兴产业模式正式成为中国的国家行动计划。

### 一、"互联网＋"具有广阔的前景和无限的潜力

"互联网＋"就是"互联网＋各个传统行业"，但这并不是简单的两者相加，而是利用新技术创造新生态。几十年来，"互联网＋"已经改造及影响了多个行业，当前大众耳熟能详的电子商务、互联网金融、在线旅游、在线影视、在线房产等行业都是"互联网＋"的杰作。

党中央、国务院高度重视互联网融合发展。习近平总书记指出，现在人类已经进入互联网时代这样一个历史阶段，这是一个世界潮流，而且互联网时代对人类的生活、生产、生产力的发展都具有进步推动作用。李克强总理在2015年的政府工作报告中明确提出，要制定"互联网＋"行动有关文件，并且多次作出重要批示指示，指出"互联网＋"具有广阔的前景和无限的潜力，对提升产业乃至国家综合竞争力将发挥关键作用，要顺应未来市场趋势，大胆探索，积极推动。

为了贯彻落实国务院决策部署，2015年3月份以来，国家发改委联合工信部、

财政部、网信办一共 10 个部门，在广泛充分听取各方面意见的基础上，共同起草了《指导意见》。

## 二、推动互联网由消费领域向生产领域拓展

《指导意见》坚持以改革创新和市场需求为导向，突出企业的主体作用，强调要充分发挥我国互联网的规模优势和应用优势。

在行动要求中，系统阐述了实施"互联网+"行动的总体思路。概括起来就是"一条行动主线、四个着力点、五条发展原则、四大行动目标"。

一条行动主线，就是要大力拓展互联网与经济社会各领域融合的深度和广度，促进网络经济与实体经济协同互动发展。

四大着力点，着力深化体制机制改革，释放发展潜力和活力。着力做优存量，推动产业提质增效和转型升级。着力做大增量，培育新兴业态，打造新的增长点。着力创新政府服务模式，夯实网络发展基础，营造安全网络环境，提升公共服务能力和水平。

五条发展原则，一是要坚持开放共享，营造良好的发展环境。二是坚持融合创新，打造经济发展的新动力。三是坚持变革转型，推动传统产业和公共服务转型升级。四是坚持引领跨越，构筑新一轮科技革命和产业变革的竞争新优势。五是坚持安全有序，建立科学有效的市场监管方式，保障网络安全和市场安全。

四大行动目标，通过实施"互联网+"行动达到：一是经济发展进一步提质增效，传统产业转型升级取得积极进展，基于互联网的新兴业态不断涌现。二是社会服务进一步便捷普惠，公共服务资源配置不断优化。三是基础支撑进一步夯实提升，网络设施和产业基础有效巩固加强，应用支撑和安全保障能力明显增强。四是发展环境进一步开放包容，互联网融合发展面临的体制机制障碍得到有效破除。

## 三、重点在11个重点领域形成新的产业发展模式

当今世界已经进入了万物互联的时代，"互联网+"的应用领域十分广泛，《指导意见》确定的 11 项行动很难覆盖所有的领域，随着互联网的不断拓展会产生更多融合应用。重点领域包括：1. 促进创业创新；2. 协同制造；3. 现代农业；4. 智慧能源；5. 普惠金融；6. 公共服务；7. 高效物流；8. 电子商务；9. 便捷交通；10. 绿色生态；11. 人工智能。

实施"互联网+"行动计划本质是要贯彻落实创新驱动战略,激发"大众创业、万众创新"活力,全面推进经济社会各领域互联网深入应用,坚持做优存量和做大增量并举,坚持创新驱动和融合发展并举,通过利用互联网技术和思维,强化技术应用,创新服务模式,加快促进传统产业转型升级和提质增效。

## 热点五:福州新区获批,东南沿海经济发展步入快车道

2015年9月9日,福州新区成为继南京江北新区之后我国第14个国家级新区,也是第6个沿海的国家级新区,填补了我国东南沿海国家级新区的空白。福州新区位于福州市滨海地区,包括马尾区、仓山区、长乐市、福清市部分区域,规划面积800平方公里。与我国台湾地区开展了紧密合作,形成了坚实的产业基础,战略地位十分重要。

### 一、福州新区为国家区域发展总体战略提供落地载体

党的十八届三中全会以来,党和国家把握经济发展主线,制定了"丝绸之路经济带"、"21世纪海上丝绸之路"、京津冀协同发展、长江经济带、自贸区等多项推动经济发展的重要国家战略。福州作为"21世纪海上丝绸之路"的起点,同时坐拥自贸区,肩负着新时期推动我国对外开放合作的重大历史使命。福州新区的设立,不仅为"一带一路"、自贸区等国家重大战略提供落地载体,同时有利于增加区域经济发展动力,盘活整个区域的经济,有利于区域发展总体战略的实施。

### 二、福州新区的设立为加快东南沿海经济发展提供动力源泉

福州是华东沿海省会城市中唯一没有被确定为副省级的城市。"国家新区"的设立不仅填补了东南沿海国家级新区的空白,同时使福州在区域经济发展过程中更好地发挥汇聚发展资源、对外开放合作、体制机制创新、区域城镇化、产业高级化等方面的引领作用,有着明显的辐射带动和示范效应。福州新区必将引领带动周边区域协同发展,不仅包括新旧城区、新区与周边县(市)区、新区与西部山区山海的协同发展,还包括新区与内陆城市的对接,辐射带动内陆城市改革发展等,进而形成东南沿海经济飞跃发展局面,实现沿海经济洼地全面提升,形

成福建省与长三角、珠三角"三足鼎立"的开放新格局。

### 三、福州新区的设立促进两岸合作的深度融合

福建与台湾地区关系源远流长。福州是距离台湾本岛最近的城市，一直以来是两岸合作的重要承载区。近年来，福建与台湾地区之间产业对接不断深化升级，在纺织、食品等传统产业，以及机械、电子等先进制造业，物联网、生物科技、新能源、创意产业等新兴产业领域呈现出全面对接的发展态势。福州新区的设立，进一步加强了福建对外开放，有利于创新深化两岸交流合作的新机制，实质性推进海峡两岸合作的深度融合发展，成为两岸交流往来、直接"三通"的便捷高效的综合枢纽。

# 行业 篇

# 第四章  装备行业

装备制造业是制造业的核心和脊梁，是建设制造强国的基础，是国家综合实力和技术水平的集中体现，推动装备制造业发展，对于我国加快工业发展，实现制造强国的战略目标具有重要意义。2015年5月，国务院出台了《中国制造2025》规划纲要，提出要重点突破发展高档数控机床和机器人、航空航天装备、海洋工程装备及高技术船舶、先进轨道交通装备、节能与新能源汽车、电力装备、农机装备等重点领域。围绕装备制造业创新驱动发展需求，2015年我国政府出台了一系列鼓励支持政策，采取了一系列有效举措，智能制造装备、新能源汽车、工业机器人、航空航天装备等领域关键核心技术取得重大突破，自主创新能力进一步增强，产业获得快速发展。

## 第一节  总体情况

### 一、重点领域技术创新、产业化发展情况

#### （一）高档数控机床

高档数控机床是指具有高速、精密、智能、复合、多轴联动、网络通信等功能的数控机床，是推动制造业实现自动化、柔性化、集成化生产的重要装备。随着汽车、船舶、航空航天、电力和工程机械等重点产业的快速发展，数控机床装备也在由中低档向高档、由数字化向智能化加快发展。美国、德国、日本三国是当前世界数控机床生产、使用实力最强的国家，拥有 MAG、通快（Trumpf）、马扎克（Mazak）、吉迈特（Gildemeister）、牧野（Makino）、舒勒（Schuler）等知名企业，我国数控机床领先企业包括沈阳机床、山东威达重工、武汉重型机床、陕西秦川机械、华东数控、法因数控等。

1. 政策支持力度不断加大

2015 年 2 月，国家印发《关于开展首台（套）重大技术装备保险补偿机制试点工作的通知》。10 月，工信部发布《首台套重大技术装备推广应用指导目录（2015 年第二版）》，目录里增加了"数控车床"、"数控齿轮加工机床"、"数控磨床"、"特种加工机床"，以及部分"成形机床"的首台套项目[1]。2015 年 12 月，六部委联合修订了《国家支持发展的重大技术装备和产品目录（2015 年修订）》和《重大技术装备和产品进口关键零部件及原材料商品目录（2015 年修订）》，调整了重大技术装备进口税收政策。

2. 技术创新能力明显提升

华东数控通过不断创新，解决了多项关键技术，目前已实现了龙门磨产品的系列化，在国内市场占有率达到 70% 以上，每年出口近 2000 万元，是我国出口规格最大、出口价值最高的数控龙门导轨磨床[2]。沈阳机床研制的 TURNKEY40jcyc 版辊自动加工生产线和中捷机床研发的 FBC260r 数控落地式铣镗床两款新产品，均具有自主知识产权，综合技术指标达到了国际先进水平。重庆机床公司 YZ3120CNC 系列数控滚齿机是国家 30 项战略性创新产品之一。

3. 服务领域不断扩大

国内机床企业紧抓国家大力发展航天航空、核电、轨道交通及海洋工程的机遇，加快研发相关领域的专业装备的研发，服务领域不断扩大。如齐齐哈尔二机床公司与南京航空航天大学合作开发龙门式铺丝机，与北京航空航天大学合作开发高铁（地铁）轨道在线铣磨机，与哈尔滨工程大学合作开发水下管道切割焊接机等专用装备[3]；华鼎重机已跻身高端核电产业。

## （二）工业机器人

1. 机器人产业发展迅速

根据相关报告，2012 年至 2016 年，全球服务机器人销量复合增速已高达 19%；全球工业机器人 2013 年至 2016 年复合增长率约为 6%。2015 年上半年，国产机器人销售 11275 台，同比增长 76.8%。2009 年至 2014 年，我国工业机器

---

[1] 中国机床工具工业协会。
[2] 《华东数控龙门导轨磨出口韩国》，《中国工业报》2015 年 9 月 25 日。
[3] 《齐齐哈尔二机床：以创新开拓新生存空间》，盘古工业新闻网。

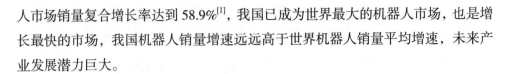

人市场销量复合增长率达到58.9%[1]，我国已成为世界最大的机器人市场，也是增长最快的市场，我国机器人销量增速远远高于世界机器人销量平均增速，未来产业发展潜力巨大。

2. 产业链不断完善

工业机器人产业链主要包括核心零部件制造、本体制造、系统集成和行业应用等部分。上游的减速器、伺服电机、控制器等核心零部件制造是工业机器人产业链的核心环节，主要掌握在ABB、库卡、发那科等几家国际巨头手中，国产的零部件基本依赖进口。我国工业机器人产业在系统集成环节具有优势，沈阳新松机器人以及博实股份的机器人系统集成业务已经形成规模。在机器人本体制造方面，沈阳新松、广州数控和安徽埃夫特等企业具有较强实力。工业机器人产业已经成为智能制造装备发展的新热点，北京、上海、广东、江苏等将是国内工业机器人应用的主要市场（见表4-1）。

表4-1　机器人产业链各环节国内外部分企业

| | 减速器 | 控制系统 | 伺服电机 | 本体制造 | 系统集成 |
|---|---|---|---|---|---|
| 国内上市公司 | 上海机电、秦川机床等 | 新松机器人、新时达、慈星股份、埃斯顿等 | 新时达、汇川技术、华中数控、英威腾等 | 新松机器人、博实股份、天奇股份、亚威股份、华中数控、华昌达、科远股份、埃斯顿等 | 新松机器人、博实股份、天奇股份、亚威股份、华中数控、华昌达、科远股份、巨星科技等等 |
| 国内非上市公司 | 绿的谐波、南通镇康、恒丰泰等 | 广州数控、深圳固高等 | 广州数控、深圳固高等 | 安徽埃夫特、广州数控、上海沃迪、东莞启帆、苏州铂电等 | 安徽埃夫特、广州数控、华恒焊接、苏州铂电、巨一自动化等 |
| 国外公司 | 哈默那科、纳博、住友 | ABB、发那科、安川、库卡、松下、三菱、贝加莱等 | 伦茨、博世力士乐、发那科、安川、松下、三菱、三洋、西门子等 | ABB、发那科、安川、库卡、卧地希、松下、川崎、柯马、徕斯、爱德普等 | ABB、发那科、安川、库卡、柯马、杜尔、徕斯、爱德普、杜尔、埃森曼、IGM等 |

资料来源：赛迪智库整理。

## （三）新能源汽车

1. 政策扶持力度持续加大，新能源车销量爆发式增长

2015年，国家相关部门出台了近20个新能源汽车支持政策，包括科技部发

---

[1]　《机器人产业发展提速　多家上市公司抢滩入局》，《证券日报》2015年12月18日。

布《国家重点研发计划新能源汽车重点专项实施方案（征求意见稿）》，财政部、科技部、工业和信息化部和国家发改委联合公布《关于2016—2020年新能源汽车推广应用财政支持政策的通知》，国家发改委发布《电动汽车充电基础设施发展指南（2015—2020年）》、国务院办公厅印发《关于加快电动汽车充电基础设施建设的指导意见》等相关扶持政策，推动了新能源汽车产销量大幅度飙升（见表4-2）。据统计，2015年1—11月，新能源汽车累计生产27.92万辆，同比增长4倍。其中，纯电动乘用车生产11.72万辆，同比增长3.5倍，插电式混合动力乘用车生产5.30万辆，同比增长3倍；纯电动商用车生产9.01万辆，同比增长11倍，插电式混合动力商用车生产1.89万辆，同比增长90%[1]。

表4-2 2015年新能源汽车政策汇总

| 2月25日 | 科技部发布《国家重点研发计划新能源汽车重点专项实施方案（征求意见稿）》，计划到2020年，建立起完善的电动汽车动力系统科技体系和产业链 |
|---|---|
| 3月18日 | 交通部发布《关于加快推进新能源汽车在交通运输行业推广应用的实施意见》，意见指出要争取当地人民政府支持，对新能源汽车不限行、不限购 |
| 3月24日 | 工信部发布了《汽车动力蓄电池行业规范条件》。锂离子动力蓄电池单体企业年产能力不得低于2亿Wh，金属氢化物镍动力蓄电池单体企业年产能力不得低于1千万Wh时，超级电容器单体企业年产能力不得低于5百万Wh。系统企业年产能力不得低于10000套或2亿瓦时，等等 |
| 4月29日 | 财政部、科技部、工业和信息化部和国家发改委联合公布《关于2016—2020年新能源汽车推广应用财政支持政策的通知》。2017—2020年除燃料电池汽车外其他车型补助标准适当退坡，其中：2017—2018年补助标准在2016年基础上下降20%，2019—2020年补助标准在2016年基础上下降40% |
| 5月5日 | 财政部、科技部、工信部和国家发改委发出《关于开展新能源汽车推广应用城市考核工作的通知》，从5月15日至6月15日，对新能源汽车示范城市的推广应用工作进行考核 |
| 5月8日 | 工业和信息化部公布第四批《免征车辆购置税的新能源汽车车型目录》，此次目录共有330款新能源车型入选 |
| 5月14日 | 财政部、工信部、交通部联合下发了《关于完善城市公交车成品油价格补助政策加快新能源汽车推广应用的通知》，明确规定，现行城市公交车成品油价格补助中的涨价补助以2013年作基数，逐年调整，到2019年将减少60%。另外，城市公交车成品油价格补助中的涨价补助数额与新能源公交车推广数量挂钩 |
| 5月18日 | 财政部、国家税务总局、工业和信息化部发布《关于节约能源使用新能源车船车船税政策的通知》，对新能源车船免征车船税，对节能车船减半征收车船税 |

---

[1] 资料来源：工业和信息化部装备工业司。

53

（续表）

| 5月19日 | 国务院印发《中国制造2025》，提出将"节能与新能源汽车"作为重点发展领域 |
|---|---|
| 6月4日 | 国家发改委、工信部联合发布《新建纯电动乘用车企业管理规定》，自7月10日起，新建企业投资项目的投资总额和生产规模将不受《汽车产业发展政策》有关最低要求限制 |
| 7月13日 | 国家机关事务管理局、财政部、科技部、工业和信息化部、国家发改委联合公布了《政府机关及公共机构购买新能源汽车实施方案》，明确了政府机关和公共机构公务用车"新能源化"的时间表和路线图 |
| 9月9日 | 工信部发布第五批《免征车辆购置税的新能源汽车车型目录》，共有445款车型享受免征购置税政策优惠 |
| 9月23日 | 国家总理在国务院常务会议上确定，新建住宅停车位建设或预留安装充电设施的比例应达到100%，大型公共建筑物、公共停车场不低于10% |
| 10月9日 | 国务院办公厅印发《关于加快电动汽车充电基础设施建设的指导意见》，加快推进电动汽车充电基础设施建设工作。意见指出，到2020年，基本建成适度超前、车桩相随、智能高效的充电基础设施体系，满足超过500万辆电动汽车的充电需求 |
| 11月2日 | 新能源汽车产业未来十年发展路线图已经绘就，文件显示，到2025年，中国新能源汽车年销量将达到汽车市场需求总量的20%，自主新能源汽车市场份额达到80%以上 |
| 11月3日 | 交通运输部、财政部、工业和信息化部联合发布《新能源公交车推广应用考核办法（试行）》，2016年至2020年，新能源公交车推广应用考核工作每年按程序进行一次 |
| 11月17日 | 发改委发布《电动汽车充电基础设施发展指南（2015—2020年）》，明确提出到2020年，全国将新增集中式充换电站1.2万座，分散式充电桩480万个，以满足全国500万辆电动汽车充电需求 |
| 11月25日 | 工信部官方网站发布《免征车辆购置税的新能源汽车车型目录》（第六批）文件 |
| 12月16日 | 财政部等五部委对"十三五"充电设施奖励政策公开征求意见，2020年大气污染治理重点省市奖励门槛7万辆，奖励标准1.26亿元，每增加6000辆，增加奖励资金1100万元，奖励资金最高封顶2亿元 |
| 12月28日 | 质检总局、国家标准委联合国家能源局、工信部、科技部等部门在京发布新修订的电动汽车充电接口及通信协议5项国家标准，新标准将于明年1月1日起实施 |

资料来源：钢联资讯。

2. 混合动力技术有重大突破

我国新能源汽车技术创新屡有突破，科力远混合动力技术有限公司开发了具有完全自主知识产权的双行星轮系四轴冷双电机混合动力系统，已经获得2项国际发明专利和25项国内发明专利。经测试，搭载该系统的混合动力电动汽车百公里油耗4.9L，整车排放达到国V标准。该技术适用于插电式混动汽车，是我国汽车混合动力系统的核心突破，让我国有了与丰田、欧洲并行的混动系统，对我国汽车工业发展具有重要意义[1]。

### 3. 智能驾驶技术取得新突破

2015年，全球包括特斯拉、谷歌、奥迪、宇通、日产等多家企业，都开始投入自动驾驶和半自动驾驶技术的研发，布局发展智能驾驶，其中部分公司初步实现了全自动驾驶。我国部分汽车企业也在智能驾驶领域取得进展，8月29日，宇通的全球第一辆无人驾驶大客车，在开放道路交通条件下，全程无人工干预成功运行[2]。

### 4. 电机电控技术不断提升

国内的新能源汽车配套电机基本能够实现自主生产，自主开发的永磁无刷电机、交流异步电机等驱动电机技术指标已经达到了国际先进水平，如宇通客车的睿控技术，实现系统高度集成，长安汽车的电池成组打包技术、整车电控技术均是自主研发并拥有知识产权。

## （四）船舶工业

### 1. 政策支持有力，发展带来新机遇

2015年，国家相关部门陆续出台了一些新的政策措施，推动我国船舶工业由大变强。《中国制造2025》将海洋工程装备和高技术船舶作为未来重点发展的十大领域之一，《关于加快培育外贸竞争新优势的若干意见》《关于推进国际产能和装备制造合作的指导意见》等文件，要求提升船舶等装备制造业和大型成套设备出口的综合竞争优势。中国人民银行等九部委联合发布了《关于金融支持船舶工业加快结构调整促进转型升级的指导意见》要求化解船企融资难、融资贵的问题，提高保险服务水平；国家发改委发布了《战略性新兴产业专项债券发行指引》,加大企业债券对行业发展支持力度,鼓励社会资本投入;《关于开展首台（套）重大技术装备保险补偿机制试点工作的通知》《军民融合深度发展2015专项行

---

[1] 中国汽车工业协会月度报告信息发布会。
[2] 新华网，http://news.xinhuanet.com/fortune/2015-09/08/c_1116501188.htm。

动》等文件对加快重大技术装备发展，促进船舶装备制造业高端转型具有重要意义。2015年1—10月，全国规模以上船舶工业企业实现主营业务收入6247.4亿元，同比增长3.7%。规模以上船舶工业企业实现利润总额156.7亿元，同比下降28.5%[1]。

2. 科技创新能力不断提升，产品转型成效显著

2015年，我国交付了全球最大8500车位汽车滚装船、国内首艘3万立方米液化天然气（LNG）船、全球第二大7.2万吨半潜船；我国最大箱位18000TEU集装箱船试航成功，全球最大独立货罐型3.7万吨沥青船顺利下水；在海工建造领域，同样取得显著成绩，交付了世界首台半潜式圆筒型海洋生活平台、亚洲首艘LNG动力全回转工作船、国内首艘深水环保船，全球最大的12000吨级起重船总装调试，全球首制R-550D自升式平台出坞[2]。2015年，我国船舶工业转型升级步伐加快，逐步向"中国智造"转变，产品更加智能化，管理更加精细化，由沪东中华造船(集团)有限公司建造的全球首艘G4型4.5万吨集装箱滚装船"大西洋之星"交付，标志着我国向世界造船强国目标又迈出了一大步（见表4-3）。

表4-3 全球海洋工程装备建造商阵营

| 区域 | 主要业务领域 | 主要产品 | 主要企业 |
|---|---|---|---|
| 美国和欧洲地区 | 总包开发、设计制造、集成平台安装、海底管线装配、关键配套系统集成供货 | 大型综合性一体化模块、钻采设备、动力、电气、控制等关键设备 | J.R.McDermott、美国国民油井等。卡特彼勒、西门子、GE、挪威Arker Kvaerner公司、ABB公司、芬兰Wartsila公司、英国Rolls-royce公司等知名海工配套供应商 |
| 新加坡和韩国 | 海洋工程装备总装建造及改装 | 新加坡：半潜式平台及FPSO改装<br>韩国：钻井船、新建FPSO | 吉宝岸外与海事、胜科海事、现代重工、三星重工、大宇造船等 |
| 中国 | 平台总装建造及改装 | 自升式、半潜式、平台供应船 | 中船重工、中船工业、中集来福士、上海外高桥、中远船务等 |

资料来源：赛迪智库整理。

## （五）航空工业

### 1. 具有自主知识产权的C919大型客机总装下线

2015年11月2日，我国自主研制的C919大型客机在上海中国商飞公司总

[1] 中国船舶工业行业协会。
[2] 《2015年上半年船舶工业经济运行情况》，中国船舶工业行业协会。

装下线。作为我国首款按照最新国际适航标准研制的干线民用飞机，C919 大型客机自 2008 年开始研制，7 年来实现了 102 项关键技术攻关，并且拥有了中国在大型民用客机上的自主知识产权。截至目前，C919 大型客机已拥有国内外用户 21 家，总订单数达到了 517 架，C919 的出现将打破航空领域长期由两大巨头公司全面垄断格局[1]。

### 2. ARJ21 国产喷气支线客机成功交付

2015 年 11 月 29 日，我国自行研制的 ARJ21-700 新支线客机从上海飞往成都，正式交付给首家客户成都航空公司。这是继 11 月 2 日 C919 大型客机总装下线后，我国民用航空工业又一重大突破，标志着我国走完了喷气式支线客机设计、试制、试验、试飞、取证、生产、交付全过程，具备了喷气式支线客机的研制能力和适航审定能力[2]。

### 3. AG600 全面进入总装阶段

AG600 是当今世界在研的最大一款水陆两栖飞机，属国家应急救援体系和装备建设急需的重大专项。2015 年 3 月 18 日，由中航飞机西安分公司承制的 AG600 中机身已经运达珠海；3 月 19 日，由中航工业成飞民机及成飞承制的 AG600 机头启运珠海。后续，中航飞机西安分公司研制的 AG600 中央翼、外翼，以及中航飞机汉中分公司研制的后机身、尾翼等大部件也将陆续完成制造及适航审查，7 月 17 日，AG600 完成飞机机身对接，全面进入总装阶段，随后交付珠海进入总装。AG600 飞机计划 2016 年上半年实现首飞。

## 二、重要数据

装备制造业 2014 年相关重要数据见表 4-4—表 4-6。

表 4-4  装备制造业分行业企业 R&D 人员、经费支出、企业办研发机构情况（2014）

| 行业 | 企业R&D人员（人） | 经费支出（万元） | | 企业办研发机构（个） |
| --- | --- | --- | --- | --- |
| | | 内部支出 | 外部支出 | |
| 通用设备制造业 | 291639 | 6206000 | 183438 | 4683 |
| 专用设备制造业 | 251926 | 54087437 | 107999 | 3694 |

[1]  《中国自主研制大型客机C919下线　总订单数达517架》，《新京报》2015年11月3日。
[2]  工业和信息化部装备工业司。

（续表）

| 行业 | 企业R&D人员（人） | 经费支出（万元） | | 企业办研发机构（个） |
| --- | --- | --- | --- | --- |
| | | 内部支出 | 外部支出 | |
| 汽车制造业 | 274331 | 7871709 | 736726 | 2323 |
| 铁路、船舶、航空航天和其他运输设备制造业 | 146623 | 4261468 | 471799 | 941 |
| 电气机械和器材制造业 | 377906 | 9228515 | 333013 | 5052 |
| 仪器仪表制造业 | 94246 | 1690342 | 69292 | 1283 |

资料来源：《工业企业科技活动统计年鉴2015》。

表4-5　装备制造业分行业工业企业新产品开发、生产及销售情况（2014）

| 行业 | 新产品开发项目数（项） | 新产品销售收入（万元） | 新产品出口收入（万元） |
| --- | --- | --- | --- |
| 通用设备制造业 | 36206 | 76409127 | 9798771 |
| 专用设备制造业 | 32814 | 61128090 | 7543520 |
| 汽车制造业 | 27765 | 181807814 | 6853453 |
| 铁路、船舶、航空航天和其他运输设备制造业 | 13340 | 56819407 | 13379895 |
| 电气机械和器材制造业 | 45860 | 161569917 | 27047273 |
| 仪器仪表制造业 | 13540 | 17680463 | 2206482 |

资料来源：《工业企业科技活动统计年鉴2015》。

表4-6　装备制造业分行业工业企业自主知识产权及修改情况（2014）

| 行业 | 专利申请数（件） | 有效发明专利数（件） | 专利所有权转让及许可数（件） | 专利所有权转让及许可收入（万元） | 拥有注册商标数（件） | 形成国家或行业标准数（项） |
| --- | --- | --- | --- | --- | --- | --- |
| 通用设备制造业 | 53169 | 33014 | 1217 | 27251 | 17331 | 2023 |
| 专用设备制造业 | 54607 | 39555 | 1210 | 52382 | 16402 | 1850 |
| 汽车制造业 | 44284 | 18840 | 773 | 46860 | 24606 | 906 |
| 铁路、船舶、航空航天和其他运输设备制造业 | 20376 | 12236 | 543 | 8835 | 8220 | 893 |
| 电气机械和器材制造业 | 92954 | 51467 | 2972 | 55974 | 38247 | 2273 |
| 仪器仪表制造业 | 22371 | 14335 | 529 | 1375 | 6521 | 1054 |

资料来源：《工业企业科技活动统计年鉴2015》。

## 第二节 主要问题

### 一、关键核心技术和基础部件对外依存度高

智能制造产业发展需要的高端设备、关键零部件和元器件主要依赖进口，如工业机器人领域的高性能交流伺服电机和高精密减速器、数控机床领域的功能性部件和 3D 打印机的核心部件激光器，关键智能制造技术及核心基础部件主要依赖进口，新能源汽车驱动系统能量控制、硬件设计、传动系统能量控制等核心技术主要仍由日本、美国企业掌握；高端芯片仍然要依赖进口，据统计，2014 年我国用在进口芯片上的外汇超过 2100 亿美元，成为单一产品进口最大额用汇领域。

### 二、重点领域专利战略布局能力不足

我国装备制造业在重点关领域专利布局不足，存在质量和价值都不高的问题。先进轨道交通领域，我国高铁企业海外专利布局与国外高铁强企相比差距悬殊，我国在美、日、欧 3 个国家或地区的专利申请量尚不足该区域申请总量的 1%，而日本、美国、欧洲在我国的专利申请则占我国申请总量近 30%。核电装备领域，日本专利数相当于我国的近 10 倍，美国相当于我国的 5 倍。航空航天装备领域，美国、日本、英国 3 个国家围绕航空发动机的专利申请总量之和高达 14256 件，占总申请量的 77.4%。

### 三、技术创新投入有待提高

技术创新研发投入不足已成为制约我国自主开发关键技术的严重障碍。目前，我国大中型工业企业研发投入占主营业务收入比重不到 1%，远低于发达国家 2.5% 以上的水平。装备工业科技人员平均拥有量占从业人员的比例仅在 3% 左右，主要发达国家这一指标一般在 5% 以上的水平。

### 四、智能制造产业基础较为薄弱

国外发达国家在智能制造装备产业发展起步较早，经过多年发展，积累了巨大的技术基础。在我国，智能制造作为一个正在培育和成长的新兴产业，目前产业技术创新能力还比较薄弱，新型传感、先进控制等核心技术受制于人，企业所

需要的工业软件，90% 以上依赖进口。在新技术与新产品的研发上，多数仍是跟随国外先进企业的技术发展，存在一定差距。

### 五、市场推广亟须加快

智能制造市场亟待培育。长期以来，国内较为低廉的人力成本形成成本洼地，以及"机器换人"改造实施周期较长，资金压力较大，导致企业使用智能化设备替代人工动力不足，应用市场推广困难，成为了制约产业发展的重要瓶颈。目前国内智能制造产业平均 70% 以上的市场份额被外资企业占有，2014 年，我国国产工业机器人在国内市场的占有率为 28%。未来我国智能制造产业发展具有巨大潜在市场空间，有效培育和充分利用国内市场是发展我国智能制造产业的关键。

## 第三节  对策建议

### 一、加快自主创新，提升产业核心竞争力

加快推进以企业为主体、市场为导向、产学研相结合的技术创新体系建设，聚焦装备制造业发展的重大需求和重点领域，引导企业、科研院所、高校组建产业技术创新联盟，打造产学研创新共同体，实现产业共性和前沿技术研发、转移扩散和首次商业化应用，人才队伍建设，创新公共服务以及国际技术交流与合作等功能，破解技术基础研究与产业化之间"死亡之谷"问题，形成贯穿创新链、产业链的产学研用创新平台和跨界融合的创新生态系统。加快突破《〈中国制造2025〉重点领域技术路线图（2015 年版）》提出的高档数控机床和机器人、航空航天装备、海洋工程装备及高技术船舶、先进轨道交通装备、节能与新能源汽车、电力装备、农业装备等重点领域的未来技术方向、目标和重点。加大国产装备技术创新成果应用推广和金融政策支持力度，促进融资租赁收益权资产交易，推广应用智能技术与装备。发挥重大专项牵引作用，推动核心技术攻关和产业化。继续实施高档数控机床等国家重大专项，加快推进航空发动机与燃气轮机重大专项。

### 二、加强知识产权战略布局，强化知识产权运用能力

加强装备制造业重点领域关键核心技术知识产权战略储备，鼓励和支持开展产业层面的知识产权规划与管理，构建产业化导向的专利组合和战略布局，针对不同领域国内外发展趋势和知识产权布局情况，有针对性地制定具有科学性、前

瞻性和可行性的产业知识产权战略规划；对于具有战略性地位的行业，设立专项发展基金，或者加大政府投资力度，实施关键共性技术开发项目，加强投资后知识产权成果数量、质量及实现效益的检查评估[1]；建设知识产权综合运用公共服务平台，提供专利数据查询、咨询、检索分析等公共服务，以及鼓励开展跨国知识产权许可等；加快组建产学研用的知识产权联盟，探索建立科学合理的利益共享、风险共担合作机制，实现知识产权信息的开放共享和协同运用，为我国装备制造业"走出去"保驾护航。

### 三、推进智能制造，加快制造业转型升级

构建智能装备制造协同创新体系，依托高校、企业科研院所建设国家级、省级智能制造协同创新中心，突破新型传感器、智能测量仪表、工业控制系统、伺服电机及驱动器和减速器等关键部件核心技术；紧抓《中国制造2025》机遇，加快布局发展智能制造，推进工业机器人、高档数控机床、高端海工装备、先进轨道交通装备、电力装备、航空航天装备等智能装备的研发与产业化；在装备制造业重点领域建设数字化车间，开展智能工厂培育试点，加快推进重点行业成套设备及生产系统的智能化改造；落实《智能制造试点示范项目专项行动实施方案》的相关要求，率先在需求迫切的地区、行业组织实施智能制造试点示范，以试点示范企业作为标杆，尽快形成经验和模式后，在行业优势企业内加以推广；完善智能制造服务体系，加快国家级质检中心、国家级产业计量测试中心等公共检测服务平台建设，发展检验检测认证服务。

---

[1] 王磊：《中美专利密集型产业比较分析》，《产业经济评论》2014年第4期。

# 第五章　原材料行业

　　原材料是制造业的基础,材料的科技水平更是人类文明发展的标志和里程碑。经过改革开放三十多年的发展,我国原材料行业已经形成了门类齐全、体系完整的庞大产业,多项工业指标均位居世界前列。其中,钢铁、水泥等产品产量、消费量连续多年位居全球第一。但随着全球经济衰退、国内经济增长速度放缓、人口红利逐步消失以及环境问题进一步加剧,原材料行业面临着前所未有的压力。2015年,我国原材料行业仍然致力于结构调整,大力化解过剩产能,同时大力发展新技术、新产品,以创新为驱动,促进产业提质增效、转型升级。

## 第一节　总体情况

### 一、重点领域技术发展、创新及产业化情况

#### (一)钢铁行业

　　钢铁工业是国民经济的支柱产业之一,不仅涉及上游的矿石开采、运输和能源消耗,还涉及下游工业的各个领域,对国民经济的发展有着至关重要的影响和作用。同时,钢铁工业属于资源密集型、劳动密集型产业,又与国防工业、国民生产有着密不可分的关系,所以它的健康发展也关系到国家宏观经济的稳定发展。自新中国成立以来,随着国内经济的快速发展,我国的钢铁工业也得到了迅猛的发展。钢铁产量经历了从小到多的过程,从新中国成立初期的粗钢产量仅16万吨到2014年的8.23亿吨,连续18年占据世界第一位。2015年1—12月,我国粗钢产量8.04亿吨,同比下降2.3%。随着国内经济发展步入新常态时期,特别

是下游房地产行业进一步低迷、国家基础建设投资减缓，钢铁行业产能过剩现象加剧，同时铁矿石价格在 2015 年 12 月跌至有现货价格以来的历史新低，钢铁企业出现进一步亏损，行业持续寒冬。与此同时，2015 年钢铁行业继续致力于淘汰落后产能，工信部预计 2015 年全年将淘汰炼铁产能 1300 万吨、炼钢产能 1700 万吨。

### 1. 生产智能化进展

2015 年 5 月，国务院正式发布《中国制造 2025》战略，其中智能制造是制造业的主攻方向。钢铁行业经过多年发展，两化融合水平取得一定成效。2 月，工信部印发《原材料工业两化深度融合推进计划（2015—2018 年）》，明确支持提高钢铁行业两化融合水平，推动智能工厂应用示范。5 月，工信部发布修订后的新版钢铁行业规范条件，鼓励钢铁企业利用现代信息技术、计算机技术、智能控制技术等，推进两化融合，提高智能制造水平。2015 年，钢铁企业致力于将新一代信息技术融入到钢铁制造中，通过智能化改造，提高劳动生产率。宝钢集团从 2014 年开始，通过组建虚拟团队，首先在钢铁制造过程中的核心步骤，即热轧车间进行智能车间试点。2015 年 11 月，在 2015 年第十七届中国国际工业博览会上，宝钢集团展示了热轧 1580 智能车间。该项目利用工业互联网技术，通过智能机器人等，打造无人化、智能化车间，预计改造完成后，将大大提高能源利用率、全自动轧钢率、劳动效率等，促使钢铁制造更加智能、安全、环保。2015 年 8 月，首钢京唐公司正式启动二期工程，采用 220 余项国内外先进技术，形成高效率、低成本智能化生产运行系统，为国际先进水平的新一代钢铁厂。

### 2. 高端产品应用

2015 年，钢铁行业在重大产品、工艺技术突破的同时，也有大量高端产品应用与产业化。航空航天用钢、轨道交通、大型船用耐蚀钢、高端汽车用钢、高性能硅钢、油气输送用管线钢，高等级建筑用钢等均取得一定突破。11 月，我国自主研制的首架大型干线客机 C919 成功下线，其中宝钢自主研发的飞机起落架用高强钢 300M 成功获得供应商资格认证，抚顺特钢自主研发了针对大飞机项目的高强钢 300M、4340 和 321、15-5PH 不锈钢，目前于 8 月也通过了 NADCAP 认证。宝钢集团兼具功能性与强韧性的复合板交付使用，已拥有碳钢异质、不锈钢碳钢扎制复合板生产能力。2014 年，宝钢集团首次批量供应扎制复合板，2015 年 3 月，复合板交付国家示范项目 CAP1400 核电站安注箱使用；11 月，宝

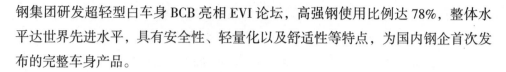

钢集团研发超轻型白车身 BCB 亮相 EVI 论坛，高强钢使用比例达 78%，整体水平达世界先进水平，具有安全性、轻量化以及舒适性等特点，为国内钢企首次发布的完整车身产品。

3. 业态创新

2014 年可以被誉为钢铁业电商元年，而 2015 年，在我国"互联网+"战略的大力推动下，钢铁电商得到了进一步发展。不仅有钢铁企业如宝钢、太钢等主动发展电商业务，同时钢贸企业也纷纷加入电商大军，各类新业态、新模式脱颖而出。7 月，上海召开了"2015 年度钢铁电商峰会"，明确提出了"互联网+"是钢铁行业转型发展的关键。3 月，宝钢与上海宝钢国际经济贸易有限公司、宝钢集团有限公司共同出资成立的服务平台公司——欧冶云商股份有限公司，致力于布局"互联网+"钢铁。11 月，宝钢集团与上海杨浦区签订了"上海互联网+产业园"战略合作协议。太钢集团大力推进电子商务渠道建设，专门成立钢铁电商部门，大力开展借助互联网的电商工作，并且加强与国内各大有影响力电商平台合作。2015 年 5 月，在太钢集团的电商平台上，新完善了物流配送功能，实现交易、配送、售后一体化的电商服务。

4. 节能减排环保进展

绿色化发展是 2015 年工业发展的重要关键词。钢铁行业向来能耗大、污染重。2015 年，总体而言，钢铁行业在节能减排环保方面取得了一定成效，2015 年全面推广节能减排及环保新技术，在烧结脱硫、能源管控等方面效果明显。整体而言，2014 年全年，重点大中型企业吨钢综合能耗同比下降 1.2%，总用水量下降 0.6%，吨钢耗新水下降 0.5%，外排废水总量下降 5%，二氧化硫排放下降 16%，烟粉尘排放下降 9.1%[1]。节能方面，2015 年，宝钢集团通过建立基于大能源中心平台的优化决策系统，氧气放散率达到历史最优水平，1—10 月，氧气放散率降低至 1.9%，同比下降 0.3%，11 月为 0.65%，达到历史最好数据，同时氧气利用率的提高也降低了一氧化碳、氮氧化物、粉尘等的排放量。武汉钢铁一直致力于炼钢业节能减排，2015 年，武钢二氧化硫的吨钢排放量已达到国际最好水平，武钢利用煤气—蒸汽联合循环发电组、干熄焦装置及高炉煤气余压发电等节能技术，每年余热发电达 30 亿度以上，焦炉煤气、高炉煤气利用率达 98% 以上。

---

[1] 工信部网站：《2014年钢铁行业运行情况和2015年展望》，2015年2月5日。

### （二）有色金属行业

我国有色金属产业经过改革开放三十多年的发展,体量已达到世界领先水平,精炼铜、原铝、铅、锌等十种有色金属产量已连续八年位居世界第一。2015年全年,全国统计的十种有色金属产量为5090万吨,同比增长5.8%,增速同比下降1.4%。电解铝产量3141万吨,增长8.4%,增速同比上升0.7%;铜产量796万吨,增长4.8%,增速同比下降9.0%;铅产量386万吨,下降5.3%,降幅同比收窄0.2%;锌产量615万吨,增长4.9%,增速同比下降2.1%。氧化铝产量5898万吨,增长9.6%,增速同比上升2.5%。与此同时,国际大宗商品价格指数一直在低位运行,创下近六年来新低,有色金属价格持续下降。前三季度,中国铝业亏损9.3亿元,五矿稀土亏损7223.07万元,广晟有色亏损9586.97万元。

#### 1. 重要产品、工艺技术创新

2015年,有色行业在重要产品与工艺的技术创新上取得不菲成绩,出现一批新技术、新工艺、新产品、新装备。首先,在地质及找矿技术方面取得进展,选矿指标提高、矿山规模扩大。其次,在有色金属冶炼方面,生产效率进一步提高,单位产量能耗进一步降低,在绿色化生产技术取得一定进步,单位产量污染排放下降,生产工艺往绿色化、集约化、短流程发展。最后,在重要产品方面,突破一些轨道交通、大型装备、3D打印用等有色金属材料。工艺方面,具有自主知识产权的氧气底吹连续炼铜、"双闪"炼铜、高铝粉煤灰提取氧化铝、稀土分析技术、稀土工业环保技术等新技术已达到国际先进水平。

#### 2. 行业兼并重组加快

有色金属行业盈利能力持续减弱,同业竞争严重,又存在资源浪费、重复建设严重的现象。2015年,企业间的兼并重组是有色金属行业的重头戏。1月,工信部表示,将加快中国五矿等六大稀土集团的兼并重组,整合全国所有企业的相关稀土矿山和稀土冶炼分类业务,实现资产实质性重组。3月,南方稀土集团成立,由赣州稀土集团、江铜集团、江西稀有稀土金属钨业集团有限公司的稀土相关资产合并而成。12月,经国务院批准,五矿集团与中国中冶进行重组。2016年1月,由包头钢铁（集团）有限公司牵头的大型稀土集团——中国北方稀土（集团）高科技股份有限公司完成组建。

#### 3. 科技创新体系建设

完善的科技创新体系是行业持续创新的保障。以企业为主体,联合高校科研机构，形成产学研用协同的创新体系，对有色金属行业的发展起到关键作用。10月，国家科技部批准包头稀土研究院建设国家级重点实验室"白云鄂博稀土资源研究与综合利用国家重点实验室"，目的在于形成"基础研究—应用研究—中试研发—产业化"的完整协同创新体系，为我国稀土产业提供创新技术支撑。12月，金钼股份有限公司、西安建筑科技大学与宝钛集团共同组建成立"功能材料加工国家地方联合工程研究中心"，致力于发展有色金属行业关键技术，提升有色行业整体技术水平，促进产业进步。

### （三）石化和化学工业

2015年，原油市场继续不景气，原油价格屡创新低，全球石油石化产业均受到巨大冲击。国内石油与炼化两大巨头——中国石油与中国石化，2015年第一季度利润分别同比下降82%和87.5%。同时，原油价格的暴跌对石油炼化下游的有机行业与高分子合成行业也造成一定影响。2015年全年，我国化工行业增加值同比增长9.3%，增速同比回落1.1个百分点。各类主要产品中，乙烯、塑料、合成纤维、化肥、农药、电石等产量有所上升；合成橡胶、烧碱、纯碱、橡胶轮胎外胎产量有所下降。

#### 1. 重要产品、工艺技术创新

2015年，石油和化学工业在行业整体销售不振的环境下，在重要产品、工艺技术创新上仍然取得一定成绩。年初，陕西甲醇制烯烃技术赶超国际水平；扬子石化成功开发油、煤化工结合专利技术；中国石化建成新一代甲醇制汽油技术装置；等等。4月，河南能源化工集团成功研制丁二酸，该工艺操作简便、经济、环境效益显著，在国内首次实现了丁二酸酐的连续化生产。6月，中国石油自主研发的渣油加氢催化剂在大连西太平洋公司装置上成功应用，填补了渣油加氢催化剂技术空白。12月，中国石化宣布，页岩气开发方面取得重大突破，在国家级示范区——涪陵页岩气田完成每年50亿方的产能建设目标，标志着我国首个商用大型页岩气正式建成投产，规模居全球第二；武汉乙烯公司的聚烯烃分部在JPP装置上成功使用国产BCM催化剂生产K8003产品，标志着公司聚烯烃分部催化剂全部国产化。

#### 2. 石化智能化改造进展

多年来，石油和化工行业经过推进两化融合，在智能化改造方面取得较大成效。江西九江石化厂已成为"智能工厂"范本，并采用大量国产化技术，例如炼油全程一体化优化平台、中央数据库、大数据分析优化等等，11月，九江石化宣布将在年底前建成智能工厂，并出台相关标准。随着九江石化智能工厂的建成，必将推动整个石油石化行业智能化改造快速发展。

### 3. 油气改革加速

2015年，在行业不景气，以及在国企改革持续推进的大背景下，石油化工行业油气改革不断提速。新一轮油气改革涉及石油天然气上中下游的市场准入机制、价格开放，以及石油企业的业务分拆、重组。1月，云南、贵州、四川三大基础化工国企集体重组。国内大型磷肥企业云天化定增15%以色列化工持股，圣济堂收购赤天化集团，川化股份、泸天化相继实施重组计划。2月，中国石化宣布开始混合所有制改革，成立中国石化销售公司，将油品销售业务资产整体移交给销售公司，6月底，中国石化发布具体混改方案，12月28日，增资后的中国石化销售有限公司召开首届董事会、监事会。中国石油重组2813亿元输气管道资产，以中油管道公司为平台整合东部管道公司、中石油联合公司及西部联合管道公司，建立统一管道资产融投资平台。

### （四）建材行业

建材行业经过了"十一五"末期的繁荣后，从"十二五"开始一直控制产能。而在需求端，2015年我国房地产市场持续低迷，2015年全年，房地产开发投资同比名义增长仅为1.0%，出现第21个月连续下滑。房地产市场的低迷直接影响到了上游建材行业。2015年1—11月，我国水泥行业产量23.5亿吨，同比下降4.9%，国内水泥价格指数（CEMPI）从1月份的99.8，一路下跌至12月末的79.6，全年跌幅高达20.2%。12月，全国通用水泥平均出厂价格每吨比去年同期下降10%；平板玻璃生产73863万重量箱，下降8.6%，上年同期为增长1.1%，全国平板玻璃平均出厂价格同比下降6.5%。同时，2015年前三季度建材行业价格平均比上年同期下降3%，建材产品价格持续下降。

### 1. 重要产品、工艺技术创新

建材行业经过整个"十二五"期间的发展，科技创新方面卓有成效，共13项成果获得国家科技奖励，其中，国家自然科学二等奖1项，国家技术发明二等奖5项，国家科技进步奖7项。同时，建筑材料科学技术奖150余项，全国建材行业技术革新奖近800项。为顺应《中国制造2025》提出的两化融合的主攻方向——智能制造趋势，建材行业2015年在智能化改造方面也取得了一定成效。5月，海螺水泥开展"互联网+"试点，海螺型材率先开展电商平台。集团开展信息化改造，启动设备智能管理系统和综合报表系统等重要信息化项目。7月，工信部发布2015年智能制造试点示范项目名单，中国联合水泥集团有限公司的水泥智能工厂试点示范项目申报成功。

2. 结构性改革和化解产能过剩为重点

2015年，水泥、玻璃等建材行业整体疲软，山东山水水泥陷入困境，产能过剩严重，倒逼行业加快结构性改革和化解产能过剩。去产能，也是2015年建材行业的关键词，房地产的连续负增长，导致建材行业产能过剩未得到根本解决，仅水泥业，预计还有近5亿吨低标号产能将淘汰。但是同时产业结构矛盾大，新兴建材的比例明显偏低。2015年12月起，低标号的32.5复合硅酸盐水泥将被取消，相关生产企业政策补贴将减少，一些企业将被淘汰，同时将大力促进水泥行业的产业结构调整。

3. 环保压力进一步加大

2015年，建材行业的环保压力进一步增大。1月，新环保法开始实施；7月，《水泥工业大气污染物排放标准》全面实行；9月，发布《中国人民抗日战争暨世界反法西斯战争胜利70周年纪念活动河北省空气质量保障方案》，方案中重点区域停产限产企业3000余家，一般控制区域停产限产企业近600家，主要涉及建材行业的水泥、玻璃等企业；2015—2016年采暖期，两部委下发《关于在北方采暖区全面试行冬季水泥错峰生产的通知》，全面启动、落实水泥企业冬季错峰生产，涵盖北方15个省份，涉及467家水泥企业；11月，工信部发布《高耗能行业能效"领跑者"制度实施细则》，将定期发布高能耗行业内能耗最低企业名单和指标。

## 二、质量品牌建设情况

### （一）钢铁行业

面对行业整体效益较为不乐观的局面，2015年，钢铁行业致力于在产品质量方面有所提升。通过控制优化炼钢、连铸连轧等工序过程，钢铁相关产品性能及质量得到明显提高。宝钢集团现货发生率同比降低6.89%，缺陷改判率同比下降7.44%，碳钢相关产品质量明显提高。前四月鞍钢股份有限公司质量现货发生率比上年全年平均水平下降 30%，质量现货管理能力持续增强。轴承钢材等产品抽查合格率为 100%。

品牌建设方面，2015 年国内知名钢铁品牌分别有：上海宝钢集团有限公司、鞍山钢铁集团公司、武汉钢铁（集团）公司、安阳钢铁集团有限责任公司、本钢集团有限公司、包头钢铁（集团）有限责任公司、山东钢铁集团有限公司、河钢集团有限公司、马钢（集团）控股有限公司、沙钢集团。其中，宝钢集团连续十二年入选世界 500 强企业，2015 年位居第 218 位；武钢连续第六年入选世界500 强，2015 年位居第 500 位。

## （二）有色金属行业

有色金属行业质量建设方面取得一定成效。2014 年，根据国家质检总局数据，海绵钛抽查合格率为 100%，稀土氧化物抽查合格率均高于 90%。2015 年，国家质检总局发布的第二届中国质量奖评选，广东坚美铝型材厂（集团）有限公司和西南铝业（集团）有限责任公司获得第二届中国质量奖提名奖。

## （三）石化行业

总体而言，我国石化行业质量品牌水平与发达国家存在较大差距。主要表现在产品结构以中低端为主、产品质量稳定性差、质量差、产品安全性能低、企业品牌效应弱。具体产品方面，农药产品表现为原药含量低、质量不稳定，储存过程容易分解，同时未形成知名品牌；化肥产品方面，主要是浓度低、质量不稳定，同时存在氮磷钾肥比例不合理，钾肥比例远低于世界水平；涂料产品方面，我国建筑相关涂料总体水平与国际先进水平差距较大，汽车涂料、船舶涂料等基本被国外品牌垄断，同时，国产涂料存在较大环保质量问题，同时国产涂料品牌建设弱，品牌意识不强；轮胎产品方面，国内轮胎产品结构不合理，以中低端产品为主，质量方面，与国际主流品牌轮胎质量差距较大，无论磨损率还是翻新率差距都较大。企业方面，中国石化镇海炼化分公司获工信部 2015 年全国工业企业质量标杆企业称号。

## （四）建材行业

建材行业 2015 年全年质量较上一年有所提升。2014 年全年国家质检总局一共抽查 28 种建筑装饰装修材料，抽查合格率达 91.2%，较上年提高 3.2%。其中，合成树脂乳液内墙涂料、建筑防水卷材、实木地板、无规共聚聚丙烯（PP-R）管材、绝热用模塑聚苯乙烯泡沫塑料、平板玻璃、胶合板、刨花板、细木工板、陶瓷坐便器、溶剂型木器涂料、天然石材、纤维板、浸渍纸层压木质地板等产品抽查合格率均高于90%，预应力混凝土用钢绞线的抽查合格率为100%，但拼块地毯、太阳能光伏组件用减反射膜玻璃2种产品的抽查合格率不到80%[1]。

### 三、重要数据

原材料行业2014年相关重要数据见表5-1—表5-3。

表5-1 原材料分行业企业R&D人员、经费支出、企业办研发机构情况（2014年）

| 行业 | 企业R&D人员（人） | 经费支出（万元） | | 企业办研发机构（个） |
|---|---|---|---|---|
| | | 内部支出 | 外部支出 | |
| 石油加工、炼焦和核燃料加工业 | 23165 | 1065743 | 73572 | 218 |
| 化学原料和化学制品制造业 | 253844 | 7465350 | 232878 | 4180 |
| 黑色金属冶炼和压延加工业 | 157520 | 6420463 | 147306 | 1065 |
| 有色金属冶炼和压延加工业 | 86308 | 3305506 | 225592 | 1058 |

资料来源:《工业企业科技活动统计年鉴2015》。

表5-2 原材料制造业分行业工业企业新产品开发、生产及销售情况（2014年）

| 行业 | 新产品开发项目数（项） | 新产品销售收入（万元） | 新产品出口收入（万元） |
|---|---|---|---|
| 石油和天然气开采业 | 732 | 236906 | — |
| 黑色金属矿采选业 | 243 | 527985 | 739 |
| 有色金属矿采选业 | 165 | 1282014 | 10801 |
| 石油加工、炼焦和核燃料加工业 | 1887 | 2864 | 42732 |
| 化学原料和化学制品制造业 | 25539 | 101691213 | 8910378 |
| 黑色金属冶炼和压延加工业 | 9733 | 80428618 | 8863480 |
| 有色金属矿采选业 | 7096 | 59403446 | 3635328 |

资料来源:《工业企业科技活动统计年鉴2015》。

[1] 质检总局关于公布2014年国家监督抽查数据。

表5-3 原材料制造业分行业工业企业自主知识产权及修改情况（2014年）

| 行业 | 专利申请数（件） | 有效发明专利数（件） | 专利所有权转让及许可数（件） | 专利所有权转让及许可收入（万元） | 拥有注册商标数（件） | 形成国家或行业标准数（项） |
|---|---|---|---|---|---|---|
| 石油和天然气开采业 | 2467 | 1255 | 25 | 24 | 51 | 259 |
| 黑色金属矿采选业 | 663 | 893 | 43 | | 83 | 14 |
| 有色金属矿采选业 | 246 | 176 | | | 13 | 4 |
| 石油加工、炼焦和核燃料加工业 | 2078 | 1900 | 81 | 27741 | 1118 | 172 |
| 化学原料和化学制品制造业 | 30482 | 29433 | 715 | 31421 | 37378 | 2040 |
| 黑色金属冶炼和压延加工业 | 15419 | 9543 | 323 | 2257 | 4030 | 382 |
| 有色金属矿采选业 | 9820 | 8361 | 307 | 776 | 3846 | 673 |

资料来源：《工业企业科技活动统计年鉴2015》。

## 第二节　主要问题

### 一、产能过剩情况仍然严重

2015年，原材料行业的产能过剩压力仍然较大，特别集中在钢铁、水泥、平板玻璃、电解铝等行业，是国家供给侧改革的重要部分。伴随着房地产行业的衰退，房地产上游的建材行业无论产量还是价格均受到大幅冲击。2015年，我国粗钢产量为8.04亿吨，而粗钢表观消费量仅为7.0亿吨，存在近1亿吨过剩；前三季度，全国规模以上工业企业水泥产量为17.2亿吨，同比下降4.7%，而同期水泥销售量为16.9亿吨。前三季度，近半数水泥、平板玻璃企业出现亏损；钢铁行业行业负债率已达70%。工信部预计2015年全年将淘汰炼铁1300万吨、炼钢1700万吨、水泥3800万吨、平板玻璃1100万重量箱以上、电解铝30万吨。对于钢铁行业来说，我国粗钢产量已经连续18年位居全球第一；水泥行业，我国三年的水泥产销量超过美国整个20世纪产销量。随着我国经济发展进入新常态，经济增速由高速转向中高速，房地产、国家基础建设放缓，原材料行业的产能过剩势必进一步加剧。

## 二、产品结构失衡、高端产品比例低

我国原材料行业存在着中低端产品产能过剩、占比较高的问题，而高附加值、高科技含量的高端产品不足、占比较低，产品结构不合理，这也同时导致了原材料行业的利润普遍低于其他工业行业。原材料行业的发展还是主要依靠要素投入、投资拉动的粗放型发展模式，而不是以创新为驱动的集约型发展模式。这也与我国原材料行业核心技术受制于人、科技创新能力弱有关。对应钢铁行业，我国的高性能的特殊钢材产品的比例较低。比如在发达国家，高附加值的特钢产品占总钢产量的比重约为15%到25%，而我国的占比仅为8%到10%。其他具有一定科技含量的高强度、高韧性、高耐腐蚀性能的优质钢材占比均低于世界平均水平。特别是一些具有特殊用途的钢材，如航空航天用钢、高端汽车钢板、高性能电工钢板、高精度齿轮用钢，目前我国仍需要从国外进口。

## 三、行业盈利能力亟待提高

2015年，随着国内外经济增速放缓、国内人力等成本不断提高，加之下游房地产等需求端市场的持续萎靡，钢铁、有色、石化、建材等原材料行业等主要产品价格一跌再跌，行业盈利能力持续减弱。钢铁行业持续不景气，钢铁协会CSPI中国钢材价格指数由年初1月的97.65点一路下跌至11月末的56.19点，前三季度，大中型钢铁企业钢铁主营业务亏损近553亿元，行业负债率高达70%，11月国内钢铁行业PMI指数跌至7年最低，仅为37%，连续19个月处于枯荣线以下。有色金属行业，随着国内需求减弱，三季度有色金属价格出现断崖式下跌，中国大宗商品指数，有色类价格指数下跌7.24%，行业整体2015年前三季度业绩增速下降，三季度单季度全行业整体亏损。中国石油、中国石化三季度利润分别同比下降68.1%和49.49%。建材行业，2015年前三季度，水泥行业景气度低迷，业绩同比下降，三季度行业营业利润同降88.7%，行业整体利润极低。

## 四、行业能耗、污染仍然较高

2015年，国内面临着较大的环保压力，全国普遍出现大规模雾霾天气，尤其是京津冀、长三角地区，环境压力与日俱增。同时，2015年起开始实行新的环保法和排放标准，对企业的环保监管将更加严格。这对能耗高、污染重的钢铁、有色金属、石化、水泥等原材料行业提出了新的挑战和任务，很大一部分原材料行业企业如钢铁、水泥相关企业将无法达到要求。虽然原材料行业一直致力于节能减排环保，但面临的环保压力仍然较大。

## 第三节　对策建议

### 一、加快落实供给侧改革，促进调整结构、化解过剩产能

一是加快钢铁、有色金属、石化、建材等行业结构调整、转型升级。加强研发投入，增加高附加值、高科技含量等高端产品比例，逐步淘汰利润低、科技含量低的产品，发展新产品、新工艺，推进产能升级。二是严格控制落后产能增加。严控钢铁、水泥、平板玻璃等国家限制行业的产能增加，清理整顿违法违规产能，做到有法必依、执法必严，严禁地方保护主义。三是充分利用国家"一带一路"战略，化解原材料行业产能，加强国际产能合作，以东盟国家为重点，往西扩展到印度洋、南亚、非洲地区，进一步延伸至欧洲地区，同时加强与沿线国家的经济贸易合作。通过"一带一路"战略，既要"走出去"，也要"引进来"，将国内成熟技术、产品等输送出去，从而化解自身过剩产能，促进产业结构调整优化；同时引入国际先进技术、优质资源，从而提升自身科技水平，增强综合实力。四是利用好"互联网+"战略，促进企业升级转型。大力发展原材料电商，加快两化融合进度，切实利用好"互联网+"战略，促进自身结构调整和化解产能过剩。

### 二、加快企业兼并重组

推进钢铁、有色金属、石化、建材等原材料重点产业领域企业兼并重组。加快增强行业内产业集中度，减少同业竞争、减少重复建设、提高能源利用率，从而提高整体效率。通过企业兼并重组，做大做强一批企业，清理"僵尸企业"，淘汰一批产能落后、运行状况不佳的企业。加强优质资产整合、产业链互补，提高企业行业内竞争力。切实贯彻中共中央、国务院《关于深化国有企业改革的指导意见》，加快原材料行业国有企业兼并重组。政府为引导，企业为主导，开展一批行业内重点企业兼并重组试点，建立完善企业兼并重组保障措施。同时，重组合并后，将企业做大做强，才能进一步加强本身的品牌建设。

### 三、加快实施创新驱动发展战略

结合原材料各行业自身情况，大力发展以企业为主体、市场为导向、政府为引导的协同创新模式。强化企业作为创新的主体地位，推动企业技术创新中心的

建设。支持钢铁、有色金属、石化、建材等重点产业领域培育一批产学研协同创新联盟。推动企业与高校、科研院所间的深入合作，促进产学研间优势互补，提高创新转化能力。加快不同行业产业技术创新联盟、创新中心、公共技术服务平台等创新载体的建设与完善，推动行业关键共性技术的研发突破。政府部门加强在创新中的政策引导与保障作用，提高创新资源的配置与利用效率，建立科技成果发布、共享、交易平台，完善相关机制，促进科技成果转化。促进企业发展模式从原来的以资源消耗、要素投入进行规模扩张的粗放发展模式，向以创新驱动的集约型发展模式转变。

## 四、加快绿色改造，推进绿色制造

一是加强相关政策法规的制定与执行。研究完善制造业绿色改造相关政策法规，推进清洁生产、节能减排，完善技术改造、资金支持引导等政策。二是加强企业为主体的改造工程。引导企业淘汰污染重、能耗大、技术落后的产能，发挥企业的主体作用，促使企业主动参与到废水、废气、废弃物等治理中。三是大力发展新技术、新工业。实施以创新为驱动的发展战略，大力发展节能技术、环保技术，通过新型工艺技术，切实降低企业单位产出所需能耗、降低污染物排放，建立全产业链绿色化改造，建立一批绿色制造创新联盟，着力突破一批关键共性技术，以推动绿色化改造。四是政府加大节能减排推广力度。组织一批节能减排、绿色制造示范工程，选取钢铁、石化、水泥等能耗大、污染严重行业，进行绿色改造重点支持。总而言之，"节能减排、绿色低碳"将是原材料行业很长时间内的主题。

# 第六章　消费品行业

随着新一轮科技革命和产业革命的兴起，提升创新能力成为产业发展的必经之路，我国消费品工业也加快创新驱动步伐，着力提升产业整体的创新能力，主要表现在：纺织工业的原材料、制造工艺、印染技术方面都有所创新，很多技术不断冲击国际先进水平；轻工业中在很多关键领域实现了自主创新；食品工业和医药工业方面也取得很多成就。这些技术创新活动推动了我国消费品工业的结构转型升级，并提升了工业整体的质量水平和品牌价值，也进一步扩大了在国际上的影响力。

## 第一节　总体情况

### 一、重点领域技术发展、创新及产业化情况

2015 年，我国消费品工业在生产上总体保持平稳，2015 年 1—11 月，消费品工业增加值同比增长 6.4%，高于全部工业 0.3 个百分点。其中，轻工、纺织、食品、医药分别增长 6.5%、6.4%、6.5%、9.9%。消费品工业增加值占全部工业的 32%。下面将介绍消费品工业中纺织、轻工、食品、医药四个子行业的科技创新情况。

#### （一）纺织工业

2015 年，尽管国内外形势错综复杂，我国传统工业竞争优势逐步减弱，纺织工业通过积极创新来改变发展方式，保持了总体上的平稳运行。2015 年 1—8 月份，全国纺织业工业增加值同比增长 67%。纺织行业整体盈利能力稳定中有升，

但从细分子行业来看，分化较为明显。化纤行业增长迅猛，家纺、产业用纺织品行业增长较快，这与纺织业的创新息息相关。

### 1. 纺织原材料创新方面

碳纤维是国家战略性新兴产业中新材料领域中的材料之王，在军事领域和国民经济领域都具有重要地位。经过近几年的发展，我国碳纤维技术已经达到国内领先，产品性能指标达到国外同类产品水平。例如，由中复神鹰碳纤维有限公司、东华大学、连云港鹰游纺机有限责任公司共同完成的"千吨级高强型、高强中模型干喷湿纺高性能碳纤维关键技术及产业化"项目，已经由中复神鹰投资 3.2 亿元人民币建成干喷湿纺 SYT49/SYT55 高性能碳纤维生产线，截至 2015 年 5 月底，累计生产 SYT49 高性能碳纤维 1720 吨，销售 1640 吨，销售收入 19680 万元；生产 SYT55 高性能碳纤维 36 吨，销售 25 吨，销售收入 625 万元[1]。这条生产线在聚合工程、纺丝工程、氧碳化工程、后处理工程及关键设备设计制造等方面都有很大突破，已经可以完全替代进口，社会效益显著。

石墨烯内暖纤维是智能制造时代的一种新生材料，是智能的多功能复合纤维，具有防护紫外线、抗菌抑菌等特性，并且利于智能感应器元件的植入，推动了"智能服饰"产业的进一步发展。目前，由济南圣泉集团研制的生物质石墨烯内暖纤维的主要技术指标已经达到国际领先水平，具有多重智能功能特性。圣泉集团联合黑龙江大学成功利用基团配位组装法研制出生物质石墨烯工艺，获得重要技术突破，一是从植物秸秆玉米芯中创造性地制备了生物质石墨烯和玉米芯纤维；二是将二者复合生产出内暖纤维并实现了工业化生产，已经建成 100 吨 / 年生物质石墨烯中试生产线，实现石墨烯功能纤维工业化量产。这一集成创新成果为石墨烯产业发展带来了一种新模式，对增强纺织品行业创新能力和国际竞争力影响巨大[2]。

### 2. 织造技术

差别化涤纶细旦工业丝纺丝技术是包括纺丝、冷却、牵伸、卷绕等工艺技术生产的高强低伸低缩型和高强低缩型细旦工业丝技术，该项工艺技术已经达到国际领先水平。例如，由北京中丽制机工程技术有限公司和晋江市永信达织造制衣有限公司共同承担的项目"差别化涤纶细旦工业丝产业化成套技术和应用"，具

---

[1] 中国纺织经济信息网，http://news.ctei.cn/Technology/gndt/201507/t20150709_1978030.htm.
[2] 中国纺织经济信息网，http://news.ctei.cn/Technology/gndt/201508/t20150807_2005031.htm.

有很多创新点：一是采用了剪切力相对小的全螺纹螺杆；二是研制了导槽加导孔的分配板及喷丝板、专用的缓冷和侧吹风装置；三是开发了新型节能型组合式纺丝箱体、上油装置、网络系统；四是独创了柔性模块式牵伸卷绕机架和专用于细旦工业丝的高速卷绕头及控制系统；五是研究开发了适纺高强低伸低缩型和高强低缩型细旦工业丝的纺丝、冷却、牵伸、卷绕等工艺技术。目前，"差别化涤纶细旦工业丝产业化成套技术和应用"项目已投入生产 106 个纺丝位，全套设备高产、多头，生产运行稳定，设备工艺技术先进可靠，性价比高，实现了产业化；成品质量指标能够满足用户要求，经济效益和社会效益显著[1]。

新溶剂法再生纤维素纤维加工技术是以 N– 甲基吗啉 – 氧化物（NMMO）的水溶液为溶剂溶解纤维素后进行纺丝制得再生纤维素纤维的生产工艺。具有很多优点，一是纤维素原料来源丰富，在自然界可循环再生；二是具有良好的舒适性、手感好、易染色等特点；三是废弃后可生物降解。该技术符合全球资源可再生利用的环保理念，是国家生物基材料重大创新发展工程，其技术工艺处于国际领先水平。目前，该项技术由山东英利实业有限公司掌握，已建成万吨级生产线，并实现稳定生产，整个生产过程无化学反应，无毒放出，溶剂回收率可达 99.6%，为推动我国纺织原料升级换代进行了有益的尝试[2]。

### 3. 印染技术

二氧化碳代水的印染技术的原理是利用工业排放的二氧化碳废气代替水介质，在超临界状态下溶解染料，并携带染料到达纤维表面，快速均匀地完成对织物的染色过程。其优点在于：一是节约大量水资源；二是利于工业生产排放的二氧化碳的回收利用。目前，这项技术已经日趋成熟，已经进入产业化阶段。例如，由海宁高新区科创中心孵化的绿宇纺织科技有限公司创新研发的整套染整新技术，与传统工艺相比，可以节水 70%，节约染料 15%—20%，节约助剂 60%—80%，染色介质回收可控制在 97% 以上[3]。

冷染直喷植入数码印花的原理就是数码喷墨印花工艺 + 冷染印花技术，其优点在于：一是数码印花绚烂的色彩、多变的花样；二是绿色环保；三是满足设计多样性需求。但是这项核心技术一直被欧美企业掌握。近期，由日冠机械联合复旦大学、中国科技大学、中国喷墨协会及相关行业的专家学者组成科研攻关团队，

---

[1] 中国纺织网，http://info.texnet.com.cn/content/2014–12–31/502270.html。

[2] http://info.texnet.com.cn/detail–522866.html。

[3] http://info.texnet.com.cn/detail–514605.html。

用时两年多，研制出我国第一代冷染直喷印花机，其各项技术指标均已达到或超过了国际先进水平，并申请了6项专利。

**（二）轻工业**

轻工业是我国国民经济的重要组成部分，在出口创汇、提供就业、带动经济发展方面都起到很重要作用。

1. 家用电器

随着中国经济发展进入中高速增长的新常态，2015年中国家电行业保持了稳定增长的态势，继续呈现出生产工艺装备的自动化、智能化特征，使我国的家电业转型升级迈上了新的台阶。很多龙头企业提高机器人使用的比例，在打造数字化工厂方面获得良好成效，并进一步促进了产业结构的调整。

智能的互联网冰箱：随着智能制造和互联网的发展，家电行业也步入智能化时代，近期，海尔成功发明了世界首台互联网冰箱——馨厨冰箱，这款冰箱与传统智能冰箱最大的不同，就在于其为消费者所构建的智能交互体验。其工作原理是以人体感应模块、TFT屏模块和音箱等创新硬件为基础，联合蜻蜓FM、豆果网、爱奇艺、苏宁易购等主要网络资源，共同打造智慧生活体验模式[1]。其功能在于：一是在海尔馨厨冰箱的辅助下，消费者可以更加合理地管理烹饪时间；二是冰箱上的TFT屏支持多指触摸，其内置了海量互联网内容，听音乐、追剧、查菜谱、购物，只需一点即可轻松实现，并且它还能够连接手机、Pad，实现随时随地自由操控；三是免受厨房噪声干扰，让厨房更加有序整洁。

新一代NOCO燃气热水器：这是由海尔推出的新产品，其特点是一氧化碳排放几乎为0，创造了更为安全的洗浴环境。其原理是除了本身优越的燃烧性能之外，内置的催化模块可以将一氧化碳转化为无害的二氧化碳，并且开发了活性物质高分散技术，以提高催化模块的工作效率。据统计，此种模块可以在单位时间内催化相当于自身体积24万倍的一氧化碳，其催化效率是汽车常用催化剂的3倍。这使得搭载NOCO新一代技术的热水器，一氧化碳排放几乎可以忽略不计，从而避免了用户一氧化碳中毒的危险[2]。

喷墨印刷导光板技术：这是近几年世界上兴起的一项先进工业技术，其原理是通过采用快速、高效和灵活的数字喷墨打印技术在基板上形成导电线路和图形。

[1] http://tech.cheaa.com/2015/1127/463329.shtml。
[2] http://tech.cheaa.com/2015/1028/459853.shtml。

其优点是具有产品轻薄、省工省料、降低成本、绿色环保等。目前，世界上只有日本一家企业拥有喷墨印刷导光板技术。在我国，由常州印刷电子产业研究院与中科院苏州纳米所、常州丰盛光电科技股份有限公司合作建立"常苏丰印刷光学技术联合研发中心"，并在"数字喷墨印刷导光板"领域开展产学研合作，目前取得了重要突破，预计在年内将投产用于液晶电视的导光板[1]。

2. 塑料加工

纳米抗菌剂的关键技术：该项技术的原理是银离子与细菌接触后，到达微生物细胞壁，带正电荷的银离子吸附在带负电荷的细胞壁上，依靠库仑力使两者牢固吸附。银离子穿透细胞壁进入细胞内，与—SH基反应，使蛋白质凝固，使微生物细胞发生破裂而死亡，影响微生物所需基本物质的传输，破坏细胞合成酶的活性，用中断DNA复制的形式阻止微生物繁殖。当菌体失去活性后，银离子又会从菌体中游离出来，重复进行杀菌活动，抗菌效果持久[2]。主要应用于抗菌牙刷丝、抗菌纤维等。目前，扬州大学将与宜兴的丹森科技有限公司进行合作，实现产业化生产。

全生物降解塑料技术：该项技术的原理是通过膨润土的熔融插层工艺，利用特有的高效塑化剂对淀粉进行完全塑化，提升了淀粉的塑化性能，解决了BMSC复合型材料热塑加工性、制品成品性的技术难题。该技术实现了完全用玉米、木薯等普通淀粉进行塑化，并加入膨润土制成可以完全替代现行通用塑料的产品，对塑料制品的循环、完全降解具有革命性意义，填补了国内空白。2015年9月，该项技术已经在德国、比利时的权威实验室通过了欧盟塑料包装材料标准（EN13432）中关于重金属、碳含量和降解部分的合格认定[3]。

3. 食品工业

2015年，我国食品工业基本呈现了"增长稳定、价格平稳、效益提高、结构改善"态势，生产呈波动增长，经济效益稳定提高，但增速回落，食品进出口平稳增长。

酱油发酵安全低碳加工关键技术：该项技术的原理是构建了酱油酿造过程关键微生物代谢网络，并且创新性地将促发酵肽、优势菌干扰等手段用于酱油的发

[1] http://tech.cheaa.com/2015/0326/440106.shtml。
[2] http://www.cppia.cn/cppia1/qydt27/20151230220927.htm。
[3] http://www.cppia.com.cn/cppia1/qydt27/201512184154.htm。

酵生产，改善了产品风味，同时结合发酵工艺优化与控制等技术降低了生产过程中生物胺、氨基甲酸乙酯等潜在的食品安全风险，使酱油生产周期缩短10%，原料利用率提高10%，优级品率提高20%。研究过程中，从复杂的微生物群落中筛选具有优良性能的微生物11株，利用代谢调控技术构建获得发酵食品配料生产菌株4株，获得了2个具有自主知识产权的食品用酶重组表达系统，国际上首次实现了磷脂酶D的酵母展示表达及酶制剂开发，糖化酶等食品用酶生产达到国际先进水平[1]。

食品蛋白质安全评价和鉴伪关键技术：食品蛋白质安全评价和鉴伪技术是食品安全的基础和关键技术之一。广东省微生物研究所承担的国家863计划课题"食品蛋白质安全评价和鉴伪关键技术研究与开发"以突破食品蛋白质真伪鉴别技术、非法添加物和有害污染物鉴别检测技术、食品蛋白中致敏因子检测新技术等前沿核心技术为目标，对食品蛋白质生物加工及转化新技术与产品开发具有重要意义。该课题针对我国蛋白类食品工业发展以及食品安全的需求，围绕食品蛋白质表征属性鉴定技术、食品蛋白中非法添加物及有害污染物的检测和评价技术、食品蛋白质中致敏因子的检测技术、食品蛋白中有害物评价模型的建立与蛋白质原料高效检测技术等方面开展研究工作。目前，针对蜂王浆新鲜度检测技术和燕窝水溶性蛋白检测技术，开发了蜂王浆主蛋白（MRJPs）ELISA检测试剂盒和燕窝水溶性蛋白ELISA检测试剂盒；提出了牛奶中蛋白质及冬虫夏草蛋白质的提纯和前处理技术；建立了基于利用胰酶酶切蛋白后的超高效液相色谱（UPLC）与飞行时间质谱（QTOF-MS）串联检测牛奶蛋白的方法；进行了蛋白类食品非法添加物检测技术研究，建立了三聚氰胺分子印迹检测技术[2]。

### 4. 医药工业

2015年是我国医药行业大变革的一年，随着药价放开、拟放开互联网售药、医疗市场化改革的推进，医药行业的机遇与挑战并存。我国医药行业的发展进入了创新驱动发展的换挡期，由高速增长转为中高速增长。

手足口病预防疫苗获批上市：手足口病是由肠道病毒感染引起的传染病，多发于5岁以下婴幼儿。其中部分由肠道病毒71型（简称EV71）感染的患儿可引起神经系统感染症状并导致心肺功能衰竭，严重者会导致死亡。2015年12月3日，

---

[1] http://www.most.gov.cn/kjbgz/201512/t20151231_123257.htm。
[2] http://www.most.gov.cn/kjbgz/201512/t20151231_123257.htm。

重大新药创制科技重大专项（以下简称新药专项）支持的预防用生物制品 1 类新药——肠道病毒 71 型灭活疫苗（人二倍体细胞）获得国家食品药品监督管理总局生产注册批准。该疫苗由中国医学科学院医学生物学研究所自主创新研发，是继 Sabin 株脊髓灰质炎灭活疫苗后，新药专项取得的又一重大科技成果，该疫苗的上市，对有效防控由 EV71 病毒引起的儿童手足口病具有重要意义 [1]。

## 二、质量品牌建设情况

2015 年，是消费品行业质量品牌建设重要的一年，尤其是《中国制造 2025》的出台，强调加快提升产品质量、完善质量监管体系、夯实质量发展基础、推进制造业品牌建设，尤其针对消费品行业的食品、药品、婴童用品等涉及人身安全的产品，要建立完善的全生命周期质量安全追溯体系。全社会对消费品行业的质量品牌建设更加重视，各个部门纷纷制定政策法规加强消费品产品的质量与品牌建设，用创新提升质量，用诚信建设品牌，促进产业转型升级，提升产品附加值及国际竞争力。

### （一）相关政策纷纷出台，政府服务与监管力度加强

在《中国制造 2025》和工信部的《质量发展纲要（2011—2020）》的指导下，很多部门纷纷出台相关政策以持续提高我国消费品行业的产品质量水平和品牌价值。

在纺织工业方面，工业和信息化部发布《再生化学纤维（涤纶）行业规范条件》（2015 年第 40 号），要求所有企业都要通过 ISO9001 质量管理体系认证，推荐实行三级能源、用水计量管理，积极采用信息化技术，着力开发高效率、高品质、高值化、差别化、低成本、低消耗、低污染的技术工艺和产品。可以有效规范再生化学纤维（涤纶）行业健康发展，促进产业结构调整和升级。

此外，工业和信息化部联合国家标准化管理委员会发布《国家智能制造标准体系建设指南（2015 年版）》，纺织工业要引入智能制造，必须建设智能制造标准体系，拟从生命周期、系统层级、智能功能等 3 个维度建立智能制造标准体系参考模型，便于制造相关"基础共性"、"关键技术"等的分类管理。

在轻工业方面，2015 年初，工信部会同财政部、国家工商总局、国家知识产权局四部门发布了《关于加快推进我国钟表自主品牌建设的指导意见》，这项

---

[1]　http://www.most.gov.cn/kjbgz/201512/t20151218_123015.htm。

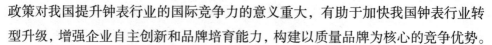

政策对我国提升钟表行业的国际竞争力的意义重大，有助于加快我国钟表行业转型升级，增强企业自主创新和品牌培育能力，构建以质量品牌为核心的竞争优势。

在食品工业方面，2015年4月，由中华人民共和国第十二届全国人民代表大会常务委员会第十四次会议通过了《中华人民共和国食品安全法》（中华人民共和国主席令第21号），自2015年10月1日起施行，该法对食品质量安全的管理更为严格，加强了对食品质量的监督。

在医药工业方面，2015年4月，工业和信息化部、国家中医药管理局等部门联合颁布《中药材保护和发展规划（2015—2020年）》，该规划将产量与提升质量相结合为基本原则，健全中药材资源保护与监测体系，强化中药材基础研究，继承创新传统中药材生产技术，构建中药材质量保障体系，提高和完善中药材标准，完善中药材生产、经营质量管理规范和中药材质量检验检测体系，建立覆盖主要中药材品种的全过程追溯体系[1]。

### （二）质量水平得到有效提升

2015年是消费品行业质量发展的关键一年，在质量监督方面也加大了管理力度。2016年1月国家食品药品监督管理总局发布的公告显示，在2015年抽检蔬菜及其制品、水果及其制品、调味品、食用油、油脂及其制品、饮料和炒货食品及坚果制品6类食品510批次样品中，抽样检验项目合格样品508批次，不合格样品2批次。其中，蔬菜及其制品44批次，不合格样品1批次，占2.3%；调味品126批次，不合格样品1批次，占0.8%；食用油、油脂及其制品135批次，水果及其制品100批次，饮料77批次，炒货食品及坚果制品28批次，均未检出不合格样品[2]。从总体上看，这些食品的质量水平有明显提升。

### （三）品牌价值初见端倪

随着产业链和价值链的不断发展，企业对品牌价值的追求越发强烈。特别是在消费品行业，产品的品牌直接影响了消费者的消费偏好。在我国产业转型升级的关键时期，培育自己的品牌显得尤为重要。2015年，我国的消费品行业的品牌建设取得一定成就。

在纺织服装方面，为贯彻落实2015年政府工作报告中提出的"加强质量、

[1] http://www.gov.cn/xinwen/2015-04/27/content_2853739.htm。
[2] http://www.cqn.com.cn/news/xfpd/ccgg/gjcc/2015/1112949.html。

标准和品牌建设"要求,培育一批具有竞争力的知名品牌,质检总局组织了"2015
中国品牌价值排行榜",评价的依据是《品牌评价 品牌价值评价要求》(GB/T
29187—2012)、《品牌评价 多周期超额收益测算法》(GB/T29188—2012)以及
品牌评价相关行业应用指南等有关国家标准,对企业材料数据进行了独立评价打
分并最终得出品牌强度系数和品牌价值。已有 34 家企业荣登排行榜,其中,波
司登股份有限公司以 923 的品牌强度和 207.25 亿元的品牌价值荣登榜首,雅戈
尔集团股份有限公司、江苏阳光集团有限公司分别位居第二和第三[1]。

### 三、重要数据

2014 年按行业分规模以上制造业企业相关重要数据见表 6-1—表 6-3。

表 6-1 2014 年按行业分规上制造业企业 R&D 人员及企业 R&D 经费内部支出[2][3][4]

|  | 纺织工业 | 轻工业 | 食品工业 | 医药制造业 |
|---|---|---|---|---|
| R&D投入人员<br>(人年) | 173105 | 221171 | 148045 | 182530 |
| R&D投入经费<br>(万元) | 3669596 | 5048143 | 4073924 | 3903161 |

资料来源:《工业企业科技活动统计年鉴(2015)》。
注:下文涉及的纺织工业、轻工业和食品工业的计算方法均与该表中的相同。

表 6-2 2014 年按行业分规上制造业企业专利情况(单位:件)

|  | 纺织工业 | 轻工业 | 食品工业 | 医药制造业 |
|---|---|---|---|---|
| 专利申请数量 | 27768 | 47405 | 18941 | 19354 |
| 发明专利数量 | 5400 | 8819 | 7548 | 12620 |
| 有效发明专利<br>数量 | 9222 | 20729 | 11086 | 24799 |

资料来源:《工业企业科技活动统计年鉴(2015)》。

---

[1] http://www.tnc.com.cn/info/c-001001-d-3554282.html。
[2] 纺织工业统计按纺织业,纺织服装,服饰业,皮革,毛皮,羽毛及其制品和制鞋业之和计算。
[3] 轻工业统计按烟草制品业、木材加工和木、竹、藤、棕、草制品业及家具制造业、造纸和纸制品业、印刷和
记录媒介复制业、文教、工美、体育和娱乐用品制造业、橡胶和塑料制品业之和计算。
[4] 食品工业统计按食品加工业、食品制造业及酒、饮料和精制茶制造业之和计算。

表6-3 2014年按行业分规上制造业企业新产品开发经费支出与销售收入（单位：万元）

|  | 纺织工业 | 轻工业 | 食品工业 | 医药制造业 |
|---|---|---|---|---|
| 新产品开发经费支出 | 4407500 | 5422999 | 4408051 | 4079308 |
| 新产品销售收入 | 84172798 | 85086671 | 46739455 | 43018345 |

资料来源：《工业企业科技活动统计年鉴（2015）》。

# 第二节 主要问题

## 一、消费品行业中低速增长，进入新常态

一是受到国内整体经济增速放缓的影响，消费品行业经济下行压力依旧很大，产业处于转型升级的关键时期，整个行业进入中低速增长的新常态。二是消费品行业各个细分领域发展出现分化，部分子行业发展迅速，例如，2015年消费品工业轻工（不含食品）、纺织、食品、医药和烟草等行业的主营业务分别增长4.9%、5.0%、4.5%、9.2%和5.5%，其中医药行业增长迅速，快于其他行业。三是处于结构调整的关键时期，消费品行业作为传统行业在创新驱动、智能制造战略的推动下，加快了转型升级步伐。

## 二、结构转型升级阵痛强烈

消费品行业属于传统产业，在劳动力、原材料等成本上升的因素的推动下，2015年，消费品行业的转型升级已经拉开帷幕，机器代人成为企业发展的必然选择，已经出现了一些企业倒闭、减产、亏损现象。在东南沿海的一些纺织、服装及食品企业因为未及时转型而倒闭，也有一些企业在转型升级中出现亏损，例如，据统计，2015年，消费品行业的亏损企业数量达到1626户，同比增长14.3%，其中，轻工（不含食品）、纺织、食品、医药等行业分别增长18.1%、13.0%、8.6%、12.1%。消费品工业亏损企业户数占全部工业的33.3%[1]。这成为我国工业转型升级所面临的一项难题。

---

[1] http://www.miit.gov.cn/n1146312/n1146904/n1648366/c4582631/content.html。

### 三、产品质量水平有待提升

消费品行业是关系国民切身安全的重要行业，其质量安全尤为重要。但是我国的消费品行业的质量水平确实有待提升。尤其是食品、医药、纺织服装等与民众切身相关的行业，其质量安全水平不容乐观。据温州市市场监管局发布的2015年三季度流通领域毛巾袜子质量专项抽查检验结果显示，共抽检90批次毛巾袜子，其中不合格43批次，不合格率达到47.7%。其不合格项目主要包括使用说明（标识）、纤维含量、可分解致癌芳香胺染料、耐湿摩擦色牢度、pH值、耐碱汗渍色牢度。其中一款袜子被检测出的纤维可分解致癌芳香胺染料。这些质量安全问题严重制约了"中国制造"的发展。

### 四、品牌竞争力不足

中国是制造业大国，但不是制造业强国，其中很大一个因素就是产品的品牌不强，与国外水平相比具有很大差距。例如，在服装、箱包、化妆品、鞋帽及钟表等行业，我国的自主品牌虽然很多，但在国际上市场占有率却很小、知名度很低，国际上的奢侈品都是国外产品。在轻工业中也存在这种情况，虽然我国的家电等轻工业在国际上发展良好，但亦抵挡不住国人疯狂抢购日本马桶盖的浪潮。这足以说明我国的消费品行业整体品牌竞争力不足。

## 第三节  对策建议

### 一、把握大局，适时适度推进产业转型升级

2015年是我国经济变革的重要一年，随着《中国制造2025》的推出，我国的制造业进入新的时代。消费品产业要抓住这个机会，积极推进产业的转型升级，优化产业结构和产品结构，以提高产业附加值和持久竞争力。一是充分抓住政府宏观政策机遇，从全局出发制定消费品产业发展战略；二是尊重市场规律，发挥企业的创新主体作用；三是搭建促进消费品产业发展的服务平台，发挥第三方的作用（如行业协会），组织、协调企业的资源共享与创新活动，促进行业的整体创新能力和竞争能力。

## 二、重视中小微企业发展，激发市场活力

充分抓住政府推动"大众创业、万众创新"的发展机遇，为消费品产业注入新的活力。一是要积极落实国家关于"双创"企业的相关扶持政策，在融资、减负、简化行政管理等方面支持中小微企业发展，提高市场资源的分配效率。二是根据市场需求，积极创新企业产销模式，支持企业开拓线上、线下同时运营模式，并向国外拓展市场。

## 三、大力应用"互联网+"，发展智能制造

一方面，要利用信息通信技术以及互联网平台，让互联网与消费品行业进行深度融合，创造新的发展生态，即在"互联网+"的驱动下，发展消费品行业的产品个性化、定制批量化、工厂智能化、物流智慧化等模式。另一方面，要用智能化替代消费品行业的传统生产模式，要实现产品开发—设计—外包—生产等生产链的智能化，要在重点领域应用高端智能装备、机器人等新兴产业和关键技术，支持和引导产业升级。

## 四、加强质量管理，提升产品质量水平

依照《中国制造2025》的要求，要加强消费品行业的质量品牌建设。一是要提升关系消费品行业的关键共性质量技术，强化可靠性设计；二是要建立健全消费品质量管理制度，尤其在食品、药品、婴童用品等领域实施覆盖产品全生命周期的质量管理、质量自我声明和质量追溯制度，保障重点消费品质量安全；三是完善质量监管体系，健全产品质量标准体系、政策规划体系和质量管理法律法规；四是培育、推广自主品牌，建立质量品牌管理体系，建设消费品行业的质量品牌文化。

# 第七章　电子信息产业

　　电子信息产业是战略新兴产业的重要组成部分，是全球科技创新最密集、最活跃的领域，也是世界各国竞相发展、争夺的战略高点。经过改革开放三十多年的发展，我国电子信息产业已发展为门类齐全、产品众多的国民经济支柱性产业，目前已成为全世界电子产品第一制造大国。其中，手机、计算机、彩电等产品产量占全球产量比重50%以上，均位居世界第一。随着我国经济发展进入新常态，传统产业增速放缓，产业结构亟须调整，电子信息产业的产业规模、收入和利润继续保持稳步增长态势，领先于全国工业。2015年，我国电子信息产业致力于由大变强，积极落实创新驱动战略，加快产业转型升级，大力推进移动互联网、大数据、集成电路等新兴产业。

## 第一节　总体情况

### 一、重点领域技术发展、创新及产业化情况

　　2015年，我国电子信息制造业整体运行稳中有升，但整体增速同比有所减缓。根据工信部12月18日发布消息，2015年1—10月，电子信息制造业实现主营业务收入88930亿元，同比增长8%；实现利润4037亿元，同比增长14.4%。1—11月，规模以上电子信息制造业增加值同比增长10.8%，高于工业平均水平4.7个百分点；电子信息制造业的销售产值同比增长8.8%，出口交货值同比增长0.4%。规模以上电子信息制造业企业内销产值同比增长17.1%，出口交货值同比增长0.4%；内资企业销售产值同比增长17.5%，港澳台投资企业销售产值同比增长

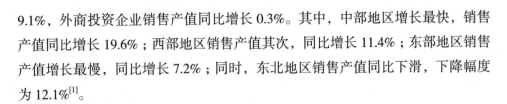

9.1%，外商投资企业销售产值同比增长 0.3%。其中，中部地区增长最快，销售产值同比增长 19.6%；西部地区销售产值其次，同比增长 11.4%；东部地区销售产值增长最慢，同比增长 7.2%；同时，东北地区销售产值同比下滑，下降幅度为 12.1%[1]。

**（一）通信产品制造业**

2015 年 1—12 月，通信设备行业仍然保持高速增长。实现销售产值同比增长 13.2%，低于上年同期 3.4 个百分点，内销产值同比增长 18.6%，高于上年同期 2.2 个百分点[2]。

1. 手机产品

2015 年，我国手机市场产量稳中有升，增速同比放缓。1—11 月，全行业生产手机 16.1 亿部，同比增长 2.9%。从 2011 年开始，国内智能手机市场已从新增市场完全变成换机市场。随着智能手机和 4G 技术的普及，国产手机在 2015 年迅速崛起，无论品牌还是市场占有率均大幅提高。1—11 月，国产品牌手机出货量为 3.81 亿部，同比增长 19.2%，占同期国内手机总出货量的 82.5%。前三季度，根据市场调研机构 Counterpoint 公布的中国智能机出货量，除了苹果与三星外，占据前六位的品牌均为国产品牌。小米手机以 14.7% 的出货量数据占比击败苹果获得第一，苹果以 14.1% 位居第二，华为以 14.0% 紧随其后，接下来分别是三星的 8.0%，vivo 的 7.9%，OPPO 的 7.2%。全球智能手机市场份额方面，前三季度，三星以 25.6% 仍然排在第一，苹果以 14.5% 排在第二，华为以 7.4% 排在第三，联想、小米、vivo、TCL、OPPO 和中兴均进入前十[3]。

新技术方面，2015 年涌现出一系列手机新技术，不仅仅局限在 CPU 速度更快、处理能力更强，摄像头像素大幅提升，更多的是新技术的应用，如视觉无边框、双曲面屏幕、3D Touch、PDAF 相位对焦、USB Type-C 等诸多新技术的应用。国内手机厂商方面，指纹识别已基本应用于国产各大厂商手机，OPPO 家自主研发的 VOOC 快充技术，可以快速充电，乐视、一加手机均配备 USB Type-C 接口技术，360 手机自主设计了安全操作系统 360OS，等等。

[1] 《2015年1—11月电子信息制造业运行情况》，工信部网站，http://www.miit.gov.cn/n1146290/n1146402/n1146455/c4548173/content.html。

[2] 《2015年1—12月电子信息制造业运行情况》，工信部网站，http://www.miit.gov.cn/n1146290/n1146402/n1146455/c4620537/content.html。

[3] 前瞻网：《中国手机行业市场前瞻与投资预测分析报告》，2015年12月30日。

手机芯片方面，国产芯片取得突破性进展。2015 年 11 月，华为海思麒麟 950 手机芯片发布，声称性能优于目前主流的高通骁龙 820 以及三星的猎户座 7420。海思麒麟 950 芯片采用台积电 16 nm FF+ 制程工艺，4×2.3 GHz 的 A72 核心和 4×1.8 GHz 的 A53 核心的整体架构，配备全新的 MaliT880 图形处理器，在数据性能和图形性能提升的同时，功耗降低 20%。评测显示，海思麒麟 950 芯片已经让华为海思跻身全球手机芯片第一阵营，势必同时提升华为手机竞争力。

### 2. 移动通信设备

2015 年，我国电信运营商充满了变革，从年初传出的电信业大改革、几大运营商合并，到年中的国家关于电信业"提速降费"，9 月底，中国移动、中国联通和中国电信宣布流量不清零方案。同时，2015 年可以称为 4G 普及年，从 2015 年开始，4G 开始逐步取代 3G，成为大趋势，前 11 个月，我国 4G 用户 2015 年已达 3.56 亿。同时，2015 年，在 5G 标准仍未正式发布前，中国移动等各大运营商纷纷开始布局 4G+ 产品，比 4G 有着更快的上网速度。同时，对应硬件方面，移动通信设备 2015 年仍然保持较高增长速度，1—11 月，新建移动通信基站 27589.7 万信道，同比增长 15.5%。移动智能终端方面，除了移动智能手机，智能平板电脑、电子书、车载导航、智能可穿戴设备等移动智能终端均得到较大发展。汽车电子方面，以闪胜投资为代表的中国资本联合体完成对美国芯成半导体（ISSI）的收购，有望推动我国汽车电子产业的发展，为我国智能汽车发展作出重要贡献。

5G 通信方面，2015 年 6 月，国际电信联盟（ITU）在 ITU-R WP5D 第 22 次会议上，确定 5G（IMT-2020）的名称、愿景和时间表等关键内容，成为 5G 发展史上的重要里程碑。9 月，5G Workshop 会议召开，确定了 5G 的场景和标准计划 R16 的制订工作将于 2019 年底完成，并满足 ITU IMT-2020 提出的要求，在 2020 年作为 5G 标准提交国际电信联盟 [1]。

光通信领域，我国在多项技术得到突破。国家 863 计划"可见光通信系统关键技术研究"项目取得重大突破，由信息工程大学牵头承担，将可见光实时通信速率提高至 50Gbps，速度是目前已有报道国际最高速度的 5 倍。未来可实现以半导体照明光线为传输介质的无线传输方法。中科院量子信息重点实验室在实用

---

[1] 《国际电信联盟确定 5G 正式名称、愿景和时间表等关键内容》，电子信息产业网，http://www.cena.com. cn/2015-06/23/content_281870.htm。

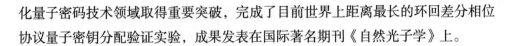

化量子密码技术领域取得重要突破，完成了目前世界上距离最长的环回差分相位协议量子密钥分配验证实验，成果发表在国际著名期刊《自然光子学》上。

### （二）电子视听产品制造业

2015 年，我国家用电子视听行业继续发力智能化、网络化转型升级。经过了 2014 年的低估，依靠智能电视等新型电视产品，2015 年彩电行业有所复苏。液晶电视基本普及，智能电视全面铺开，整个电子视听产品制造业稳中有升。1—12 月，家用视听行业销售产值同比增长 4.8%，高于上年同期 0.6 个百分点，内销产值同比增长 6.4%，高于上年同期 4 个百分点。1—11 月，全行业生产彩色电视机 14597.8 万台，同比增长 6.4%，其中液晶电视 13685.4 万台，同比增长 5.3%，液晶电视占比达 93.8%。

智能电视方面。2015 年，国内电视行业呈现出跨界融合态势，电视产品走向产品＋服务多元化格局。乐视、小米等互联网公司的加入，使得传统电视行业竞争加剧，"互联网＋电视"产生的效应，也倒逼传统电视向智能化、多元化转型。同时，我国的电视市场也被分为了两大阵营，以小米、乐视、PPTV 等为主的互联网电视品牌和以海信、长虹、康佳等为主的传统品牌。新技术方面，OLED、激光、裸眼 3D 等新型显示技术、超薄技术、曲面、超大屏幕、超高清等新一代显示技术的应用，差异化竞争、从卖产品到卖服务等，2015 年电视行业可谓各有千秋。显示技术方面，创维致力于新型 OLED 技术、TCL 发力量子点和裸眼 3D、海信主推 ULED 和激光影院。互联网应用方面，智能电视已成为电视主力军，电视已不单纯定义为电视，而是智能娱乐终端，小米和乐视走上了"硬件免费、服务收费"的盈利模式。乐视电视持续推出低价＋赠送乐视会员服务，大力抢占市场份额。智能电视芯片方面，11 月 25 日，海信正式发布具有自主知识产权的 SOC 级画质芯片 Hi-View Pro，开启智能电视国产芯片时代。此外，互联网销售渠道在 2015 年继续大幅扩张，家电网购约占所有销售的 17% 左右，其中电视占比最高，仅"双十一"当天，彩电销量达 139 万台，2015 年预计网上销售将超过 1000 万台。

### （三）计算机产品制造业

2015 年，受到智能手机、平板电脑等移动设备的冲击，全球计算机市场继续疲软。同时，我国计算机产品制造业也持续回落。2015 年 1—12 月，计算机行业实现销售产值同比增长 0.4%，低于上年同期 2.5 个百分点，内销产值实现同比增长 15.7%，高于上年同期 6.4 个百分点[1]。1—11 月，全行业共生产微型计算机 28477.6 万台，同比下降 12.7%，其中笔记本电脑 16121.8 万台，同比下降 15.5%，数码相机 1808.2 万台，同比下降 18.6%。

### 1. 超级计算机

2015 年 11 月 16 日，新一期全球超级计算机 500 强榜单发布，我国的"天河二号"超级计算机以每秒 33.86 千万亿次的运算速度，继续问鼎全球超级计算机榜首，这也是"天河二号"第 6 次蝉联该榜单冠军。同时，在榜单 TOP500 中，我国的曙光超算系统入围 49 台，联想超算系统入围 25 台。

### 2. 个人计算机（PC）

随着移动设备的持续增长与普及，个人计算机（PC）整体出货量持续下降。2015 年三季度，全球排名四甲的联想、惠普、戴尔、苹果基本维持稳定，联想和惠普出货量下滑 4% 左右，而戴尔微弱上升 0.5%，苹果上升 1.5%，但宏碁、华硕出现较大降幅，分别下降 19.9% 和 10.1%。芯片方面，8 月 5 日，英特尔如期发布酷睿六代处理器——Intel Skylake，它采用 14 纳米制程，同时支持 DDR3 和 DDR4。新科技方面，2015 年最火爆的莫过于智能硬件、虚拟现实（VR）、增强现实（AR）。

## （四）电子材料、元器件制造业

2015 年 1—12 月，电子材料、元器件制造业持续上升。1—12 月，电子元件行业实现销售产值同比增长 7.8%，低于上年同期 2.7 个百分点，内销产值同比增长 19.7%，高于上年同期 3.9 个百分点。1—12 月，电子器件行业销售产值同比增长 10.5%，高于去年同期 0.3 个百分点，内销产值同比增长 22.6%，高于上年同期 4.9 个百分点[2]。1—11 月，全行业生产集成电路 996.7 亿块，增长 8.1%；半导体分立器件 5384 亿只，增长 7.3%；电子元件 31353 亿只，下降 5.5%。

### 1. 半导体照明（LED）产业

2015 年，LED 产业整体需求上升不及预期，产品性能不断提升，但产品价格下降，厂商竞争逐步加剧，大批中小企业退出市场，大企业、大品牌效应显现，

---

[1] 《2015年1—12月电子信息制造业运行情况》，工信部网站，http://www.miit.gov.cn/n1146290/n1146402/n1146455/c4620537/content.html。
[2] 《2015年1—12月电子信息制造业运行情况》，工信部网站，http://www.miit.gov.cn/n1146290/n1146402/n1146455/c4620537/content.html。

行业洗牌在即。根据高工产研 LED 研究所调查数据，2015 年中国 LED 行业总产值预计可达 3967 亿元，同比增长 15.1%。其中，LED 上游外延芯片、中游封装、下游应用产值分别为 130 亿元、642 亿元、3195 亿元，同比分别增长 8.3%、13% 和 15.8%，而 2014 年总产值同比增速达到了 30.57%[1]。LED 照明持续增长，占总营收份额达 50% 以上。从产值情况来看，我国 LED 企业仍然主要集中在下游应用端和中游封装测试，而在上游外延和芯片领域产值极低。行业整体需求的减弱，也导致了下游应用企业竞争加剧，封装端已经开始进入微利时代。企业间兼并重组加剧，年初，晶能光电大股东金沙江创投联合国际金融资本，以约 33 亿美元的价格，收购飞利浦公司旗下的 LED 照明公司 Lumileds 80.1% 的股份，开启新一轮 LED 产业大整合。

技术创新方面，江西晶能光电入围 2015 年阿拉丁神灯奖的"技术奖"和"百强企业奖"，企业研发具有自主知识产权的硅衬底外延技术，具有 200 多项硅衬底相关专利，打破国际上蓝宝石衬底和碳化硅衬底的垄断，成为全球硅衬底 LED 技术的主导者，在国际硅衬底技术领域达到领先水平。南昌大学领衔的团队的"硅衬底高光效 GaN 基蓝色发光二极管"项目获得 2015 国家技术发明奖一等奖。

2. 集成电路

我国是全球最大的集成电路市场，而且增速最快、市场活力最强。2015 年前三季度，我国集成电路产业销售额为 2540.5 亿元，同比增长 19.5%，预计 2015 年全年市场规模将达 1.2 万亿元。在技术创新方面，在集成电路封装方面我国技术接近世界先进水平；在集成电路设计与集成电路制造方面，逐步缩小与世界水平的差距。

集成电路设计方面。2015 年，我国集成电路设计业稳步发展，产业集中度提高，技术水平逐步提高，在移动智能终端、中央处理器、智能电视芯片等领域均取得不错成绩。2015 年，我国十大设计企业的销售总和达到 540.47 亿元，较上一年增加 134.37 亿元，占全行业 43.79%，平均毛利率为 40.25%，较 2014 年有所提升。企业方面，清华紫光持续布局集成电路产业，打造集成电路帝国，继成功收购展讯通信和锐迪科之后，再次并购同方国芯，形成高、中、低端搭配的完整产品线，移动通信终端 SoC 芯片出货量接近 6 亿只 / 年，市场占有率接近

---

[1] 高工 LED 产业研究所：《2015 年中国 LED 行业总产值达 3967 亿元》，http://news.gg-led.com/asdisp2-65b095fb-61121-.html。

30%,排在世界前三。华为海思半导体发布麒麟950手机芯片,搭载在华为手机上,市场反应良好。

集成电路制造方面。2015年6月,中芯国际、华为、比利时微电子研究中心和 Qualcomm 宣布共同投资中芯国际集成电路新技术研发(上海)有限公司,开发下一代 CMOS 逻辑工艺,目前以14nm工业为主,打造中国最先进的集成电路研发平台。11月,华力微电子代工的第一颗联发科技28nm移动通信芯片流片成功。12月,台积电12英寸晶圆厂将落户南京,引入16nm工艺技术,预计投资总额将达到30亿美元。

集成电路封装测试方面。我国集成电路封装测试四大企业长电科技、华天科技、富士通微电子和晶方科技稳步增长。2015年三季报,长电科技主营业务收入65.51亿元,同比上升39.2%,净利润1.54亿元,同比增长21.36%;华天科技营业收入为28.34亿元,同比上升14.88%,净利润为2.61亿元,同比增长16.09%;通富微电营业收入为16.96亿元,同比上升9.62%,净利润为1.22亿元,同比增长41.73%。

### (五)软件和信息服务业

2015年,在整体经济增速放缓、需求减弱的背景下,我国软件和信息技术服务业持续增长,但增速有所滑落。1—12月,软件业务完成收入43249亿元,同比增长16.6%,其中软件产品收入14048亿元,同比增长16.4%,信息技术服务收入22123亿元,同比增长18.4%,嵌入式系统软件收入7077亿元,同比增长11.8[1]。1—11月,完成利润总额4422亿元,同比增长10.8%,增速低于上年同期12.9个百分点,比1—10月提高1.5个百分点;分领域情况,信息技术服务业、运营相关服务业、电子商务平台服务业、集成电路设计业和其他信息技术服务业情况较为乐观,分别同比增长17.8%、19.3%、24.9%、13.6%和16.4%,增速与前10个月相比微弱提高,软件产品方面,软件产品实现收入12172亿元,同比增长15.2%;分产品而言,信息安全产品增长16.5%,增速比1—10月提高0.5个百分点,嵌入式系统软件实现收入6295亿元,同比增长13.4%,增速低于上年同期5.4个百分点,比1—9月下降2.6个百分点[2]。

[1] 《2015年1—12月全国软件和信息技术服务业主要指标快报表》,工信部网站,http://www.miit.gov.cn/n1146290/n1146402/n1146455/c4624221/content.html。
[2] 《2015年1—11月软件业经济运行情况》,工信部网站,http://www.miit.gov.cn/n1146290/n1146402/n1146455/c4549108/content.html。

1. 2015年（第14届）中国软件业务收入前百家企业发展报告公布

2015年9月，工信部发布2015年（第14届）中国软件业务收入前百家企业发展报告。本届软件百家企业入围门槛为软件业务年收入10.5亿元，比上一届提高了1.1亿元，增长11.7%。本届百家企业进出共11家。华为技术有限公司以软件业务年收入1482亿元，连续十四年蝉联软件业务收入百家企业之首，海尔集团公司、中兴通讯股份有限公司分别列第二和第三名。本届百家企业呈现出以下特点，一是企业规模持续壮大，经营效益稳步提升；二是创新意识不断增强，研发投入继续加大；三是努力突破产业瓶颈，逐步向产业链高端攀升；四是出口并购共同推进，谱写国际化发展新篇章；五是支撑国产软件替代，构建安全自主可控体系；六是发挥创新引领作用，促进经济社会发展[1]。

2. 电子信息新兴领域快速发展

2015年，物联网、云计算、大数据、人工智能、信息安全等新兴产业快速发展。信息技术服务比重大幅增加，企业向服务化转型趋势明显。7月，浪潮集团发布浪潮云战略，将投资100亿元人民币，在全国建立7个核心云计算数据中心以及50个地市级云计算中心。华为发布企业云服务，面对制造、金融、消费品等全行业提供云服务；联想完成对IBM X86收购后，以其硬件优势，发力云服务相关产业；百度、阿里巴巴、腾讯均开始积极拓展全球云计算行业。同时，国家印发多项相关政策促进新兴产业发展。1月，国务院下发《关于促进云计算创新发展培育信息产业新业态的意见》，促进云计算产业发展；8月，国务院印发《促进大数据发展行动纲要》，切实推进我国大数据行业发展；10月16日，工业和信息化部印发《云计算综合标准化体系建设指南》，切实推进我国云计算产业发展。

## 二、质量品牌建设

### （一）电子产品质量情况

2015年，我国电子相关产品质量情况有所提升。根据国家质检总局报告，2015年上半年抽查了7种427家企业生产的434批次产品，抽查合格率为88.7%，比2014年提高了2.1个百分点。其中，微波炉产品抽查合格率为100%；吸油烟机、电烤箱、移动电话用锂离子电池和电源适配器4种产品抽查合格率均

---

[1] 工信部：《2015年（第14届）中国软件业务收入前百家企业发展报告》。

在 90% 以上；电冰箱、储水式电热水器 2 种产品抽查合格率均在 90% 以下，储水式电热水器质量问题较突出，造成产品不合格的主要问题是能效等级项目，产品抽查合格率为 68%[1]。

### （二）电子产品品牌情况

手机产品方面，2015 年，国产手机产业持续发展，国产品牌知名度持续上升。根据赛诺市场研究发布的手机品牌微博影响力报告，品牌影响力前五名均为国产品牌，分别为小米、华为、魅族、OPPO 和 vivo。同时，通过互联网营销手段，还出现了以锤子手机、一加手机、360 手机、乐视手机、格力手机等一批新兴手机品牌，并取得了不俗销量。计算机产品方面，联想稳居个人计算机第一品牌，领先于戴尔、惠普、华硕与宏碁，同时，神舟电脑、清华同方、海尔电脑、方正电脑等我国电脑品牌紧随其后。高性能计算机方面，中科曙光以 34% 的市场份额再次高居中国高性能计算机 TOP100 榜首，连续七年蝉联我国市场份额第一。电视产品方面，国内电视机市场中，国内品牌占据了绝对优势。2015 年是传统电视厂商与互联网电视厂商竞争最为激烈的一年。以海信、长虹、TCL、康佳为首的传统电视机品牌，与以小米、乐视为首的互联网电视品牌，展开了空前的竞争。

### 三、重要数据

2014 年电子信息行业相关重要数据见表 7-1—表 7-3。

表 7-1  2014 年电子产品专利申请统计

| 企业类别 | 专利申请数（件） | 有效发明专利数（件） | 专利所有权转让及许可数（件） | 专利所有权转让及许可收入（万元） | 拥有注册商标数（件） | 形成国家或行业标准数（项） |
|---|---|---|---|---|---|---|
| 电子行业 | 103504 | 126488 | 3870 | 119386 | 27184 | 1116 |
| 大型企业 | 61587 | 97436 | 3135 | 12592 | 15039 | 464 |
| 中型企业 | 20178 | 15575 | 233 | 103021 | 6694 | 290 |
| #国有企业 | 26825 | 40689 | 2829 | 97360 | 6426 | 247 |
| #内资企业 | 67299 | 92592 | 3561 | 109457 | 19722 | 876 |
| #港澳台资企业 | 14317 | 13472 | 106 | 9179 | 4149 | 120 |
| #外资企业 | 21888 | 20424 | 248 | 750 | 3313 | 120 |

资料来源：《工业企业科技活动统计年鉴 2015》。

---

[1]  国家质检总局：《2015年上半年国家监督抽查产品质量状况的公告》。

表 7-2　2014 年电子信息行业研发活动统计

| 企业类别 | 企业R&D人员（人） | 经费支出（万元） | |
|---|---|---|---|
| | | 内部支出 | 外部支出 |
| 电子行业 | 505581 | 13925133 | 612986 |
| 大型企业 | 322237 | 10476667 | 540992 |
| 中型企业 | 111600 | 2059722 | 40529 |
| #国有企业 | 108805 | 3120432 | 50337 |
| #内资企业 | 308559 | 8987754 | 37915 |
| #港澳台资企业 | 91349 | 2158254 | 133046 |
| #外资企业 | 105673 | 2779125 | 108026 |

资料来源：《工业企业科技活动统计年鉴 2015》。

表 7-3　2014 年电子信息行业新产品情况

| 行业 | 新产品开发项目数（项） | 新产品销售收入（万元） | 新产品出口收入（万元） |
|---|---|---|---|
| 电子行业 | 45358 | 267651601 | 138749124 |
| 大型企业 | 18413 | 231159535 | 129159381 |
| 中型企业 | 12463 | 24631469 | 7273930 |
| #国有企业 | 9559 | 43670107 | 10246023 |
| #内资企业 | 32875 | 101001769 | 35456380 |
| #港澳台资企业 | 5227 | 62605902 | 40356783 |
| #外资企业 | 7256 | 104043931 | 62935961 |

资料来源：《工业企业科技活动统计年鉴 2015》。

# 第二节　主要问题

## 一、"三期叠加"效应显现，产业进入低速增长

目前，我国进入增长速度换挡期、结构调整阵痛期和前期刺激政策消化期这"三期叠加"时期，工业各领域增长速度放缓。对于相对增长速度较快的电子信息产业来说，"三期叠加"效应越发明显。从 2014 年一季度开始，我国电子信息产业增速出现下降，全年各月份规模以上电子信息制造业增加值同比增长 12%左右，创 2009 年以来产业增速的最低值；2015 年，产业增速进一步下滑，全年

各月份规模以上电子信息制造业增加值同比增长在 10% 左右，增速同比下降约 2 个百分点。这表明我国电子信息产业经过了高速增长阶段，开始转向稳定的中高速增长。同时，计算机、数码相机、彩电、手机等成熟电子产品增速开始出现下滑，甚至产量同比开始下降。根据工信部统计，1—11 月，我国微型计算机产量 28477.6 万台，同比下降 12.7%，其中笔记本电脑 16121.8 万台，同比下降 15.5%；数码相机产量为 1808.2 万台，同比下降 18.6%。在"三期叠加"效应影响下，电子信息产业如何通过结构调整、产业升级，发展新的消费点、寻找新的增长极显得尤为重要。

## 二、高端产品比例偏低，行业整体利润低

我国电子信息产业经过改革开放近三十多高速发展，无论产值规模还是产品门类均处于世界领先地位。但长期以来，从产品国际分工来看，我国均处于国际电子信息产业链中下游，产品往往技术含量低、附加值低、利润低。例如在 LED 行业中，我国 LED 企业基本集中在利润较低的产业链下游—封装与应用领域，而上游原材料、设备以及外延生长、芯片领域长期被国外垄断；智能手机方面，美国苹果公司长期霸占高端市场，韩国三星公司等国外手机厂商紧随其后，而我国智能手机品牌众多，却普遍处于高成本、低利润，依靠微弱盈利能力和销量支撑，盘踞低端市场；计算机行业，我国长期处于"缺芯"时代，包括内存、硬盘等主要电子元器件均依赖进口，随着国内外计算机市场逐步萎缩，国内品牌计算机整机企业联想、长城、同方等产销量、利润均开始下降；集成电路方面，尽管我国一直在缩短和世界先进水平的差距，但产业结构仍然处于较低端水平，我国主要集中在封装测试领域，其次为集成电路设计，比例最低的为集成电路制造，且核心技术及原材料均依赖进口。

## 三、创新能力弱，核心技术有待积累

电子信息产业向来是全球创新最活跃的领域，也是一个国家科技水平的集中体现之一。我国电子信息产业经过多年发展，在科技进步、创新上取得一定成绩。超级计算机"天河二号"连续 4 年位居世界超级计算机第一；拥有自主知识产权的"龙芯"性能大幅提高；LED 衬底方面，碳化硅衬底技术国际领先。但是，我国电子信息产业创新能力仍然偏弱，核心技术仍然有待进一步积累，技术的产学研转化仍然需要继续落地。长期以来，我国电子产品产业长期处于产业链下游，

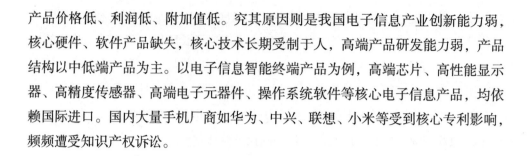

产品价格低、利润低、附加值低。究其原因则是我国电子信息产业创新能力弱，核心硬件、软件产品缺失，核心技术长期受制于人，高端产品研发能力弱，产品结构以中低端产品为主。以电子信息智能终端产品为例，高端芯片、高性能显示器、高精度传感器、高端电子元器件、操作系统软件等核心电子信息产品，均依赖国际进口。国内大量手机厂商如华为、中兴、联想、小米等受到核心专利影响，频频遭受知识产权诉讼。

## 第三节　对策建议

### 一、以企业为主体，加强创新体系建设

面对国内外经济的不景气，电子信息产业整体的增速放缓，必须加快落实创新驱动战略，转变原来电子信息产业以资源等要素投入、投资拉动的粗放型增长模式为以创新为驱动的集约型发展模式，彻底改变电子信息行业原来以低价、利润低、依靠量大的发展局面。电子信息产业落实创新驱动战略，可以从两个方面着手，一是以企业为主体，企业是创新的中坚力量，产品的设计、生产、市场反馈均第一时间在企业得到反馈。发挥企业的主体创新作用，开展引进、吸收、再创新活动。鼓励企业转型升级，逐步淘汰低附加值、低科技含量产品，大力涉足新兴产业，积极开展大数据、云计算、智能可穿戴设备、人工智能、虚拟现实等新一代电子信息相关技术开发。鼓励企业成立自主技术创新中心，以市场为导向，以企业本身需求为出发点，加大研发投入。二是加强创新体系建设，完善产学研用创新体系。面对重大电子信息产业发展关键共性技术等，例如集成电路制造关键技术、5G 高速无线传输技术等。建立完善大中企业、科研院所、行业协会等联合组成的创新体系。抓住国家建立行业创新中心契机，发展电子信息相关创新中心。

### 二、加强金融创新，鼓励企业兼并收购

电子信息行业存在资金投入大、创新密集等特点。加强企业金融创新，切实保障资金来源，建立电子信息引导资金，完善中小企业投融资平台，为持续创新、产业发展提供资金保障。同时，鼓励兼并重组，鼓励国内企业"走出去"，结合金融手段收购国外优质公司，以获得核心技术，完善自身技术体系。以市场换技

术转变为以创新为驱动，结合以资金换技术。经过改革开放三十多年特别是加入世贸组织这十几年的快速发展，我国企业参与国际竞争的层次不断提升，通过跨国并购获得国际优势资源成为近年来中国企业加快国际化步伐的一个新标志。清华紫光9亿美元收购锐迪科、25亿美元入主华三通讯、38亿美元收购西部数据15%股权、6亿美元入主台湾力成；2015年3月，金沙江创投与橡树投资伙伴联合组成的基金"GO Scale Capital"牵头，以约33亿美元收购飞利浦公司旗下的LED照明公司Lumileds 80.1%的股份，届时飞利浦将转移600余项LED核心专利至Lumileds。而金沙江创投旗下的晶能光电拥有在LED方面的自主技术，具备后续承接Lumileds的研发和生产所具备的基础和实力。

### 三、政府引导，紧抓政策红利

从2014年开始，电子信息产业也面临着增速下降、国内外需求不旺的情况。随着我国经济发展进入新常态，国内整体经济增速放缓，出口、内需下滑。同时，劳动力成本不断提高，传统的人口红利逐步消失。在此形势下，电子信息产业不仅需要通过自身结构调整、转型升级、以创新为驱动来适应新形势发展，同时，应紧抓政策红利，利用好一系列推动产业发展的政策红利。2015年以来，国家陆续发布各项推动制造业发展的战略和政策。利用《中国制造2025》战略以智能制造为主攻方向，以新一代信息技术发展为重要领域，大力推进电子信息产业发展；结合国务院关于"互联网+"行动指导意见，大力促进电子信息产业与传统产业的融合创新发展；利用国家大力鼓励"大众创业、万众创新"，结合目前"双创"的良好环境和政策优惠，大力鼓励电子信息中小企业创新创业；结合《国家集成电路产业发展推进纲要》，利用好"国家集成电路产业投资基金"，大力推进集成电路设计、制造和封装测试业。同时，政府应该大力引导，积极为电子信息产业营造良好环境，从资金、税收、政策等方面进行扶持。

# 区域篇

# 第八章  北京市工业技术创新发展状况

2015 年，北京市继续以首都城市战略为方向，构建高精尖经济结构，部分领域指标增速有所放缓，但整体经济在调整疏解中平稳运行，结构调整取得积极进展，社会民生持续改善，发展质量效益稳步提升。2015 年上半年，全市实现地区生产总值 10578.3 亿元，同比增长 7%（按可比价格计算）。从发展重点方面看，北京市六大重点高新技术领域发展较快，尤其是电子信息、环境保护、生物工程和新医药三大领域总收入增速保持两位数增长，比上年同期相比分别增长18.7%、12.5%、12.3%[1]；从区域发展方面看，京津冀协同发展作为北京市 2015年的一项重大任务，重点推进了北京（曹妃甸）现代产业发展试验区建设及北京生物医药产业基地建设。

## 第一节  发展回顾

在增速方面，近年来，北京的经济的增长呈现逐年放缓平稳发展趋势，在2009—2014 年间（见图 8–1），2010 年呈现了快速增长之势，地区生产总值和工业增加值的增长幅度相对较高，分别为 10.3% 和 14.9%，随后逐年回落。2014 年两项指标均出现回落，分别为 7.3% 和 6.0%。2015 年上半年全市地区生产总值10578.3 亿元，比上年增长 7.0%。

---

[1]  http://www.bjstats.gov.cn/sjjd/jjxs/201512/t20151229_331684.htm。

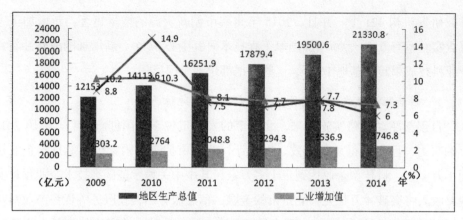

图8-1　2009—2014年北京地区生产总值、工业增加值及其增长速度

资料来源:《北京市 2014 年国民经济和社会发展统计公报》。

在产业结构方面,北京市有三方面重要表现:一是产业结构高端化特征明显,2015 年 1—5 月,规模以上工业中战略性新兴产业增加值同比增长 11%,增速快于规模以上工业 8.3 个百分点,对规模以上工业的贡献率达到 89%。二是服务型经济发展迅速,上半年,规模以上服务业中战略性新兴产业营业收入同比增长 6.5%,明显快于规模以上服务业增速。在电子商务、大数据、云计算、移动互联网、互联网金融、物联网业务快速发展的带动下,1—5 月,互联网和相关服务业企业收入增速达到 24.7%,快于信息服务业增速 15.6 个百分点 [1]。三是新生力量正在孕育发展,2015 年,北京市的大众创业势头良好,企业创新活力增强。1—5 月,全市新设企业 8.2 万户,同比增长 23.5%。其中,新设金融企业、科技型企业分别增长 41.6% 和 33.8%。中关村示范区开展科技活动的企业比重达到 69.7%,同比提高 1.6 个百分点 [2]。

# 一、技术创新发展情况

## (一)总体情况

北京市作为首都,也是全国的科技创新中心,拥有丰富的科技智力资源,有基础、有条件更有责任服务于国家创新驱动战略。据统计,北京市的科技资源总量占全国的 1/3,包括:拥有科研院所达 400 余所,其中,中央级科研院所占全国总量的 74.5%;拥有高新技术企业 10404 家;拥有产业创新联盟 92 个;拥有

---

[1]　http://zhengwu.beijing.gov.cn/zwzt/2015sbnjj/jjyx/t1396224.htm。
[2]　http://zhengwu.beijing.gov.cn/zwzt/2015sbnjj/jjyx/t1396224.htm。

科技研发机构 421 个。并且，2015 年北京市创新资源的增量显著，新增加国家重点实验室有 61 个、新增加国家工程技术研究中心 34 个、新增加的战略性新兴产业科技成果转化基地 16 个，这些数据都位列全国第一。

1. 创新驱动战略深入实施，全国创新中心地位凸显

自创新驱动战略实施以来，北京市的发展定位于全国创新中心，经历 2015 年的努力，已经取得显著成效。据统计，北京市拥有的国家级高新技术企业达到 1 万多家，科技型企业达到三十多万家，其中中关村示范区高技术企业预计实现总收入将突破 4 万亿元，北京市的金融、信息服务、科技服务等优势产业对经济增长贡献率达到 77% 多，超过全国平均水平。此外，北京市的创新中心地位在国际上也初现端倪，全球首个"国际创意与可持续发展中心"创建协定书于 2015 年移交北京，目前，该中心已着手组建国际化的专业委员会，并与央美、百度、联想、小米、汉能等 40 多家院校、企业结成战略合作伙伴，未来还将与联合国教科文组织相关机构和其他国际组织发展协作关系[1]。中意合作的科技项目达到 150 多项，涵盖了信息通信、生物制药、能源与环保等十多个领，充分显示了北京市作为全国科技创新中心的强大资源优势和创新实力。

2. 继续深化改革，高精尖经济结构初现

北京市继续锁定高精尖经济发展，战略性新兴产业继续引领全市经济增长。据统计，2015 年 1—5 月，规模以上工业中战略性新兴产业增加值同比增长 11%，增速快于规模以上工业 8.3 个百分点，对规模以上工业的贡献率达到 89%，互联网和相关服务业企业收入增速达到 24.7%，快于信息服务业增速 15.6 个百分点[2]。在 2015 年新增的创新联盟、工程技术中心及国家重点实验室中，也突出了高精尖特征，例如：丰台区的北京市神经系统 3D 打印临床医学转化工程技术研究中心；西城区的北京市轨道结构工程技术研究中心、机器人仿生与功能研究北京市重点实验室；朝阳区的北京市智能机械创新设计服务工程技术研究中心、三维及纳米集成电路设计自动化技术北京市重点实验室；海淀区的北京市航天产品智能装配技术与装备工程技术研究中心、大数据管理与分析方法研究北京市重点实验室；昌平区的北京市 3D 打印骨科应用工程技术研究中心、直流电网技术与仿真北京市重点实验室等。此外，北京市实施"北京高等学校高精尖创新中心建

---

[1] http://www.bjkw.gov.cn/n8785584/n8904761/n8904960/10465417.html。
[2] http://zhengwu.beijing.gov.cn/zwzt/2015sbnjj/jjyx/t1396224.htm。

设计划"，已有清华大学未来芯片技术高精尖创新中心等 13 个创新中心获得首批认定。市财政对高精尖中心按照项目建设周期给予支持[1]。

3. 深入落实"一带一路"战略，打造京津冀协同创新共同体

2015 年，北京市在推进京津冀协同创新发展方面取得很大进展，一是成立京津冀开发区创新发展联盟，协同三地 12 家国家级开发区和三地开发区协会，签署《京津冀开发区创新发展联盟框架协议》，推动京津冀三地开发区和园区间实现产业对接、分工互补、竞合关系良好的差异化发展。二是搭建京津冀产业创新公共服务平台，建设以实体楼宇为基地的线下综合服务平台，在开发区设立京津冀创新服务大厦，形成集项目展示发布、产业对接合作、投融资、人力资源等功能的服务体系；建设以"互联网+"服务为主体的线上综合服务平台，应用"互联网+"技术，开发京津冀产业协同发展数据库，打造智能化线上服务体系，实现三地服务方式由政府"端菜"向企业"点菜"转变。三是以合作区建设为重点，发挥区内龙头企业作用，不断探索京津冀产业合作对接路径，推进重点产业京津冀全产业链布局，着力在半导体材料产业、新能源产业和节能环保等高端领域取得突破[2]。

**（二）主要措施**

1. 继续完善创新政策体系，支持建设全球创新中心

随着创新驱动发展战略的深入实施，北京市对创新发展的支持力度不断加大。2015 年先后出台了《北京市人民政府关于进一步做好新形势下就业创业工作的实施意见》（京政发〔2015〕59 号）、《北京市人民政府关于加快首都科技服务业发展的实施意见》（京政发〔2015〕25 号）、《北京市人民政府关于创新重点领域投融资机制鼓励社会投资的实施意见》（京政发〔2015〕14 号）、《中关村国家自主创新示范区技术创新能力建设专项资金管理办法》（中科园发〔2015〕52 号）、《〈中国制造 2025〉北京行动纲要》（京政办发〔2015〕37 号）等一系列政策措施，并且取得了一定的效果。

2. 全面积极落实创新政策，促进高精尖产业发展

北京市对高精尖产业发展的支持方向越来越明确。例如，2015 年北京市人

---

[1] http://www.bjkw.gov.cn/n8785584/n8904761/n8904960/10417206.html。
[2] http://zhengwu.beijing.gov.cn/zwzt/2015sbnjj/jjjxtfz/t1396340.htm。

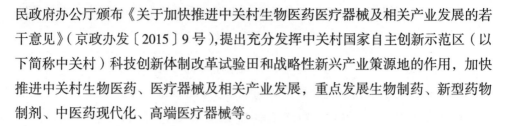

民政府办公厅颁布《关于加快推进中关村生物医药医疗器械及相关产业发展的若干意见》（京政办发〔2015〕9号），提出充分发挥中关村国家自主创新示范区（以下简称中关村）科技创新体制改革试验田和战略性新兴产业策源地的作用，加快推进中关村生物医药、医疗器械及相关产业发展，重点发展生物制药、新型药物制剂、中医药现代化、高端医疗器械等。

3. 建设服务平台，构建京津冀协同发展共同体

2015年，京津冀发展的平台建设成效显著。2015年12月，由北京大学科技开发部、北方技术交易市场、河北省科技成果转化服务中心等26家单位发起成立了京津冀技术转移协同创新联盟，联盟成员包括102家，涉及新一代信息技术、新材料、节能环保、生物医药、现代农业、高端装备制造等战略性新兴产业，提供包括知识产权、投融资、创新创业等服务，利于三地的资源共享和开拓三地统一技术市场。使新技术、新产品能在三地间顺畅流通，促进技术跨区域流动加速，在互惠共赢的基础上培育新的经济增长点。希望联盟在推动技术转移、区域合作、促进共同发展中发挥重要作用。

### （三）重点领域

从整体上看，2015年北京市的部分重点领域发展迅速，与其他行业形成鲜明对比。以中关村为例[1]，据统计，1—11月，中关村重点监测六大高新技术领域共实现总收入25033亿元，占中关村总收入的76.3%。其中电子信息、环境保护、生物工程和新医药三领域总收入增速保持两位数增长，比上年同期分别增长18.7%、12.5%、12.3%。在企业科技创新投入方面，1—11月，中关村企业科技活动人员54.8万人，比上年同期增长23.1%；企业内部用于科技活动的经费支出1088亿元，比上年同期增长21.1%[2]。

从具体领域来看，也取得重要突破。如在医疗器械领域，于2015年10月28日成立了中关村医疗器械产业技术创新联盟标准化技术委员会，是从事医疗器械和健康专业领域内团体标准化工作活动的技术组织。该组织的成立为医疗器械企业带来很多好处：一是有助于企业更好地了解医疗器械企业投资发展环境、新产品研发等实际需求；二是有助于企业开展产业关键共性技术研发和集成攻关、制定技术标准，形成产品或成套工程技术，推动创新成果向企业转化和产业化；

---

[1] 中关村是北京市创新资源和高新技术产业的集聚地，代表着北京市的发展趋势。
[2] http://www.bjstats.gov.cn/sjjd/jjxs/201512/t20151229_331684.htm。

三是有利于整体推动中关村医疗器械产业的跨越式发展，实现卫生服务质量提升与医疗器械产业发展的良性互动[1]。

## 二、质量品牌发展情况

### （一）总体情况

质量品牌作为无形资产，是一个国家、地区软实力的具体体现。质量品牌是推动区域经济的发展动力，又是区域经济发展的标志。北京市尤其重视质量品牌的建设，通过各种政策措施推动北京市的质量品牌建设，举行各种行业的品牌排行榜及质量月活动，提高北京市的质量品牌意识以影响力。

### （二）主要做法

2015 年，北京市适应经济新常态化发展，积极营造北京质量品牌的知名度，加大力度实施北京的质量品牌建设，具体措施如下：

1. 继续完善配套政策，优化质量品牌发展环境

2015 年，为深入贯彻实施《质量发展纲要（2011—2020 年）》，出台了《北京市贯彻质量发展纲要实施意见 2015 年行动计划》及《关于开展 2015 年全国"质量月"活动的通知》，积极开展北京市的质量品牌建设，下发《关于开展生产领域汽车产品质量安全专项检查工作的通知》（京质监发〔2015〕91 号）、《关于做好 2015 年产品质量检验机构工作质量分类监管工作的通知》（京质监发〔2015〕70 号）等一系列政策文件，充分显示了北京市对发展质量品牌建设工作的高度重视。

2. 提高品牌意识，向"北京创造"转型

2015 年，北京市继续积极实施品牌战略，努力由"北京制造"向"北京创造"转型发展。目前，已经形成了以企业主体、市场导向、政府推动的质量品牌发展机制。由北京市质量协会举办的北京质量奖和北京知名品牌推选活动、北京市政府质量管理奖评选活动及质量月活动，有效地推动企业对质量品牌建设的重视，并进一步促进了北京市质量品牌的推广，有利于首都的品牌自主化、高端化、集聚化、国际化程度的提高。

---

[1]　http://www.zgc.gov.cn/dt/gwhdt/98235.htm。

### 3. 严把质量关，形成大质量工作格局

2015年北京市出台的《北京市贯彻质量发展纲要实施意见2015年行动计划》，强调质量安全管理和监督体系的建设。尤其明确针对生活用品、食品药品等产品构建质量安全突发事件监测预警网络，建立婴幼儿配方奶粉等重点高风险食品可追溯体系，探索对质量失信行为的联合惩戒制度。北京市质检总局出台《关于开展2015年北京市"质量月"活动的通知》，明确指出：一是要强化区域质量合作，推进京津冀质量协同发展；二是扎实做好北京市政府质量管理奖宣传和培育工作，引导和激励企业实施卓越绩效管理模式，推动管理创新和自主创新，通过标杆示范引领，提升企业品牌竞争力，提高质量整体水平；三是联合其他部门组织北京地区电子商务企业开展质量管理知识培训、标准宣贯等活动，推动建立促进电子商务产品质量提升的长效工作机制等。这些举措从全局上勾画了北京市质量品牌发展蓝图。

## （三）重点领域

北京市的品牌众多，其中比较著名的是"中关村"这个区域品牌，2015年，工业和信息化部授权中关村科技园区管理委员会等15家单位开展产业集群区域品牌建设。同时，中关村出台了《中关村品牌中长期发展规划研究》，一方面聚集北京市乃至全国创新资源发展，另一方面将中国品牌推向世界。此外，北京市举行的一系列质量品牌排行榜活动，如"2015北京品牌100强排行榜"中，联想集团、北京燕京啤酒集团公司等荣获"2015北京品牌100强"；在"中国行业十大影响力品牌"中，北京汽车股份有限公司获2015年中国品牌年度创新大奖。

## 三、知识产权发展情况

### （一）总体情况

专利是衡量一个国家或地区自主创新能力和成果的重要指标，在创新驱动的发展经济中作用越来越显得尤为重要。近几年，北京的知识产权发展很快，并取得突出成绩，2015年北京市创新能力综合指标位居全国第3位，其中知识创造能力继续位居第1名，这说明北京市的知识产权能力也非常强。据统计，2014年北京的专利申请量与授权量分别为138111件和74661件，分别增长12.0%和19.1%，其中发明专利申请量与授权量分别为78129件和23237件，增长15.7%和12.3%。此外，全年共签订各类技术合同67278项，增长7.2%；技术合同成交

总额 3136 亿元，增长 10.0%[1]。

例如，2015 年，中关村专利授权量再创新高，1—11 月，中关村示范区企业获得专利授权达 28062 件，同比增长 36.0%；申请专利达 44000 件，同比增长 20.5%，占同期全市专利申请量的 33.0%；有效发明专利达 45236 件，占全市企业同期有效发明专利量的 62.4%。其中，京东方、小米、联想、百度、奇虎 5 家企业 2015 年 1 月至 11 月专利申请量共计 11266 件，同比增长 36.4%[2]。

### （二）主要做法

#### 1. 继续完善政策支持体系

2015 年，根据《深入实施首都知识产权战略行动计划（2015—2020 年）》的要求，北京市知识产权局、市司法局、市财政局等多部门印发了《北京市加强知识产权纠纷多元调节工作的意见》，强调建立人民调解、行政调解、司法调解相互衔接的知识产权纠纷多元调解机制。主张在重点行业、区域建立知识产权纠纷人民调节组织[3]。

#### 2. 多举措发展识产权服务业

为了提高知识产权对经济的贡献，北京大力实施知识产权战略，多举措并行推动知识产权的发展。2015 年由中央和北京市财政共同出资发起设立的基金——北京市重点产业知识产权运营基金，基金将通过"购买 + 培育"、"申请 + 运营"等模式，激活发明专利市场，带动更多的创新，同时也给投资者带来回报，该基金计划规模 10 亿元人民币[4]。此外，北京市运用经济手段推动知识产权发展，于 2015 年建立了北京市重点产业知识产权运营基金，基金首期重点关注移动互联网和生物医药产业。此外，不同于传统产业发展投资基金，重点产业知识产权运营基金更关注产业发展中的知识产权要素。该基金将与国家重大专项建立战略合作关系，通过核心技术突破和资源集成管理，完成重大战略产品、关键共性技术和重大工程的知识产权布局和运营，积极推动知识产权尽快转化为产业成果[5]。

### （三）重点领域

构建"高精尖"经济结构是北京市最近几年的主要发展方向，也是北京市知

---

[1] 北京市统计局网站。
[2] http://www.beijing.gov.cn/tzbj/tzxx/kfqdt/t1418559.htm。
[3] http://www.bjipo.gov.cn/zcfg/wzjd/201512/P020151223367989687678.pdf。
[4] http://www.bjipo.gov.cn/zscqdt/zscqzhxx/201601/t20160104_34720.html。
[5] http://www.bjipo.gov.cn/zscqdt/zscqzhxx/201601/t20160104_34721.html。

识产权发展的重要领域。2015 年，北京市在"高精尖"领域的知识产权工作取得了很多进展，包括：一是建立重点领域知识产权联盟，在轨道交通机电技术、新能源汽车、智能语音等领域建立了 16 家产业知识产权联盟，这些联盟在 2015年 1 月至 11 月，共计申请发明专利 1.2 万件，获得发明专利授权 6000 件，拥有有效发明专利超过 2.4 万件[1]。二是促进京津冀区域知识产权协同发展，2015 年，北京市知识产权局对京津冀知识产权协同发展开展研究，形成了《京津冀、长三角、珠三角专利实力状况比较研究——兼论京津冀专利事业协同发展》研究报告，旨在强化京津冀知识产权协同创造能力、提高京津冀知识产权运营水平、推进京津冀知识产权保护合作、提升京津冀知识产权国际影响力[2]。

## 第二节　发展特点

### 一、继续完善创新政策体系，打造新常态发展的创新环境

2015 年，北京继续完善创新政策体系，相继出台了《北京市人民政府关于进一步做好新形势下就业创业工作的实施意见》（京政发〔2015〕59 号）、《北京市人民政府关于加快首都科技服务业发展的实施意见》（京政发〔2015〕25 号）、《北京市人民政府关于创新重点领域投融资机制鼓励社会投资的实施意见》（京政发〔2015〕14 号）等一系列政策文件，进一步完善了激励创新的政策体系。同时在区县方面也有很大进展。

### 二、经济结构不断优化，高精尖结构突出

2015 年北京市的产业发展突出高端化、服务化、集聚化、融合化、低碳化特征，认真落实了《中国制造 2025》发展战略，聚焦创新前沿、关键核心、集成服务、设计创意以及名优民生等高精尖产品，实现"北京制造"到"北京创造"的转型。大力发展电子信息、生物医药、航空航天、新能源、新材料和节能环保等战略性新兴产业，推动绿色制造智能制造发展[3]。据统计，2015 年 1—5 月，规模以上工业中战略性新兴产业增加值同比增长 11%，增速快于规模以上工业 8.3 个百分点，对规模以上工业的贡献率达到 89%。在电子商务、大数据、云计算、移动互联网、

---

[1]　http://www.bjipo.gov.cn/zscqdt/zscqzhxx/201601/t20160104_34720.html。
[2]　http://www.bjipo.gov.cn/zscqdt/zscqzhxx/201509/t20150930_34572.html。
[3]　http://zuowen.yjbys.com/shishilunju/354307.html。

互联网金融、物联网业务快速发展的带动下，1—5月，互联网和相关服务业企业收入增速达到 24.7%，快于信息服务业增速 15.6 个百分点 [1]。

### 三、整合区域资源，京津冀协同发展体系初现

2015 年是京津冀产业协同发展取得丰富成果的一年，在战略布局方面，三地签署《京津冀开发区创新发展联盟框架协议》，推动京津冀三地开发区和园区间实现产业对接、分工互补、竞合关系良好的差异化发展；在服务平台建设方面，2015 年，京津冀发展的平台建设成效显著。2015 年 12 月，由北京大学科技开发部、北方技术交易市场、河北省科技成果转化服务中心等 26 家单位发起成立了京津冀技术转移协同创新联盟，涉及新一代信息技术、新材料、节能环保、生物医药、现代农业、高端装备制造等战略性新兴产业 102 家企业，有效地整合了三地创新资源。在项目对接上，北京有 16 项技术集体转移河北定州，包括功能性微生物肥料研制技术、苗圃智慧管理系统和再生资源园区规划建设等，技术合同意向总额近 3 亿元。

## 第三节　典型案例

### 一、首钢集团：搬迁调整中实现产业结构优化升级[2]

#### （一）公司简介

首钢集团（以下简称"首钢"）始建于 1919 年，改革开放后，首钢获得多元化发展，除钢铁主业外，作为跨国经营的大型企业集团，首钢还经营采矿、机械、电子、建筑、房地产、服务业、海外贸易等多种行业。目前，首钢旗下拥有下属股份公司、新钢公司、迁钢公司、首秦公司、高新技术公司、机电公司、特钢公司、首建公司、房地产公司、实业公司、国际贸易工程公司等多家子公司。2006 年 12 月，首钢集团轧制出发展史上第一卷热轧卷板，实现了从以长材生产为主向高档板材为主的转变。近年来，板材新产品由 66 项增到 297 项，高附加值产品由 600 万吨增到 1000 万吨，管线钢连续四年国内第一，汽车板实现零突破并进入国内前三甲。2012 年 3 月，首钢第一卷高磁感取向硅钢顺利下线，标志着首钢的冶金

[1]　http://zhengwu.beijing.gov.cn/zwzt/2015sbnjj/jjyx/t1396224.htm。
[2]　郭英：《首钢集团：在搬迁中实现产业结构升级》，《中国工业评论》2015年第4期。

技术达到了国内先进水平。

作为一家钢铁行业的高科技企业，首钢在实现科技资源高效利用和技术创新体系有效运行上取得显著成绩。获得省部级以上科技奖励 52 项，授权专利 979 项，科技成果 433 项，参与制修订并已发布实施的国际、国行标共计 92 项。获得国家优质工程"鲁班奖" 3 项、"钢结构金奖" 3 项、全国"特优质量奖" 4 项。2009 年被认定为国家级创新型试点企业，2011 年获得科技部"十一五"国家科技计划执行优秀团队奖，2012 年被认定为"国家技术创新示范企业"；首钢技术中心获国家"技术创新成就奖"，在 2013 年国家认定的 887 家企业技术中心评价中名列第 2，冶金行业第 1 名。近三年来科技创新带来的直接经济效益已达 17.1 亿元。

### （二）主要措施

1. 利用搬迁调整契机，完成新的空间布局和结构优化升级

随着北京对环境保护提出更高的要求，首钢搬迁成为必然之举。首钢拥有 800 万吨的生产能力，搬迁涉及了国家、地方、企业和职工利益四方利益，是一项困难和复杂的系统工程。首钢在克服时间紧迫、投资巨大、职工军心不稳等眼前实施困难的同时，从大局出发，主动为更大规模的空间布局和产业结构调整寻找练兵厂、试验厂。首钢从两条线上并行开展搬迁工作，一方面利用契机编写首钢发展规划，积极向国家申请批准；另一方面按照国家要求同时启动搬迁。2004 年，依托首钢矿山基地，首钢在河北迁安市建立了迁钢公司，同年在河北秦皇岛市建成了首秦公司。2005 年 2 月，《关于首钢实施搬迁、结构调整和环境治理的方案》得到国家批复后，首钢立即部署了两大动作。第一，在北京地区改变发展模式，将原来的粗放型生产转化为发展总部经济模式。压缩首钢在北京的钢铁生产能力，计划 2010 年底钢铁冶炼、热轧能力实现停产，同时在北京地区推动优势非钢和环保等产业发展。第二，争取首钢在唐山地区钢铁工业结构调整中的主导地位，在河北曹妃甸建设技术先进、节能环保的钢铁精品生产基地。通过搬迁调整，京唐钢铁厂、迁钢、首秦、冷轧等相继建成投产。在河北曹妃甸沿海港口建设千万吨级、具有国际先进水平、体现循环经济要求的现代化钢铁企业。迁钢、首秦和顺义冷轧等公司均凭着各自的拳头产品成为国内外一流制钢企业，初步证明了首钢搬迁调整取得初步成功，初步完成了新的空间布局和结构优化升级。

2. 专注技术进步，调整产品结构，走自主创新之路

结合自主创新和技术引入，首钢实现了最初的生产规模快速扩张。搬迁后，首钢面临着从生产长材为主转向生产高档板材为主的产品结构调整，任务艰巨。首钢积极围绕技术创新和产品结构调整，实施了"降低成本、产品研发、市场开发"三个目标倒推机制，促进经济运行质量不断提升。首钢在搬迁过程中建设的几大新钢厂、新项目，集中体现了技术和产品两方面的革新。首钢京唐公司产品定位于高档次精品板材，主要钢铁产品分为热轧、冷轧两大系列，并按循环经济构建全流程能源转换体系建厂，实现了余热、余压的高效能源转换。顺义冷轧厂已经投产，产品主要定位在高级汽车板、高级家电板和建筑用板，并首次将城市污水深度处理后的中水作为整个厂区的循环冷却水和制冷环热水补水。迁钢公司年设计生产能力 500 万吨，拥有当今世界先进水平的炼铁、炼钢、轧钢等完整的钢铁生产工艺流程，210 吨转炉实现了我国第一个完全由国内自主设计的自动化炼钢。首秦公司在 2006 年 10 月实现了铁、钢、坯、材全流程投产，主要产品为高等级的优质宽厚钢板，高强船板通过了中、美、德、法、英、日、韩、意、挪等九国船级社认证，中（宽）厚板取得了出口欧盟建筑钢材 CE 认证。

3. 贯彻人、技术、环境和谐一致的理念，发展循环经济

首钢的创新还表现在以"人、技术、环境和谐一致"为目标，大力发展循环经济。目前，首钢建设了钢渣和高炉水渣的超细磨生产线，利用焦化工艺大规模处理废塑料，重新利用尾矿生产精矿粉，开发世界前沿的清洁生产技术；形成污水治理和大气污染控制领域专利 5 项；拥有国家授权的环保新技术专利 41 项；与国外企业合作开发处于国际前沿的熔融还原技术，进行了工业性实验；与新日铁合作共同开发干熄焦项目，已在国内多家钢厂应用。

以首钢京唐钢铁厂为例，新钢厂具有钢铁生产、能源转换、城市固废消纳和为相关行业提供资源等功能，是环境友好、服务社会、资源节约型的绿色工厂。吨钢可比能耗 649 千克标煤，吨钢耗新水 3.84 立方米，利用富余煤气、高炉煤气余压、干熄焦余热发电，年发电 55 亿度，占钢铁厂总用电量的 94%。采用海水淡化技术，每年可生产 1800 万吨淡水，占钢铁厂用水总量的 50% 左右，剩下的浓盐水用于制盐。每年提供 330 万吨高炉水渣、转炉钢渣、粉煤灰等用于生产水泥等建筑材料，使钢铁厂与社会形成资源循环利用产业链。

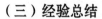 

**（三）经验总结**

1. 面向市场，构建起协同有效的技术创新体系，实现产品结构调整和工艺升级

首钢近年来围绕产品结构调整和工艺升级，积极推进科技创新体系建设。首先，健全组织体系，内部研发由一个国家级技术中心，9个省部级技术中心、5个分支机构组成；外部研发由三个联合研发中心，6个下游用户联合研发实验室、3个海外联合培养基地组成，形成"内外协同、开放高效"的完整组织体系。其次，建立规则体系，设立了包括科技项目、科技成果、知识产权、标准、质量管控等内容的科技管理制度10项，实现从立项、实施到验收PDCA流程的无纸化闭环控制，每年实施项目350项、起草标准48项、申报专利438项，群众性创新项目7521项。设立科技奖励制度12项。最后，建立资源投入保障，研发投入稳定在每年40亿元以上，占销售收入比例5%左右；投资5亿元在总部建设了支撑多地产品开发和工艺研究的国际一流水平的科研基地，建成85个功能实验室，19个中试实验室，仪器设备395台/套，社会开放实验室8个，产业协同实验室9个；建立千人级外部专家库和五百余人的内部专家库。

在工艺引入和攻关方面，首钢采用了长期长效实体式的开放合作模式，在与国外知名公司、研究机构进行培训和项目合作的同时，8年来投资2.1亿元与北科大、东北大学、钢研总院共建了汽车板、宽厚板、电工钢三个联合研发中心。在内部科技资源协同方面，创建了"一级研发、多地分布"的研发体系，在北京设立600人规模的研发总部，在京唐、迁钢、首秦、顺义冷轧等新建钢厂成立集研发和管理职能于一体的派驻工作站，派驻人员135人，实现集团科技资源之间的有效协同。在经营生产方面，采用"销售技术部"模式，整合了全公司生产资源、技术资源及销售资源，全方位调动了公司职能部门工作的积极性，使拳头产品研发和市场推动工作更加严细和高效。

2. 推进技术研发队伍建设，成功支撑产品研发和创新

首钢积极探索有效的研发队伍培养模式，为钢厂建设提供了强有力的人才保障。依托长期、长效、实体式产学研新模式的探索，把重心从偏重技术开发转到长远的人才培养上来。首钢技术研究院为核心，子公司参加，联合国内外高校与研究院所，合作机制变为"同一个队伍、同一个机制、同一个目标、同一个任务"，双方组建的团队不再有单位的界限，为加速培养技术创新团队提供了更为有效的

载体和平台。一来充分利用科研院所的资源，提高技术研发人员的理论水平和知识水平。例如北京科技大学在汽车开发方面有雄厚的研发实力和实践成果，在生产线投入之前，科研人员通过实践研究充分积累技术资源，为在生产现场的产品开发打下了坚实的基础。二来培养了科研人员解决了实际问题的能力。汽车钢联合研发中心的人员不仅长住生产基地，还多次到有关汽车厂了解用户的具体要求和产品实物质量，参与发现解决问题的全过程，在实践中不断提高创新能力。

组织科研骨干参加高规格的培训，积极进行技术交流。例如通过德国特森克鲁勃钢铁公司培养技术创新团队，从 2007 年 3 月开始，首钢七次派出汽车板产学研骨干人员共 74 人次，赴德国接受系统培训。德国特森公司也派出技术人员到首钢进行技术指导，缓解重点攻关，使首钢的技术人员和管理人员逐步建立了汽车板生产的质量管理理念，进一步掌握了汽车板开发的核心细节和质量管理的流程。

设立行之有效的激励机制。设立科技奖励制度 12 项：首钢科学技术奖项中，特殊贡献奖奖励个人 30 万元，每年奖励额度 1000 万元。设立人才建设激励机制 47 项，高端人才引进奖励 30 万元，实行人才津贴 1000—3000 元 / 月；实行首席工程师制度，最高星级津贴 6000 元 / 月。

目前首钢三个联合开发中心共有科研人员 163 人，其中有高级领军人才 25 人，博士 62 人，硕士 71 人，已经成为支撑首钢产品研发的强大力量。

3. 实现信息化与管理思想的融合，有效提升创新能力

作为一家传统钢铁制造企业，首钢正面临着钢铁产品结构调整和地缘布局转移的战略调整，未来 10 年内，其管理、技术都将面临非常大的挑战。在这个过程中，首钢已经充分意识到 IT 在推动创新过程中的巨大作用。信息系统已经成为首钢生产经营管理的重要平台，在首钢搬迁调整和产业结构优化升级过程中发挥了重要作用。比如，首钢京唐钢铁基地和迁钢配套完善项目的建设，在建厂的同时铺开信息化规划，以信息化作为全面创新的载体。

目前，首钢的信息系统已经具备了高端板材全套信息化的支撑能力，整体水平国际先进、国内领先。在推进首钢钢铁主业由传统管理向现代化管理转变，经济效益增长模式由数量型向品种、质量和满足客户需求型转变的过程中，首钢适应钢铁主业转移和做大、做强、做精的需要，形成了综合集成的首钢信息化大的运行体系和平台架构，包括首钢钢铁主业集中整体、分层能级管控架构的业务流

程体系，以增值财务为核心的财务管控系统，体现钢铁高端产品精益生产要求的产销系统，首钢一业多地钢铁主业运行规范、精细可控的物流系统，贯穿于企业物流全过程，体现全面质量管理的质量设计系统，实现了总公司和基地两个层面各专业系统的无缝集成，实现了资源计划的集中性、统一的采购、销售管理平台及统一的财务资金控制。

## 二、汉王科技股份有限公司：运用组合策略，打赢海外专利侵权之诉

### （一）公司简介

汉王科技股份有限公司（以下简称"汉王科技"）是全球文字识别技术与智能交互产品引领者，通过不断自主创新，在手写识别、光学字符识别（OCR）、笔迹输入等领域拥有多项具有自主知识产权的核心技术，综合技术水平在国内外均处于领先地位，手写汉字识别获得国家科技进步一等奖，OCR获得国家科技进步二等奖。目前，汉王科技在手写市场占有率超过70%，OCR领域市场占有率超过50%，处于绝对优势地位。汉王技术为微软、诺基亚、三星、索爱、LG、联想、TCL等国际著名厂商相继采用，提高了民族软件业的国际影响力，彰显了民族高科技企业的国际市场竞争力。汉王科技成立于1998年，作为一家提供以模式识别为核心的智能交互产品与技术的公司，专注于手写识别技术、OCR技术和生物特征识别技术的研究和产品化，已形成了以识别技术为核心、针对不同细分市场的软硬件产品系列。其产品丰富，既有通用产品，如e典笔、汉王电纸书、汉王笔、文本王、名片通、绘图板等，也有针对教育、金融等行业应用的文表识别解决方案；既有手写手机、OCR等多种技术授权方案，也有辅助方案实施的硬件产品，如证照识别等。其中的汉王数位板技术已逐步突破跨国公司的技术封锁，走向国际市场。

### （二）主要措施

汉王科技根据《工业企业知识产权管理指南》的相关规定，建立健全完善的知识产权组织管理体系、知识产权内部管理规范和知识产权评价机制，分层次推进知识产权培训，建立起较为完备的知识产权制度体系，知识产权获得和运用能力逐步提升。

1. 建立多维知识产权组织机构，不断完善管理制度体系

汉王科技自成立之初就设立了负责知识产权业务的部门，于2004年正式更名为知识产权部，专门负责商标、专利、著作权等知识产权的申请及确权事项，以及配合公司的法律部进行维权事宜。知识产权部由副总裁直接领导，现有员工4人，均有理工科背景，部门领导具备理工和法律复合知识结构和专利代理人资格。2008年成立专利评审委员会，作为知识产权非常设机构，负责评估专利申请的可行性、控制专利申请的成本及质量、评选重要专利、筛选海外的专利申请以及专利战略的制定及运用。专利评审委员会由公司研发高管和部分研发骨干组成。公司还设立信息情报组，搜集技术情报、专利情报。

汉王科技根据公司发展的新需要和应对的新环境新问题，不断更新完善知识产权管理制度，形成兼具稳定性和灵活性的管理体系。2001年，初步制定并实施《汉王科技股份有限公司知识产权管理办法》，该办法明确公司进行专利、商标、软件著作权的确权申请及管理工作；随后制定《汉王科技股份有限公司档案管理办法》《汉王科技股份有限公司软件著作权登记管理办法》《汉王科技股份有限公司企业标准化管理办法》《汉王科技股份有限公司商标使用和管理制度》《汉王科技股份有限公司产品企业标准编写流程》《汉王科技股份有限公司专利申请与考核办法》《汉王科技股份有限公司产品标识标注规定》。2008年借助《知识产权制度建设》专题项目，从知识产权管理、评估、转让、许可等多个方面进一步完善了公司的知识产权制度建设。目前，汉王科技已在专利管理、商标管理、软件著作权管理、知识产权激励、知识产权档案管理、知识产权转让、实施许可、知识产权纠纷指引等方面形成比较完善的知识产权管理制度体系。

评价改进机制也在逐步建设，以每月组织的知识产权评审会为评价平台，会议讨论知识产权制度是否需要根据公司形势的变化进行完善，评估授权专利的价值以判断是否继续维持专利，及时解决知识产权管理工作中存在的问题。

2. 分层次开展重点培训，加强全公司知识产权文化建设

汉王科技知识产权部员工作为知识产权专职人员，积极参加专利局各级机构及其他相关政府部门组织的知识产权培训，尤其是国内外知识产权代理机构组织的专利商标各类研讨培训会，以及MIP知识产权管理论坛、中欧知识产权论坛、中美知识产权论坛等高级别的知识产权论坛。知识产权专职人员主动学习知识产权相关法律，熟知并掌握知识产权申请程序和知识产权信息安全管理等事项，学

习如何规避知识产权风险尤其是专利挖掘中的规避设计，正在逐步了解知识产权评价等方面的基本知识。

对研发人员按季度开展知识产权培训。知识产权部会邀请行业内著名的专家或专利局的审查员，或指派知识产权部具有丰富工作经验的员工作为培训讲师。针对中层经理和技术人员设计不同的培训主题，主要涉及专利挖掘、技术交底书撰写、专利检索、规避设计、专利布局、商标使用规则、产品标识标注等培训题材。

为提高知识产权意识，知识产权教育日益普及化和常态化。新员工入职培训必设知识产权培训课程。汉王科技还设专人负责编辑出版面向全员的知识产权月刊，根据需要每月向全员推送一期知识产权月刊，向员工宣传知识产权的基本常识，介绍知识产权领域的最新动态，每期均会选取典型案例。公司办公系统和内网上均设有知识产权专栏，分类宣传专利、商标、版权的基本知识，宣传企业的知识产权管理制度。

3. 知识产权投入专款专用，知识产权积累不断增加

汉王科技于每年年底预算下一年度的知识产权工作经费，最近三年的费用预算基本在 200 万元左右，投入到专利、商标、软著等知识产权工作，而且每年获得的相关知识产权费用支持，专款专用，又用于知识产权工作的开展和推进。

截至 2013 年底，累计申请专利 1147 件，授权专利拥有量为 515 件，2013 年当年专利授权量新增 86 件，授权专利的数量在逐年递增。注册商标拥有量相对稳定，维持在 290 项左右。软件著作权申请登记 150 项。最近三年，整体知识产权拥有量逐年增加，呈现稳中有升的态势。

（三）经验总结

第一，重视技术创新，更重视形成围绕核心技术的专利组合。公司不仅要重视技术创新，更要重视技术创新的专利保护。将核心技术申请专利作为基础专利，围绕基础专利布局外围专利，基础专利和相应的外围专利形成一个个的专利组合。这些专利组合，将为公司提供一个反制诉讼发起者的有力武器，在今后的谈判中，就有可能实现无条件交叉许可，即便是竞争对手没有侵犯专利组合中的任何一项专利，也可以协商以较低的成本达成专利交叉许可。

第二，采取多种诉讼策略，寻找反制对方的有力武器。竞争对手发起侵权诉讼，但不代表其一定胜诉，作为被诉一方可以采取无效、反诉、先用权抗辩等多

种实体权利上的举措,其结果存在多种可能性。消极抗诉,不利于主张自己的权利。

第三,精挑细选,谨慎选择兼具技术背景和涉外诉讼经验的律师。涉外专利诉讼中,律师的选择非常关键。毕竟,国内绝大多数企业的知识产权管理者对涉外专利诉讼流程了解得不是很透彻,双方沟通环节至关重要。律师的选择以具备雄厚的技术背景和丰富的专利诉讼经验的华人律师为首选,当然其所在律所的规模也是一个参考条件。

# 第九章　广东省工业技术创新发展状况

2014 年，广东省实现地区生产总值 67792.24 亿元，全省人均 GDP 为 63688.05 元，高于全国平均水平，同比增长 7.8 个百分点，高出全国 0.4%。全省完成规模以上工业增加值 29327.6 亿元，增长 8.4%；工业投资 8400.04 亿元，增长 17.3%；软件业务收入 5843.5 亿元，增长 19.4%；单位 GDP 能耗下降 3.56%，超过国家下达的 3.4% 年度目标。全省规模以上工业企业实现利润总额 6611.86 亿元，增长 12.4%，增速比全国高 9.1 个百分点。珠三角和粤东西北的相互推动、蓬勃发展，有力带动了全省创新能力提升。《中国区域创新能力评价报告 2015》显示，2014 年广东区域创新能力连续八年居全国第二位。

## 第一节　发展回顾

### 一、技术创新发展情况

#### （一）总体情况

1. 创新驱动发展战略的顶层设计不断优化

广东省委、省政府高度重视全省创新驱动发展的顶层设计和总体布局。于 2014 年 6 月在全国范围内率先出台《关于全面深化科技体制改革 加快创新驱动发展的决定》（粤发〔2014〕12 号）（以下简称《决定》），明确了广东省全面深化科技体制改革、加快创新驱动发展的总体要求、目标任务和工作举措。同时，为了保证《决定》不是空中楼阁，于 2015 年 2 月出台了《广东省人民政府关于加快科技创新的若干政策意见》（粤府〔2015〕1 号），保证了《决定》的落地。

2014 年 7 月以来，广东省加快实施科技业务管理"阳光再造行动"，通过整合 5 大财政科技专项资金，构建新型科技体系，并与 11 月组织省重大科技专项推进会，实施 9 个省重大科技专项在先进制造业的几大重点领域打造一批科技"明珠"工程，推动组建新的广东省科学院。

2. 多主体协同创新格局初步形成

2014 年，广东省深化和推进与全国科研院所、高校进行产学研合作，与清华大学等国内知名一流大学签订了新一轮战略合作协议，推动"三院两部一省"的产学研合作体系向纵深发展。广东省产学研合作规模与日俱增，层次逐步提高，省部院产学研合作全年完成产值 2500 亿元，利税 250 亿元，累计突破产值 17000 亿元，利税 2200 亿元。在国际合作方面，依托广交会、高交会以及东莞国际科技合作周等载体，持续深化与发达国家之间的合作，广东——兰卡斯特大学"中国企业催化项目"等一批国际科技合作项目进展效果理想，稳步推进广州"国家级科技服务国际创新园"、中乌巴顿焊接研究院等重点项目建设、东莞"国家级环保与水处理国际创新园"，协调推进揭阳中德生态金属园、佛山中德工业园等国际合作园区建设，加快推进"粤港创新走廊"建设，强化两地创新要素良性互动，实现两地产业链互联共融，着力打造"珠三角——香港——海外"人才流动新模式 [1]。与此同时，广东省实施《珠江三角洲地区科技创新一体化行动计划》《科技创新促进粤东西北地区振兴发展专项实施方案（2014—2020 年）》，组织召开第二届全省科技成果与产业对接会，广东省省"大科技"联动发展格局基本形成。

3. 科技有力支撑和引领全省产业转型升级

2014 年中下旬，广东省依托高新区，着力优化高新区技术研发、成果转化、企业孵化等工作体系，高新区成为驱动创新产业发展的龙头。2014 年 7 月，汕尾省级高新区获批成立，2015 年初，河源高新区获国务院批准为国家级高新区。目前，广东省已拥有国家级高新区 10 个，23 个省级以上高新区，营业总收入达到 25500 亿元。近年来，广东省深入实施"一镇一策"和"一校一镇、一院（所）一镇"产学研行动计划，打造"科研院校—创新服务平台—专业镇企业"联盟，加快了专业镇的工业化、新型城镇化和现代化步伐，2014 年，全省 381 家专业镇累计实现地区生产总值超过 20000 亿元，约占全省 GDP 的 30%[2]。

[1]  http://it.sohu.com/20150721/n417201894.shtml。
[2]  http://it.sohu.com/20150721/n417201894.shtml。

## （二）主要做法

### 1. 全面深化改革取得新进展

开展权责清单改革试点。开展行政审批标准化改革试点，精简优化办理流程，向社会公开行政审批办事目录。拓展完善省网上办事大厅，目前省直45个应进驻部门和珠三角地市80%以上的行政审批事项、70%以上的社会事务服务事项实现网上办理，珠三角9市、顺德区及粤东西北8个地市已全部开通镇街网上办事站。扎实推进电力大用户与发电企业直接交易试点、国家"三网融合"试点城市建设、项目节能量交易试点、民营企业建立现代企业制度试点等重点领域改革。

### 2. 全省新一轮工业技术改造全面启动

出台《关于推动新一轮技术改造促进产业转型升级的意见》，发布工业企业技改指导目录，制定实施以奖代补财政扶持政策。开展政策宣讲活动，全省共组织宣讲238场，培训规上企业2.6万多家，培训3.2万人次。摸查工业企业技改需求，共摸查主营业务收入5000万元以上工业企业18428家，其中有技改意愿的企业占52%。全省完成工业技改投资1867.6亿元，增长23.3%，高于全省固定资产投资7.4个百分点，高于工业投资增速6.0个百分点。工业和信息化部对广东省的做法给予充分肯定："这是三十多年来地方支持技改力度最大、措施最强、政策最到位的一次，体现了广东省的战略眼光。"

### 3. 努力建设珠江西岸先进装备制造产业带

出台《关于加快先进装备制造业发展的意见》，推动省政府与工信部签订共同推进珠江西岸先进装备制造产业带发展合作协议，建立部省合作协调落实机制。狠抓项目招商和项目落地，8月14日珠海会议签约仪式上签约的39个项目，投资总额1051亿元，其中16个已开工建设，投资额450亿元；会后又新增签约亿元以上项目32个，其中11个项目已开工建设，投资额70亿元。2014年，珠江西岸"六市一区"规模以上装备制造业增加值2338亿元，增长14.4%，占全省规模以上装备制造业21.5%。

### 4. 努力提升企业创新能力

推进科技成果产业化，举办了广东省第二届科技成果与产业对接会，促进170多家企业的200余项技术需求与300余项具有产业化前景的技术成果对接。完善以企业为主体的创新体系建设，新增国家级企业技术中心5个。推动工业设计产业化，成功举办第七届"省长杯"工业设计大赛和工业设计活动周。开展知识产权培育、区域品牌、工业企业品牌三大试点，广东省 4 个产业集群被列入工信部首批区域品牌建设试点名单，数量位居全国之首。

5. 积极做好产业园扩能增效

优化考核指标，加强督查督办，将考核指标从原来的 22 项缩减为 5 项（工业项目固定资产投资、规上工业增加值、全口径税收、节约集约用地、环境保护）。狠抓项目落地建设，新落地项目 579 个，新建成项目 333 个。贯彻落实省双转移工作领导小组会议精神，明确认定省产业转移园和引导工业项目集聚发展的具体措施，推动粤东西北地级市所辖 32 个县（市、区）规划建设产业园或产业集聚地。2014 年省产业转移园累计完成固定资产投资 1087.57 亿元（不含技改投资），较年初下达的 850 亿元目标超额完成 28%；实现规模以上工业增加值 1449.96 亿元，增长 31.8%；实现全口径税收 223.05 亿元，增长 26.4%。

6. 积极培育大型骨干企业

完善政策体系，出台《2014 年支持大型骨干企业发展若干政策措施》和《培育重点骨干民营企业工作方案》，督促 23 个省有关单位、21 个地级以上市、顺德区出台相关实施细则和配套措施。提升企业服务水平，开通"广东省大型骨干企业服务信息交流平台"，实现大型骨干企业数据、诉求网上直报。收集整理 128 家大型骨干企业的诉求 473 项，协调部门逐项全部回复办理。夯实后备力量，目前全省有 93 个县（市、区）、46 个镇落实了培育 50 亿—100 亿元、10 亿—50 亿元企业的目标任务。2014 年全省主营业务收入超百亿元企业达 201 家，比 2013 年增加 20 家，完成预期 200 家以上的目标[1]。

7. 加强信息化建设

推动信息化基础设施建设，全省光纤入户和基站新增数均超过历年累计建成数总和。新增光纤接入用户 357 万户，累计达 667.6 万户，增长 115%；全省新增 3G/4G 基站 22.6 万座，累计 35.5 万座，增长 175%；新建 Wi-Fi 热点 6800 个，累计达 9.3 万个。推进两化深度融合，遴选 100 家试点企业、12 家服务机构参加两化融合贯标试点，广东省成为全国唯一与国家共同开展贯标试点的省份，推动东莞成为国家唯一的两化融合暨智能制造试验区。加快发展信息技术产业，推动

---

[1] http://epaper.cena.com.cn/content/2014-12/22/content_345386.htm。

"星光中国芯物联网工程"落户广东,支持中国电信建设华南最大云计算数据中心——亚太信息引擎、汕尾腾讯云计算数据中心等建设。加快培育信息消费,推动深圳、珠海、惠州、汕头4个国家信息消费试点城市建设。2014年,广东省信息消费规模增长超过20%。

8.推动民营经济和中小微企业发展

认真落实国家和省扶持中小微企业发展政策措施,出台《关于进一步支持小微企业发展的若干政策措施》。牵头制定广东加强涉企收费管理减轻企业负担实施方案,建立并实施涉企收费目录清单制度,组织开展减轻企业负担第三方评估。搭建各类公共服务平台,省中小企业公共服务平台网络建设基本完成,目前入库服务机构3136家、服务项目4413项,分别居全国的第2位和第5位。成功举办第十一届中博会。小型企业工业增加值增长12.4%,比全省工业增速高4个百分点;民营企业工业增加值增长13.2%,比全省工业增速4.8个百分点;全省民营经济增加值达3.5万亿元,增长8.3%。

## (三)重点领域——先进制造业

2014年,广东省先进制造业增加值为14103.95亿元,增长9.2%,其中,装备制造业增长11.0%,钢铁冶炼及加工业增长5.1%,石油及化学行业增长3.7%(见表9-1)。

表9-1　2014年广东省先进制造业细分门类增长率

| 行业 | 门类 | 子门类 | 增长率 |
|---|---|---|---|
| 先进制造业 | 装备制造业 | 汽车制造业 | 9.2% |
| | | 船舶制造业 | 21.5% |
| | | 飞机制造及修理业 | 4.6% |
| | | 环境污染防治专用设备制造业 | 18.3% |
| | 钢铁冶炼及加工业 | 炼铁 | 2.5% |
| | | 炼钢 | 3.3% |
| | | 钢压延加工 | 5.3% |
| | | 铁合金冶炼 | 4.2% |
| | 石油及化学行业 | 石油加工、炼焦及核燃料加工业 | 0.3% |
| | | 化学原料及化学制品制造业 | 8.8% |
| | | 石油和天然气开采业 | -1.1% |
| | | 橡胶制品业 | -2.1% |

资料来源:《2014年广东国民经济和社会发展统计公报》。

从 2014 年广东省各地市先进制造业发展情况看,深圳、广州和佛山位列三甲,从增速上看,清远、河源和珠海保持了超过 20% 的增速(见表 9-2)。

表 9-2　2014 年广东省及各市先进制造业增加值及增速

| 地　区 | 先进制造业 | | | |
|---|---|---|---|---|
| | 增加值(亿元) | 排位 | 增速(%) | 排位 |
| 全　省 | 14103.95 | | 9.2 | |
| 广　州 | 2633.33 | 2 | 9.6 | 17 |
| 深　圳 | 4823.98 | 1 | 10.3 | 15 |
| 珠　海 | 424.73 | 8 | 20.1 | 3 |
| 汕　头 | 96.73 | 15 | 10.2 | 16 |
| 佛　山 | 1493.12 | 3 | 11.5 | 14 |
| 韶　关 | 112.79 | 14 | 18.8 | 6 |
| 河　源 | 188.31 | 13 | 24.2 | 2 |
| 梅　州 | 46.05 | 20 | 19.3 | 5 |
| 惠　州 | 956.23 | 5 | 4.7 | 19 |
| 汕　尾 | 73.88 | 17 | 18.6 | 7 |
| 东　莞 | 1219.54 | 4 | 13.9 | 12 |
| 中　山 | 477.12 | 6 | 7.9 | 18 |
| 江　门 | 276.14 | 11 | 13.8 | 13 |
| 阳　江 | 84.75 | 16 | 3.6 | 20 |
| 湛　江 | 338.10 | 9 | 1.3 | 21 |
| 茂　名 | 426.50 | 7 | 15.9 | 9 |
| 肇　庆 | 297.97 | 10 | 16.2 | 8 |
| 清　远 | 56.93 | 18 | 28.7 | 1 |
| 潮　州 | 30.86 | 21 | 14.3 | 11 |
| 揭　阳 | 188.65 | 12 | 14.9 | 10 |
| 云　浮 | 51.73 | 19 | 19.6 | 4 |
| 珠三角 | 12602.16 | 1 | 10.6 | 3 |
| 东　翼 | 390.12 | 4 | 14.3 | 2 |
| 西　翼 | 849.35 | 2 | 8.4 | 4 |
| 山　区 | 455.81 | 3 | 22.3 | 1 |

注:本表统计范围为年主营业务收入 2000 万元及以上的工业法人企业。

### 1. 先进装备制造业

2014年广东省工业机器人及相关智能装备产值约300亿元，其中工业机器人产值近100亿元。初步形成以广州、珠海、中山为核心的船舶和海洋工程装备集聚发展区。节能环保产业集聚发展态势日趋明显，以广州、深圳、佛山、东莞四个城市为主的珠三角地区的节能环保产业占全省90%以上产值，广东已具备自主设计及制造成套设备的能力。已形成珠海、佛山、江门三大轨道交通产业集群，轨道交通装备产业实现工业增加值6.46亿元，同比增长31.5%。航空、航天器及设备制造业实现工业增加值17.91亿元，同比增长5.4%，其中飞机制造及修理业增加值增长4.6%。电力装备制造业205.27亿元，电力装备骨干企业6家。基本形成了完备的新能源汽车产业链，新能源汽车产业实现工业总产值124.79亿元，同比增长103.4%；实现增加值33.39亿元，同比增长87.9%。已成为国内最主要的卫星导航接收终端设备生产集散地和较为完善的生物医药产业体系。

### 2. 先进材料制造业

2014年，化学原料和化学制品制造业，规模以上工业增加值1371亿元，增速为8.8%，其中涂料产量占全国产量的23.1%，居全国第一，合成洗涤剂产量430万吨，增速为15.8%，占全国总产量的35%。钢铁行业转型升级初见成效，黑色金属冶炼和压延加工业实现工业增加值406亿元，同比增长5.0%。规模以上先进制造业统计中，涉及炼钢企业19家，钢材加工企业374家，工业总产值分别为92亿元和2241亿元，利润总额分别为5亿元和58亿元。金属制品业规模以上工业增加值1243亿元，增速为11.9%；有色金属冶炼和压延加工业规模以上工业增加值554亿元，增速为11.0%。2013年全省规模以上有色金属工业企业679家，实现工业销售产值3104亿元，同比增长31.7%，主营业务收入2852.66亿元，同比增长26.2%。形成了包括先进陶瓷、特种玻璃、半导体相关非金属材料等的产业体系，非金属矿物制品业规模以上企业工业增加值1209亿元，同比增长11.3%。已初步形成较为完整的先进高分子材料及复合材料产业链，橡胶和塑料制品业规模以上企业工业增加值1068亿元，同比增长6.2%。全年全省规模以上塑料制品企业总产量858.07万吨，增长4.8%，占全国13.9%，居全国第二位。目前前沿新材料有超材料、纳米材料、生物材料、智能材料、超导材料等，其中石墨烯作为一种特殊的纳米材料，拥有优异的理化性能，在电池、光电信息领域有十分广阔的应用前景。

### 3. 先进电子信息制造业

具备集成电路设计、制造、封装测试等较完善的产业链。2014年，全年集成电路产量191亿块，较2013年下降2.3%，占全国产量的18.8%；出口234亿个，较2013年下降8.0%，金额98亿美元，同比下降74.8%。电子元件产量为15304亿只，同比增长9.2%，占全国总产量40.1%。产业集聚发展情况良好，汇聚了多家国家新型工业化产业示范基地。加快了4G基站建设步伐。2014年广东省新建3G/4G移动通信基站144739个，新增光缆纤芯长度655.75万公里。2015年1—6月，广东省生产移动通信基站设备1.24亿信道，同比累计增长5.82%，占全国近91%。广东是国内主要的集成电路元器件、电子整机生产基地及国内主要的路由器生产基地。尤其是珠三角地区，聚集了海思、中兴微电子、汇顶科技、比亚迪微电子等集成电路企业，华为、中兴、康佳、创维、TCL等系统整机设备企业。涌现出了多家国内网络安全领域重要厂商，2015年一季度，全球安全设备销售收入同比增长7.5%，达23亿美元，连续22个季度增长。软件业呈现出集聚发展的良好态势。2014年，软件信息服务业收入5137.7亿元，同比增长17.4%，占全国的15.8%，在全国排名第二。

## 二、质量品牌发展情况

### （一）总体情况

#### 1. 质量建设工作取得新成效

在大力落实国家工业产品质量发展"十二五"规划的基础上，广东省制定实施了《加强工业企业质量管理实施方案》和《广东省建设质量强省2014—2015年行动计划》。近几年，广东省在质量品牌建设方面取得一系列成果，广东省在主要工业品平均采标率、国家质检中心项目数、有效发明专利量和PCT国际专利申请量、中国驰名商标数等指标上表现突出，居全国首位；2015年明珠电气股份有限公司、深圳市禾望电器股份有限公司、广州高澜节能技术股份有限公司等3家企业生产的产品入围百项全国机械工业用户满意产品；华为投资控股有限公司应用大数据分析在质量预警中的经验、广东坚美铝型材厂（集团）有限公司实施"三关两全"经营管理的经验、深圳雅图数字视频技术有限公司实施雅图文化＋科技品牌培育的经验等被评为2015年全国质量标杆。

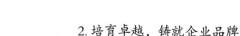

### 2. 培育卓越，铸就企业品牌

卓越绩效模式是我国优秀企业同世界成功企业共同的追求，是实现企业管理现代化的重要手段。近年来，广东省通过对企业导入卓越绩效模式以来，取得了一系列的成绩。例如，中国能源建设集团广东省电力设计研究院通过推行卓越绩效模式，重视质量管理，该院 2013 年度合同额超过 125 亿元，利用 10 年时间跻身中国工程设计企业 60 强，连续 5 年获得"全国实施卓越绩效模式先进企业"和"全国电力行业用户满意企业"称号，连续 9 年入选"全国电力企业实施卓越绩效模式先进企业"，连续三次获得"全国电力行业质量奖"。广东格兰仕集团有限公司通过自主开发，拥有授权专利 1454 项，开发了微波增强补偿技术、球体微波技术、双核变频技术、光波技术等全行业尖端微波炉技术。格兰仕在实施卓越绩效模式过程中提出并实施创新质量管理、创新品牌服务及创新人才管理。2013 年格兰仕总收入为 295 亿元，出口创汇 12.27 亿美元，企业共纳税 8 亿元。其中微波炉产品的产销量连续十五年居全球第一，是首批中国驰名商标和中国名牌产品。

### （二）主要做法

通过引导企业应用精益生产、卓越绩效管理、六西格玛等先进质量管理技术和方法，提升制造业产品质量，建设技术评价与质量控制公共服务平台，推动广东制造企业提升产品质量。完善质量管理体系，推动大中型企业设立首席质量官，建立企业质量安全控制关键岗位责任制，推动企业建立全方位、全过程和全员的质量管理体系，建设质量信息信用平台，设立质量失信"黑名单"制度，利用物联网技术建设重要产品质量追溯体系。加强制造业品牌培育，建设一批国家级和省级"出口产品质量安全示范区"、"知名品牌创建示范区"，支持名牌企业联合打造网上"广东名牌商城"。强化质量基础建设，建设国家技术标准创新基地（华南中心），加快建设一批国家级先进制造业计量测试中心、国家级质检中心等公共检测服务平台。提出到 2017 年，制造业产品合格率稳定在 92% 以上，制造业竞争力指数达到 84.5；到 2020 年，制造业产品合格率稳定在 93% 以上，制造业竞争力指数达到 85；到 2025 年，制造业竞争力指数达到 86.5，主要制造业产品质量达到国际先进水平，形成一批具有核心竞争力的知识产权密集型企业，基本实现广东产品向广东品牌转变的目标。

## 第二节 发展特点

### 一、自主创新取得新进展

研究与试验发展（R&D）经费支出占生产总值比重预计达 2.4%，技术自给率提高到 71%，技术对外依存度降低。区域创新能力稳居全国第二位。启动实施新一批重大科技专项。有效发明专利量和 PCT 国际专利申请量持续保持全国第一，知识产权综合发展指数、保护指数和环境指数均居全国首位。建成各类创新平台1600 多家、标准创新联盟 167 家、产学研技术创新联盟 100 多家，发展新型研发机构 120 多家，新增 2 项国家重大科技基础设施，新增 9 项 973 首席科学家项目。

### 二、产业结构持续优化

工业增加值增速提高到 7.8%。三次产业比重调整为 4.7 ∶ 46.2 ∶ 49.1。高技术制造业增加值占规模以上工业比重提高到 25.7%，先进制造业增加值占规模以上工业比重提高到 48.1%。传统优势产业技术改造步伐加快。汽车、轨道交通、航空等装备制造业发展壮大。推动珠江西岸先进装备制造产业带建设，首批总投资 331 亿元的 13 个项目开工建设。北斗卫星导航应用示范工程等战略性新兴产业重大项目顺利推进。工业机器人、3D 打印等制造和应用取得新进展。服务业增加值增长 8.2%，现代服务业增加值占比达 58.4%。海洋生产总值达 13500 亿元，增长 13.8%。金融业增加值 4724 亿元，增长 12.5%。

### 三、信息化水平继续提升

加大信息基础设施建设力度，无线局域网热点覆盖进一步扩大，实施"光网城市"工程，新增光纤入户 357 万户。中国移动南方基地、中国联通国家数据中心、中国电信亚太信息引擎以及一批云计算数据中心相继建成。通信基础设施产业联盟成立。软件业务收入增长 18.5%，电子信息制造业增加值增长 10.7%。

### 四、金融科技产业三融合深入推进

实施金融科技产业融合创新发展重点行动，依托高新区、专业镇建成一批中小科技企业征信中心、金融科技综合服务中心，新增境内上市公司 30 家、"新三板"挂牌企业 149 家，广州、广东、前海金融高新区 3 大区域股权交易平台累计挂牌企业超过 6000 家，实现直接融资 99 亿元，佛山、东莞、广州民间金融街有效运作，各类备案私募基金规模近 3000 亿元，互联网金融有序发展，引入保险资金新增规模全国领先，科技保险试点稳步推进[1]。

## 第三节　典型案例

### 一、佛山佛塑科技集团股份有限公司：坚持创新，转型升级，在国际知识产权战争中突围

佛山佛塑科技集团股份有限公司（以下简称"佛塑科技"，原佛山塑料集团股份有限公司），是我国塑料加工业中塑料薄膜制造业的行业龙头企业，是一家专注于先进高分子功能薄膜技术创新与产业化的国家火炬计划重点高新技术企业。佛塑科技于 2000 年 5 月在深圳证券交易所挂牌上市（证券代码：000973），现控股股东为省国资委辖下广东省广新控股集团有限公司。公司资产规模 52 亿元，资产负债率 57%。公司下辖 8 家分公司和 22 家长期投资企业，员工 3800 余人。2014 年，公司实现营业收入 273148.31 万元，净利润 11161.65 万元。

佛塑科技是中国制造业 500 强企业，中国企业信息化 500 强，中国轻工业塑料行业（塑料薄膜及包装）10 强企业，国家技术创新示范企业。早在 2000 年，公司就是广东省人民政府确认的重点培育和发展 50 户工业龙头企业中的唯一一家战略产业中的新材料行业企业（粤府〔2000〕2 号文件《关于加快我省工业龙头企业发展意见的通知》）。近年来，公司积极开展以市场需求为导向、以技术创新为核心的产业转型升级工作，从一家以生产普通包装材料及复合软包装制品、PVC 压延制品、人造革、合成革等传统塑料制品为主的企业，逐步转型升级为全面研究开发先进高分子薄膜及材料的现代农业和战略性新兴产业中新材料领域的龙头企业和行业领跑者。2008 年公司重新认定为高新技术企业，并于 2014 年通过高新技术企业复评，多次获得"国家火炬计划重点高新技术企业"、"广东省战略新兴产业企业骨干"、"广东省创新型企业"和"广东省优势传统产业转型升级龙头企业"等荣誉和称号。近年来公司专注于新能源、新材料和节能环保产业的

---

[1] 广东省2015年政府工作报告。

研发与生产，开发成功的锂离子电池隔膜、偏光膜和电工电容薄膜等新型聚合物材料已经蜚声国内外市场，现已逐步形成以渗析材料、电工材料、光学材料和阻隔材料四大系列产品为框架的产业布局。

公司鼓励创新，重视知识产权的保护工作，制定并实施了《技术创新成果奖励制度》、《专利管理制度》、《商标管理制度》等。2012—2014年间，共申请专利83件，其中发明专利66件，申请PCT专利7件，获得授权的发明专利18件。授权专利"薄膜同步拉伸机的链条恒温系统"、"一种供水管材及其制备方法"获佛山市禅城区专利奖金奖，"聚烯烃微多孔膜的制作方法"获佛山市专利奖优秀奖。佛塑科技被评为"禅城区实施知识产权战略示范企业"和"广东省知识产权优势企业"。近三年，完成科技成果鉴定10项，其中省级以上科技成果8项。2012—2014年通过认定的高新技术产品（含国家重点新产品和省自主创新产品）21项。

公司积极参与标准化活动，及时将最新技术创新成果转化为企业标准，时机成熟时再提请国家或行业标准制修订议案。截至2015年8月，累计主导或参与制定国家标准、行业标准和地方标准共25项，其中国家标准20项，行业标准3项，地方标准2项。同时制定备案的企业标准25项。共制定国家标准7项。其中主导制定国家标准2项，国家标准《流延聚丙烯（CPP）薄膜》（GB/T 27740—2011）已经发布实施，国家标准《锂离子电池聚烯烃隔膜》完成了报批稿。

佛塑科技通过自主创新，不断淘汰落后产能，转向先进高分子功能薄膜领域，目前主营产品包括农用塑料薄膜、锂离子电池隔膜材料、显示用聚合物偏光材料、电工电容薄膜、光学用薄膜基材、高阻隔包装薄膜、辐照改性聚乙烯管材、聚酯改性新材料、太阳能光伏材料、智能节能薄膜和新型改性TPEE材料等，这些产品在业内均具有领先的技术优势，拥有具有核心自主知识产权的专利技术，某些产品打破了国外对关键材料的技术垄断。

## 二、广东风华高新科技股份有限公司：高度重视知识产权"创""用""管""保"

广东风华高新科技股份有限公司（以下简称"风华高科"）于1984年成立，1996年在深圳证券交易所挂牌上市（证券代码：000636），是一家国有控股高科技上市公司。截至目前，公司总资产达32.96亿元，现有职工8437人，其中科技人员达到20%以上，研发人员占10%以上。

公司自 1985 年进入电子元器件行业以来，实现了跨越式的发展，拥有了材料——元件——装备"三位一体"的独特产业体系。现已成为国内规模最大、品种门类最齐全、技术水平最强的新型电子元器件、电子信息制造装备及电子信息材料的科研、生产基地，是全球八大片式元器件制造商之一、中国电子元件百强企业（排列第 13 位）；被认定为国家级技术中心、国家高技术产业化示范工程单位、国家火炬计划重点高新技术企业、国家 863 计划成果产业化基地，被列为国家首批"创新型企业"、全国企事业知识产权试点单位、广东省知识产权示范企业、广东省知识产权优势企业、广东省"十大创新型企业"、广东省"自主创新百强企业"、广东省第一批战略性新兴产业骨干企业、广东省装备制造业 50 家骨干企业、广东省新材料骨干企业等，也是国家通信产品国产化配套元件定点企业以及国家优秀企业博士后流动站。

目前，风华高科已形成三大系列的电子信息基础产品，包括以片式多层陶瓷电容器、片式电阻器、片式电感器、片式及中高压铝电解电容器、片式二三极管、厚膜混合集成电路、敏感元器件及传感器件等为主的新型元器件系列产能达到 1600 亿只 / 年。其中片式多层陶瓷电容器和片式电阻器各 600 亿只 / 年，在全球分别居第八和第七位；片式电感器 30 亿只 / 年，规模位居国内前列。以锰锌、镍锌为主的高性能软磁铁氧体材料及器件达 11500 吨 / 年，技术水平居国际先进水平，产品被 Philips、GE、Epcos、Pulse、Osram 等国际知名公司大量使用，是"中国名牌产品"，并被授予"国家免检产品"的称号。其中以电子陶瓷粉体、电子浆料、基础化工材料为主的片式元件用电子材料系列产能达 1500 吨 / 年，生产规模和技术水平国内第一，世界第五位。其中抗还原瓷粉及镍浆、铜浆形成 500 吨 / 年生产能力，产品出口我国台湾地区以及欧美等著名 MLCC 厂商。以高精度气氛烧结窑炉、全自动编带测试机、超薄膜流延机等设备为主的电子专用设备产能达 650 台（套）/ 年。

公司坚持自主创新、模仿创新、合作创新的基本方式，不断促进知识产权创造。从 1995 年至今，共申请专利 438 件，其中已授权专利 224 件（发明专利 124 件、实用新型 91 件、外观设计 9 件）。

公司产品具有严格的质量保证体系，主导产品均已通过挪威船级社 ISO9001:2000、TS16949 质量管理体系和 ISO14001：2004 环境管理体系认证，质量符合国际水平。

"十二五"期间，公司以平板电视、新一代无线通信网络、物联网、太阳能光伏系统、风电设备、新能源汽车及动力电池、半导体照明等新兴产业为市场目标，规划在未来五年内发展到新型电子元器件年产3000亿只的规模，加速实现将风华高科打造成我国电子信息基础产业的"航空母舰"的战略目标。

# 第十章　江苏省工业技术创新发展状况

## 第一节　发展回顾

2014 年，江苏省全年规模以上工业增加值比上年增长 9.9%，其中轻工业增长 9.8%、重工业增长 9.9%。全年规模以上工业企业实现主营业务收入 142387.9 亿元，比上年增长 7.5%；利税 14629.2 亿元，增长 13.1%；利润 8839.8 亿元，增长 12.8%（见表 10–1）。[1]

表 10–1　2014 年江苏省规模以上重点工业行业产值

| 工业重点行业 | 产值（亿元） | 增长率 |
|---|---|---|
| 汽车制造业 | 6448.8 | 13.4% |
| 医药制造业 | 3136.4 | 13.7% |
| 专用设备制造业 | 5622.2 | 10.0% |
| 电气机械及器材制造业 | 16003.3 | 9.8% |
| 通用设备制造业 | 8134.3 | 10.5% |
| 计算机、通信和其他电子设备制造业 | 18055.9 | 4.1% |

资料来源：《江苏省 2014 年国民经济和社会发展统计公报》。

## 一、技术创新发展情况

### （一）总体情况

江苏省近年来科技创新能力不断提升，六年来区域创新能力连续保持全国第

---

[1]　《2014 年江苏省国民经济和社会发展统计公报》，2015 年 2 月 17 日，http://jsnews.jschina.com.cn/system/2015/02/17/023770035.shtml。

一。全省科技进步贡献率达 59.0%，比上年提高 1.5 个百分点，较 2010 年翻一番，占 GDP 比重达 2.52%；高新技术产业产值超过 6 万亿元，较 2010 年翻一番，占规模以上工业产值比重达 40%；高新技术企业超过 1 万家，是 2010 年的 3 倍；科技进步贡献率达 60%，人才综合发展水平居全国第二。[1]《中国区域创新能力评价报告 2015》指出，全国范围内，江苏省在企业创新、创新环境、知识创造、知识获取、创新绩效等多项指标名列前茅，其中 8 项企业创新指标和 5 项创新环境指标位列全国第一。

**（二）主要做法**

1. 紧密结合高新技术产业发展促进科技创新

江苏省大力促进技术创新，促进高新技术产业加快发展。江苏省 2015 年签订 2.5 万项各类技术合同，完成 655.3 亿元的技术交易合同额度，达到 11.9% 的环比增长率，企业完成 26.1 万件的专利申请量，全省组织了 151 项省重大科技成果专项资金项目，产业发展总投入达到 105.0 亿元，2015 年新增投入 11.8 亿元，全省已建成 133 个国家级高新技术特色产业基地，累计认定 7703 家国家高新技术企业和 151 项国家重点新产品。

全省"一区一战略产业"布局规划，充分结合科技创新战略，推动产业创新引擎加快形成。将重点产业区域作为"试验田"，挑选医疗器械、纳米科技和智能装备等重点领域，以项目经理、股权激励等一系列市场化改革为重点，启动省产业技术创新中心 3 个，建设依托骨干企业的国家 / 省级产业技术创新战略联盟 45 个。

2. 进一步提升科技研发投入比重

江苏省 2015 年 R&D 活动经费较上年提高 0.05%，投入总计 1788 亿元，已经占到全省生产总值的 2.55%。在人员投入上，包括 68.96 万 R&D 人员在内，江苏省 2015 年投入的科技人员数量达到 120.3 万人，共拥有有 96 名中国科学院和中国工程院院士。除政府部门所属的 144 个独立研究与开发机构外，还有已经建成的 97 个国家和省重点实验室，290 个科技服务平台，2989 个工程科技中心等，科学研究和开发机构众多。

---

[1] 《2014年江苏省国民经济和社会发展统计公报》，2015年2月17日，http://jsnews.jschina.com.cn/system/2015/02/17/023770035.shtml。

### 3. 大力推进科技金融服务

江苏省重视金融科技服务创新，以苏州高新区为试点，制定了《苏州高新区关于加快推进金融高地建设的工作方案（试行）》等政策文件，委派"科技金融特派服务员"进驻街道社区，形成区"分布式服务"布局，将区科技金融服务中心的终端延伸到区内各镇、街道及重点产业园。

为真正解决科技型中小企业面临的融资难这一普遍问题，江苏省推出了更加灵活和个性化的融资手段。例如依托苏州市聚创科技小额贷款有限公司等专门的区域中小企业贷款服务公司，进行融资。在股份转让改革方面，随着"太湖金谷"的成立和揭牌，中小企业股份转让系统委托服务机构在江苏落地，这种新型金融服务平台兼具公益性和市场化两重性质，面向江苏省提供中小企业的培训、路演和金融等多方位服务，甚至可将服务辐射至全国。在创新债权融资上，江苏省推出了"区域集优"直接债务融资项目，在全国首先发行"科技型"中小企业集合票据，直接受益的科技型中小企业达到四十多家，为企业发展解了燃眉之急。此外，江苏省依托技术创新的新险种也不断涌现，例如知识产权保险、环境污染责任险等。2015年初，高新区内企业享受科技保险政策补贴的累积达到92家，达到累计650亿元的可转移风险额度。

## （三）重点领域

### 1. 电子信息产业

江苏省电子信息产业发展保持全国领先地位。2014年，电子信息产品制造业实现主营业务收入2.92万亿元，同比增长6.4%。全省软件与信息服务业累计完成软件业务收入6439亿元（其中软件产品1765亿元，同比增长13.7%），同比增长24.4%，继续保持全国领先地位（见表10-2）。企业总数突破5000家，涌现出联创集团、焦点科技、苏宁云商、同程网、金智科技、擎天科技等一批重点企业。全省有10家企业进入2014年中国软件业务收入前百家企业名单，列全国第三位。[1]

---

[1] 《江苏去年电子信息制造业营收达2.92万亿元》，2015年2月9日，http://cyyw.cena.com.cn/2015-02/09/content_261634.htm。

表 10-2　江苏省电子信息产业重点行业产量

| 电子信息产业重点行业 | 产量（万台/万块） | 增长率 |
|---|---|---|
| 彩电 | 1522 | 10.1% |
| 显示器 | 5299 | 14.2% |
| 手机 | 2884 | 39.0% |
| 集成电路 | 3280000 | 13.8% |

资料来源：赛迪智库整理，2015 年 12 月。

重视产学研合作。江苏省重视产学研合作，成立多家产业协作中心，成立江苏省物联网技术与应用协同创新中心，组成单位多元化，包括主要参与单位 13 家和参与单位 16 家，其中政府机构及事业单位 4 家、科研院所 5 家，高等院校 9 所、骨干企业 9 家，实现了政产学研用的有机融合。泰州市姜堰智谷软件园全面深化产学研合作，广泛与高等院校建立产学研合作关系，建立关系的高等院校包括大连理工大学、华南理工大学、中国石油大学、南京信息工程等 16 所。此外，江苏省还成立中小企业物联网产业创新服务平台，提供投融资服务、技术服务、公共技术平台和企业综合服务等一系列服务。

涌现一大批技术创新企业。苏大维格公司在上海国际触摸屏展览会上发布新产品——中大尺寸高性能电容触控屏，并提供了相应的解决方案，截至目前，它是国内唯一一家能够生产此类产品的企业。南京中科煜宸激光有限公司坚持自主研发，多个产品属于国内首台套产品，国内首创的激光显示系统，获得 2013 年度"激光大屏幕拼接品牌金奖"。苏州易能微电子科技有限公司主要生产电源芯片，擅长灵活性、高性能和高集成度的数字电源芯片及开发平台开发，能够为全球提供快至 3 天的电源芯片定制服务。

2. 智能制造产业

江苏是制造业大省，但总体上大而不强，仍处于产业链、价值链、创新链的中低端。为改变这一现状，江苏省致力于以创新领跑发展智能制造产业，加强战略部署。2015 年 1 月，江苏省与工信部签署《关于共同推进智能制造创新发展战略合作协议》，制造业智能化升级得到的支持力度不断增大。3 月初，江苏省经信委又发布了《江苏省 2015 年推进智能制造工作要点》，要求 2015 年实施的重大成套智能制造装备示范项目达到 30 个，工业机器人等智能装置自主化配套率达到 60% 以上，认定了 50 家两化深度融合示范企业，以及 200 家两化深度融

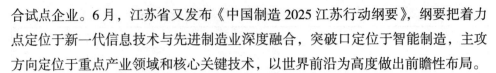

合试点企业。6月，江苏省又发布《中国制造2025江苏行动纲要》，纲要把着力点定位于新一代信息技术与先进制造业深度融合，突破口定位于智能制造，主攻方向定位于重点产业领域和核心关键技术，以世界前沿为高度做出前瞻性布局。

江苏省为贯彻一系列重大战略，开展围绕智能制造的国际国内战略合作，2015年6月，江苏省政府与德国工业4.0主管机构建立战略合作关系，合作机制着重建立在工业4.0平台、人才培训、示范项目等方面。同年7月，江苏省又与中国工程院签署《关于实施中国制造2025共同推进制造强省建设合作协议》，共同开展苏南制造战略研究，深度合作集中在新发展战略研究、制造业创新体系、质量品牌建设等方面。

企业智慧化计划顺利推行，国家级示范企业达到23家，智能制造企业和企业智慧化齐头并进。无锡天奇已经成为国内高端自动化物流装备工程系统整体解决方案服务龙头企业，处在从生产线及生产装备制造转向生产智能化装备的转型过程中。南京埃斯顿公司坚持自主研发，成为国内智能装备核心控制领域的领军企业，改变了国外大机器人公司的市场垄断格局。徐工集团持续建设智能工厂，形成了辐射产品全生命周期的智能工厂解决方案，覆盖研发、制造和物流等各个环节。

## 二、质量品牌发展情况

### （一）总体情况

江苏省质量品牌建设始终位居全国前列，拥有"红豆"、"好孩子"、"徐工"等一批品牌建设标杆。2014年，江苏省商标国内申请量为122817件，排名全国第五，国内有效注册量为516356件，排名全国第四。全省共有产品质量检验机构177个，国家检测中心40个；监督抽查产品375种，比上年增长2.7%。共有产品质量、体系认证机构4个，完成强制性产品认证的企业10370个；法定计量技术机构156个，强制检定计量器具765.7万台件；制定、修订地方标准356项，增长16.7%。[1]

---

[1] 《2014年江苏省国民经济和社会发展统计公报》，2015年2月17日，http://jsnews.jschina.com.cn/system/2015/02/17/023770035.shtml。

## （二）主要做法

### 1. 明确品牌建设战略

江苏省高度重视品牌建设，以《中共江苏省委关于制定江苏省国民经济和社会发展第十三个五年规划的建议》中的品牌建设建设要求为指导，江苏省政府先后推出《工业产品质量发展"十二五"规划》、《江苏省"十二五"工业产品质量发展的实施意见》和《2014年江苏省实施"工业质量品牌创新专项行动"方案》等系列文件，推动企业质量主体责任落到实处，使企业质量管理能力和产品质量水平共同提升，质量文化进一步增强，工业企业品牌建设加速。

### 2. 着力推进品牌建设与经济发展深度融合

江苏省注重品牌建设与经济发展相辅相成，相继推出《江苏省传统产业升级计划》、《江苏省新兴产业倍增计划》、《江苏省服务业提速计划》等，把质量品牌建设放到重要位置。对于产业升级，积极推进传统产业的品牌建设，以江苏省已经具备发展优势的冶金、纺织、轻工、建材四大传统行业为主要实施对象；江苏省是知识密集型省份，高校和科研院所数量众多，江苏省有意识地推动企业和高校、科研院所的深度合作，以此推动高新技术和新兴产业的品牌培育；依托江苏省现有优秀品牌企业，鼓励品牌连锁经营活动的开展，将服务品牌建设锁定在观光旅游、商务服务、互联网服务等优势行业上。

### 3. 推进地市品牌建设全面开花

江苏省在各地市强力贯彻品牌建设战略，将实施商标战略放到参与各地市年度考核指标的重要位置上。在江苏省政府的大力推动下，全省各地市相继出台多项实施商标战略、加快品牌发展的政策意见和扶持政策，包括13个省辖市和104个县（市、区）在内，全面推进，形成"遍地开花"的品牌建设繁荣局面。

## （三）重点领域

### 1. 品牌效应带动市场开拓

近几年来，江苏省名牌产品对企业市场开拓起到了极大的促进作用。莱克电气的品牌效应支撑它连续10年实现在全球的吸尘器销量第一，截至2015年销售量已经超过1亿台。康力电梯品牌在国内小有名气，在一定程度上抵制了国际品牌对市场的蚕食，连续8年在国产品牌市场上保持销量领先；口水娃系列产品驰名国内，2015年取得了超过2000万元的电子商务销售业绩；波司登羽绒服品牌组合市场份额占据国内市场的半壁江山，连续 18 年在国内销量名列前茅。

2. 品牌产生一定国际影响

江苏率先探索以品牌国际化推进经济国际化。桑罗品牌获得"中国丝绸新产品金奖"，在丝绸行业有着较高的国际知名度，获得了连续三年国内出口创汇和利税总额行业前五的佳绩。海格客车在全球 85 个国家和地区均有销售，2014 年达到 2.5 万台年销量，获得 76 亿多元的销售额。"好孩子"在美日欧等国家和地区拥有 571 件注册商标，有多项产品荣获"红点奖""中国优秀工业设计金奖"等奖项，成为世界儿童用品的领军品牌之一。

## 三、知识产权发展情况

### （一）总体情况

2014 年，江苏省知识产权建设再创佳绩，各项专利产出指标实现跃升，多项指标跃居全国第一。2014 年江苏省知识产权综合发展指数年均增长率全国第一，全年授权专利 24 万件，其中发明专利 1.7 万件。全年共签订各类技术合同 3.1 万项，技术合同成交额达 585.6 亿元，比上年增长 10.1%。全省企业共申请专利 32.5 万件，其中授权专利 17.3 万件。[1]

### （二）主要做法

1. 加强战略规划，巩固知识产权为基本制度

近年来，江苏省注重知识产权战略布局，高度重视知识产权制度建设，出台了《关于加快建设知识产权强省的意见》，具体部署包括：加快培育和认定有江苏特色的知识产权密集型企业，促进知识产权密集型产业增加值占 GDP 比重提升，预计从 20% 提升到 35% 左右；推动 100% 的高新技术企业及高新技术培育企业专利授权和申请；完善配套政策，建设产权投资运营中心，提升知识产权运用转化水平；高价值专利培育计划实施，实现超过 20 件的万人发明专利拥有量；加大知识产权保护力度，建立一体化的知识产权保护体系，包括专利、商标、版权等。

---

[1] 《2014年江苏省国民经济和社会发展统计公报》，2015年2月17日，http://jsnews.jschina.com.cn/system/2015/02/17/023770035.shtml。

2. 加大政府服务力度，形成知识产权多元化服务

江苏省根据国家《企业知识产权管理规范》标准，提供多种服务措施，引导企业开展知识产权工作。江苏省知识产权局和知识产权研究中心与南京工业大学国家知识产权培训（江苏）基地合作，开展知识产权培训工作研讨会、知识产权与金融研讨会等一系列培训研讨活动，并制作完成了一些工作模板，包括省企业知识产权战略推进计划主要任务模板和企业知识产权管理体系绩效评价等。同时，江苏省知识产权局还邀请国内专家进行知识产权专题培训，配合实地考察等方式，指导企业实施内部内部审核和管理评审的全过程优化，实现资源管理强化和基础管理细化。

3. 加强知识产权案件举报投诉工作力度

江苏省致力于打造知识产权保护的一站式服务，推动《知识产权违法行为举报奖励办法（试行）》在全国率先出台，摸索形成"四位一体"的综合服务模式，即"服务平台 + 协助执法 + 课题研究 + 合力协调"。目前，江苏省除一个国家级维权援助中心外，还建立了知识产权举报投诉案件转交机制，与工商、版权、公安等部门形成了跨部门的业务联系机制，7 年来完成了六百多起向各类知识产权执法机关的案件移交。同时，针对企业海外维权成本过高的问题，江苏省设立了涉外知识产权维权援助专项资金，7 年间帮助了多达 21 家省内企业，累计提供援助资金 800 万元，协助它们在海外知识产权纠纷中胜诉或达成实质性和解。

## （三）重点领域

1. 知识产权标准化

江苏省一贯重视知识产权标准化建设，探索研究起步较早。自 2008 年起，江苏省将颁布了《企业知识产权管理规范》作为地方标准，并上升为国家标准，在全国得到推广，还被翻译成英文，由世界知识产权组织推荐向世界各国。目前，江苏省知识产权标准化更加体系化，企业贯标推广、培训、咨询服务和绩效评价四大工作体系已经健全，截至目前，参加贯标工作的企业达 5036 家，包括 1165 家合格单位、736 家优秀单位，共有 6000 余人参与了知识产权管理贯标培训。为提供更加有力的工作抓手，2015 年 3 月，江苏省知识产权管理标准化委员会被批准成立并投入运转，它继国家知识产权标准化管理委员会成立后第一个省级知识产权标准化管理委员会，在江苏省知识产权管理标准化历史上具有里程

碑意义。

### 2. 知识产权管理信息化

园区既是产业聚集的洼地，也由于管理部门设置的特殊性，成为知识产权管理的薄弱环节，针对这一现状，江苏省以园区为试点，在全省130家高新区、经开区等各类园区推行知识产权信息管理化建设工作。根据《省委省政府关于加快建设知识产权强省的意见》要求，基于业务实际，江苏省开发并推行园区知识产权管理业务运行软件，将数据填报、试点示范申报、数据汇总和统计等功能容纳进来，针对工作人员的熟练使用问题，请专家进行了规范和技能方面的专项辅导。信息管理的应用，使得园区知识产权数据难统计、管理工作人手不足等普遍问题得以解决，知识产权强省建设园区示范申报以及项目申报的管理工作得以规范，工作效能得到大幅提升。

## 第二节　发展特点

### 一、着力推进企业知识产权主体地位确立

江苏省对于企业的知识产权管理工作一向走在全国前列，一直致力于企业知识产权主体地位的确立。从出台《企业知识产权管理规范》以来，已经参与贯标的企业达到3562家。江苏省从高处着手，推动和组织企业实施知识产权战略，目前成功推动290余家。通过专利专题数据库建立、知识产权发展规划制定、知识产权资产管理强化和知识产权管理队伍壮大等举措，将省内企业竞争力提升到一个新的层次。截至目前，全省申请专利的企业达到1.8849万家，企业专利申请量和授权量占全省总量占比两个指标均突破70%，一大批知识产权方面的优秀企业涌现出来。

### 二、大力提升知识产权运用水平

江苏省知识产权运用水平提升，主要表现在专利化的自主创新产品和金融运用上。江苏省投入1089亿元专项资金，用于省级专利技术实施计划和省重大成果转化专项计划，支持专利产业化的成果达到5611件，一大批重大自主创新产品在这一举措中孕育形成，使得全省的高新技术产业和战略性新兴产业发展注入一股创新活力。同时，江苏省还积极推动知识产权金融化运用，全省累计获得

100 亿元的知识产权质押贷款，使得知识产权成为推动企业发展的重要战略资源。

### 三、三管齐下推动商标建设工作

江苏省商标管理工作成果突出，主要表现在三个方面。一是加大商标指导培育力度，积极筹备和参与了第六届国际商标品牌节，并把该品牌节变成一个重要窗口，展示了本省品牌建设成就和知名品牌形象，以展促销，达到 500 万元的现场销售额、1.5 亿元的电商平台销售额、近 1 亿元的参展企业订单，取得了巨大成功。二是积极探索商标资本化运作，深入推进商标专用权质押贷款工作，推出"品牌银"等地方性商标权质押贷款，使中小企业可以通过组合担保方式增加贷款额度的方式获得帮助，另外，通过各地方印发商标权质押融资工作方案，帮助企业拓宽融资渠道。三是加强商标维权执法，江苏省以重点商标保护申请为基本依据，以具有较高知名度且有明确保护诉求的商标为挑选原则，收录和印发每年度的商标保护名录，一边在全省范围内开展专项行动，开展省内打假，一边通过区域商标保护协作网络（譬如"华东六省一市协作网"等）开展域外打假，扎实推进重点商标保护工作。

## 第三节　典型案例

### 一、好孩子儿童用品有限公司：依托自主知识产权，占据"微笑曲线"两端

"好孩子"成立于 1989 年，是中国具备规模和价值国际化的儿童用品公司，其童车产品已经连续 7 年在全球童车市场上取得佳绩，成为世界儿童用品行业的优秀品牌。"好孩子"之所以能够打破美、日等发达国家长期垄断婴幼儿用品产业链高端环节、绝大部分中国企业处于产业链最低端的产业局面，在于公司自成立以来一直坚持走创新之路，并将研发创新、知识产权与品牌建设紧密融合，不断提高产品的知识产权密集度和品牌附加值。

加快创新步伐，甩开竞争对手追赶。童车行业是低门槛行业，为了应对竞争对手抄袭，"好孩子"坚持持续创新，以创新产品不断替代老产品，以甩开竞争对手。同时，加强技术创新成果权利化和转化应用，提高产品的知识产权含量，使模仿者有所忌惮。目前，"好孩子"每年面向全球推出 400 多项拥有自主知识产权的新产品，其中全新产品达到 70 项以上。"好孩子"全球各设计团队曾多次创造出

行业内极具影响力的产品，2010 年、2011 年、2013 年，产品 Emotion、E-pushchair Myotronic 以及 gamma 婴儿车分别获得被公认为国际工业设计领域"奥斯卡奖"的红点产品设计大奖。2012 年，由"好孩子"原创设计的 A2009 婴儿车，获得中国首届工业设计金奖。

构建全球研发和知识产权创造体系，引领行业品牌发展趋势。从 2007 年开始，"好孩子"相继在奥地利维也纳、美国波士顿、德国纽伦堡、法国巴黎、荷兰乌特勒支、日本东京、中国香港及中国昆山建立起八大研发中心，形成了以前沿市场调查为源，以创意、设计、开发为本，海外和国内研发中心相互补充的全球协同创新研发体系。同时，"好孩子"在全球各个分部、网店统一实行知识产权考核体系，促进研发创新活动与知识产权积累，研发投入与市场结果紧密结合。目前"好孩子"在世界儿童耐用品行业拥有专利数第一，注册商标数第一，获得世界级奖项第一（"好孩子"拥有知识产权数量见表 10-3）。另外，"好孩子"还主导或参与制定国际标准、国家标准、行业标准多项，制定了 191 份从深度到广度均高于销往国标准和技术法规的企业标准、26 份备案标准，为"好孩子"成长为该领域领军企业奠定了牢固基础。

表 10-3　截至 2013 年底"好孩子"知识产权拥有数量情况（单位：项）

| | | | |
|---|---|---|---|
| 专利 | 发明授权 | 228 | |
| | 实用新型授权 | 1795 | |
| | 外观设计授权 | 3623 | |
| | 海外 | 申请 | 77 |
| | | 授权 | 65 |
| 商标注册核准 | 国内 | 625 | |
| | 国外 | 573 | |
| 软件著作权登记 | | 143 | |

资料来源：赛迪智库整理，2015 年 12 月。

开展跨国并购，扩大品牌国内外影响力。好孩子连续完成两项行业世界级的国际并购，把欧洲最高端的儿童用品品牌 Cybex 和美国百年儿童用品品牌 Evenflo 纳入旗下，推进公司自有品牌的全球化战略布局。目前，在中国市场，"好孩子"品牌知名度达到 95.7%，大幅领先于最强竞争对手的 39.6%；"小龙哈彼 Happy Dino"是江苏省著名商标，品牌知名度达到 33.5%。借助于品牌影响力，公司主导产品婴儿车在中国市场的占有率为 27.3%，自 1993 年起连续 20 年销量第一；在北美市场占有率达到 55.1%，自 1999 年起连续 14 年销量第一；在欧洲市场占有率是 24.1%，自 2006 年起连续 7 年销量第一。

## 二、中材科技股份有限公司：围绕转型升级关键环节，构筑知识产权支撑力量

中材科技股份有限公司（以下简称"中材科技"）主要从事特种纤维复合材料及其制品的制造与销售，并面向行业提供技术与装备服务。产品广泛应用于航空航天、国防军工、能源交通、资源环境等领域，其中三大主导产品——高强玻纤制品、玻纤覆膜滤料、AGM 隔板。中材科技在关键核心技术方面不断突破，创造和积累了一批高质量知识产权。通过灵活运用知识产权，为企业转型升级提供动力源，在经济效益、社会效益和环境效益方面都取得了显著成效。

围绕关键核心技术布局专利，积累强大竞争优势。中材科技在新材料领域组合采取专利布局策略，形成一批自主创新成果群。公司围绕关键核心技术、工艺、关键零部件针对目标市场开展知识产权布局，依据产品主要销售地以及主要竞争对手所在国，合理选择专利申请地，做好境外国际专利申请；根据国际化生产经营的需要，及时跟踪竞争对手的国际专利布局，整合研发成果，开展国际专利布局。例如，公司根据国际市场和竞争对手的实际情况，递交了国际 PCT 专利申请，发明名称为"三维机织层连织物"，并有选择地进入美国、德国和日本三个国家，为中空织物的国际化营销解决后顾之忧。目前，已取得美国和日本的专利授权［three-dimensional woven hollow layer-connecting fabric（US8，114，792 B2）；三次元織の中空層接続織物（特許第 5101526 号）］，德国尚处于实质审查阶段，授权前景乐观。中材科技还积极将专利纳入标准，将玻璃纤维过滤材料相关专利转化为国家标准《玻璃纤维过滤材料》（GB/T25041—2010），迫使竞争对手只能从事产品的下游加工，公司由此牢牢掌控控制了产业链的上游，掌握了该领域产业和技术发展和变革的主动权、话语权，获得了市场垄断优势。

有效利用专利群，掌控产业链高端环节。适应玻璃纤维制品和复合材料的市场需求增加趋势，中材科技整合创新资源，形成了企业、高校、研究院所多方共同参与的创新协同体系，实现了多项关键核心技术突破，并在此基础上积极申请专利，在锂电池隔膜、水务膜和服装膜等应用领域形成了自主可控的膜材料专利群。通过专利群的有效使用，公司积极培育产业链，向锂电池隔膜、水务膜、服

装膜等市场急需的膜材料延伸，并不断加大品牌培育和建设，加强市场营销体系建设，公司专利产品市场占有率大幅度提高，膜产业的附加值得以有效提升。

　　建立系统化知识产权保护体系，积极应对产业竞争。中材科技建立了一套作用巨大的知识产权保护体系，以防范、应对知识产权风险和侵权纠纷，为产业健康可持续发展保驾护航。一是通过对产品、技术知识产权现状的研究分析，有效防止了产品、技术、在研项目等发生知识产权侵权行为，规避或降低了知识产权侵权风险。同时，定期监控市场，跟踪知识产权情况，以快速采取应对措施，维护合法权益。二是制定了有效的知识产权应急方案，采取正确的步骤和措施对知识产权应急事件进行处置，降低事件损害程度和社会影响。对拥有自主知识产权的技术、产品采取相应保护措施。一旦发现采购的原辅材料、生产设备、技术产品等侵犯他人知识产权或被指控侵权，通过该方案，可有效降低经济损失。三是加强知识产权管理制度和工作流程建设，建立知识产权保护网络，定期进行市场监控跟踪和调查，防止被侵权。四是通过及时了解和掌握国内外知识产权法律法规、纠纷处理等业务办理和技巧，增强了知识产权纠纷处理能力。

# 第十一章 福建省工业技术创新发展状况

## 第一节 发展回顾

福建省工业经济保持平稳增长。一是规模实力稳步提升。2014 年全省工业增加值 10426.71 亿元，占 GDP 的 43.3%（全国 35.8%），比上年增长 11.8%，高于全国平均 3.6 个百分点，居全国第三位，东部地区第二位。二是经济效益平稳增长。2014 年，规模以上工业经济效益综合指数 270.44 点，较上年提高 15.6 点；全年实现企业利润总额 2081.74 亿元，增长 5.32%；工业对全省国民经济增长的贡献率达 56%（见图 11-1）。

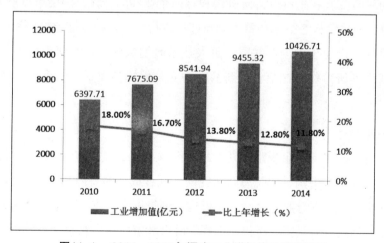

图11-1 2011—2014年福建工业增加值及增速情况

资料来源：赛迪智库整理，2015 年 12 月。

## 一、技术创新发展情况

### （一）总体情况

福建省科技综合实力稳步提升，2014 年，全年研究与试验发展（R&D）经费支出 360 亿元，比上年增长 14.6%，占全省生产总值的 1.50%。全省围绕 12 个科技重大专项，新增 26 个省级企业重点实验室、2 个国家级工程技术研究中心、89 个省级企业工程技术研究中心、26 个科技企业孵化器、新引进国内外重大研发机构 5 个、新布局建设 18 个省级产业技术重大研发平台和 22 个产业技术公共服务平台。目前，全省有国家级、省级创新型（试点）企业 904 家；高新技术企业 1779 家；重点实验室 147 个（其中国家重点实验室 8 个）、工程技术研究中心 410 个（其中国家级 7 个）、科技企业孵化器 76 家（其中国家级 10 家）。新认定省级企业技术中心 43 家；新认定国家级企业技术中心 2 家。2014 年新增 2 个国家级"2011 协同创新中心"，18 个国家级和省部级科研创新平台。[1]

### （二）主要做法

1. 加强全省科技创新平台建设的统筹规划

根据"十三五"科技专项规划要求，福建省创新链围绕重点产业链布局进行部署，科技创新平台规划全部依据创新链规划，在资源整合和顶层设计上下功夫，鼓励推动科研院所和高校等科研机构和省内企业共同合作，围绕重点产业集群、主导行业，对关键核心技术和重大创新产品进行研发，积极推动组织和载体多元化，着重建立产业技术创新联盟、重大技术研发机构和企业博士后工作站等机构，创新产学研协作，在全省创新活动中充分发挥各类平台的重要载体和核心作用。

2. 积极推进产业联盟建设

福建省一向重视产业联盟建设，2014 年 4 月，成立福建省 3D 打印技术产业联盟，主要成员为中国科学院海西研究院，联合成员为省内 3D 打印的高校、科研院所和企业，还有行业协会、中介机构和创投机构。成立客车混合动力总成产学研用技术创新战略联盟，将福建工程学院会和省内以金龙旅行车为代表的多家客车驱动总成关键企业链接在一起，使得本省跨区域的客车整车产业链格局得以

---

[1] 《2014 年福建省国民经济和社会发展统计公报》，2015 年 2 月 15 日，http://fjrb.fjsen.com/fjrb/html/2015-02/27/content_812301.htm?div=-1。

形成，对于混合动力驱动总成优化升级起到促进作用，福建省客车总成系统产品占有率在全国占据领先地位。

### 3. 出台细则力促科技成果转化 [1]

福建省科技厅、知识产权局、财政厅联合制定印发《福建省科技成果购买补助项目管理实施细则》。根据细则，福建省科技成果购买补助额度最高可达 500 万元，补助经费用于支持企业开展成果转化后续研发活动。成果购买补助项目是指支持省内企业购买国（境）内外符合福建省产业发展要求、市场前景好、产业带动性强、环境友好、有望形成较大规模和较强竞争能力的科技成果，并在福建实施转化的技术转移类科技计划项目。

企业在成果购买过程中所产生的技术交易费用，符合条件的可申请补助，补助项目分 3 类：Ⅰ类指技术交易总额为 200 万元（不含）以上的项目，申请补助额度不超过企业对该项目支付的技术交易额的 30%，补助额一般不超过 200 万元。对个别特别重大成果购买补助项目，经企业另行提出书面申请，按"一事一议"程序办理，最高补助额度不超过 500 万元；Ⅱ类指技术交易总额为 50 万元（不含）以上，200 万元（含）以下的项目，申请补助额度不超过企业对该项目支付的技术交易额的 10%；Ⅲ类指购买高等学校、科研单位中国职务发明专利，单项技术交易额为 20 万元（含）以上，50 万元（含）以下的项目，申请补助额度不超过企业对该项目支付的技术交易额的 10%，每个企业当年最高补助额度不超过 50 万元。Ⅰ类和Ⅱ类项目向省科技厅申报，Ⅲ类项目向省知识产权局申报。

## （三）重点领域

### 1. 电子信息产业

福建省电子信息产业起步早、发展快，各项指标位居全国前列，信息产品制造业产值居全国第六位。拥有新型显示、计算机和网络、软件三个超千亿产业集群，形成以厦门火炬产业园和福清融侨显示器产业园为代表的福州、厦门国家级信息产业基地，拥有宸鸿、戴尔、友达、捷联、华映、联想移动、冠捷显示、达运精密等百亿企业 8 家。闽台合作互动良好，台商投资已涵盖平板显示、集成电路、LED 等多个领域，台资企业年产值占全省全行业的 1/3。目前，福建省在继续发挥整机制造优势的基础上，加大研发投入，集中力量突破关键核心技术，推

---

[1]　《福建科技成果购买补助额度最高可达500万元》，《福建日报》2015年8月5日。

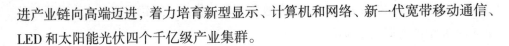

进产业链向高端迈进，着力培育新型显示、计算机和网络、新一代宽带移动通信、LED 和太阳能光伏四个千亿级产业集群。

2. 纺织行业

纺织业是福建省传统支柱产业和重要的民生产业，产量体量居全国前列。2014 年，福建省纺织行业整体运行稳中有升，完成现价产值 4787 亿元，同比增长 14.9%，化纤和纺织行业产值增长超过 10%，分别增长 25.7% 和 12.2%。实现利润 233 亿元，增长 7.03%。累计出口交货值 704 亿元，增长 10.5%，纺织服装服饰业出口增速达 11.7%。

## 二、质量品牌发展情况

### （一）总体情况

福建省企业质量品牌意识不断提升，培育出厦门银鹭、泉州达利集团、泉州恒安集团、安踏中国、莆田华昌珠宝等一批市场占有率位居全国前列的知名品牌，国内 80% 的运动服装产品品牌均集中在福建。至 2014 年末，福建名牌产品达 1634 项，福建著名商标达 3675 件，地理标志商标总量达 248 件，居全国第二位，驰名商标总数达 403 件，居全国第五位。截至目前，福建名牌产品累计 1395 项，其中工业品 1222 项、农产品 150 项、软件 23 项。从地区分布来看，福州 149 项、厦门 103 项、漳州 81 项、泉州 148 项、三明 76 项、莆田 88 项、南平 70 项、龙岩 46 项、宁德 41 项、平潭综合实验区 2 项；从产品类型来看，工业产品 698 项、农产品 98 项、软件产品 8 项。

### （二）主要做法

#### 1. 以政府质量奖为抓手推动工作

认真组织修订《福建省质量奖管理办法》和《福建省政府质量奖评价管理细则》并上报省政府批准发布。开展 2014 年度福建省政府质量奖评选工作，评出 5 家获奖企业。指导各设区市开展政府质量奖评审工作，2013 年实现 9 个设区市均评出市政府质量奖，累计共评选出 48 家企业获得市级政府质量奖。

#### 2. 积极参与品牌价值评价

积极组织推荐福建省企业参加国家质检总局开展的品牌价值评价，2013—2014 年共向国家质检总局推荐 51 家企业进行品牌价值测算，其中 2014 年福建省有 18 家企业上榜，累计品牌价值达 980.36 亿元。

### 3. 加大资金扶持

福建省鼓励民营企业并购国外高端品牌（针对福建省民营企业为主体的经济特征出台政策，按核定并购金额的 10%。对年销售收入 10 亿元以上的龙头民营企业海外高端品牌并购予以补助，单项补助以 1000 万元人民币为上限）；支持闽东电机产业集群企业以品牌拓展市场（对 2012 年 5 月 15 日后新获得国家驰名商标、省名牌称号的闽东电机电器企业，省级与地方奖励资金按照 1:1 比例给予一次性奖励）；2015 年新出台政策，对高成长型企业新获得国家质量标杆奖励 80 万元。

### 4. 积极开展工作联动支持

在福建省工商发展资金中，对完成品牌培育试点各阶段工作且品牌培育能力、绩效和外部评价达到及格以上的试点企业，评为品牌培育示范企业，以及省质量标杆所在企业申报的项目优先给予支持。对质量标杆所在企业以及品牌培育示范和合格企业，在企业技术中心认定等工作中给予优先考虑。

### 5. 加强各地市工作支撑力度

鼓励有条件的地市对质量品牌工作加强直接经费支持。如龙岩市对获得国家质量标杆的企业奖励 100 万元，省级质量标杆企业奖励 50 万元。

## （三）重点领域

### 1. 纺织行业

福建省集中了全国 80% 的运动服装产品品牌。拥有"中国休闲服装名城"的国家级产业品牌，拥有"中国名牌"十多项，"中国驰名商标"三十多项，"中国免检产品"二十多项。培育的许多企业有福建本地特色，包括化纤、面料以及服装、产业用纺织品品牌等，有一些企业走在前列，已经从加工制造转向产品设计创意，尤其在特色集聚的地区，已经初步孕育出了一批设计创意园区，这些企业的市场影响力得到极大提升。

### 2. 轻工行业

轻工业作为福建省传统产业，总量规模位于全国前列，居全国工业行业首位。2014 年，福建省规模以上轻工业增加值完成 5091.54 亿元，增长 10.5%，轻工业占工业总比重达到 50.7%，高于重工业，其中食品行业仍高速增长，增速达到

13.4%，膨化食品产量保持增长，膨化食品增长 41.5%。轻工业 10 个大行业中食品、制鞋两大行业产值上亿元；皮革、塑料制品、工艺美术、造纸及纸制品、家具制造、电池制造、照明器具等子行业产值上百亿元，占全省工业产值的 90% 左右，成为福建省轻工业的支柱行业。福建省轻工行业品牌集中度高，先后培育出厦门银鹭、泉州达利集团、泉州恒安集团、安踏中国、莆田华昌珠宝等一批市场占有率位居全国前列的知名品牌。

### 三、知识产权发展情况

#### （一）总体情况

福建省专利申请受理 58075 件，专利授权 37857 件，分别比上年增长 8.2% 和 0.9%。其中，发明专利申请 12529 件，增长 26.8%，发明专利授权 3426 件，增长 16.5%。截至 2014 年底，全省共拥有有效发明专利 13057 件，比上年增长 25.2%；每万人口发明专利拥有量 3.460 件，比上年增加 0.677 件。全年共登记技术合同 3797 项，技术合同成交金额 50.83 亿元。[1]

#### （二）主要做法

##### 1. 深入实施知识产权战略

成立福建省知识产权工作领导小组，在部门间统筹协调方面发挥作用，印发《2014 年福建省知识产权战略实施推进计划》的工作文件，并保证贯彻和落实，使得福建省知识产权创造能力得到进一步提升，在转型升级的过程中，知识产权的推动作用愈加明显，相应地，知识产权保护也得到进一步强化，根据国家知识产权局发布的《全国地方知识产权战略实施总结评价报告》，福建省知识产权战略建设成绩和实施成效在全国名列前茅。

积极争取国家政策扶持，与国家知识产权局签订共建合作协议书，促成国家专利审查协作中心落户福建省，项目落户于福州高新区海西园，计划中期拥有 700 名专利审查人员，获取 3.5 万件以上的年审查发明专利，这一举动对于在专利领域的两岸交流合作大有裨益，为福建省知识产权事业发展注入新的活力。

---

[1] 《2014年福建省国民经济和社会发展统计公报》，2015年2月15日，http://fjrb.fjsen.com/fjrb/html/2015-02/27/content_812301.htm?div=-1。

### 2. 着重完善知识产权法规政策体系

福建省注重完善知识产权法规政策体系，于2014年颁布《福建省专利促进与保护条例》，后又出台《2014年福建省促进高校科研单位专利转移运用试点方案》，提高专利转化成功率，推动院企之间的专利许可和转让。同时，针对日益增多的专利纠纷，颁布《福建省专利保险试点工作指导意见》，推出商业保险分担机制，以这一方式引导企业维护自身权益，减轻维权负担。此外，还出台了《福建省专利奖评奖办法实施细则（试行）》《福建省知识产权优势企业管理办法（暂行）》《福建省专利违法行为举报投诉奖励办法（试行）》等。下辖各地市也纷纷完善修订相关法规政策体系，包括福州、厦门、泉州等，进一步激励了省内知识产权的创造运用和保护。

### 3. 不断加大专利执法维权工作力度

2014年，全省知识产权局系统专利行政执法办案量达951件、办理维权援助与举报投诉案件258件，分别比上年增长81%和30%，超额完成全国"双打办"考核指标。[1]福建省严格执行人大专利"一法一例"执法检查相关工作。在执法协作机制建设方面，建立知识产权纠纷诉调对接合作机制，联合知识产权主管部门、省法院和公安部门共同执法，积极推动与周边省市联合的跨省区的执法维权协作机制。务实贯彻执法办案和维权援助、举报投诉工作，以专利执法维权"护航"专项行动工作方案为纲，组织多次专项活动，尤其在电子商务领域取得一些成绩。多个地市在专利行政执法办案中积累了具有操作性的办法，厦门、莆田、泉州等地经验尤其丰富。同时，推进专利保险试点工作，全省参与投保专利执行险的龙头企业已经达到99家，参保发明专利达到532件，保额达到1826.4万元。

## （三）重点领域

### 1. 专利转化运用

福建省在专利成果转化运用方面工作成效突出，福建省专利技术市场化和产业化步伐加快，科研院校的专利成果转化率不断提高，对企业技术升级起到了极大的促进作用。根据工作部署，福建省省知识产权优势企业新评定出100家，对于专利产业化项目的投入金额达到1225万元。重视搭建专利对接服务平台，在专

[1] 《加强运用和保护 在建设新福建中谱写知识产权事业新篇章》，2015年3月19日，http://www.fjkjt.gov.cn/newsedit.asp?news_xxbh=67000。

利重大活动"6·18"展出中,实现当场对接的高技术含量专利共有46项;举办福建省首届专利技术现场拍卖会等拍卖活动,包括厦门大学、福州大学等科研院所的专利成交量达到7件;主导生物科技领域专利对接会的举办,在会上达成合作协议的院企达到16家,签订了923万元的合同金额。积极推动科技体制改革,从改变省专利奖评审方式入手,以突出经济社会效益为导向,改善专利奖励制度,对调动专利创造和运用积极性起到促进作用,深化了专利活动和经济活动之间的对接融合。

### 2. 专利质押融资

福建省灵活运用专利产品,以专利质押的形式,建立专利产品和金融之间的联系,促进专利产品为企业产生价值。2014年,福建省工安排382.8万元专项资金,予以专利权质押贷款贴息的企业达到17家,全省参与专利质押的企业有98家,质押专利数为293件,由此,福建省企业共获得14亿元的专利权质押授信额度,比上年增长了150%,其中漳州市企业表现抢眼,共获得6亿多元的专利权质押贷款。同时,许多地市也纷纷对出本辖区内的专利权质押贷款贴息政策,福州、漳州、泉州、厦门、龙岩、莆田市等地市纷纷通过政策确立了与省级层面的联动管理,又为专利成果转化应用注入了一针强心剂。

## 第二节 发展特点

### 一、实施三大举措推动科技创新平台建设

积极建设全省产业技术重大科技创新平台。一是围绕自贸区建设,升级自贸区龙头企业研发机构,在加快建设省级重点实验室和工程技术研究中心的同时,积极引导台资龙头企业研发机构进驻自贸区,以自贸区为示范区和先行区,推动全省技术转移成果产业化迈上新台阶。二是加快建设一批省级产业技术创新重大研发平台和科技服务公共平台。在整合全省创新资源的基础上,设立多个公共服务平台,譬如全省汽车自主设计开发重大研发平台、福建省创新抗体药物重大研发平台以及海洋生物抗菌肽研发平台等一系列平台。三是争取中央资源,在闽引入中央层面的科研机构和重大科技项目,目前,福建省支持建设的国家级科研机构包括中科院海西研究院、国家海洋局海岛研究中心以及机械总院三明海西分院等9个研究院。

积极开放共享科技公共服务平台。一是加快福建虚拟研究院——海峡技术转

移中心机构平台建设，作为海峡两岸成果汇集、科技型企业育成的示范基地，依托这一基地,正逐步实现相关区域的专业化专利服务平台之间的连接。二是以《福建省人民政府关于促进科技服务业发展八条措施》为纲。扶持新型研发机构和研发设计企业公共服务平台建设，目前，福建省正全力引导社会资金投入科技孵化器建设，推动和支撑了全省重点领域的加速发展。三是不断出台或优化全省推进重大科研基础设施和大型科研仪器向社会开放的实施意见，改变以往只对大型仪器所有者提供服务补助的做法，把使用者补助也纳入进来并不断加大补助力度。

完善针对省级科技创新平台的绩效考核管理机制。把科技创新平台创立和运行纳入省考核内容，继续实施绩效考核常态化管理，以3年为期进行考核，对于优秀者发放经费补助。

## 二、知识产权管理与服务水平不断提高

在知识产权示范工作上，龙岩市以及福州市鼓楼区、龙岩市武平县和莆田市荔城区分别入选国家知识产权试点城市和国家知识产权强县工程试点县（区）。宁德市知识产权局机构提升，进入到一级知识产权工作体系梯队。专利导航试点工作得到进一步推进，第二批国家专利运营试点企业中包括福州技术市场。企业知识产权管理不断规范，144家企业（包括福建星网视易信息系统有限公司等）新列入贯标试点，通过知识产权管理体系认证的企业有3家，包括福耀玻璃、龙马环卫和漳州科华。

知识产权服务已经形成一定体系。福建省努力促进专利代理行业健康发展，新批准设立10家专利代理分支机构，通过全国专利代理人资格考试的有157人。知识产权服务品牌机构培育工作有序进行，国家第二批培育对象中包括泉州市文华专利代理有限公司，同样，知识产权分析评议服务示范创建机构包括福建省知识产权信息公共服务中心。积极推广专利电子申请，全省达到93.65%的电子申请率，位居全国第四位。

## 三、闽台科技和知识产权交流合作进一步深化

福建省依托独特的地理位置优势,进一步深化闽台科技和知识产权交流合作。举办了"6·18"中国海峡项目成果交易会，对接了一批优质项目。全年举办的专业化中小型日常对接活动有150多场，对接5273项合同项目，共有境内外著名高校400家、参展企业2100多家、科研院校3000多名专家学者参加。

从 2014 年 6 月开始，海西专利受理服务中心投入运转，是国内唯一一家受理我国台湾地区申请业务的服务中心，目前共受理 8253 件电子申请。在我国台湾居民参加全国专利代理人资格考试等有关服务工作上，台湾居民在福州考点报名 313 名，参加考试的有 236 人，成绩合格通过考试有 81 人，创下历年新高。

### 四、以区域为单位的品牌建设成效突出

福建省积极开展"全国知名品牌示范区"活动。2013 年以来共组织推荐 11 个县（市、园区）争创"全国知名品牌创建示范区"。截至目前，正式获国家质检总局命名"全国知名品牌创建示范区"的 2 个（南安市"全国水暖卫浴知名品牌创建示范区"、仙游县"全国红木古典家具知名品牌创建示范区"），批准筹建 5 个（厦门鼓浪屿"全国艺术文化海岛旅游产业知名品牌创建示范区"、永定区"福建土楼客家文化旅游知名品牌创建示范区"、晋江市"全国运动鞋服知名品牌创建示范区"、长乐市"全国化纤（锦纶）产业知名品牌创建示范区"、福州三坊七巷"全国闽都文化街区旅游知名品牌创建示范区"），正在申请创建 4 个。

推动泉州品牌走在全国前列。全市拥有"中国休闲服装名城""中国鞋都""中国乌龙茶（名茶）之乡"等十多个国家级产业品牌，"中国十大品牌城市""中国品牌之都"等多项荣誉被授予这座城市。全市纺织服装、鞋业和石化 3 个产业，自 2013 年以来一直保持超千亿元产值。

## 第三节　典型案例

### 一、新大陆科技集团以知识产权有效运用为抓手，构筑市场竞争优势

新大陆科技集团（以下简称"新大陆集团"）是创新型多元化发展的民营高科技实业集团，公司主营业务涉及物联网、数字电视通信和环保科技三大产业。经过多年来的不断努力，新大陆集团拥有自主知识产权的产品和技术 500 多项（其中软件产品 80 余项）。科研成果的转化率超过 80%。在专利方面，新大陆集团共拥有专利 417 项，其中发明专利 124 项。此外，还拥有软件著作权 146 项，集成电路布图设计登记 4 项。销售收入连年增长，其中拥有知识产权的新产品或服务收入比重均超过 50%。

灵活运用知识产权，形成市场竞争优势。公司要求各技术研发部门应在技术

研发之前及时做好技术查新工作，了解目前世界专利技术最新动态，避免重复开发；对于形成的技术成果，应在产业化或技术公开之前，及时做好专利申请工作，获得专利保护；对于已授权专利，应按时缴纳年费，做好专利监控工作，防止专利失效和过时专利的投资浪费。通过与台湾世博科技公司的战略合作关系，并全程引进了 IPS 知识产权管理系统，建立并形成了企业内全球知识产权信息平台，围绕集团自主核心技术，迅速有效地建立了在相应市场的知识产权布局。同时，建立起了知识产权评估机制，基于目前集团的产业结构、产品结构、技术架构和市场竞争等多方面的现实状况，形成知识产权重点项目选择机制，拟定了知识产权海外市场拓展专题和重点战略专题项目，积极开展相关专利申请工作。

针对核心技术采取基本专利策略，占领市场竞争制高点。围绕集团自主发展和拥有的核心技术，公司在概念创新和技术创新初期便迅速启动知识产权机制，以求占领市场制高点，并力主影响国家、行业和产业标准，形成公司核心技术及产品技术壁垒，保障公司自主核心技术及产品的市场竞争优势。经过多年的自主创新与发展，新大陆集团成为国际上少数几家拥有紫外 C/ 臭氧环保核心技术和二维条码识读核心技术的公司。新大陆集团拥有完全自主知识产权的二维码芯片，也是全球首枚二维码解码芯片。在此项目研发前期，新大陆请来了具有知识产权规划顶级能力的台湾世博科技公司，在全球知识产权调研与布局分析的基础上，开展了系统化、高质量、可迅速建立业界知识产权领先优势的专利布局申请，充分应用专利战略，其目的就是打造一个无可争议的"中国创造"。通过台湾世博科技公司对全球 13000 多项的专利进行调研，证实了其研发的此枚芯片实属国际首创，并协助集团对该芯片完成了 133 项的专利布局申请，获得了条码识读技术及相关产品在海外市场的知识产权通行证，构建了条码识读解码芯片专利网。目前针对此枚芯片，已获得了 63 项实用新型专利，40 项发明专利，2 项美国专利的授权。在环保紫外 C、臭氧消毒技术上，集团下属企业申报了 17 项国内发明专利，5 项国际专利作为相关核心技术的基本专利。

针对外围专利，采取包围遏制策略开展布局。围绕集团自主核心技术基本专利，通过对相关技术全球知识产权布局的分析研究，针对国内市场和国际市场不同特征，积极形成企业有效的市场知识产权专利布局，在规避市场风险的同时也有效遏制竞争对手的市场策略。在公司不拥有核心技术的市场竞争领域，通过积极开展对同业竞争的基本专利深度解析，在寻求规避市场进入风险的基础上，积极形成对竞争对手基本专利包围遏制布局，在规避市场风险同时，形成局部市场优势甚至到达与基本专利相抗衡、利益共享的目的。

积极参加标准制定，巩固、提升产业地位。新大陆集团是"国家物联网基础标准工作组标识项目组"60家成员单位之一。近三年来，利用工作中所积累和掌握的知识产权，积极参与各类标准的制定。其中已发布的标准有：2012年福建新大陆电脑股份公司和中共中央办公厅机要交通局联合起草的JJ3-2012《SCDCC识读设备技术规范》行业标准，2011年福建新大陆电脑股份公司作为第一起草单位的地方标准DB35/T 1172-2011《二维码识读终端技术规范》，2011年福建新大陆电脑股份公司作为第一起草单位的地方标准DB35/T 1173-2011《金融POS终端技术规范》，2013年福建新大陆电脑股份公司作为第一起草单位的地方标准DB35/T 1371-2013《RFID自动温度记录仪通用技术规范》，福建新大陆电脑股份公司的相关物联网企业标准有《RFID自动温度记录仪》、《NL系列电子台案秤》《NL系列电子称重仪表》《物联网感知与信息识别 二维码解码芯片》《固定式温（湿）度监测终端》、《NL系列识读终端》。

积极维权应对纠纷，创造发展良好外部环境。在维权方面，新大陆集团高度关注其商标及专利的法律维权，一方面积极与政府有关部门配合，将企业的核心商标和专利在政府有关部门进行了知识产权保护备案；另一方面积极与知识产权代理机构及相关政府部门配合，加强专利、商标的监控，通过专利无效和商标异议、争议防止他人侵犯企业商标、专利的专有权，并针对侵权事件，积极寻求行政执法和司法诉讼的渠道来有效维护企业的合法权益。随着新大陆集团对二维码技术的不断钻研，逐渐打破西方技术巨头的技术垄断，导致近年来，西方技术巨头不断对我国企业采取技术渗透、企业收购等行为，力图再度垄断和控制我国的二维码技术。2010年多次提出收购新大陆自动识别产业未果；2011年9月向新大陆提出巨额专利许可费用，被新大陆根据所掌握的专利无效证据驳回；2012年他们将一通用基础技术专利转移至其国内子公司，于2012年6月以苏州码捷公司作为原告，向新大陆提出了专利侵权诉讼。新大陆集团积极应对，在协商无果的情况下，与台湾世博科技公司一道，于2012年4月向国家知识产权局复审委员会提出了专利无效宣告请求，并同时向美国专利商标局提出了专利无效申请。

## 二、三棵树涂料股份有限公司以科技创新引领未来

三棵树涂料股份有限公司是国内最大的生态式涂料工业园之一，主要从事装修漆、家具漆、建筑涂料、工业涂料、胶粘剂和树脂等健康产品的研制和销售。

三棵树以"漆S"管理为抓手提升科技创新水平。引入国外先进自动化控制系统，共同作业，确保投料精准和节约减排。注重环境友好的节能低碳产品研制，研发中心设有国家级企业技术中心、博士后科研工作站和院士专家工作站三大研发平台和CNAS国家认可实验室，承担多项国家科研课题，进行高端产品材料的基础研究、应用开发和分析测试，拥有从美、法、日和新加坡等地引进的一百多台世界领先的电子镜、气相色谱仪、原子分析仪、微生物测试仪等实验、检测设备，掌握了多项具有国际先进水平的科研成果和国家发明专利。

三棵树注重招揽人才，重视人才的职业规划培养。目前，公司拥有员工1500余人，其中，具有大学专科以上学历的科技人员（技术、技术服务）占企业当年职工总数的31.75%。近三年稳定增加研发投入，每年的平均投入研发费用占营收的3.28%，从美、法、日和新加坡等地引进的一百多台世界领先的电子镜、气相色谱仪、原子分析仪、微生物测试仪等实验、检测设备，提高了公司的研发水平。公司聘任诺贝尔化学奖得主杰马里·莱恩教授为首席顾问，长期聘请国内外专家为科技人员培训，与资深专利代理人建立长期合作关系，并每年至少2次组织对技术中心科研人员、专利管理人员等针对专利的文章书写、管理、保护及其他有关专利方面的问题进行培训，并积极参加省市知识产权局、科技局组织的各项培训和实践交流活动，提高专利意识。

鼓励公司研发人员申请专利，发表技术论文，并对专利申请和论文发表予以高额奖励。2011年，公司通过并实施了《科研奖励办法》，对专利和论文发表的奖励进行了明确规定，极大调动了技术人员的研发积极性，专利申请量从2007年的7件（2008年6件、2009年7件、2011年15件）到2012年的20件再到2013年的90件，拥有授权专利30件，先后参与了十余项国家标准的制定，拥有众多一级保密配方，发表核心技术期刊论文十余篇，承接多项国家和省级科技重大项目。

# 第十二章 辽宁省工业技术创新发展状况

辽宁省地处我国东北部,是推进新一轮全面振兴东北老工业基地的关键省份,又因其既邻海又沿边的区位优势,在推进我国"一带一路"建设中发挥着重要作用。辽宁省认真贯彻习近平总书记对振兴东北老工业基地提出的"四个着力"要求,坚持"四个驱动"共同发力,加大培育"六个新的增长点",多措并举积极进取,在实施创新驱动发展战略、制造强国战略、"一带一路"战略、自由贸易试验区建设等多项国家战略中发挥了示范带头作用,并对东北地区乃至全国具有广泛的辐射影响。

## 第一节 发展回顾

辽宁省工业发展进入滚石上山、爬坡过坎的关键时期,工业经济增长以调结构和稳增长为主。根据《2014年辽宁省国民经济和社会发展情况公报》显示,辽宁2014年实现全年地区生产总值28626.6亿元,同比增长5.8%,人均地区生产总值达6.5万余元。

产业结构不断优化,高新技术产业快速发展。三次产业增加值与上一年相比,分别增长2.2%、5.2%和7.2%,三次产业增加值所占比重分别为8.0%、50.2%和41.8%。全年规模以上企业工业增加值比上年增长4.8%,其中制造业增加值增长4.3%。高新技术产品的增加值同比增长7.8%,占工业增加值的比重上升到47.2%,产品的高新技术含量进一步提升。2014年辽宁省优势产业增加值增长率如表12-1所示。

表 12-1    2014 年辽宁省优势产业增加值增长率

| 优势产业 | 增长率 |
|---|---|
| 汽车制造业 | 32.3% |
| 铁路、船舶、航空航天和其他运输设备制造业 | 16.0% |
| 医药制造业 | 15.0% |
| 金属制品业 | 8.1% |
| 通用设备制造业 | 0.8% |

资料来源：《2014 年辽宁省国民经济和社会发展情况公报》。

## 一、技术创新发展情况

### （一）总体情况

在工业技术创新发面，辽宁省深入贯彻习近平总书记提出的"四个着力"要求，即着力完善体制机制、着力推进结构调整、着力鼓励创新创业、着力保障和改善民生，坚持"创新、协调、绿色、开放、共享"的发展理念，将创新摆在五大发展理念之首，深入落实创新驱动发展战略和《中国制造 2025》战略，坚持"四个驱动"协同推进，创新驱动、改革驱动、市场驱动、开放驱动，犹如四个轮子共同推动"辽宁号"快速平稳前进[1]。

2014 年，辽宁省工业技术创新取得优异成绩，创新要素投入稳步增长，创新活动产出成效显著（见表 12-2）。

表 12-2    2014 年辽宁省技术创新投入产出情况

| | | | |
|---|---|---|---|
| 创新要素投入 | 研发经费支出 | 金额（亿元） | 497.0 |
| | | 增长率（%） | 11.5 |
| | | 占地区生产总值的比重（%） | 1.74 |
| | 人员 | 科技人员数量（万人） | 29.1 |
| | | 研发人员数量（万人） | 16.2 |

---

[1]  辽宁省人民政府：《辽宁省人民政府关于印发辽宁省科技创新驱动发展实施方案的通知》，《辽宁省人民政府公报》2015年第23期。

（续表）

| | | 专利申请数（件） | 37860 |
|---|---|---|---|
| 创新活动产出 | 专利 | 专利授权数（件） | 19525 |
| | 科技奖 | 国家科技奖（项） | 6 |
| | | 自然科学奖（项） | 2 |
| | | 科技进步奖（项） | 2 |
| | | 省科技进步奖（项） | 263 |
| | 技术合同 | 成交数量（项） | 11578 |
| | | 成交额（亿元） | 250.9 |

资料来源：《2014 年辽宁省国民经济和社会发展情况公报》。

### （二）主要做法

辽宁省坚持将创新摆在发展理念首位，把提升自主创新能力作为工业发展的突破口，推动"辽宁制造"向"辽宁创造"加速转型。

#### 1. 实施科技创新驱动发展战略

辽宁省创新性地提出"四个驱动"的发展战略，辽宁省人民政府陆续发布了《辽宁省改革驱动战略实施方案》、《辽宁省科技创新驱动战略实施方案》、《辽宁省市场驱动战略实施方案》、《辽宁省开放驱动战略实施方案》等四个创新驱动发展战略的具体实施方案。其中，科技创新驱动战略提出到 2020 年实现的主要目标（如表 12-3 所示）和八项重点任务，包括：加快建设"4+1"链式产业技术创新体系，着力推进传统产业转型升级，积极发展战略性新兴产业，全力促进现代农业创新提升，培育壮大科技服务业，进一步推动高新区创新发展，力促"大众创业、万众创新"，持续推进科技惠民工程[1]。为落实科技创新驱动发展战略，辽宁省还制定发布了《辽宁省人民政府关于进一步促进科技成果转化和技术转移的意见》《辽宁省人民政府办公厅关于发展众创空间推进大众创新创业的实施意见》和《辽宁省深化普通高等学校创新创业教育改革实施方案》。

表 12-3　2020 年辽宁省科技创新驱动发展主要目标

| 主要指标 | 目标值 |
|---|---|
| 研发投入总额 | 翻一番 |
| 每万人发明专利拥有量 | 7.36件 |

[1]　赵静：《省科技创新驱动发展实施方案出台》，《辽宁日报》2015年8月25日。

（续表）

| 主要指标 | 目标值 |
|---|---|
| "中国第一"的技术和产品 | 100个 |
| 战略性新兴产业主营业务收入占规模以上工业企业主营业务收入比重 | >20% |

资料来源：《辽宁省科技创新驱动战略实施方案》。

### 2. 推动产业结构转型升级

辽宁省地处东北老工业基地，工业结构单一，传统产业所占比重大，淘汰落后产能任务重，围绕习近平总书记提出的"着力推进结构调整"要求，辽宁省积极推进传统产业转型升级，培育战略性新兴产业，努力发展现代服务业，不断优化产业布局。2015年8月，辽宁省人民政府印发《辽宁省传统工业转型升级实施方案》，旨在提升工业的自主创新能力和优化产业布局。2015年12月，辽宁省发布《辽宁省人民政府关于优化产业布局和结构调整的指导意见》，重点做好改造提升传统产业、积极培育新的经济增长点、提高服务业比重、提升产业竞争力四项重点工作（见表12-4）。

表 12-4　辽宁省产业结构调整计划

| 指标 | 2014年 | 2017年 | 2020年 |
|---|---|---|---|
| 高端装备制造业销售收入 |  |  |  |
| 占装备制造业比重（%） | 15 | 19 | 25 |
| 化工产品精细化率（%） | 54.1 | 55 | 58 |
| 规模以上钢铁企业新产品销售收入占主营业务收入比重（%） | — | >10 | >15 |
| 电子信息产业主营业务收入占全部规上企业主营业务收入比重（%） | 9.8 | 12 | 15 |

资料来源：《辽宁省传统工业转型升级实施方案》。

### 3. 打造三大区域创新体系

辽宁省幅员辽阔，但各地产业发展水平不平衡。为发挥沈阳、大连产业创新发展龙头城市的示范带动作用，振兴产业发展落后区域，辽宁省实施了三大区域发展战略：沈阳经济区发展战略、辽宁沿海经济带和辽西北战略，打造三大区域创新体系。一是提升沈阳在沈阳经济区中的核心地位和龙头作用，发挥产业基础

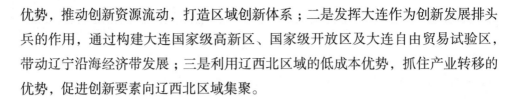

优势，推动创新资源流动，打造区域创新体系；二是发挥大连作为创新发展排头兵的作用，通过构建大连国家级高新区、国家级开放区及大连自由贸易试验区，带动辽宁沿海经济带发展；三是利用辽西北区域的低成本优势，抓住产业转移的优势，促进创新要素向辽西北区域集聚。

### （三）重点领域

在产业发展方面，辽宁省培育发展"六个新的增长点"，形成推动省经济社会发展的新动能，具体包括：培育壮大传统产业转型升级、发展战略性新兴产业、发展现代服务业、推进新型城镇化、转变农业发展方式、发展民营经济。

2015年11月，辽宁省人民政府印发的《辽宁省科技创新驱动战略实施方案》部署了抓创新、调结构、促发展的重点任务，并指出了不同产业类型的重点发展领域（见表12-5）。

表 12-5　辽宁省科技创新驱动发展重点领域

| 产业类型 | 发展任务 | 重点领域 |
|---|---|---|
| 传统产业 | 推动传统产业向价值链的高端攀升 | 基础装备、重大能源装备、工程交通装备等领域 |
| 战略性新兴产业 | 形成一批在全国有较大影响力的新兴产业和集群 | 高端装备制造、新一代信息技术、新能源装备、海洋工程、生物医药等领域 |

资料来源：《辽宁省科技创新驱动战略实施方案》。

为激发辽西北欠发达地区的内生动力，2015年2月，辽宁省人民政府印发《关于进一步深入实施突破辽西北战略的意见》，明确提出"重点扶持阜新液压装备、煤化工，铁岭专用车、石油机械，朝阳汽车及零部件、冶金及新材料、新能源和昌图换热设备等重点产业集群"[1]。

## 二、质量品牌发展情况

### （一）总体情况

为提升工业产品质量，落实"质量为先"的要求，辽宁省适度增加质量检验认证机构数量，加大产品质量的管理力度，提升全省的工业产品质量水平，为全

---

[1]　辽宁省人民政府：《辽宁省人民政府关于进一步深入实施突破辽西北战略的意见》，《辽宁省人民政府公报》2015年第8期。

省工业提质增效奠定基础（见表 12-6）。

表 12-6　辽宁省质量检验认证机构建设情况

| 统计项 | 数量 |
|---|---|
| 产品质量检验机构（个） | 1317 |
| 国家检测中心（个） | 23 |
| 质量认证机构（个） | 3 |
| 产品认证机构（个） | 2 |
| 质量管理体系认证证书（种） | 22520 |
| 法定计量技术机构（个） | 137 |
| 强制检定计量器具（万台/件） | 280 |
| 修订地方标准（项） | 166 |

资料来源：《2014 年辽宁省国民经济和社会发展情况公报》。

中国质量奖是中国质量领域的最高奖项，自 2013 年设立至今，共评选了两次。辽宁省的沈阳机床股份有限公司和大连造船厂集团有限公司获得首届中国质量奖提名奖，特变电工沈阳变压器集团有限公司获得第二届中国质量奖提名奖。

辽宁省省长质量奖是辽宁省质量领域的最高奖项，2001—2014 年，共有 59 家企业获得省长质量奖，在全省企业质量管理领域发挥了不可替代的示范带动作用。2014 年，获得省长质量奖的企业有：大商股份有限公司、渤海船舶重工有限责任公司和沈阳远大铝业工程有限公司 3 家企业，获得省长质量奖提名奖的企业有辽阳鸿飞电器制造（集团）有限公司和中国北车集团大连机车车辆有限公司 2 家企业。

辽宁省一直注重产品的品牌建设，2014 年共有 367 项产品获得"辽宁名牌产品"称号，截至 2015 年 11 月，处于有效期内的辽宁名牌产品达 705 项。

**（二）主要做法**

1. 落实《辽宁省人民政府关于实施质量强省战略的意见》

为贯彻落实《质量发展纲要（2011—2020 年）》，提高辽宁省质量总体水平，辽宁省人民政府于 2014 年印发《关于实施质量强省战略的意见》，并从产品质量、工程质量和服务质量三个方面提出了 2015 年的分解目标。2015 年，辽宁省以质量强省战略为主线，在质量管理、监督和品牌塑造方面均取得了优异成绩。如在产品质量方面，辽宁省企业争取入选"中国质量奖"的目标尚未实现，省长质量奖获奖企业数量累计达到 59 家，"辽宁名牌产品"达到 705 项，均超过预定目标。

2. 制定《辽宁省贯彻实施质量发展纲要 2015 年行动计划工作方案》

根据国务院贯彻落实质量发展纲要 2015 年行动计划和辽宁省质量强省战略，辽宁省发布了《辽宁省贯彻实施质量发展纲要 2015 年行动计划工作方案》，旨在凸显企业的质量主体地位、提高质量监督管理的针对性和有效性、形成推动全省质量提升的合力、加强质量基础管理，全面部署辽宁省质量提升各项工作。

## 三、知识产权发展情况

### （一）总体情况

近年来，辽宁省深入贯彻落实国家知识产权战略，制定实施《辽宁省深入实施知识产权战略行动计划（2015—2020 年）》，提高辽宁省的自主创新能力，增加关键产业和重点领域的自有知识产权成果数量，推动科技成果产业化和商用化，建设知识产权强省，辽宁省的知识产权拥有量不断提高，知识产权的市场价值不断提升。

从专利申请和授权量总体来看，2014 年辽宁省专利申请量达到 37860 件，相比 2010 年增长 10.6%，授权专利数量达到 3975 件，相比 2010 年增长 14.2%。从发明专利来看，2014 年发明专利申请为 18417 件，相比 2010 年增长 86.3%，发明专利授权量 3975 件，相比 2010 年增长 68.6%（见图 12-1）。

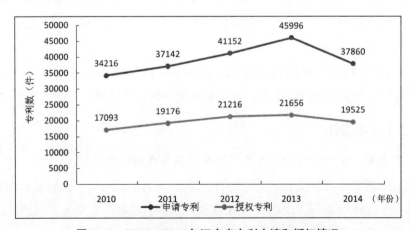

图12-1　2010—2014年辽宁省专利申请和授权情况

资料来源：2010—2014 年《辽宁省国民经济和社会发展情况公报》。

从技术合同成交情况来看，2014年辽宁省技术合同成交量为11578项，技术合同成交额达250.9亿元，与2010年相比，技术合同成交额几乎翻一番（见图12-2）。

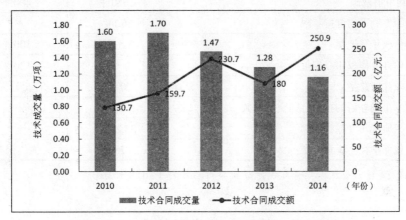

图12-2　2010—2014年辽宁省技术合同成交情况情况

资料来源：2010—2014年《辽宁省国民经济和社会发展情况公报》。

### （二）主要做法

1. 实施《辽宁省深入实施知识产权战略行动计划（2015—2020年）》

在国家知识产权强国战略的推动下，辽宁省一直注重提升自主创新能力，加强知识产权的管理，提高知识产权拥有量，提升企业的知识产权运用和保护能力。辽宁省于2008年出台《辽宁省知识产权战略纲要》，于2010年印发《2010—2012年辽宁省知识产权战略实施推进计划》，于2012年制定《2012—2015年辽宁省知识产权战略实施推进计划》。2014年12月，为深入贯彻《深入实施国家知识产权战略行动计划（2014—2020年）》，辽宁省又制定了《辽宁省深入实施知识产权战略行动计划（2015—2020年）》，确定了到2020年辽宁省的知识产权发展目标及目标实现的政策措施（见表12-7）。

2. 各地制定深入实施知识产权战略行动计划（2015—2020年）

以大连为例，2015年12月，大连市政府办公厅发布《大连市深入实施国家知识产权战略行动计划（2015—2020年）的通知》，为大连市"十三五"期间知识产权工作指明方向，并设定了发展目标。

表 12-7　2020 年辽宁省知识产权发展目标

| 统计项 | 辽宁省目标 | 大连市目标 |
| --- | --- | --- |
| 每万人口发明专利拥有量 | 7.36件 | 17件 |
| PCT专利申请量 | 550件 | 400件 |
| 国内发明专利平均维持年限 | 6.1年 | — |
| 作品著作权年登记量 | 2.5万件 | 100件 |
| 计算机软件著作权年登记量 | — | 120件 |
| 商标有效注册总量 | 20万件 | 6万件 |
| 全省技术市场登记的技术合同交易总额 | 500亿元 | — |
| 知识产权质押年度融资金额 | 33.2亿元 | — |
| 知识产权保护社会满意度 | 75分 | 大幅提升 |

资料来源：《辽宁省深入实施知识产权战略行动计划（2015—2020 年）》。

## 第二节　发展特点

### 一、以"四个驱动"贯彻落实"四个着力"

2015 年是实现新一轮老工业基地全面振兴发展的关键之年，习近平总书记对新一轮振兴东北老工业基地提出着力完善体制机制、着力推进结构调整、着力鼓励创新创业、着力保障和改善民生的"四个着力"要求 [1]。对辽宁省来说，这既是党中央的要求也是振兴辽宁的解药。辽宁省地处东北老工业基地，资源和环境约束不断强化，生产要素成本不断上升，要素驱动的发展模式难以为继，唯有深入贯彻落实创新驱动发展战略和"四个着力"要求，才能化解发展瓶颈。为此，辽宁省创造性地提出了"四个驱动"战略，即科技创新驱动、改革驱动、市场驱动、开放驱动战略，并分别制定了"四个驱动"战略的实施方案。围绕"四个着力"，分别聚焦"深化改革"、"加减乘除"、"创新驱动"、"惠民富民"，并落实到"四个驱动"发展战略中。

### 二、凸显企业的质量主体地位

企业是质量的主体，辽宁省实施质量强省战略重点在提高企业的质量管理意识和水平，充分发挥企业的质量主体作用。依据《辽宁省贯彻实施质量发展纲要

---

[1]　辽宁省人民政府：《辽宁省人民政府关于印发辽宁省科技创新驱动发展实施方案的通知》，《辽宁省人民政府公报》2015年第23期。

2015 年行动计划工作方案》，辽宁省凸显企业质量主体地位的具体举措包括：大力推动企业质量技术创新（如技术改造贴息等激励政策），继续清理行政审批事项，大力提高劳动者技能（如卓越工程师计划），鼓励企业采用先进管理制度和先进标准（如省长质量奖评选），坚持以质量提升推动品牌建设（如"辽宁品牌"产品评价认定），推动落实企业质量安全主体责任（如工程质量终身责任书面承诺制）。

### 三、"战略先行"建设知识产权强省

辽宁省一直注重加强知识产权领域的顶层设计，结合辽宁省的实际情况，深入贯彻落实国家的战略部署，建设知识产权强省。国务院于 2008 年 6 月发布了《国家知识产权战略纲要》，辽宁省随即于 2008 年 10 月出台《辽宁省知识产权战略纲要》，旨在给辽宁全面振兴老工业基地提供良好的知识产权环境和保障，提升知识产权的宏观管理能力，提高知识产权的拥有量，提升企业知识产权的运用和保护能力。为进一步贯彻国家知识产权战略，进一步跟踪细化工作任务，辽宁省于 2010 年 8 月发布《2010—2012 年辽宁省知识产权战略实施推进计划》，制定了 2010—2012 年三年的实施方案，于 2012 年 7 月印发了《2012—2015 年辽宁省知识产权战略实施推进计划》，对 2012—2015 年三年间的知识产权工作进行战略部署。2014 年 12 月，国家发布了《实施国家知识产权战略行动计划（2014—2020 年）》，制定了国家到 2020 年的知识产权发展目标，辽宁省结合实际制定了《辽宁省深入实施知识产权战略行动计划（2015—2020 年）》，确定了辽宁省到 2020 年的知识产权发展目标，并对建设知识产权强省战略进行了统筹推进和整体部署。可见，辽宁省建设知识产权强省的部署既紧跟国家建设知识产权强国的步伐，又密切结合本省实际，部署超前，行动有效，效果明显。

## 第三节 典型案例

### 一、沈阳鼓风机（集团）股份有限公司：以创新驱动中国风机产业转型升级

#### （一）企业介绍

沈阳鼓风机（集团）股份有限公司（以下简称"沈鼓集团"）为鼓风机行业

的国有大型一类企业，其前身为 1934 年的沈阳鼓风机厂，并于 2003 年整体转制更为现名，2004 年 5 月凭借品牌和管理优势对沈阳水泵股份有限公司、沈阳气体压缩机股份有限公司进行了战略重组和重大技术改造，组建为新的沈鼓集团。该公司的主要产品为大型离心鼓风机、离心压缩机、离心通风机、大型往复式压缩机等各型泵类技术装备，主要用于石油、化工、冶金、煤炭、电力、轻纺、环保、国防、科研等领域的生产研发。其累计为各行业提供超过 14 万台风机，拥有一百多项关键技术，是中国风机行业中规模最大、研发设计力量最为雄厚、主要经济技术指标居领先地位的支柱企业，成为国家重大技术装备国产化基地。

改革开放以来，尤其 2004 年沈鼓集团战略重组后，沈鼓集团坚持以技术创新为主导的全面创新发展模式，不断推出国产重大技术装备，改变了外资企业在国内市场的垄断地位，为民族工业和国民经济的发展作出了重要的贡献。因此，沈鼓集团被党和国家领导人称为中国装备制造业与外商抗衡的"国家砝码"。

### （二）主要创新成效

一是产品创新。沈鼓集团充分利用其掌握的核心技术，持续不断开发各类创新产品。近年来，集团不仅研发了 150 万吨乙烯压缩机、12 万空分压缩机等一批其传统优势先进装备，而且还延伸至页岩气、煤制油、分布式能源等新型能源装备的开发。

二是服务创新。生产性服务以较高的附加值居于微笑曲线的两端，是世界制造行业新的主流发展领域。基于此，沈鼓集团很早便启动"8+2"发展模式，实现备品备件、检修抢修、机组安装、维保服务、监测诊断和改造测绘、客户培训、拓展国际市场等八大传统业务板块，以及技术咨询、交钥匙工程 2 个新兴业务板块同步发展。集团服务业务收益率高达 25%，盈利能力居全集团各领域之首。

三是市场创新。近 10 年来，沈鼓集团通过成立国际事业部等方式执行市场国际化战略，大力开拓海外市场。同时，其还在营口建设新厂区，不仅极大地提高了大型压缩机的生产能力，而且借助港区优势，提高国际投放能力，推动集团产品的高端化、大型化、国际化。

四是业务模式创新。现代制造工艺下所需的生产设备越来越复杂，为降低建设风险，客户对设备集成服务的需求越来越强烈。为适应该市场变化，沈鼓集团已大力开展自身系统集成服务能力建设，为用户提供整套解决方案的"交钥匙"工程。

### （三）案例启示

沈鼓集团坚持自主创新、合作研发的技术创新之路，引领了国内风机产业的前进发展。

一是坚持不懈自主创新。沈鼓集团以自主创新为战略要求，陆续建立了自己的研究院和设计院，目前仍在建设国内最大的 10 万千瓦试验平台，此外还建有博士后工作站，并通过国内外引智工作，打造了一支国内一流的技术队伍，形成了较为完备的自主研发体系。企业通过每年超过销售收入的 5% 的研发投入，致使其大型压缩机和泵类产品的研发手段和能力达到了国际先进水平，巩固了核心技术能力。

二是打造开放式"产学研用"一体化联盟。沈鼓集团将创新战略视野放宽至"产学研用"各个环节，其通过与大连理工大学、西安交通大学、东北大学和浙江大学等高校联合设立研究机构，以及与中科院自动化研究所、沈阳金属研究所、GE、川崎重工等中外机构建立研发合作伙伴关系，保证自身始终紧跟相关技术领域前沿。

三是加强国际产学研交流与合作。沈鼓集团与西门子、GE、川崎重工、三井造船、德国 CFE、曼透平等十几家国际知名企业和美国 NREC、伦敦大学等高校和科研院所建立了产学研合作关系，具体以合作生产、部分技术转让、技术交流等方式进行合作。

## 二、大连四达高技术发展有限公司：构建产学研创新体系助力企业腾飞

### （一）企业介绍

大连四达高技术发展有限公司（以下简称"四达公司"）始创于 1991 年，现位于大连市高新技术产业园区，是一家自主研发、具有多项自主知识产权的为飞机提供航空航天数字化制造成套装备的高新技术企业。

自 2013 年 8 月以来，四达公司一鼓作气集中研发技术力量，从飞机数字化装配基础技术的数字算法、软件以及系统集成，到组件数字化装配、部件数字化装配，再到飞机总装数字化装配生产线等方面不断进行科研攻关。并在政府规划引导、政策激励和组织协调的大背景下，2013 年公司实现销售收入 1.78 亿元，同比增长 15.3%，创造利税 2978 万元。预计 2015 年企业将完成工业投资 1.8 亿元。

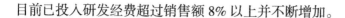

目前已投入研发经费超过销售额 8% 以上并不断增加。

### （二）主要创新成效

长期技术积累使四达的技术储备有了一个质的飞跃，现四达公司已储备了使中国航空航天数字化制造业达到国际先进水平的多项技术。

近年来新取得了如下科研成果：（1）某型机下壁板垂平尾翼盒装配、垂平尾调姿、总装等三条数字化装配生产线；（2）某型运输机前中段对接系统；（3）某型运输机中央翼盒数字化装配系统等。

现获授权的发明专利 4 项，实用新型 69 项，计算机软件著作权 1 项。获得省级企业技术中心和省工程实验室等资质。公司研发的飞机数字化成套装备，填补了多项国内空白，属于国内首创、国际领先，产品技术寿命可达 15 年以上，经济寿命亦可持续 20 年以上。

### （三）案例启示

加快建设产学研创新网络体系。2013 年四达公司与飞机制造公司、北航合作获得了国家 04 专项立项。年底与浙大、北方交大同台竞标国家航天战术飞行器的数字化装配研发项目，成功夺标。但四达公司深知当今科技经济全球化的态势下，强调自主创新不是排斥技术合作与交流，现代技术的综合性与复杂性决定了企业不能单打独斗。虽然四达公司研究开发能力位居于国内首位，填补了我国多项科研空白，其技术水平，无论是理论基础还是设计研发、工程集成等方面，现都远超出在航空航天行业的国家名校和科研院所，但四达公司现在仍然在与高校、研究所交流合作，形成了产学研创新网络体系，建立创新联盟，为区域整体发展降低研发风险与创新成本，实现协同创新，共同发展作出贡献。

大力促进科技成果转化。公司以市场需求为导向，把握科技和产业发展新方向，坚持科技创新与产业化相结合实现科技成果转化，在航空航天成套装备领域重点发展五大成套产品，包括：航空领域的民机数字化加工装配生产线、某型运输机数字化加工装配生产线、大飞机数字化加工装配生产线和航天领域的导弹数字化加工装配生产线、火箭数字化加工装配生产线。该五套产品的产业化发展具有乘数效应，不仅可直接转化为生产力，同时，辐射带动相关产业发展，放大相关产业生产要素的生产力，提高整个航空、航天整体生产力水平，进而促进我国经济增长的质量和效益，有力推动经济发展方式转变。

# 第十三章　安徽省工业技术创新状况

　　"十二五"以来,安徽省地区 GDP 从 12 万亿元增长到 20 万亿元,发展速度和质量走在全国前列。近年来,为实现有速度、有质量、有效益增长,安徽省积极适应、主动引领经济发展新常态,以技术创新和技术改造为重要抓手,大力稳增长、调结构、增效益、促转型,增强经济增长韧性和活力,安徽正朝着工业新兴工业大省的目标稳步迈进。

## 第一节　发展回顾

　　在宏观经济复杂多变、经济下行压力不断增大的背景下,安徽工业以全面实施调转促 "4105" 行动计划为契机,加快产业结构调整和产品转型升级,总体实现了有速度、有质量、有效益的发展。安徽省启动《工业精品培育三年行动计划》,提升企业创造能力和加速品牌跨越,2015 年,全省上万亿元工业投资超过一半都投向了技术改造,重点推进了 140 项 10 亿元以上重大技改项目,加速传统产业提档升级。使得安徽紧随北京,在 2014 年成为第 14 个 "2 万亿俱乐部" 成员。

### 一、技术创新发展情况

#### (一)总体情况

　　根据《中国区域创新能力评价报告 2015》显示,安徽省区域创新能力在全国站稳第九位,领军中部创新驱动发展。2015 年 1—10 月,全省高新技术产业实现产值 12438.3 亿元,比上年同期增长 11.6%,其中,当月完成产值 1303.9 亿元,

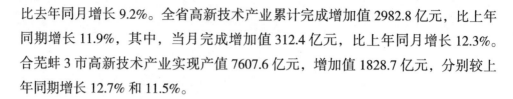

比去年同月增长 9.2%。全省高新技术产业累计完成增加值 2982.8 亿元，比上年同期增长 11.9%，其中，当月完成增加值 312.4 亿元，比上年同月增长 12.3%。合芜蚌 3 市高新技术产业实现产值 7607.6 亿元，增加值 1828.7 亿元，分别较上年同期增长 12.7% 和 11.5%。

**（二）主要做法**

**1. 统筹协调布局谋篇，精准调控提升创新力**

一是科学运行调度。坚持经济运行月调度、季分析，运行监测直报企业扩展至 2500 户，每月召开联席会议会商分析，关注重点行业、企业、区域分化情况，摸清退规、停产、半停产企业底数，不断提升运行研判、监测、预警能力。二是精准帮扶企业。省政府成立了由省长任组长的省属企业帮扶领导小组，省政府领导分工负责一对一指导大企业提质增效；结合"百名干部进千企"活动，组建精准帮扶工作组，对民营企业分类指导，用 1/3 干部、1/3 时间，深入企业，找准"问题清单"，制定"措施清单"和"责任清单"，2015 年以来协调解决难题 3000 余个。三是有效拓展市场。坚持政府搭建平台、平台服务企业，持续开展皖产名品"全国行、江淮行、网上行"活动，每年举办钢铁、装备制造、工业机器人、家博会等产销对接活动 10 场次以上，年签约金额近 400 亿元。四是用足用活政策。安徽省政府连续 4 年出台促进经济平稳发展意见，2016 年新政正在制定中。建立企业微信群、开通 96871 热线，开展涉企政策"进园区、进基层、进企业"宣贯活动，组织重大决策部署落实专项督查，借助第三方力量开展政策落实评估，确保稳增长调结构各项政策落地见效。

**2. 进退并举综合施策，促进产业结构升级**

一是改造传统产业调存量。制定实施《传统产业改造提升工程》，设立产业转型升级基金，省级技术改造专项资金由每年的 8000 万元扩大至 5 亿元，每年滚动实施 1000 项亿元以上重大技改项目，突出技术改造在开发新产品中的重要作用，引导支持企业运用新技术、新设备，不断开发新产品，新产品销售收入占比达到 15%。例如，江淮汽车不断加大 S3 等新车型开发力度，2015 年 1—10 月利润同比增长 48.4%；博西华电器开发多功能大容量冰箱，1—10 月利润同比增长 39.2%。二是培育新兴产业优增量。2014 年，着眼抢占新一轮产业发展制高点，谋划了加快十大高成长性产业发展的意见。一年多来，安徽省整合力量、集聚资源、聚焦重点、分业调度,深入推进新型显示、智能语音等十大高成长产业发展。目前,中国(合肥)智能语音产业园投入使用,累计推广新能源汽车近 3 万辆,京东方 8.5 代线满产运行,芜湖机器人产业园加快建设,总投资 525 亿元的京东方 10.5 代线及配套项目等正式开工,安徽国家级新型显示、工业机器人产业集聚试点建设取得明显成效。2015 年 9 月,省委、省政府召开了 2 万多人规模的"调结构转方式促升级"动员大会,实施"调转促 4105 行动计划"、"中国制造 2025 安徽篇",加快推动战略性新兴产业集聚发展。三是淘汰落后产能做减量。强化技术、能耗、环保、安全等标准约束,通过兼并重组、破产清算,重点推进钢铁、水泥、煤炭、非煤矿山等领域化解过剩产能和淘汰落后工作,水泥产能置换和跨市交易试点取得明显成效,超额完成"十二五"淘汰落后目标任务。勇挑重担、主动作为,依法依规开展小煤矿整顿关闭工作,47 处 30 万吨 / 年以下小煤矿全部关闭到位。

3. 降本增效深挖潜力,优化技术创新环境

坚持以质量和效益为中心,着力降低企业成本,提高企业运营效率和盈利能力。一是降低融资成本。安徽省政府每年为国有担保机构资本金投入 33 亿元,设立 10 亿元续贷过桥资金,并且广泛开展"税融通"业务,构建"4321"新型政银担合作机制,着力缓解中小微企业融资难题。主动加强与银行、担保机构合作,探索成立省小额票据贴现中心,建立优质中小企业间接融资评价体系,推动设立 5 亿元规模的省级融资担保风险补偿基金,放大使用 8000 万元产业集群专业镇贷款风险补偿资金,着力解决小额票据贴现难、融资信息甄别难、过桥贷款倒贷难、担保代偿风险释放难、小微企业增信难等"五难"问题。2015 年已发放担保贷款 170 亿元、过桥贷款 140 亿元,仅过桥贷款就直接降低企业融资成本 3 亿元以上。二是降低税费成本。在全国率先建立涉企收费清单制度,实施结构性减税和普遍降费,年减轻企业负担近 400 亿元,其中主动停征散装水泥、新型墙体改造基金,每年减轻企业负担 3 亿元,安徽成为全国企业负担最轻的省份之一。三是降低运营成本。开展机器换人"十百千"行动,分行业召开推介现场会,2015 年已推广应用工业机器人 2000 多台;通过"电商换市",引导企业营销模式向电子商务、B2C、O2O 转变;注重管理换效益,推出优秀企业管理创新 100 例,引导企业加强内部管控,挖掘潜力、开源节流。四是降低能耗成本。实施节能环保"五个一百"专项行动,开展低碳循环工业园建设试点,每年推广节能环保新技术新产品 100 项、实施节能环保重点项目 100 项,"十二五"期间,规模工业

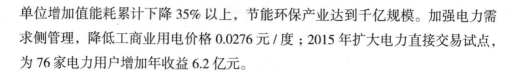

单位增加值能耗累计下降 35% 以上，节能环保产业达到千亿规模。加强电力需求侧管理，降低工商业用电价格 0.0276 元 / 度；2015 年扩大电力直接交易试点，为 76 家电力用户增加年收益 6.2 亿元。

### （三）重点领域

伴随着创新能力的提升，安徽新能源汽车产业近年来也迅速跻身全国第一方阵。《全球专利创新活动研究报告（2014）》近日发布。报告显示，安徽新能源汽车产业创新能力在国内各省区市中综合排名仅次于北京市，居第二位，专利产出优势明显，技术创新能力较强。2010—2013 年，安徽新能源汽车产业共获发明专利授权 131 件，每位申请人平均发明专利授权量 14.56 件，排在全国首位。优势企业发展迅猛，奇瑞汽车作为全国汽车企业的领军者，在全球新能源汽车产业主要竞争者综合排名中，位居第三名。最新的统计数据显示，2013—2015 年 9 月底，合肥市范围内累计推广应用新能源汽车 7334 辆，任务完成率 128%，位居全国前列，合肥在全国范围内累计推广应用新能源汽车 1.8 万辆，约占全国 8%，在芜湖，过去 5 年来奇瑞相继推出 QQ3EV、M1EV、eQ 等纯电动产品车型，累计销售纯电动汽车约 3 万辆。其中 2014 年实现销量 9007 辆，位列全国第三。[1]

## 二、质量品牌总体情况

### （一）总体情况

安徽省在"调、转、促"过程中，坚持质量优先、品牌引领，打造一大批具有较强质量竞争力的优秀企业，培育一大批附加值高、美誉度好的知名品牌，推动全省质量总体水平向中高端跃升，实现经济发展方式根本性转变。近年来，安徽省立足打造"三个强省"，质量安徽和品牌安徽的建设与发展取得了长足的进步，先后培育和创建了一批全国乃至国际知名品牌。全省争创名牌产品和驰名商标、著名商标的热情高涨，品牌建设的整体水平也不断提高。截至 2014 年底，安徽省出口名牌数 86 个；全省有效期内省级名牌总数 1353 个，位居中部地区前列；地理标志产品数量达 52 个。

---

[1] 《安徽新能源汽车"加速度"跻身全国"第一方阵"》，中安在线网，2016年2月17日，http://ah.anhuinews.com/system/2015/10/29/007062813.shtml。

## （二）主要做法

### 1. 创新质量监管方法　助推质量水平持续提升

全省产品质量监督抽查合格率从 2004 年的 78.85% 提高到 2013 年的 92.81%，实现"十连升"，这样的好成绩离不开对质量监管方法的不断推陈出新。为了进一步提升"安徽制造"质量水平，安徽省质监局开展"质量流动诊所"活动，结合各地产业集群特点，组织有关专家现场帮扶优质产品生产示范区的前期培育工作。提高监督抽查工作效益，引入"双随机"工作理念，科学选定承检机构；开展 12365 工作质量检查；12 月 18 日，省质量协会企业首席质量官分会在合肥成立。与此同时，加强与研究机构合作，在推进安徽质量品牌升级和人才培养领域开展战略合作。2015"质量之光"评选揭晓，安徽斩获三项大奖，安徽华茂集团有限公司获评"年度质量标杆企业"，国家钢铁及制品质检中心获评"年度卓越技术机构"。

### 2. 助力"安徽品牌"升级为"中国品牌"

安徽省大力实施品牌发展战略，在商标品牌建设和品牌宣传保护上下大力气，支持企业争创驰名著名商标和国际国内名牌，在全社会营造出"创牌、用牌、护牌"的氛围。2015 年，安徽省政府发布了《加快调结构转方式促升级行动计划》，提出具体要求："以争创中国质量奖、安徽省政府质量奖等为引领，以培育名企、名牌为抓手，推动安徽品牌向中国品牌升级。力争到 2020 年，安徽名牌产品达到 2000 个，品牌经济比重超过 60%。"2015 年安徽省品牌建设促进会正式成立，品牌建设开花结实。截至 2014 年底，安徽省被国家认定的中国驰名商标累计达到 175 件，比 2010 年增长 929.4%，认定数量位于全国前列；安徽省著名商标达到 1991 件，比 2010 年增长 514.5%。安徽两品牌"黄山"和"古井贡"入选 2015 胡润品牌榜，其中"黄山"品牌价值达 110 亿元。

## 三、知识产权总体情况

### （一）总体情况

安徽省在《中国区域知识产权指数 2015》排名中首次进入前十强，经过六年的积累，跻身崛起最快省份阵营，发展之快远高于全国平均水平。2014 年，全省有 5800 余家企业共申请专利 68978 件，分别较上年提高 3.6% 和 13.1%，占全省专利申请量的 69.6%；其中 4150 家企业共申请发明专利 33792 件，分别较上年提高 23.6% 和 51.64%，占全省发明专利申请量的 67.6%。

**（二）主要做法**

1. 健全知识产权保护制度，助力电商健康发展

2015 年在"互联网 +"的浪潮中，电商成为不可忽视的经济力量，网络知识产权侵权问题也引发更多关注。为抓住"互联网 +"机遇大力发展电子商务，安徽省政府出台《关于大力发展电子商务加快培育经济新动力的实施意见》，提出要加快建立开放、规范、诚信、安全的电子商务发展环境。安徽省严厉打击网络销售假冒伪劣商品、虚假违法广告、侵犯注册商标专用权等违法行为。提升电商领域知识产权保护意识，引导电商企业加强自主品牌建设和网络品牌管理，推动省电商品牌走向全国；加大力度打击侵害知识产权的行为，建立知识产权"黑名单"制度。

2. 提升企业自主创新能力，重点培育知识产权运用能力

近年来，安徽省深化实施知识产权战略，以企业知识产权的创造、运用、管理和保护能力为重点，开展很多工作。2008 年，安徽省启动知识产权优势企业培育工程，目前已先后实施三批培育计划，培育 181 家省级知识产权优势企业，充分发挥示范带动作用。分别来自家电、新能源汽车领域、新材料、新能源、生物医药、电子信息和智能装备安徽省支柱产业的骨干企业，通过人员培训、制度建立、对标检查等，不断夯实基础工作、健全和完善相关知识产权制度。

# 第二节　发展特点

## 一、融合发展创新驱动，加快培育发展新动能

一是构建制造业创新体系。落实企业创新主体地位和主导作用，加快政产学研用深度合作，推动跨领域跨行业协同创新，组建 3D 打印、新能源汽车等产业技术创新联盟，首批认定智能制造、智能家电等 6 家行业技术中心；2015 年 13 家企业技术中心晋升为国家级，新晋数量居全国第一位。二是打造安徽工业精品。坚持创新创造供给、供给引领需求，每年培育认定省级科技创新新产品 300 项、信息消费新产品 100 项。实施"安徽工业精品三年行动计划"，首批推出"安徽工业精品" 105 项；连续举办两届"江淮杯"工业设计大赛，创建省级工业设计

中心 32 家。三是促进两化深度融合。深入实施两化融合专项行动，开展智能制造示范工程，大力发展智能制造技术和装备，加快推动生产方式向柔性、智能、精细转变，全柴动力等 5 个项目进入国家智能制造专项名单。开展"百企达标，万企对标"活动，建成"智慧企业"1 万家，14 家企业完成全国两化融合管理体系达标任务、22 家企业入围第二批试点，数量均居中部地区第一位。四是推动创业创新。大力推动"互联网 +"创业创新，实施"创业江淮"行动计划，打造"服务淘宝"，培育创客空间、创业孵化基地等 600 多个，认定省级以上小微企业创业创新基地 108 个。注重激发企业家精神，发挥企业家才能，积极营造尊重、爱护、服务、成就企业家的浓厚氛围。

## 二、重点推进企业知识产权工作，带动全省创新力提升

安徽省高度重视企业知识产权的创造、运用和保护能力提升，以知识产权优势企业培育工程、知识产权运用能力培育工程等重点工程为抓手，引导企业完善知识产权管理制度，加强了省级企业技术中心知识产权的考核，促进专利转化实施，各类知识产权以及自主知识产权新产品大幅提升。《中国制造 2025 安徽篇》更是明确要求，强化知识产权运用。培育和认定省级知识产权优势企业，培育和推出一批以知识产权带动技术创新的龙头企业。加强自主知识产权新产品培育，激发企业知识产权创造的积极性，健全知识产权创造、运用和保护机制，提升企业知识产权运用和保护能力。鼓励组建知识产权联盟，促进专利技术的转移转化，鼓励企业参与和主导国内国际标准制定。

## 三、提升对外开放质量和水平，积极拓展国际版图

在经济发展新常态下，安徽省着力转方式、调结构，促进经济转型升级，不仅要引资，还要选资、引智，不但要"引进来"，更要"走出去"。首先，安徽在招商引资方面不但实现规模上扩张，也达到了在结构优化，引资领域从传统制造业逐步扩展到高新技术、高端制造业、现代农业、商业、交通等。促进国际产能合作，70 多家境外世界 500 强入皖投资。其次，随着"一带一路"、设立丝路基金等国家战略规划的实施，安徽省企业更多地参与国际分工合作，2014 年，安徽省对外投资额 4.7 亿美元，境外跨国并购渐趋活跃，占全年对外投资总额的

36%；对欧美地区投资进程加快，占对外投资的 40.2%。[1] 马钢、中鼎集团、安徽建工等龙头企业都在海外收购、扩展中表现出色。

## 第三节　典型案例

### 一、奇瑞汽车股份有限公司：加强知识产权海外保护

奇瑞始终坚持自主创新发展战略，在投入大量资金进行技术创新研发的同时，高度重视知识产权运用的工作，并荣获"国家知识产权战略实施工作先进集体"荣誉称号。其外观专利"汽车车身（T11facelift）"荣获第十五届中国外观设计优秀奖。

随着海外经营活动规模的扩大，公司面临更严峻、更复杂的竞争局面。奇瑞根据海外市场的具体情况，积极开展前瞻性的海外知识产权布局与保护。在建厂或合资生产国家，奇瑞都做到知识产权保护先行，预先开展重点专利、商标布局工作，综合运用海关保护、诉讼等手段，聘请知识产权律师积极应对各种知识产权纠纷，维护海外市场利益。多年来，奇瑞已经在美国、欧盟、俄罗斯、巴西、乌克兰、埃及等地开始专利申请和布局工作。2014 年，奇瑞在国外累计申请专利 195 件，其中获得授权 48 件，累计注册专利 437 件。与此同时，为维护公司商标合法权益，公司在乌克兰、马来西亚、泰国、阿根廷、印度尼西亚、秘鲁、新加坡、南非、委内瑞拉等十余个国家反击了各种恶意抢注奇瑞商标的不法行为，收到了显著的效果。

### 二、阳光电源股份有限公司：构建完善的知识产权保护体系

阳光电源是一家致力于提供全球一流的光伏电站解决方案的国家高新技术企业，是亚洲最大的光伏逆变器专业制造商、国内领先的风能变流器企业。近年来，阳光电源光伏逆变器广泛应用于北京奥运会、上海世博会、虹桥枢纽等国内众多的重大光伏发电项目，并批量销往德国、美国等 40 多个国家和地区。其光伏逆变器一直保持 30% 以上的国内市场占有率，全球市场份额达 11%，位居中国第一，全球第三。公司先后承担了十余项国家重大科技项目计划，主持起草了多项国家标准，是行业内为数极少的掌握多项自主核心技术的企业之一。企业设有知识产

---

[1] 《构筑大平台，开放启新局》，《安徽日报》2015年4月16日。

权部、专利决策委员会和专利评审委员会，并形成了较为完善的知识产权制度体系。企业非常重视专利池的组织构建，把专利许可给其他企业使用，促进技术的应用。同时，还针对产品出口海外的比例不断提高的要求，加强了解海外专利申请策略和方法，及时将高价值的技术方案到国外申请专利并根据出口产品的特点进行相应的规划布局，增强企业在海外抗风险和知识产权反诉讼能力。

### 三、合肥杰事杰新材料股份有限公司：技术创新成果丰硕

合肥杰事杰重视知识产权工作，不仅有明确的领导分管，还设有职能部门和专职专利代理人员。并建立了《专利管理办法》、《合同管理办法》、《商业秘密保密条例》、《培训管理办法》、《专利激励管理办法》等管理制度，保障企业的知识产权工作体系正常运转。企业围绕工程塑料及高分子材料的研究与创新，取得了一系列具有自主产权和国际领先水平的技术成果。近三年来，其承担实施了2项国家科技支撑计划项目，获得国家重点新产品、省级新产品和高新技术产品等5项，获得中国石油和化学科技进步奖一等奖1项，拥有授权专利112项，其中发明专利68项。2012年，"注塑级玻璃纤维增强聚丙烯组合物"（专利号：99113507.5）获得第十四届中国专利优秀奖。2013年，"超高韧性高强度聚丙烯组合物及其制备工艺"（专利号：99113928.3）获得了第十五届中国专利奖金奖，这是安徽省自2003年以来时隔10年再获此项殊荣，也是全国工程塑料行业近年来获得的唯一专利金奖。目前，企业正在申请的发明专利达到509项。

# 第十四章　四川省工业技术创新状况

四川作为西部工业强省，工业基础扎实，技术力量雄厚。近年来新技术、新业态正成为四川新的经济增长点，2015年四川成功入围全国8个全面创新改革试验区域之一，也是西部唯一入选的省份，仅前10月，四川省统计局重点调查规模以上科技服务业单位已超过1400家。同时四川开放合作正迈向高端化，截至目前，四川已有296家世界500强企业落户，居中西部第一位，比2012年增加49家，[1] 国际合作的高科技园区纷纷涌现。2015年1—11月，四川省规模以上工业增加值同比增长7.9%，比全国平均水平高1.8个百分点。[2]

## 第一节　发展回顾

总体来看，四川直面巨大的经济下行压力，以创新驱动为核心提升内生动力，以开放合作拓宽转型发展空间，助力四川工业经济"逆势飘红"。数据显示，2015年前三季度四川GDP增速为8%，主要经济指标高于全国平均水平。

创新驱动，是四川省经济稳步发展的关键。近年来，四川制定了成长型产业技术路线图，大力实施重大科技成果转化工程，优化技术创新环境，着力打造一批科技创新孵化平台、自主创新示范区，切实推动企业技术创新能力提升。来自四川省科技厅的数据显示，2015年，四川有40个项目获得2014年度国家科学技术奖励，获奖总数居西部地区第一。2015年科技进步对经济增长的贡献率超

---

[1]　《加强品牌建设推动质量强省》，《中国质量报》2015年6月3日。
[2]　四川省统计局网站，2016年1月6日，http://www.sc.stats.gov.cn/tjxx/zxfb/201512/t20151216_198003.html。

过 50%。全省高新技术产业预计实现产值 13500 亿元以上。

## 一、技术创新发展情况

### （一）总体情况

在技术创新领域，四川深入推进信息化和工业化融合，将先进制造业打造为推动产业转型升级的重要引擎。2015 年，四川抓住"互联网 +"机遇，启动"互联网 + 四川制造"上线，未来将围绕"互联网 + 四川制造"继续加大对工业企业创新孵化的扶持力度。值得关注的是，科技型中小微企业成为创新驱动发展的新力量。2015 年，四川新增科技型中小微企业达 1 万家以上，同比增长超过 45%，新认定高新技术企业 806 家，新增省级以上企业研发机构 141 家，企业牵头实施重大科研项目经费占科技经费逾七成。

### （二）主要做法

1. 抓住国家重大战略机遇，打造产业升级良好环境

随着国家"一带一路"战略的实施，四川借助地处长江上游的地理优势，抢抓战略机遇，以"深下游、畅中游、延上游、通支流"为原则，发展长江水运。"十二五"期间，对接"一带一路"、长江经济带等国家战略，四川省发布《四川省内河水运发展规划》以及十余项航运港口发展专项规划，启动了"金沙江攀枝花至水富段航运发展规划研究""岷江成都至乐山段航运发展规划"等专项研究，指导地方开展港口总体规划等，鼓励发展标准和先进示范船型，船舶大型化、标准化、专业化趋势明显；开展与汽车、石化、矿石等重点企业对接服务，使"黄金水道"成为四川经济社会发展的经济动脉，为产业转型发展提供战略支持。

2015 年四川省发布《中国制造 2025 四川行动计划》，绘制了全省工业从大到强的时间表和路线图。2015 年，四川将在十大重点领域，启动实施高端装备创新研制、工业强基、智能制造、军民融合等一批重大工程，注重产业整体竞争力的提升。深入推进两化融合，发挥"互联网 + 四川制造"平台和智能制造试点示范效用，注重新兴产业的培育，加快全川企业触网行动，推进"设备换芯""生产换线""机器换人"。

2. 加速淘汰落后和过剩产能，推动产业结构优化调整

四川省政府清晰认识到，市场有效需求不足、成本上升、产能过剩等问题都

制约着工业经济稳增长、调结构的进程。2015年，四川省集中力量积极淘汰落后产能，各部门加强协调配合，认真做好目标制定、任务分解、督促检查等工作，全面完成2015年淘汰落后和过剩产能目标任务，有效促进了产业结构的优化调整，支撑了工业节能减排目标的完成，为改善生态环境质量发挥了积极作用。

2015年，四川省淘汰落后和过剩产能任务涉及炼铁、炼钢、焦炭、铁合金等27个行业的307户企业，包括炼铁产能192.4万吨、炼钢产能170.3万吨、焦炭产能66万吨、铁合金产能7.785万吨（其中工业硅产能1.91万吨）、水泥产能241万吨、平板玻璃产能55万重量箱、造纸产能33.84万吨、印染产能5560万米、化纤产能1.5万吨、铅蓄电池产能30万千伏安时、建材砖产能19.98亿匹、陶瓷产能300万平方米、小火电机组4.7万千瓦等。296户企业按规定完成淘汰任务，11户企业按规定视为完成淘汰任务。[1]

3. 抢抓"互联网+"战略机遇，探索产业提质增效新路径

2015年12月，四川省政府印发《"互联网+四川制造"实施方案》，同月，"互联网+四川制造"平台正式启动运行。该平台以云计算、大数据为核心，目前已有超过5000家企业入驻该平台，"十三五"期间，预计将发展企业3万家以上，为制造企业提供电子商务、金融征信、产业链信息化等服务，并开展众筹建桩、分时租赁等商业模式试点。平台将融合新能源汽车发展，以充电网、车联网、互联网"新三网融合"为支撑，加快智能充电终端建设和充电业务布局，进一步丰富拓展新能源汽车租赁、维修、销售等服务。"互联网+四川制造"平台的上线，使产业链数据化、可视化成为可能，有望重构工业企业间的关系，探索实践将互联网作为分配生产要素的重要手段。

## （三）重点领域

### 1. 节能环保产业

四川省注重新兴展业培育，将节能环保装备产业列入高端成长性产业，编制发布《四川省节能环保装备产业发展工作推进方案》（川办发〔2014〕89号）、《关于征集先进节能环保装备示范推广储备项目的通知》，促进相关产业发展。组织四川大学等研究力量，编制了四川省节能环保装备产业技术路线图，明确了洁能

---

[1] 四川省经济和信息化委员会网站，2016年1月3日，http://www.scjm.gov.cn:8080/govNew/page/show.jsp?class=%BB%B7%BE%B3%D7%CA%D4%B4%B4%A6_%B9%A4%D7%F7%D0%C5%CF%A2&N_ID=263&t=0。

环保产业发展的主攻方向、实施路径、阶段安排，将在高效清洁节能锅炉、低温余热余能利用装备、电机及系统装备、水污染防治、大气污染防治、环境监测等领域进行拓展。

四川的环保节能行业正在不断掀起一股股暖流，举措和成绩都受到业界瞩目。2015年以来，四川节能环保装备产业动作频频：华西能源成套设备出口美国、中节能环保装备产业园落户、环能德美启动上市；2015年，中国国际节能环保技术装备展示交易会暨中国（成都）节能环保产业博览会在成都举行；四川省政府与中国节能环保集团公司签署战略合作协议；合计62亿元的15个重大项目落户金堂。目前，四川省已形成自贡、成都两大基地，在节能装备、大气治理等六大领域积累起坚实基础。

### 2. 电子信息产业

电子信息产业一直是四川省的支柱产业，四川省委、省政府高度重视，全力支持电子信息产业发展。针对目前新情况新问题，四川省公开了《关于进一步加快电子信息产业发展的意见（征求意见稿）》，要求积极支持现有企业健康发展，特别要精准支持现有骨干龙头企业稳定产能，突出对重点区域的支持。要求大力引进新项目，调整产业结构，扩大产业规模，加快释放新的产能，运用政策、资金资源支持重点区域电子信息产业集聚发展。作为四川省经济发展的核心增长极，电子信息产业对于四川现阶段经济稳中有增，跑好"经济发展马拉松"具有重要意义。2015年1—7月，四川省规模以上电子制造业工业增加值增速放缓，但稳步增长的趋势未变。经四五年的爆发式增长，智能手机已逐步进入存量竞争平台期。四川电子信息龙头企业把握这一潮流趋势，大胆创新，发展出新的产业增长点。长虹公司首次提出物联网手机这一新概念，推出全球第一款物联网手机——长虹H1，为智能手机带来新的发展契机。同时，四川的手机产业已逐步建成完整的手机产业链，目前成都、广安、绵阳已聚集起了手机整机以及零配件生产厂商，彰显蓬勃发展的势头。

## 二、质量品牌总体情况

### （一）总体情况

四川省实施品牌战略以来，经过不懈的奋斗与积累，品牌战略工作硕果累累，各种质量荣誉和名牌产品日益成为质量兴川的重要推力，促进四川省经济快速实现转型升级。至 2015 年，四川累计培育 1460 个名牌，覆盖电子信息、装备制造、饮料食品、油气化工、生物工程等主导特色优势产业。质量品牌工作已成为四川省工业经济发展的助推器，为促进全省创新驱动发展战略深入实施提供了有力支撑。

### （二）主要做法

#### 1. 创新品牌运行机制，深入推进品牌战略

四川省是全国率先实施品牌战略的省份之一，也是内陆西部品牌工作的领头羊。四川省政府制定和发布《四川省名牌产品管理办法》《四川省强力推进工业品牌战略实施意见》《四川省一、三、五名牌发展战略工程规划》《四川省地理标志产品保护战略》《四川省人民政府关于全面推进质量兴川战略的若干意见》《中国白酒金三角（川酒）地理标志产品保护办法》等政策文件，促进品牌战略在川稳步推进，加大力度奖励获得四川名牌、全国质量奖、国家地理标志保护产品等荣誉的企业。

同时，四川省不断创新品牌运行机制，采取综合性措施，引导和鼓励企业打造精品品牌，提升品牌价值。四川省非常重视品牌宣传工作，组织"川货全国行""万企出国门"及西部国际博览会等，为四川名牌传播打造高端平台，营造了注重品牌价值的社会氛围，提升了企业的品牌意识。

在政策的组合激励下，全省有 55 个商标获得中国驰名商标、48 家企业被评为"中华老字号"。培育 1460 个四川名牌、1199 个四川著名商标，3 个全国知名品牌示范区，批准筹建 31 个省级知名品牌示范区，3 个国家级地理标志示范区、13 个省级地理标志示范区。同时，成都市入围首批"全国质量强市示范城市"，3 家企业获得中国质量奖提名奖，17 家企业获得四川质量奖。[1]

#### 2. 加强国际化布局，推动地标产品走出国门

近年来，四川省发展品牌国际战略，为企业加强对外交流提供丰富的政府信用资源与市场人脉信息，推动地标产品"走出去"。四川省组织省内一百余家地标企业参加"川货全国行"活动及京交会、西博会、民交会等国家级博览会；积极开展"中欧地理标志保护产品互认"工作；组织通江银耳、蜀锦、峨眉山茶、南溪豆腐干、郫县豆瓣等地标产品参加"中国质量之光"、全国地标品牌价值评

---

[1]　苟小兰：《加强品牌建设　推动质量强省》，《中国质量报》2015年6月3日。

选等活动。

3 年前，我国与欧盟围绕建立"中欧地理标志保护产品互认"机制进行磋商，四川省质监局灵敏掌握时机，积极组织鼓励省内众多地标企业参加。近来，"中欧地理标志保护产品互认"会议举行，互认产品名单公布，四川省郫县豆瓣、剑南春酒、蒲江雀舌、峨眉山茶 4 个地标产品成功入围，为四川名牌产品远销欧盟打通通路。与欧盟互认后，产品进入欧盟将享受诸多便利，享受进口国地标产品同样的优惠政策待遇。

### 3. 优化质量建设环境，加大整治力度和范围

为了贯彻落实国家《质量发展纲要（2011—2020 年）》和《四川省"十二五"质量发展规划》，四川省制定发布了《贯彻实施质量发展纲要暨建设质量强省2015 年工作计划》，实行严格的质量主体责任制度，加强政府质量安全监管，为质量发展创造优良环境。2015 年，四川省丰富质检活动形式，多部门协作，依靠创新驱动提升质量，开展了主题为"建设质量强省迈向质量时代"的四川省"质量月"系列活动。一是在质量提升方面，四川省开展了质量品牌标杆经验交流学习活动，举办食品工业诚信管理体系标准宣贯培训和工业企业质量品牌诊断活动。二是在质量整治方面，四川省开展农村商品质量专项整治行动、"在建大中型水利工程质量巡查"等重大活动，加大力度打击侵权和假冒伪劣行为。值得关注的是，四川省以民生相关的质量问题为重点，开展多次专项行动，如"质检利剑"消费品专项集中打假行动；"六一"儿童节前夕部署全省质监系统开展了玩具产品强制性认证检查活动，保障儿童玩具安全；广安市采取三项举措推动食品生产企业建立完善质量安全追溯体系，从源头保障食品生产质量安全。

## 三、知识产权总体情况

### （一）总体情况

"十二五"以来，四川省深化落实《四川省知识产权战略纲要》和《四川省专利战略》，不断提升企业知识产权运用和保护能力，加快西部知识产权强省建设进程。截至 2015 年 12 月 5 日，四川省 2015 年专利申请量已经突破 10 万件，达 100612 件，同比增长 23.47%，实现了年度专利申请量 10 万量级的突破，为

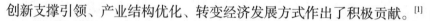

创新支撑引领、产业结构优化、转变经济发展方式作出了积极贡献。[1]

四川省以智慧升级"四川制造",加强自主创新,探索实施关键技术、工艺和关键零部件的专利布局,在关键技术领域积累一批支撑产业转型升级的核心技术和专利组合。回顾2015年,四川省知识产权工作取得不俗成绩,四川省成为国家知识产权强县工程试点示范县数量最多的省份,15项四川专利获得第十七届中国专利奖。2015年底,四川省政府办公厅印发《深入实施四川省知识产权战略行动计划(2016—2020年)》,提出了未来5年知识产权工作的预期指标和主要举措。

### (二)主要做法

1. 四川省知识产权工作突出"双创"主题,扎实开展活动

2015年底,四川省第九届专利周以"强化知识产权运用保护,助力大众创业业万众创新"为主题,紧跟国家战略趋势,突出"双创"主题,积极开展面向企业的有针对性的专利服务,有力促进了大众创业、万众创新。组织举办了知识产权保护规范化培育市场商家专题培训会、知识产权金融服务——银企面对面活动,开展专利申请受理业务咨询服务活动等10个专题活动100余项内容。累计举办各类培训50余次,参加培训3000余人次;开展执法与维权援助活动100余次,执法、检查各类商场130余家。企业知识产权保护意识进一步提升,为创业创新营造了良好的知识产权环境。

2. 培育和发展知识产权服务业,为企业提供支撑

四川省发布了《关于加快培育和发展知识产权服务业的实施意见》,提出培育和发展知识产权服务业的具体目标和措施。四川省注重知识产权公共服务平台建设,大力培育知识产权服务市场,加强监督和管理,加快人才队伍培养,提升知识产权服务机构服务质量,优化知识产权服务环境。在组合措施实施下,四川省逐步搭建起知识产权服务体系,为企业提供知识产权服务,在全国大众创业万众创新活动周期间,成都四川主会场的知识产权服务工作站就为与会者提供知识产权咨询服务,内容涉及专利申请、专利运营、专利维权援助等。

---

[1] 四川省人民政府网站,2016年1月6日,http://www.sc.gov.cn/10462/10464/10465/10574/2016/1/4/10364003.shtml。

## 第二节　主要特点

### 一、以"双创"为核心，激发产业活力

四川致力于汇聚创新创业力量，由创新驱动创业，通过搭建创新平台，促进经济社会发展。2015 年，四川技术创新结出累累硕果，我国第一条具有自主知识产权的中低速磁悬浮铁路试成功运行，其悬浮核心技术是由西南交通大学研发的；国产大飞机 C919 总装下线；国产支线客机 ARJ21 交付商用，这两种机型的机头都由中航工业成飞民机设计制造。

四川省以全面创新改革驱动转型发展为引领，提出实施"创业四川行动"，陆续发布《中共四川省委关于全面创新改革驱动转型发展的决定》《关于全面推进大众创业、万众创新的意见》等重要政策文件。成立四川省创新创业投资引导基金。首期规模就达 20 亿元，重点支持初创期、种子期及成长期的科技型中小微企业。统计显示，科技部公布在国家备案的首批众创空间，四川有 10 家众创空间纳入备案，数量居全国第六，西部第一。包括这 10 家众创空间在内，四川省目前各类科技企业孵化载体超过 220 家，其中国家级孵化器 19 家（见表 14-1）。[1]

表 14-1　四川省 19 家国家级孵化器发展情况

| 序号 | 企业名称 |
| --- | --- |
| 1 | 成都高新区技术创新服务中心 |
| 2 | 成都新谷孵化器有限公司 |
| 3 | 电子科大创业孵化服务有限公司 |
| 4 | 成都高新技术创业服务中心 |
| 5 | 成都天府软件园有限公司 |
| 6 | 成都东创科技园投资有限公司 |
| 7 | 自贡市高新技术创业服务中心 |
| 8 | 绵阳高新区创业服务中心 |
| 9 | 绵阳高新区生物医药孵化器有限公司 |

[1]　四川省人民政府网站，2016年1月4日，http://www.sc.gov.cn/10462/10464/10797/2015/12/27/10363871.shtml。

（续表）

| 序号 | 企业名称 |
|---|---|
| 10 | 绵阳市科技城科教创业园区创业服务中心 |
| 11 | 绵阳西南科技大学国家大学科技园有限公司 |
| 12 | 四川川大科技园发展有限公司 |
| 13 | 成都武侯高新技术创业服务中心 |
| 14 | 成都天河中西医科技保育有限公司 |
| 15 | 成都西南交大科技园管理有限责任公司 |
| 16 | 攀枝花钒钛科技孵化器有限公司 |
| 17 | 四川德阳广汉高新区创新创业服务中心 |
| 18 | 四川中物技术有限责任公司 |
| 19 | 乐山高新技术产业开发区创业服务中心 |

## 二、科技型中小微企业成为创新发展生力军

小微企业已成为国民经济中最活跃的部分，在创造社会财富、推动科技创新、带动社会就业等方面都发挥着不可替代的重要作用。2015 年，四川省省新增科技型中小微企业约 1.3 万家，同比增长 45% 以上。仅成都高新区，2015 年新增科技型初创企业就超过 3000 家，增长 300%，新增销售收入首次突破 1000 万元的企业 63 家。[1]

四川省制定发布《四川省小微企业创新创业三年行动计划（2015—2017）》，加强创新创业公共服务，收集和分析小微企业服务需求，整合资源为中小企业提供"一站式"服务支持，广泛推广中小企业服务券。深入实施"互联网＋小微企业"行动，加快构建网上"微创空间"。同时完善创新创业投融资体系，围绕小微企业创新创业不同发展阶段融资需求，创新小微企业融资模式，完善工业企业"转贷资金池""园保贷"等风险分担机制，鼓励互联网金融机构、股权众筹融资。

---

[1] 四川省人民政府网站，2016年1月6日，http://www.sc.gov.cn/10462/10464/10797/2015/12/27/10363871.shtml。

## 第三节　典型案例

### 一、四川川大智胜软件股份有限公司：产学研深度融合，推进协同创新

四川川大智胜软件股份有限公司（以下简称"川大智胜"）是我国领先的空中和地面交通管理系统产品开发和服务供应商，是由四川大学一批技术创新带头人创立的一个以多学科融合的技术创新和产学研深度融合为特色、自主研发大型软件为核心，以军民航空中交通管制、仿真模拟、地面智能交通、飞行模拟视景、低空空域管理、全景互动、三维测量与识别等应用系统开发和集成为主业的高科技企业。川大智胜是四川省"航天航空及空管产品链"的牵头单位、四川省空管产业链龙头企业，连续三年被央视财经50指数评选为全国十佳创新公司，已获得1项国家科技进步一等奖、3项国家科技进步二等奖，5项部省级科技进步一等奖，7项部省级科技进步二等奖。

川大智胜经长期探索形成了一套"产学研深度融合"和"协同创新"的高效机制，立足自主创新，实现了多项国家军民航空管重大技术装备的国产化，整体达到国际先进水平，在国内军民航领域拥有极高的声誉。

### 二、四川长虹电器股份有限公司：持续强化技术自主创新，释放新竞争力

长虹始创于1958年，目前主要从事电视机、冰箱、空调、压缩机、视听产品、电池、手机等产品的生产销售、IT产品的销售以及房地产开发等生产经营活动，是行业内极少数形成了冰箱"压缩机＋整机"、平板电视"面板＋整机"全产业链的企业。公司正在推进家庭互联网生态建设，积极构建基于云计算的大数据产业链，逐步建立基于数据价值挖掘的全新商业模式。

公司处于重要的调整转型期，关键在于如何在互联网时代，激活长虹原有的家电、手机等各类消费电子资源，公司着眼核心竞争能力的重塑，围绕智能、"互联网＋"战略的实施，逐步完善智能战略的顶层设计，推动重大项目的落地。公司持续强化资源协同与整合，组建软服中心和数字营销产业集团，积极打造了公

司软件研发、智能交易的赋能平台;推动业务链条有序向上（智慧城市）、向下（智慧家庭）延展，推动智能烟灶产品、智能厨卫和空气净化器产品研发。在长虹的"家庭互联网"转型战略中，提出了"新三坐标战略体系"，推动智能化、网络化和协同化，在家电市场上释放新的竞争力。

# 第十五章　上海市工业技术创新发展状况

上海市拥有独特的区位优势，是改革开放的排头兵，是国家长江经济带建设的龙头城市，在技术创新、知识产权和质量品牌建设方面都发挥着引领、示范和带动作用。2014年，习近平总书记对上海提出向具有全球影响力的科技创新中心进军的总体要求。按照这一总体要求，上海市多措并举积极进取，在实施创新驱动发展战略、制造强国战略、长江经济带建设、自由贸易试验区建设等多项国家战略中发挥了示范带头作用，并对长三角区域乃至全国具有广泛的辐射影响。

## 第一节　发展回顾

"十二五"末，上海工业和生产性服务业增加值占GDP的比重约为70%，工业占GDP的比重约为30%。"十二五"期间，上海工业加快转型，"十二五"规划确立的主要指标完成率达到85%以上。反映创新能力、结构优化和资源环境的系列指标较好地完成，体现效率、效益的指标实现了"三个快于"，即全市规模以上企业工业增加值年均增长5.3%，快于工业总产值2.3个百分点；工业利润增长快于工业增加值8.4个百分点；生产性服务业营业收入增长快于服务业8.4个百分点。工业利润率7.6%，高于全国平均水平1.7个百分点。

2015年，上海加大落实创新驱动发展战略和"中国制造2025"，围绕上海具有全球影响力的科技创新中心建设，大力培育发展"四新"经济，立足"求质求新求实求进"，推动"上海制造"向"上海智造"、"上海产品"向"上海质量"的转型升级，着力提高自主创新能力和国际竞争力，全面增强与"四个中心"和国际化大都市相匹配的产业辐射力、影响力。加快构建新型产业创新体系，努力把上海打造成为具有"高附加值、高技术含量、高市场占有率、高全要素生产率"特征的中国智造中心（见表 15-1）。

**表 15-1　2014 年上海市战略性新兴产业增加值及其增长速度**

| 指标 | 增加值（亿元） | 增长率（%） |
| --- | --- | --- |
| 战略性新兴产业增加值 | 3453.2 | 7.4 |
| 制造业 | 1613.23 | 6.3 |
| 服务业 | 1840.0 | 8.5 |

资料来源：《2014 年上海市国民经济和社会发展情况公报》。

## 一、技术创新发展情况

### （一）总体情况

上海市围绕"企业主体、市场导向、协同创新、优化环境"的原则，增强"五力"，即创新资源的集聚力、创新成果的影响力、创新产业的引领力、创新环境的吸引力和区域创新的辐射力，形成标志性的机构、企业、人才和成果;打造"四结合"，即"国际与国内创新资源的结合、创新链与产业链的结合、自主创新示范区与自贸试验区联动的结合、产业技术创新与城市转型发展统筹的结合"，积极参与全球创新竞争合作，在实施创新驱动发展战略中发挥了示范引领和辐射带动作用（见图 15-1）。

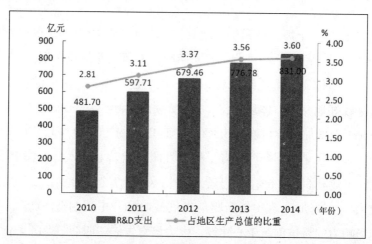

**图15-1　2010—2014年上海市研发经费支出及其占地区生产总值的比重**

资料来源：2010—2014 年《上海市国民经济和社会发展情况公报》。

### 1. 企业研发主体地位进一步凸显

2014年上海规模以上工业企业研发投入强度为1.25%。电子信息产品制造业、汽车制造业、石油化工及精细化工制造业、精品钢材制造业、成套设备制造业和生物医药制造业六个行业2013年规模以上工业企业投入强度为1.44%。[1]

至2014年底，上海已拥有58家国家级企业技术中心，468家市级企业技术中心，1078家区级企业技术中心。2013年规模以上制造业每亿元主营业务收入有效发明专利数达0.634。

### 2. 产学研用合作不断加强

"十二五"期间，上海企业联合高校和科研院所，依托市级以上企业技术中心建立了200多家各类产学研合作机构，已有中航商发、联影医疗、化工院等15家上海市产学研合作创新示范基地。

2014年度共有54项企业牵头及合作完成的重大科技成果荣获国家科学技术奖，包括国家自然科学奖7项、国家技术发明奖8项和国家科学技术进步奖39项。60%的技术发明奖和科技进步奖（通用项目）获奖项目来自企业或产学研合作完成的科技创新成果。

### 3. 重大科技创新成果不断涌现

华力微电子12英寸生产线全面建成，中芯国际28nm工艺投入量产，光刻机、刻蚀机、MOCVD等先进半导体设备实现国产化，和辉光电4.5代线建成并实现小批量生产，天马5.5代AM-OLED项目（一期）进展顺利，首架C919大飞机总装启动，ARJ21获得适航证，"海洋石油721"大型深水物探船交付，联影128层CT、112环PET-CT等产品投入市场，海洋981超深水半潜式钻井平台投入运行。

## （二）主要做法

为加快落实上海建设具有全球影响力的科技创新中心的新要求，中共上海市委和上海市人民政府于2015年5月发布《关于加快建设具有全球影响力的科技创新中心的意见》，积极打造"企业创新主体地位基本确立、创新支撑条件基本完善、创新外部环境明显优化"的产业技术创新体系，为建设有全球影响力的科

---

[1] 上海市统计局：《2014年上海市国民经济和社会发展统计公报》，2016年12月20日，http://www.stats-sh.gov.cn/sjfb/201502/277392.html。

技创新中心和产业转型升级提供支撑[1]。围绕上述目标,工业技术创新的主要做法包括:

### 1. 增强企业创新能力

重点支持市级企业技术中心和技术创新示范企业提升研发能力,支持企业创建国家级重点实验室、制造业创新中心等。大力推进企业技术中心建设,强化企业技术中心在产业技术创新体系中的核心作用。建设了一批技术创新示范企业,开展了市级技术创新示范企业创建工作,为进入国家级技术创新示范企业建立后备队。聚焦支持了一批高水平的企业研发机构。

### 2. 支持鼓励企业为主体的创新活动

鼓励企业开展多种途径的引进技术吸收与创新,积极利用全球创新资源服务上海产业发展。支持企业为主体的产学研用协同创新,建设一批产学研合作创新示范基地。滚动支持大型企业开展前瞻技术布局。鼓励行业龙头企业制定重点领域的技术发展路线图。通过"四新"服务券推动中小企业自主创新,激发中小企业创新活力。

### 3. 加强产业创新支撑体系建设

大力支持各类创新主体投资建设产业技术研究机构,逐步建立"多模式、多渠道、多层次"的共性技术研发体系。建设面向新兴产业和支柱产业的国家级检验检测中心,建设一批制造业创新中心(工业技术研究基地)等国家级创新平台,探索建立一批适应新兴行业特点的新型产业研发机构,开展关键共性重大技术研究和产业化应用示范。实施知识产权和标准化战略。

### 4. 优化产业技术创新外部环境

支持"四新"创新成果产业化。建立"四新"创新成果评价指标体系,创新成果评价机制,鼓励人才和团队运用创新成果落户创业,并支持其向众创空间和"四新"产业基地集聚。促进金融资本与技术创新的结合,探索技术与金融结合的发展渠道。引导技术创新人才向企业集聚,进一步落实对企业科技人员的收入分配和激励机制,加强技能型队伍建设。进一步营造鼓励创新创业的良好氛围,打造各类技术创新服务平台。

---

[1] 中共上海市委、上海市人民政府:《关于加快建设具有全球影响力的科技创新中心的意见》,2016年12月20日,http://shzw.eastday.com/shzw/G/20150526/u1ai149939.html。

### （三）重点领域

上海市的八个高新技术产业化重点领域分别是：新能源产业、新能源汽车产业、民用航空制造业、新材料产业、电子信息制造业、生物医药、先进重大装备产业、海洋工程装备产业等。其中，制造业一直是上海市的重点优势产业。近年来，由于新一代信息技术与传统产业和新兴领域的融合加深，催生出诸多新产业、新技术、新业态和新模式。本小节将重点介绍推进"四新"经济发展的重点领域技术创新进展情况。

互联网金融领域，上海已汇集 1000 余家互联网金融企业，2014 年经营收入近 260 亿元，比上年增长 30%，其中第三方支付收入近 220 亿元。行业迎来并购潮，万达收购快钱 68.7% 的股份，大智慧购买湘财证券 100% 股权，东方财富收购宝华世纪证券 100% 的股权。

互联网教育领域，集聚了一批互联网教育细分市场龙头企业，诸如平台企业沪江网、教育工具类英语流利说、职业教育金程教育、儿童教育魔力小孩、英语类爱乐奇、MOOC 类卓越睿新等，杨浦区正在着力打造互联网教育产业集聚区。

车联网领域，2014 年产业规模达 150 亿元，占国内市场的 30%。初步形成涵盖芯片、车载终端、关键零部件、总线系统、应用软件、通信网络、内容提供、标准检测、知识产权等环节较完整的产业链，形成嘉定"产业基地"、浦东"综合示范"、徐汇"前沿技术"三个差异化发展的集聚区。其中自主品牌荣威汽车的车联网产品 Inkanet 的前装车突破 20 万辆，博泰成为国内最大的自主车联网产业与服务提供商。浦东公交、巴士集团完成 1300 个电子站牌建设、发布 640 条公交线路，12000 辆的实时位置信息。

网络视听领域，增速远超全国网络视听产业和全市信息服务产业，2014 年产业规模超过 130 亿元，占据全国市场约 1/4 份额，咪咕视讯、天翼视讯等一批龙头企业项目先后落户。

机器人领域，新时达在工控和工业机器人市场的份额不断增加；沃迪机器人的应用行业获得突破；中科新松的机器人总部园区项目顺利推进；永乾机电成为国内助力机械手智能装备生产的先行者；微松公司自主研制的晶圆植球手机智能装备取得重大突破。

智慧照明领域，上海着力推动的普罗娜（PRONA）智慧照明路灯系列目前正积极推进外滩、金山地区试点普罗娜智慧照明项目，形成初步试点方案；推动产业上下游组建上海智慧照明联合会，加快建设智慧照明人才实训基地。

3D 打印领域，积极在装备、材料、软件等领域进行布局，大力推动增材制造技术在快速消费品、航空航天、模具、汽车等方面的示范应用，并形成了光韵达、上海材料所、联泰科技、航天 149 厂、曼恒数字等一批细分领域优势企业，下一步将围绕工业应用、医疗等领域争取新的突破。

## 二、质量品牌发展情况

### （一）总体情况

"上海制造"历来在海内外享有盛誉，至今仍有很强认同度。尽管受外资品牌的挤压、市场竞争的冲击以及土地、成本等制约，上海制造业发展空间收窄，但近年来加大质量品牌建设力度，全社会品牌意识大大增强，宣传效应逐步放大，消费信心得以提振，发展环境日益优化，发展品牌经济正在成为全社会的共识。

1. 产品质量水平全面提高，质量管理能力不断提升

上海市开展的质量标杆活动以企业为主体，以加快工业转型升级为导向，以质量工程技术应用为重点，在一批工业企业实现了质量管理能力的突破性提升，形成了示范效应，促进全市工业质量水平全面提高。在质量标杆活动中，一批优秀企业脱颖而出。如上海核工程研究设计院，围绕核电设计的业务流程优化，整合运用多种质量技术工具，探索建立了利用信息化手段实现设计数字化、可视化及设计质量的全程控制体系。联合汽车电子有限公司建立了包含"意识与能力"、"流程与方法"、"工具与系统"、"评价与举一反三"四个模块的系统化解决方法。上海汽轮机厂，推行 5S 管理，建立综合管理机制，实施车间管理星级评价，建立有效的员工绩效管理系统、可视化管理和现场管理规范、中小件生产管理信息平台、叶片生产管理信息平台等，提升车间现场质量管理水平。

2. 产品品牌效应不断累积，品牌示范区建设成效显著

在机械与装备制造业等工业品制造业方面，上海抓住战略性新兴产业等重要领域，在商用飞机、汽车制造、海洋装备、医疗器械、电子信息等产业上取得较快发展，上海电气、上海汽车、振华港机、联影医疗等一批优势企业和知名品牌蜚声海内外。在消费品制造业方面，一批如光明、老凤祥、恒源祥、上海家化、回力等老品牌得以复兴。而一批新品牌如亚振家具、晨光文具、兆妩围巾等也脱

颖而出，正在形成新老品牌共同发展的良好发展态势。

至 2014 年底，上海市拥有中国驰名商标 170 个、中华老字号 180 个、上海市著名商标 1275 个、上海名牌 1240 项、上海老字号 42 个；64 项品牌产品、31 项品牌服务项目被推荐为"上海名牌辉煌之星"，50 位来自各个领域的优秀品牌工作者被推荐为"上海名牌战略实施 20 年有影响 50 人"。

创建张江"信息与生物医药全国知名品牌创建示范区"等 6 个国家级知名品牌示范区；上海漕河泾新兴技术开发区等四批 25 家市级知名品牌示范区；静安区——商务部首批品牌消费集聚区；黄浦区江南智造——工信部全国唯一一个创意设计产业集群区域品牌试点单位。

2014 年度，54 项企业牵头及合作完成的重大科技成果荣获国家科学技术奖，包括国家自然科学奖 7 项、国家技术发明奖 8 项和国家科学技术进步奖 39 项。

举办首届中国品牌经济（上海）论坛；承办工信部首次全国品牌工作座谈会；举办以"质量·品牌·全球化"为主题的第九届上海国际质量研讨会等。

### （二）主要做法

1. 全面实施质量品牌"三大战略"

围绕构建现代服务业为主、战略性新兴产业引领、先进制造业支撑的新型产业体系，全面实施"以质取胜"、"品牌发展"和"标准引领"三大战略。引导企业运用先进质量管理理念、方法和工具，实现管理创新，提升产品和服务质量水平；促进企业自主开发核心技术，加强自主品牌建设，提升上海品牌国际声誉；鼓励企业积极采用国际标准和国外先进标准，加强科技创新成果与标准的紧密结合，提升上海在国家、国际标准化活动中的地位，充分发挥标准在经济社会发展中的技术支撑作用[1]。

2. 积极组织开展本地区"质量标杆"活动

上海通过组织开展本地区"质量标杆"活动，提高了企业和广大员工参与质量工作的深度和广度。有针对性地推广了卓越绩效模式、六西格玛管理、精益生产等质量管理方法，引导企业积极采用 ISO9000 系列质量管理标准，提高企业质量管理水平。同时，还总结了质量标杆活动的成效，提炼典型经验，宣传推广成功经验，带动一批工业企业深化质量管理工作，实现质量管理能力突破性提升，

---

[1]　上海市人民政府：《上海市质量发展规划（2011—2020年）（上）》，《上海质量》2013年2月20日。

形成示范效应，促进工业质量水平全面提高。评选出了上海航天设备制造总厂、上海无线电设备研究所、上海日立电气有限公司、上汽集团商用技术中心、上海东方雨虹防水技术有限责任公司、上海三菱电梯有限公司等企业的 6 项实践活动为 2014 年度质量标杆。

3. 多措并举打造产品品牌、园区品牌和城市品牌

在产品品牌建设上，积极探索上海国资品牌分类指导、差异发展的品牌复兴可行路径，探索盘活上海老品牌资源，积极推进品牌培育管理体系建设，充分发挥社会中介和公共平台作用。比较有特色的做法有：一是品牌掌门人培训，目前已经举办 20 场掌门人培训和品牌创新沙龙，受众面 500 人次以上。二是创新品牌投融资体系，工商银行上海分行在自贸区成立了国内首个"品牌支行"，研究探索品牌发展创新基金、品牌无形资产质押贷款、品牌评估交易等。

在园区和区域品牌建设上，进一步扩大"大张江"区域品牌效应，积极开展品牌园区、知名品牌创建示范区等建设工作。除张江"信息与生物医药全国知名品牌创建示范区"等 6 个国家级知名品牌创建示范、上海漕河泾新兴技术开发区等四批 25 家市级知名品牌示范区外，静安区成为商务部首批品牌消费集聚区，黄浦区江南智造成为工信部全国唯一一个创意设计产业集群区域品牌试点单位。

在上海城市品牌建设上，成功举办首届中国品牌经济（上海）论坛，积极承办工信部首次全国品牌工作座谈会,第九届上海国际质量研讨会以"质量·品牌·全球化"为主题。继续支持相关行业协会和社会机构组织轻工新品名品展、中华老字号博览会、上海国际时装周等展会；组织参加各类国际展会，在法国联合国教科文组织总部开展了"魅力上海"活动，举办"这一刻在上海"创意设计展以及中外企业家 B2B 对接会等，进一步扩大上海的国际影响。

## 三、知识产权发展情况

### （一）总体情况

1. 知识产权环境建设不断完善

在知识产权强国战略的推动下，为了提高上海企业和城市的自主创新能力，增加关键产业和重点领域的自有知识产权成果数量，推动科技成果产业化和商用化，提升科技进步贡献率，推进上海与国际知识产权组织的交流与合作，上海先后制定了《上海知识产权战略纲要（2004—2010）》和《上海知识产权战略纲要

（2011—2020）》，计划到 2020 年，将上海建设成为"创新要素聚集、保护制度完备、服务体系健全、高端人才汇聚"的亚太地区知识产权中心，并提出了激活创新活力、促进转化运用、完善服务体系、优化保护环境 4 个战略重点。在战略纲要的顶层设计下，上海的知识产权运用和保护能力不断提升，知识产权生态环境不断优化，知识产权信用管理体系不断完善。

2. 知识产权支撑科技创新中心建设作用凸显

2015 年，上海着力推进具有全球影响力的科技创新中心建设，深入落实创新驱动发展战略，加快上海自贸区建设，其中知识产权工作是一项重要支撑。据统计，上海市专利申请和授权数量呈明显上升趋势，同比增长 17% 以上。预计全社会研发经费支出相当于全市生产总值的比例达到 3.6%，每万人发明专利拥有量达到 28 件左右。

3. 知识产权运用和示范能力不断提升

依据《国家知识产权示范企业培育工作方案》和《国家知识产权优势企业培育工作方案》，按照企业自愿申报，上海知识产权局择优推荐的原则，推选中国商用飞机有限责任公司上榜"2015 年度国家知识产权示范企业"，推荐上海无线电设备研究所、上海锅炉厂有限公司、中芯国际集成电路制造（上海）有限公司、上海诺雅克电气有限公司、上海航空设备制造总厂、上海保隆汽车科技股份有限公司、恒源祥（集团）有限公司、网宿科技股份有限公司、上海宝冶集团有限公司、上海斐讯数据通信技术有限公司、上海新阳半导体材料股份有限公司等 12 家企业评选为"2015 年度国家知识产权优势企业"。

（二）主要做法

1. 加强知识产权运用和保护，支撑上海科技创新中心建设

2015 年 11 月，为落实上海科创中心和亚太知识产权中心城市建设的战略目标，上海市委常委会审议通过《关于加强知识产权运用和保护支撑上海科技创新中心建设的实施意见》，明确提出上海市加强知识产权运用和保护的工作要求和具体部署。该实施意见是《关于加快建设具有全球影响力的科技创新中心的意见》"22 条"和"1+X"配套政策的重要组成部分，具体围绕强化知识产权保护、促进知识产权运用、完善知识产权服务、推进知识产权管理改革等四个方面，提出了 12 条改革举措。

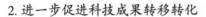

**2. 进一步促进科技成果转移转化**

2015年9月，上海市委常委会审议通过《关于进一步促进科技成果转移转化的实施意见》，针对当前创新领域科技成果转移转化难的问题，提出支持知识产权质押贷款、培养知识产权领域人才、强化成果转化收益合法性、加强知识产权和财政金融政策协同等20条具体措施。

**3. 积极开展知识产权质押融资工作**

为贯彻国务院发布的《进一步深化中国（上海）自由贸易试验区改革开放方案》，落实该方案在知识产权方面的工作部署，推进金融资本向技术产业化转移，上海浦东新区于2015年4月首次发布"知识产权金融卡"，开展知识产权与金融相结合的"先行先试"。发卡企业可使用专利、商标、版权、集成电路布图设计、新药证书等多种形式的知识产权，经担保机构担保，向银行申请授信额度。首批共有40家企业获得"知识产权金融卡"，并因此分别获得300万元到500万不等的授信额度，实际解决了科技型中小企业的融资难问题。

截至2014年底，全市共有11个区开展知识产权质押融资工作，有77家企业和3名自然人的202件专利办理质押登记，获得质押融资贷款8.6亿元。

**4. 大力推进知识产权支撑服务体系**

2015年5月，上海市知识产权局发布《上海市知识产权局落实〈上海市行政审批申请接收管理办法〉的实施细则》，推进政府对专利的行政管理改革，促进专利行政审批接受规范化、法治化。

2015年9月，上海自由贸易试验区开通运行"上海张江智慧医疗知识产权运营平台"，这是自贸区内首个专业领域知识产权运营平台，是上海自贸区的又一项"先行先试"举措。

2015年10月，上海松江区开通运行"3D打印产业创新集群专利导航平台"，该平台集成了国内外3D打印领域的专利信息，可以向园区的企业免费开放，提供在线中外文专利的检索和分析，节约了园区企业重复建设相关数据库或平台的费用。

## 第二节　发展特点

### 一、推动"四新"经济发展成为科创中心建设重要抓手

"四新"指"新技术、新业态、新模式、新产业"。近年来，上海在"四新"经济发展工作部署上逐步推进。2013 年，上海十届市委五次全会提出，要大力推进压和减、新和增（即"四新"和新的经济增长点）的要求。2014 年 6 月，上海市政府第 52 次常务会议提出"四新"经济工作的整体部署。2015 年 2 月，上海市召开推进"四新"经济工作会议，提出"四宽、两严"，即以宽广的视野、宽松的管制、宽容的氛围、宽心的体制以及机制保障、严密周到的服务和严密透明的监管推动"四新"经济发展。同年 10 月，上海研究发布《上海"四新"经济发展绿皮书》，对接《中国制造 2025》战略，探索促进制造业的转型创新发展路径。

### 二、"四位一体"建设成效显著

"四位一体"推进模式是"四新"经济的推进方法，指通过"产业联盟＋产业基地＋产业基金＋产业人才基地"相结合的新模式，打造自然天成的产业生态系统[1]。2015 年"四位一体"建设成效显著。上海经济信息化委、张江国家自主创新示范区管委会在浦东、闵行、青浦、嘉定等区县园区联合命名了首批 50 家"四新"经济创新基地。上海经济信息化委和市教委利用存量专项资金支持产学研合作，推行"四新"服务券 1.0；依托上海股权托管交易中心，拟建立服务于"四新"企业的"科技创新板"。上海经济信息化委、人力资源和社会保障局先后建立网络视听、智慧照明、集成电路、物联网等 8 个人才实训基地。通过以上重要举措可以看出，"四新"经济正成为上海全球科技创新中心建设和产业转型的重要抓手。

### 三、区县多措并举推动"四新"经济发展

浦东新区探索设立科技创新板。嘉定区重点打造"1+12+33"的工作机制，加大对"四新"企业的服务力度。杨浦区政府出台支持互联网教育"九条"细则，

---

[1] 史鹤幸：《新技术新产业新业态新模式——上海"四新"经济形态探微》，《上海企业》2014年8月10日。

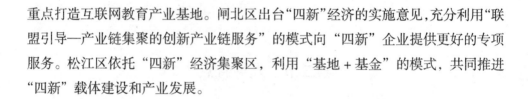

重点打造互联网教育产业基地。闸北区出台"四新"经济的实施意见,充分利用"联盟引导—产业链集聚的创新产业链服务"的模式向"四新"企业提供更好的专项服务。松江区依托"四新"经济集聚区,利用"基地+基金"的模式,共同推进"四新"载体建设和产业发展。

## 第三节　典型案例

### 一、宝钢集团:深层次高起点的产学研合作

宝钢集团开展深层次高起点的产学研合作。宝钢集团先后与上海交大、东北大学、北京钢铁研究总院等八家院所,开展各有侧重的学科战略合作,建立深层次高起点的长期稳定的科研和人才培养合作关系,签订合同555项,合同金额近2亿元;与上海大众、一汽、东风等厂家开展汽车用钢技术研究的产业链技术合作;与上大、中科院金属所通过基金项目、国家各类计划项目及企业研发项目等多种形式的产学研合作。

宝钢集团不但为合作的高校或企业提供了丰富的创新资源和试验场所,而且自身也迈进了世界钢铁行业前列。宝钢已有3个项目获得国家科技进步一等奖,3项目获得国家科学技术发明二等奖,并成为国家首批"创新性企业"和"国家级企业技术中心",获得工业领域最高奖项"中国工业大奖"。

### 二、上海航天技术研究院:"4+4"产学研合作模式

上海航天技术研究院构建"4+4"(4个层次+4种方式)的产学研合作模式:将产学研合作的内容按照技术成熟度所处的不同层次,分为"前沿探索层"、"专业领域层"、"技术攻关层"、"系统创新层",循序渐进、有针对性地采用"设立创新基金"、"联合申报项目"、"开展横向合作"、"联合建设创新平台"四种方式开展合作;实现了"突破一批支撑和引领型号发展的关键技术"、"促进一批市场前景较好的科研成果转化"、"培育一批国家重大基础研究项目"、"培养一批创新型预备型人才"的产学研合作目标。

近年来,上海航天技术研究院投入6亿多元,与全国相关高校共同开展了近700个项目的研究,攻克了近百项关键技术。研究成果支撑了遥感系列卫星、风云系列卫星、月球车、神舟系列飞船(含空间对接机构)等重大型号的研制。近

30 项合作成果应用到了"玉兔"号月球车、CZ–5、CZ–6 以及遥感卫星等项目的研制中，为国家"高分专项"、"探月工程"、"载人航天"等重大专项工程作出了重要贡献。航天院还通过设立创新基金，投入近 6000 万元，支持高校教师开展了 300 多项涉及新概念、新技术、新方法的项目研究。这些研究成果支撑了以 4 个 973 项目为代表的多项国家重大基础项目的成功申报（获批经费 2.6 亿多元），使航天院的基础研究能力得到大幅提升。

# 政　策　篇

# 第十六章 2015年中国工业技术创新发展政策环境分析

## 第一节 国际环境分析

国际金融危机影响下，全球经济进行深度转型调整，新一轮的工业技术革命和产业变革不断加深，发达国家连续出台和实施"再工业化"、"制造业回归"战略，新兴经济体积极发布和落实工业技术提升计划。各国争抢高技术产业的制高点和发掘新的工业增长极。全球创新活动密集，新一代信息技术与传统产业深度结合，技术、产品、业态和商业模式创新加速进行，产业边界日益模糊和产品分工更加精细，网络化、智能化、绿色化成为新的趋势，也对产品质量品质提出了更高要求。此外，国际分工正在大幅调整，贸易壁垒加速重构也为发达国家和新兴经济体带来了重重挑战。

### 一、新一轮工业技术革命和产业变革兴起，创新重新成为各国的战略焦点

在新一轮科技产业变革、国际金融危机等多重因素影响下，全球产业结构进入深度调整周期。无论发达国家还是新兴经济体都不约而同地高度重视和推动创新发展战略，将制造业作为经济复苏的重要支撑。发达国家力图重振实体经济，积极实施"再工业化"战略，主要包括美国提出了《2015年美国创新新战略》，德国加强与中国合作执行《中国战略（2015—2020）》，以及法国发布了《未来工业计划》，日本出台了《科技创新综合战略2015》。新兴国家也在新一轮发展中积极参与国际分工,将发展制造业上升为国家战略。印度在2014年9月制定了"印度制造"战略，出台一系列吸引外资的重大政策，意图利用本国的人口数量和成

本优势，吸引外资在印度投资设厂，打造新一代的"世界工厂"。

近年来，各国积极推动创新发展，最直接的表现在 R&D 投入强度的稳步增长中，发达国家的 R&D 投入强度大多维持在 2.5—3.5 之间，这些发达国家的经济增长模式已由资源驱动型转换成创新驱动型，利用技术创新形成竞争优势，获取相对高的利润。与发达经济体相比，我国的 R&D 投入强度尚有一定的差距。我国 R&D 投入强度自 20 世纪 90 年代开始快速上升，截至 2013 年已接近 2.0，说明我国正在快速缩小与发达国家在 R&D 投入强度上的差距。韩国 R&D 投入强度增长迅速，到 2013 年已经超过 4，达到世界领军水平；日本 R&D 投入强度相对平稳，总体水平高出美国、德国等欧美国家（见图 16–1）。

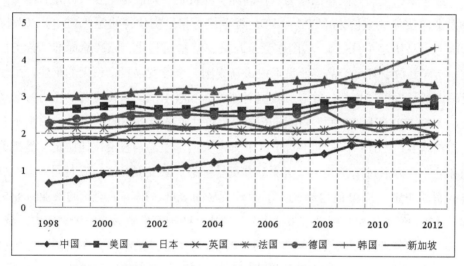

图16–1　1998—2012年各国R&D投入强度

数据来自：《2014 年中国科技统计年年鉴》。

## 二、全球制造业竞争格局重新调整，发达国家高端抢位与新兴经济体中低端争夺同时发生

美欧日等发达国家拥有雄厚的技术基础和人才优势，在新一轮竞争和发展中具有先发优势，新兴经济体具有成本上的比较优势，由此造成了发达国家的制造业高端领域开始回流与新兴经济体承接中低端领域转移争夺国际资本同时发生，新的全球制造业竞争格局正在形成。一方面，我国劳动力成本与发达国家逐渐拉近。据估计，美国制造商品的平均成本只比中国高 5%，到 2018 年，美国的制造成本将比中国还便宜 2%—3%，这使得发达国家开始将信息网络、新能源、新材

料等高端制造业迁回。例如，苹果电脑已在美国本土设厂生产，日本制造企业松下将把立式洗衣机和微波炉生产从中国转移到日本国内。另一方面，印度、越南、菲律宾、墨西哥等发展中国家和地区的劳动力成本优势开始凸显，凭借更低的人力成本和资源成本，这些国家和地区正在成为劳动密集型产业转移的新阵地。例如，微软计划关停诺基亚东莞工厂，将部分设备转移到越南河内；耐克、优衣库、三星、船井电机、富士康等知名企业纷纷在东南亚和印度开设新厂。

### 三、国际贸易规则和治理结构更加复杂，发达国家试图进一步掌控主导权

近年来，美国等发达国家为掌控国际贸易投资规则制定主导权，先后提出了跨太平洋伙伴关系协定（TPP）、跨大西洋贸易与投资伙伴协定（TTIP）以及国际服务贸易协定（TISA），试图在竞争政策、贸易便利化、原产地标准、劳工标准、市场开放、环境产品等领域形成最新规则，全球贸易投资秩序的重建，可能对国内贸易投资产生替代效应，我国对外贸易和吸引国际直接投资的压力将会增大。无论TPP还是TTIP，其市场开放水平和对成员经济体的约束力，都高于多边体制WTO。2013年6月启动的TTIP即跨大西洋贸易与投资伙伴协定，是指美国和欧盟双方通过削减关税、消除双方贸易壁垒等来发展经济，应对国际金融危机的贸易协定。TTIP的启动改变了世界贸易的规则、确定了全新的产业行业标准，对新兴经济体贸易活动带来冲击，对挑战金砖国家准贸易联盟带来较大挑战。这些全新的商业规制很可能架空或弱化WTO等国际经济组织，在美国主导的全球治理格局重构中，中国有可能被进一步边缘化，"走出去"的战略也将受到更大的阻力。2015年10月5日，TPP取得实质性突破，美国、日本和其他10个泛太平洋国家就TPP达成一致。12个参与国加起来占全球经济的比重达到了40%。TPP将对近18000种类别的商品降低或减免关税。

## 第二节　国内环境分析

2015年12月，中央经济工作会议明确指出[1]，我国正面对错综复杂的国际形势和艰巨繁重的国内改革发展稳定任务，下一阶段将在继续贯彻落实2014年中

---

[1] 《中央经济工作会议提出2016年五大任务》，《证券日报》2015年12月22日。

央经济工作会议决策部署基础上，不断加强和改善党对经济工作的领导，总体上坚持稳中求进的工作总基调，牢牢把握经济社会发展主动权，主动适应经济发展新常态。会议进一步强调我国正处于新常态，认识新常态、适应新常态、引领新常态，是当前和今后一个时期内我国经济发展的大逻辑。

工业是我国经济的根基所在，也是推动经济发展提质增效升级的主战场。新时期下，必须准确把握经济发展新常态，坚持走中国特色新型工业化道路、打造中国工业升级版，推进信息化和工业化深度融合；必须努力发挥工业在促进经济增长、结构优化和动力转换中的主力军作用，推动工业发展提质增效升级。

今后一段时期内，我国结构性改革任务十分繁重，战略上要坚持稳中求进、把握好节奏和力度，战术上要抓住关键点，主要是抓好去产能、去库存、去杠杆、降成本、补短板五大任务。一是积极稳妥化解产能过剩；二是帮助企业降低成本；三是化解房地产库存；四是扩大有效供给；五是防范化解金融风险。

2016 年及今后一个时期，我国将在适度扩大总需求的同时，着力加强供给侧结构性改革，实施相互配合的五大政策支柱。一是，宏观政策要稳；二是，产业政策要准；三是，微观政策要活；四是，改革政策要实；五是，社会政策要托底。

## 一、体制机制改革优化企业创新环境，全民创新创业成为我国创新发展的新要求和新方向

为加快创新驱动发展战略，加快破除制约科学发展的体制机制障碍，我国正大力推进重点领域和关键环节的体制机制改革。深化行政改革，使市场在资源配置中起决定性作用，同时更好地履行政府职能；深化金融改革，推进人民币资本项目可兑换、利率市场化、人民币的跨境使用以及外汇管理体制改革，建立起更加市场化的金融体系；深化财税改革，改进预算管理制度，完善税收制度，建立事权和支出责任相适应的制度；深化国有企业改革，打破国有企业的行政垄断、规范国有企业的行为。

从 2013 年 5 月至今，中央层面已经出台至少 24 份相关文件促进创业创新，主要有《国务院关于发展众创空间推进大众创新创业的指导意见》《国务院关于进一步做好新形势下就业创业工作的意见》等。一系列改革行为，将加快推动经济结构的调整，提升劳动、信息、知识、技术、管理、资本的效率和效益，让市场在资源配置中起决定性作用，为企业创新发展营造更加健康的经济和政治环境（见表 16-1）。

表 16-1　2015 年国家支持"双创"主要政策汇总

| 时间 | 文件名称 | 文号 |
|------|---------|------|
| 2015.3.11 | 国务院办公厅关于发展众创空间推进大众创新创业的指导意见 | 国办发〔2015〕9号 |
| 2015.5.1 | 国务院关于进一步做好新形势下就业创业工作的意见 | 国发〔2015〕23号 |
| 2015.5.13 | 国务院办公厅关于深化高等学校创新创业教育改革的实施意见 | 国办发〔2015〕36号 |
| 2015.6.16 | 国务院关于大力推进大众创业万众创新若干政策措施的意见 | 国发〔2015〕32号 |
| 2015.6.21 | 国务院办公厅关于支持农民工等人员返乡创业的意见 | 国办发〔2015〕47号 |
| 2015.6.26 | 国务院办公厅关于印发进一步做好新形势下就业创业工作重点任务分工方案的通知 | 国办函〔2015〕47号 |
| 2015.8.20 | 国务院办公厅关于同意建立推进大众创业 万众创新部际联席会议制度的函 | 国办函〔2015〕90号 |
| 2015.9.26 | 国务院关于加快构建大众创业万众创新支撑平台的指导意见 | 国发〔2015〕53号 |

## 二、"新四化"激发制造业发展新动力，信息化成为我国推动其他"三化"的重要手段

在"新四化"（党的十八大提出，新型工业化、信息化、城镇化、农业现代化）同步发展的新形势下，我国增长动力将更为多元化，信息技术产业的战略性、基础性、先导性作用将日趋突出，有效支撑城镇化、工业化和农业现代化发展。同步发展的"新四化"中，信息化是新增加的内容，这表明信息化上升到国家发展战略层面。当前，信息化几乎覆盖了国民经济的所有其他行业，甚至在有力地推进其他"三化"。在以工业互联网为核心的"工业 4.0"时代，信息化与工业化深度融合在不同细分领域已出现深刻和广泛的应用，例如，2015 年我国网络零售交易额连续三年位于全球首位，占全球零售市场的 1/4，同时基于互联网、大数据、云计算的产业融合发展和创新，扩展了新的创业和增长空间，成为我国最有可能形成新比较优势的重要领域。

## 三、2015年全国工业和通信业运行平稳，经济和财政指标趋向中高速增长

2015 年，工业和信息化领域贯彻党中央、国务院精神，坚持稳政策稳预期

和促改革、调结构"双结合",打造大众创业、万众创新和增加公共产品、公共服务"双引擎",推动发展调速不减势、量增质更优,实现中国经济提质增效升级。中国制造业既有劳动力密集型产业,也有资本密集型产业和技术密集型产业,既能生产玩具等日常生活用品,也能生产高速列车、大型航空客机等大型设备,在产值总量、技术水平等方面,都取得了较大进步。2015年是"十二五"的收官之年,回首过去5年,我国"十二五"规划中的主要经济目标基本完成,其中,2011—2014年全部工业增加值年均增长8.3%,工业全员劳动生产率年均增长11.9%;"十二五"时期末单位工业增加值能耗和用水量比"十一五"时期末分别降低25%和35%,主要污染物排放等约束性指标超额完成;基础电信业收入规模超万亿,高技术产业占全部工业比重提高2.2个百分点,提前两年完成规划目标。

工业增长较上年有所放缓。2015年,全国规模以上工业增加值增长6.2%,相比于2014年全国规模以上工业增加值增长8.3%,工业增加值增长速度有所放缓(见图16-2)。从行业分布来看,文教、工美、体育和娱乐用品制造业及黑色和有色金属矿采选业、通用和专用设备制造业、仪器仪表和金属制品业、汽车、铁路、船舶、航空航天和其他运输设备制造业等行业工业增加值的增长速度下降最为明显;石油和天然气开采业、石油加工、炼焦和核燃料加工业及酒、饮料和精制茶制造业、化学纤维制造业、废弃资源综合利用业等行业工业增加值的增长速度有所提升。

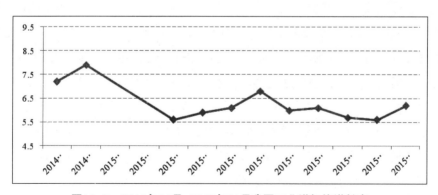

图16-2　2014年11月-2015年11月我国工业增加值增长率

资料来源:国家统计局。

固定资产投资增速大幅度放缓。2015年11月,全国固定资产投资比上年同期增长10.2%,而2014年12月全国固定资产投资比上年同期增长15.8%,固定资产投资增长速度大幅度放缓。固定资产固定投资指标很大程度上反映了未来一段时间内固定资产经济增长的速度，2015 年固定资产投资增速全面放缓意味着2016—2017 年我国经济将面临降速（见图 16-3）。

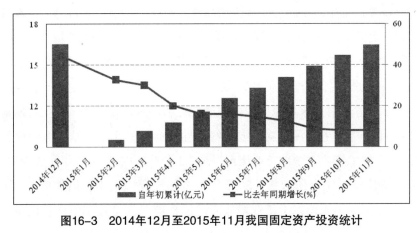

图16-3　2014年12月至2015年11月我国固定资产投资统计

资料来源：国家统计局。

### 四、创新驱动成为国家发展的核心战略，人才供应是诸多创新要素中的最大难点

我国进入发展新阶段，面临严峻的"中等收入陷阱"威胁，在国际上的低成本优势逐渐消失，生产要素成本提高、"人口红利"不再、生产技术跟不上市场发展等问题已经凸显,企业倒闭和外资撤离导致双重困境。同时,制造业"空心化"危机日益严重，自主创新能力不强，核心技术和关键元器件受制于人。党的十八大报告明确指出，科技创新是提高社会生产力和综合国力的战略支撑，必须摆在国家发展全局的核心位置。党中央、国务院高度重视创新驱动发展战略的实施，"十三五"期间要把实施创新驱动发展战略放在国家发展全局的核心位置，加快从依靠低成本劳动力数量上的"人口红利"，转向依靠劳动者专业技能和使用效率即质量上的"人才红利"，在创新驱动中实现产业升级和经济转型。

人才供应逐渐成为诸多创新要素问题中亟待解决的最大难点。中山大学社会科学调查中心发布的《中国劳动力动态调查:2015 年报告》等研究指出，我国劳动力存在老龄化、低素质化和高成本化趋势。一是我国年轻型劳动力年龄结构已不复存在，2014 年全国劳动力平均年龄达到 37.57 岁，年龄结构还是以 15—

44 岁青壮年为主。其中，15—29 岁低龄劳动力占 33.07%，30—44 岁的中龄劳动力占 34.25%，45 岁及以上的高龄劳动力占 32.67%；二是我国劳动力受教育综合水平较低，虽然自 1986 年起我国就颁布了《中华人民共和国义务教育法》，要求严格执行 9 年义务教育，但是目前我国平均受教育年限仅为 9.28 年。具体来说，从劳动力受教育程度的分类来看，初中毕业比例最高（为 46.97%），而大学本科以上受教育程度的比例仅为 5.17%，另有 2.93% 的劳动者没上过学；三是劳动成本加速上升，或将超过美国和日本，《日本经济新闻》在 2015 年 12 月 6 日头版头条上发表了一篇相当耸人听闻的文章："世界工厂中国开始黯淡，劳动力成本与日本发生逆转"，同时，据美国国会研究服务机构统计，从 2000 年到 2013 年，中国工资平均每年增长 11.4%，2000 年，中国工人的工资只有墨西哥工人的 30.2%，而 2013 年，中国工人的月工资已经比墨西哥工人高出 50.5%，比越南工人高出 168%。

## 第三节 制度体制条件

党的十八大提出创新驱动发展战略以来，中央财政积极发挥职能作用，制定实施了一系列政策措施。2015 年，中央财政大力推进科技计划管理改革，进一步改进加强科研项目和资金管理，深入开展中央级事业单位科技成果使用、处置和收益管理改革试点，建立首台（套）重大技术装备保险补偿机制，打出了中央财政支持创新驱动发展的政策"组合拳"。

### 一、中央财政科技计划（专项、基金等）深度改革，科技计划布局和管理体系重构

科技计划是政府在科技创新领域发挥引领和指导作用的重要载体，对全社会的科技创新具有风向标作用。2014 年 12 月，国务院发布了由科技部、财政部共同起草的《关于深化中央财政科技计划（专项、基金等）管理改革方案》，该草案旨在针对现有科技计划存在的重复、分散、封闭、低效等现象，以及多头申报、资源配置"碎片化"等突出问题，对现有科技计划布局和管理进行了系统性重构。

这次改革是对现行科技计划体系进行的一次"大手术"，解决了议论多年而没有解决的问题。对政府而言，改革倒逼政府科技管理职能转变，推进了科技领

域治理体系和治理能力的现代化。对科技而言，改革对科技活动的核心领域进行全新机制设计，为我国科技创新注入了强大动力。对财政而言，解决了支出政策"碎片化"、利益固化的问题，盘活了资金存量，优化了支出结构，提高了资金配置与使用效益。

改革内容包括：建立公开统一的国家科技管理平台、重构国家科技计划体系和改革组织实施机制。在建立公开统一的国家科技管理平台方面，主体架构包括一个决策平台（部际联席会议制度）、三根管理支柱（战略咨询与综合评审委员会、专业机构、评估监管和动态调整机制）和一套信息管理系统（国家科技管理信息系统）。

在重构国家科技计划体系方面，改革方案将近百项科技计划优化整合为国家自然科学基金、国家科技重大专项、国家重点研发计划、技术创新引导专项（基金）、基地和人才专项等五大类，构建总体布局合理、功能定位清晰的科技计划体系。

在改革组织实施机制方面，改革方案针对过去科技计划按研发链条上、中、下游分别设立科技计划，相互之间不衔接，组织管理效率低下等问题，结合不同科技计划特点，改革组织实施方式。

财政部教科文司相关负责人介绍说，目前大部分科技计划优化整合工作已经完成，有关成果将在2016年预算中体现，为2017年全面按照新的科技计划体系运行奠定了坚实基础。尤其是在当前财政供需矛盾十分突出的情况下，由于盘活了存量，优化了结构，财政支持科技的"可用财力"相应增加，为支持创新驱动发展战略从物质基础方面创造了有利条件。同时，通过体现重点专项全链条一体化组织实施特点的概预算管理新模式，将重点专项预算管理过程划分为概算编制审核下达和预算编制审核下达两个阶段，有效配置中央财政、地方财政、项目实施单位、社会资本等各渠道资金投入，合理划分部门与专业机构管理职责。

**二、科技成果转化"松绑加力"，"融资难、融资贵"问题得到专项破解**

科技要切实发挥对经济社会发展的引领和支撑作用，必须加强与经济的深度融合。2015年，中央财政简政放权，积极破除科技成果转化的制度性障碍。同时，创新投入方式，完善投入机制，引导促进科技成果转化。

针对科研人员反映的科技成果转化过程审批烦琐、周期长、激励措施不到位，影响科技人员科技成果转化积极性等问题，财政部会同有关部门自2014年底开始，开展了为期一年的深化科技成果使用、处置、收益改革试点工作。按照权责一致、利益共享、激励与约束并重的原则，赋予试点单位对科技成果使用和处置的自主权，取消现行的主管部门和财政部门的审批和备案要求，科技成果转化收益全部留归单位，由试点单位依法自主分配，处置收益不再上缴国库，为科技成果转化"松绑加力"。相关改革试点政策已被写入修订后的《促进科技成果转化法》，并于 2015 年 10 月 1 日起在全国范围内实行。

针对企业反映突出的科技成果转化"融资难、融资贵"问题，科技部、财政部启动实施了国家科技成果转化引导基金。引导基金由中央财政投入作为母基金，综合运用创业投资子基金、贷款风险补偿等方式，带动金融资本、民间资本、地方政府和其他投资者的投入。

据财政部教科文司相关负责人介绍，2015 年以来，引导基金组织实施进展顺利，引导基金理事会审议通过并设立第一批子基金。同时，印发《国家科技成果转化基金贷款风险补偿管理暂行办法》，明确对金融机构发放的科技成果转化贷款提供风险补偿的具体流程，拟于 2016 年开展贷款风险补偿工作。

### 三、实施首台（套）重大技术装备保险补偿政策，促进重大技术和装备下线应用

我国装备制造业产业体系逐渐完善，但是与世界先进水平相比仍然有差距，尤其是重大技术和装备的应用推广举步维艰，成为制约大型高端精细型装备产业的转型和升级的拦路虎。为解决我国重大技术装备市场初期应用推广问题，2015 年 3 月，财政部、工信部与保监会启动实施首台（套）重大技术装备保险补偿相关试点工作。试点工作坚持"政府引导、市场化运作"，最大限度保障工信部发布的《首台（套）重大技术装备推广应用指导目录》（以下简称《目录》）中重点技术和装备的下线应用。目前主要在保险领域给予支持，保监会及保险业行业协会分别监督和指导保险公司为《目录》内装备定制综合险，装备制造类企业可自主投保，此外，中央财政应适当补贴投保企业保费，以市场化方式分担用户风险。这一政策是落实国家战略、创新支持政策、提升制造业核心竞争力的重要举措，对于加快制造业转型升级具有重要意义。据了解，中央财政对重大成套装备的前三套或首批次合同保险费用给予的补贴，是继农业保险之后中央财政采取保费补贴方式支持的第二大类保险险种，也是中央财政首次在工业领域实行保费补贴。

财政部经建司相关负责人介绍说，通过保险补偿机制支持重大技术装备推广

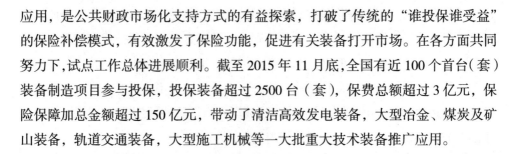

应用，是公共财政市场化支持方式的有益探索，打破了传统的"谁投保谁受益"的保险补偿模式，有效激发了保险功能，促进有关装备打开市场。在各方面共同努力下，试点工作总体进展顺利。截至 2015 年 11 月底，全国有近 100 个首台（套）装备制造项目参与投保，投保装备超过 2500 台（套），保费总额超过 3 亿元，保险保障加总金额超过 150 亿元，带动了清洁高效发电装备，大型冶金、煤炭及矿山装备，轨道交通装备，大型施工机械等一大批重大技术装备推广应用。

### 四、完善研究开发费用税前加计扣除政策，以定向结构性减税拉动有效投资

2015 年 11 月，财政部和国家税务总局发布《关于完善研究开发费用税前加计扣除政策的通知》（财税〔2015〕119 号），该政策于 2016 年 1 月 1 日开始实施，对企业研发费所得税优惠作了重大调整，进一步解放生产力，鼓励企业加大研发经费投入。通过完善研发费用加计扣除政策，以定向结构性减税拉动有效投资，可以大程度推动"双创"，同时促进产业升级，是落实创新驱动发展战略的重要举措。

新的研发费用加计扣除政策主要包括，放宽研发活动范围、扩大加计扣除的费用范围、限制委托境外研发活动的加计扣除和减少审核的程序。从 2016 年 1 月 1 日起，放宽享受加计扣除政策的研发活动和费用范围。除了少数规定不宜适用加计扣除的活动和行业之外，企业发生的研发支出均可享受加计扣除优惠。另外，在原有基础上的外聘研发人员劳务费、专家咨询费及合作或委托研发发生的费用、试制产品检验费等可按规定纳入加计扣除。同时，允许企业追溯过去 3 年应扣未扣的研发费用予以加计扣除。

一是放宽研发活动范围，更大地鼓励新兴产业创新发展。财税〔2015〕119 号改变以往正面清单的形式，采取负面清单制度。文件中第一条第二项列举了税前加计扣除政策的负面清单，负面清单之外的其他研发活动都可以作为加计扣除的纳入优惠。由正面清单向负面清单制度的转变，使得加计扣除政策不再受国税发〔2008〕116 号中两个正面目录的限制，让日益涌现出来的高科技产业和未被明确定义的新型业态都可以实行加计扣除。

二是扩大加计扣除的费用范围，允许存在多种模式的协同合作。财税〔2015〕119 号在原来只允许专职人员等扣除费用的范围基础上，加大了对外援研发的鼓励强度。新的规定中将外聘人员劳务费、专家咨询费、高新科技研发保险费、试

制产品检验费以及与研发直接相关的会议费、差旅费等，都纳入了研发费用加计扣除的范围。

三是限制委托境外研发活动的加计扣除，鼓励境内的研发服务企业的发展。按照财税〔2015〕119号文的规定，凡是企业委托境外机构或个人进行研发活动所发生的费用，不得加计扣除。通过这项新规定，企业购买的境外研发服务不再享有优惠，而境内研发服务将会受到鼓励，简言之，国家正大力鼓励企业购买境内的研发服务。

四是减少审核的程序，最大程度提升企业科技创新办事效率。根据国税发〔2008〕116号文第十一条规定，必须在年度申报的时候向税务机关提供全部的有效证明；该文的第十三条规定，若税务机关对企业申报的研发项目有异议，由企业提供科技部门的鉴定书，两项规定增加了企业的工作量；按照财税〔2015〕119号文的规定，已鉴定的跨年度研发项目不再需要鉴定，同时规定未及时享受优惠的企业可追溯享受并履行备案手续。

# 第十七章　2015年中国工业技术创新重点政策解读

2015 年是全面深化科技体制改革的关键之年，是全面完成"十二五"规划的收官之年。国家主动适应经济发展新常态，深化科技体制改革，加快实施创新驱动发展战略，实施"中国制造 2025"。中共中央、国务院及各部委制定了一系列改革举措，旨在打造"双引擎"，保障中国经济实现中高速增长；深化体制机制改革，加快实施创新驱动发展战略；实施"中国制造 2025"，加快转向制造强国；促进科技成果转化，推动科技与经济结合；推进"互联网 +"行动，促进网络经济与实体经济协同互动；深化知识产权领域改革，加快知识产权强国建设。

## 第一节　主要政策分析

2015 年，国家颁布一系列工业技术创新相关政策措施，我国工业技术创新领域的政策环境不断完善。一是打造"双引擎"，保障中国经济实现中高速增长。2015 年我国政府工作报告中明确提出"打造大众创业、万众创新和增加公共产品、公共服务'双引擎'"的工作思路。3 月 2 日，为营造良好的创新创业生态环境，激发全社会创新创业活力，构建重创空间等创业平台，《国务院办公厅关于发展众创空间推进大众创新创业的指导意见》正式发布。二是深化体制机制改革，加快实施创新驱动发展战略。3 月 23 日，《中共中央国务院关于深化体制机制改革加快实施创新驱动发展战略的若干意见》正式对外发布，确立创新驱动发展战略的顶层谋划。9 月 24 日，中共中央办公厅、国务院办公厅印发了《深化科技体制改革实施方案》。为鼓励企业开展研究开发活动和规范企业研究开发费用加计扣除优惠政策执行，11 月 3 日，财政部、国家税务总局、科技部联合发布《关于完善研究开发费用税前加计扣除政策的通知》。三是实施"中国制造 2025"，加快转向制造强国。国务院总理李克强在 2015 年政府工作报告中首次提出"要实施'中国制造 2025'，坚持创新驱动、智能转型、强化基础、绿色发展，加快从制造大国转向制造强国"。3 月 25 日，《中国制造 2025》获国务院常务会议审议通过。5 月 19 日，国务院印发了《中国制造 2025》规划纲要，7 月成立了国家制造强国领导小组，全面部署推进实施制造强国战略。四是促进科技成果转化，推动科技与经济结合。为了推动科技与经济结合、实施创新驱动发展战略，2015年 8 月 29 日，十二届全国人大常委会第十六次会议通过关于修改《促进科技成果转化法》的决定。修订后的《中华人民共和国促进科技成果转化法》于 10 月1 日正式施行。五是推进"互联网 +"行动，促进网络经济与实体经济协同互动。国务院总理李克强在 2015 年政府工作报告提出国家要制定"互联网 +"战略，首次将互联网建设上升到国家层面。7 月 4 日，国务院下发《国务院关于积极推进"互联网 +"行动的指导意见》，对加快推动互联网与各领域深入融合和创新发展提出具体指导意见。8 月 31 日，国务院发布的《促进大数据发展行动纲要》，从顶层设计层面系统部署了我国大数据发展的工作。六是深化知识产权领域改革，加快知识产权强国建设。国际知识产权博弈空前复杂激烈，我国实施"中国制造2025"等一系列重大战略面临的知识产权形势异常严峻，12 月 22 日，国务院印发《国务院关于新形势下加快知识产权强国建设的若干意见》，全面提升知识产权综合能力。

### 一、国务院关于大力推进大众创业万众创新若干政策措施的意见

目前全球分享经济呈快速发展态势，是拉动经济增长的新路子，通过分享、协作方式搞创业创新，门槛更低、成本更小、速度更快，这有利于拓展我国分享经济的新领域，让更多的人参与进来。"双创"也是收入分配模式的重大创新。千千万万人靠创业创新增收，更好发挥了"一次分配"作用，初步探索了一条中国特色的众人创富、劳动致富之路，有利于形成合理的分配格局。"双创"是促进社会公正的有效途径。无论什么人，只要有意愿、有能力，都可以靠创业自立、凭创新出彩，都有平等的发展机会和社会上升通道，更好地体现尊严和价值。

2015 年 3 月，国务院总理李克强在政府工作报告提出了"大众创业、万众创新"的发展新战略，并指出推进"大众创业、万众创新"是发展的动力之源，也是富

民之道、公平之计、强国之策，对于推动经济结构调整、打造发展新引擎、增强发展新动力、走创新驱动发展道路具有重要意义，是稳增长、扩就业、激发亿万群众智慧和创造力，促进社会纵向流动、公平正义的重大举措[1]。

根据 2015 年政府工作报告部署，为改革完善相关体制机制，构建普惠性政策扶持体系，推动资金链引导创业创新链、创业创新链支持产业链、产业链带动就业链，提出了《国务院关于大力推进大众创业万众创新若干政策措施的意见》（国发〔2015〕32 号），从 9 大领域、30 个方面明确了 96 条政策措施。包括：一是创新体制机制，实现创业便利化；二是优化财税政策，强化创业扶持；三是搞活金融市场，实现便捷融资；四是扩大创业投资，支持创业起步成长；五是发展创业服务，构建创业生态；六是建设创业创新平台，增强支撑作用；七是激发创造活力，发展创新型创业；八是拓展城乡创业渠道，实现创业带动就业；九是加强统筹协调，完善协同机制。这些措施为支持大众创业、万众创新提供了全面的支持。总体来看体现为以下特点：一是以市场化方式稳步推进，利用市场化监控，进行公平筛选，有助于避免过度的行政化、运动式的推动。二是输血式支持，资金是束缚创业、企业创新发展的一大瓶颈，《意见》中搞活金融市场、提供便捷融资渠道措施，有助于扩大企业的融资规模，完善创业融资的引导机制。三是体现为创业者减负，一方面优化财税政策，给予政策上的大力支持；另一方面简化手续，"三证合一"、"一照一码"的改革措施更加有助于提升创业者的信心。四是提供智能化的服务，加快创业孵化服务、"互联网+"服务、发展第三方专业服务及各种创新平台的打造，体现了互联网与政务相融合的全新服务模式，托起大众创业、万众创新[2]。

## 二、中共中央国务院关于深化体制机制改革加快实施创新驱动发展战略的若干意见

2014 年，习近平总书记对实施创新驱动发展战略有一系列重要指示。2014 年 8 月 18 日，他在中央财经领导小组第七次会议上特别强调，要推动以科技创新为核心的全面创新，坚持需求导向和产业化方向，坚持企业在创新中的主体地位，发挥市场在资源配置中的决定性作用和社会主义制度优势，增强科技进步对经济增长的贡献度，形成新的增长动力源泉，推动经济可持续健康发展。这为我

---

[1] 李克强：《政府工作报告》，2015年12月20日，http://www.guancha.cn/politics/2015_03_17_312511.shtml。
[2] 《国务院关于大力推进大众创业万众创新若干政策措施的意见》（国发〔2015〕32 号）。

国加快落实创新驱动发展战略指明了方向 [1]。

为着力解决要素驱动、投资驱动向创新驱动转变的制约，让创新真正落实到创造新的增长点上。2015 年 3 月，中共中央、国务院印发了《关于深化体制机制改革加快实施创新驱动发展战略的若干意见》（以下简称《意见》），明确提出面对全球新一轮科技革命与产业变革的重大机遇和挑战，面对经济发展新常态下的趋势变化和特点，面对实现"两个一百年"奋斗目标的历史任务和要求，必须深化体制机制改革，加快实施创新驱动发展战略。紧扣经济社会发展重大需求，着力打通科技成果向现实生产力转化的通道，着力破除科学家、科技人员、企业家、创业者创新的障碍，把创新成果变成实实在在的产业活动。发挥市场对技术研发方向、路线选择和各类创新资源配置的导向作用，调整创新决策和组织模式，强化普惠性政策支持，促进企业真正成为技术创新决策、研发投入、科研组织和成果转化的主体 [2]。

《意见》明确了坚持需求导向、坚持人才为先、坚持遵循规律、坚持全面创新四大基本原则，提出了紧扣经济社会发展重大需求，把创新成果变成实实在在的产业活动；要把人才作为创新的第一资源，更加注重发挥企业家和技术技能人才队伍创新作用，更加注重强化激励机制，充分激发全社会的创新活力；根据科学技术活动特点，把握好科学研究的探索发现规律，把握好技术创新的市场规律，大力营造勇于探索、鼓励创新、宽容失败的文化和社会氛围；把科技创新摆在国家发展全局的核心位置，实现科技创新、制度创新、开放创新的有机统一和协同发展。

《意见》给出在今后深化体制机制改革加快实施创新驱动发展战略工作中的八大重要任务，包括：营造激励创新的公平竞争环境、建立技术创新市场导向机制、强化金融创新的功能、完善成果转化激励政策、构建更加高效的科研体系、创新培养用好和吸引人才机制、推动形成深度融合的开放创新局面、加强创新政策统筹协调。同时在八大主任务中提出了包括实行严格的知识产权保护制度、打破制约创新的行业垄断和市场分割、改进新技术新产品新商业模式的准入管理、健全产业技术政策和管理制度、形成要素价格倒逼创新机制、扩大企业在国家创新决

[1] 习近平：《加快实施创新驱动发展战略》，2014年8月18日，http://news.xinhuanet.com/fortune/2014–08/19/c_126887271.htm。
[2] 《中共中央国务院关于深化体制机制改革加快实施创新驱动发展战略的若干意见》，2015年11月10日，http://www.gov.cn/gongbao/content/2015/content_2843767.htm。

策中话语权、完善企业为主体的产业技术创新机制等三十项子任务。

### 三、中国制造2025

制造业是国民经济的主体，是立国之本、兴国之器、强国之基。2015年5月8日，《国务院关于印发〈中国制造2025〉的通知》（国发〔2015〕28号）下发，明确提出这是我国实施制造强国战略第一个十年的行动纲领，提出通过完善有利于创新的制度环境，推动跨领域跨行业协同创新，突破一批重点领域关键共性技术，坚持把质量作为建设制造强国的生命线，提高国家制造业创新能力。围绕产业链部署创新链，围绕创新链配置资源链，加强关键核心技术攻关，加速科技成果产业化，提高关键环节和重点领域的创新能力。完善国家制造业创新体系，围绕制造业重大共性需求，采取政府与社会合作、政产学研用产业创新战略联盟等新机制新模式，形成一批制造业创新中心（工业技术研究基地），开展关键共性重大技术研究和产业化应用示范。建设重点领域制造业工程数据中心，为企业提供创新知识和工程数据的开放共享服务。面向制造业关键共性技术，建设一批重大科学研究和实验设施，提高核心企业系统集成能力，促进向价值链高端延伸[1]。

《中国制造2025》明确了创新驱动、质量为先、绿色发展、结构优化、人才为本在内的五项基本方针，提出坚持把创新摆在制造业发展全局的核心位置，走创新驱动的发展道路；坚持把质量作为建设制造强国的生命线，走以质取胜的发展道路；坚持把可持续发展作为建设制造强国的重要着力点，走生态文明的发展道路；坚持把结构调整作为建设制造强国的关键环节，走提质增效的发展道路；坚持把人才作为建设制造强国的根本，走人才引领的发展道路。明确了市场主导，政府引导；立足当前，着眼长远；整体推进，重点突破；自主发展，开放合作四大基本原则。

《中国制造2025》提出了包括提高国家制造业创新能力、推进信息化与工业化深度融合、强化工业基础能力、加强质量品牌建设等在内的九大重点任务。其中，提高国家制造业创新能力涵盖了六项具体任务，包括：加强关键核心技术研发、提高创新设计能力、推进科技成果产业化、完善国家制造业创新体系、加强标准体系建设、强化知识产权运用。《中国制造2025》指出提高国家制造业创新能力：一是要强化企业技术创新主体地位，充分吸纳企业参与国家科技计划的决

---

[1] 《国务院关于印发〈中国制造2025〉的通知》（国发〔2015〕28号）。

策和实施，定期研究制定发布制造业重点领域技术创新路线图，发挥行业骨干企业的主导作用和高等院校、科研院所的基础作用，开展政产学研用协同创新，加快成果转化。二是要在重点领域开展创新设计示范，加强设计领域共性关键技术研发，建设若干具有世界影响力的创新设计集群，发展各类创新设计教育。三是要完善科技成果转化运行机制，完善科技成果转化激励机制，完善科技成果转化协同推进机制，加快国防科技成果转化和产业化进程。四是要加快建立以创新中心为核心载体的制造业创新网络，建设一批促进制造业协同创新的公共服务平台，建设一批促进制造业协同创新的公共服务平台。五是要改革标准体系和标准化管理体制，发挥企业在标准制定中的重要作用，制定满足市场和创新需要的团体标准，大力推动国防装备采用先进的民用标准。六是要加强制造业重点领域关键核心技术知识产权储备，稳妥推进国防知识产权解密和市场化应用、构建知识产权综合运用公共服务平台，建立健全知识产权评议机制，鼓励开展跨国知识产权许可。

### 四、国务院关于积极推进"互联网+"行动的指导意见

"互联网+"就是"互联网+各个传统行业"，但这并不是简单的两者相加，而是利用信息通信技术以及互联网平台，让互联网与传统行业进行深度融合，创造新的发展生态。几十年来，"互联网+"已经改造及影响了多个行业，当前大众耳熟能详的电子商务、互联网金融、在线旅游、在线影视、在线房产等行业都是"互联网+"的杰作。

党中央、国务院高度重视互联网融合发展。习近平总书记指出，现在人类已经进入互联网时代这样一个历史阶段，这是一个世界潮流，而且互联网时代对人类的生活、生产、生产力的发展都具有进步推动作用。李克强总理在2015年的政府工作报告中明确提出，要制定"互联网+"行动有关文件，并且多次作出重要批示指示，指出"互联网+"具有广阔的前景和无限的潜力，对提升产业乃至国家综合竞争力将发挥关键作用，要顺应未来市场趋势，大胆探索，积极推动。

为了贯彻落实国务院决策部署，2015年3月份以来，国家发改委联合工信部、财政部、网信办一共10个部门，在广泛充分听取各方面意见的基础上，共同起草，2015年7月24日，国务院正式下发《国务院关于积极推进"互联网+"行动的指导意见》（国发〔2015〕40号）（以下简称《指导意见》）。这是一个非常重要

的政策性文件，"互联网+"这一新兴产业模式正式成为中国的国家行动计划。

《指导意见》坚持以改革创新和市场需求为导向，突出企业的主体作用，强调要充分发挥我国互联网的规模优势和应用优势，推动互联网由消费领域向生产领域拓展，提升产业发展水平，增强各行业创新能力，构筑经济社会发展的新优势和新动能。

在行动要求中，系统阐述了实施"互联网+"行动的总体思路。概括起来就是"一条行动主线、四个着力点、五条发展原则、四大行动目标"[1]。

一条行动主线，就是要大力拓展互联网与经济社会各领域融合的深度和广度，促进网络经济与实体经济协同互动发展。

四大着力点，着力深化体制机制改革，释放发展潜力和活力。着力做优存量，推动产业提质增效和转型升级。着力做大增量，培育新兴业态，打造新的增长点。着力创新政府服务模式，夯实网络发展基础，营造安全网络环境，提升公共服务能力和水平。

五条发展原则，一是要坚持开放共享，营造良好的发展环境。二是坚持融合创新，打造经济发展的新动力。三是坚持变革转型，推动传统产业和公共服务转型升级。四是坚持引领跨越，构筑新一轮科技革命和产业变革的竞争新优势。五是坚持安全有序，建立科学有效的市场监管方式，保障网络安全和市场安全。

四大行动目标，通过实施"互联网+"行动达到：一是经济发展进一步提质增效，传统产业转型升级取得积极进展，基于互联网的新兴业态不断涌现。二是社会服务进一步便捷普惠，公共服务资源配置不断优化。三是基础支撑进一步夯实提升，网络设施和产业基础有效巩固加强，应用支撑和安全保障能力明显增强。四是发展环境进一步开放包容，互联网融合发展面临的体制机制障碍得到有效破除。

在行动任务中，对"互联网+"行动做了具体的安排，明确了推进"互联网+"的11个重点领域发展目标任务，并在这些领域形成新的产业发展模式。

五项"行动保障"：一是清理阻碍"互联网+"发展的不合理制度政策，放宽融合性产品和服务市场准入，促进创业创新，让产业融合发展拥有广阔空间。二是实施支撑保障"互联网+"的新硬件工程，加强新一代信息基础设施建设，加快核心芯片、高端服务器等研发和云计算、大数据等应用。三是搭建"互联网+"开放共享平台，加强公共服务，开展政务等公共数据开放利用试点，鼓励国家创

---

[1] 《国务院关于积极推进"互联网+"行动的指导意见》（国发〔2015〕40号）。

新平台向企业特别是中小企业在线开放。四是适应"互联网+"特点,加大政府部门采购云计算服务力度,创新信贷产品和服务,开展股权众筹等试点,支持互联网企业上市。五是注重安全规范,加强风险监测,完善市场监管和社会管理,保障网络和信息安全,保护公平竞争。用"互联网+"助推经济保持中高速增长、迈向中高端水平。

## 五、深化科技体制改革实施方案

为更好地贯彻落实中央的改革决策,形成系统、全面、可持续的改革部署和工作格局,打通科技创新与经济社会发展通道,最大限度地激发科技第一生产力、创新第一动力的巨大潜能,2015年9月,中共中央办公厅、国务院办公厅印发了《深化科技体制改革实施方案》(以下简称《实施方案》)。

《实施方案》明确了激发创新、问题导向、整体推进、开放协同、落实落地五大基本原则,要求把增强自主创新能力、促进科技与经济紧密结合作为根本目的,打造创新驱动发展新引擎;坚持把破解制约创新驱动发展的体制机制障碍作为着力点,提高改革的质量和效益;坚持科技体制改革与经济社会等领域改革同步发力,增强改革的系统性、全面性和协同性;统筹中央和地方改革部署,更大范围、更高层次、更有效率配置创新资源;坚持科技体制改革的目标和方向,增强改革的有序性;明确部门分工,形成标志性成果。

《实施方案》提出建立技术创新市场导向机制、构建更加高效的科研体系、改革人才培养、评价和激励机制、健全促进科技成果转化的机制、建立健全科技和金融结合机制、构建统筹协调的创新治理机制、推动形成深度融合的开放创新局面、营造激励创新的良好生态、推动区域创新改革等十大改革任务,包括建立企业主导的产业技术创新机制,激发企业创新内生动力;加强科技创新服务体系建设,完善对中小微企业创新的支持方式;健全产学研用协同创新机制,强化创新链和产业链有机衔接等在内的32条子任务,以及143条具体实施措施。

## 六、国务院关于新形势下加快知识产权强国建设的若干意见

2008年6月,国务院出台《国家知识产权战略纲要》,为全面提升我国知识产权创造、运用、保护和管理能力进行战略部署。2014年12月,《深入实施国家知识产权战略行动计划(2014—2020年)》,为进一步贯彻落实《国家知识产权战略纲要》,全面提升知识产权综合能力,2015年12月18日,国务院印发《关

于新形势下加快知识产权强国建设的若干意见》（国发〔2015〕71号）（以下简称《意见》）。

《意见》明确了基本原则中"四个坚持"，坚持战略引领、坚持改革创新、坚持市场主导、坚持统筹兼顾。指出按照创新驱动发展战略和"一带一路"等战略部署，促进经济持续健康发展；加快完善中国特色知识产权制度，推动企业提质增效、产业转型升级；发挥市场配置创新资源的决定性作用，促进创新要素合理流动和高效配置；加快简政放权、放管结合、优化服务，促进大众创业、万众创新；统筹国际国内创新资源，形成若干知识产权领先发展区域，培育我国知识产权优势；加强全球开放创新协作，实现优进优出和互利共赢[1]。

《意见》提出了推进知识产权管理体制机制改革、实行严格的知识产权保护、促进知识产权创造运用、加强重点产业知识产权海外布局和风险防控、提升知识产权对外合作水平、加强组织实施和政策保障在内的六大任务29项子任务。要求：一是研究完善知识产权管理体制，改善知识产权服务业及社会组织管理，建立重大经济活动知识产权评议制度，建立以知识产权为重要内容的创新驱动发展评价制度。二是加大知识产权侵权行为惩治力度，加大知识产权犯罪打击力度，建立健全知识产权保护预警防范机制，加强新业态新领域创新成果的知识产权保护，规制知识产权滥用行为。三是完善知识产权审查和注册机制，完善职务发明制度，推动专利许可制度改革，加强知识产权交易平台建设，培育知识产权密集型产业，提升知识产权附加值和国际影响力，加强知识产权信息开放利用。四是加强重点产业知识产权海外布局规划，拓展海外知识产权布局渠道，完善海外知识产权风险预警体系，提升海外知识产权风险防控能力，加强海外知识产权维权援助。五是推动构建更加公平合理的国际知识产权规则，加强知识产权对外合作机制建设，加大对发展中国家知识产权援助力度，拓宽知识产权公共外交渠道。

## 第二节　主要特点分析

### 一、科技体制改革加快释放科技创新活力

2015年，我国科技工作的重心依然是"深化科技体制"，在《深化科技体制改革实施方案》出台之前，中共中央、国务院曾就科技创新各方面各领域密集

---

[1]　《国务院关于新形势下加快知识产权强国建设的若干意见》（国发〔2015〕71号）。

出台了《关于深化科技体制改革加快国家创新体系建设的意见》（中发〔2012〕6号）、《关于强化企业技术创新主体地位全面提升企业创新能力的意见》（国办发〔2013〕8号）、《国务院关于改进加强中央财政科研项目和资金管理的若干意见》（国发〔2014〕11号）、《国务院印发关于深化中央财政科技计划（专项、基金等）管理改革方案的通知》（国发〔2014〕64号）、《国务院办公厅关于促进国家级经济技术开发区转型升级创新发展的若干意见》（国办发〔2014〕54号）、《国务院关于加快科技服务业发展的若干意见》（国发〔2014〕49号）等多项政策，由于我国特殊的体制环境，各项有关于创新的政策难以得到良好的落地效果。《深化科技体制改革实施方案》从提升创新主体的创新能力入手，要求建立企业主导的产业技术创新机制，激发企业创新内生动力，加强科技创新服务体系建设，健全产学研用协同创新机制，强化创新链和产业链有机衔接，完善对中小微企业创新的支持方式，打造具有中国特色的国家创新体系，为创新活动各主体提供动力。《深化科技体制改革实施方案》目标明确、思路清晰，提出了143条具体的实施措施，将科技体制改革的工作细化落地，完成了从"图纸"到"施工"的转变，加快释放科技创新活力。

## 二、创新驱动进入实质推动阶段

2015年3月，中共中央总书记习近平在十二届全国人大三次会议上海代表团审议时强调，创新是引领发展的第一动力，实施创新驱动发展战略，根本在于增强自主创新能力。人才是创新的根基，创新驱动实质上是人才驱动，谁拥有一流的创新人才，谁就拥有了科技创新的优势和主导权。同月，《中共中央国务院关于深化体制机制改革加快实施创新驱动发展战略的若干意见》（以下简称《意见》）明确了实施创新驱动发展的一个目标和"四个坚持"：到2020年，基本形成适应创新驱动发展要求的制度环境和政策法律体系，为进入创新型国家提供有力保障；坚持需求导向、人才为先、遵循规律、全面创新。提出要把人才作为创新的第一资源，更加注重培养、用好、吸引各类人才，促进人才合理流动、优化配置，创新人才培养模式；更加注重强化激励机制，给予科技人员更多的利益回报和精神鼓励；更加注重发挥企业家和技术技能人才队伍创新作用，充分激发全社会的创新活力。要求完善成果转化激励政策，加快下放科技成果使用、处置和收益权，提高科研人员成果转化收益比例，加大科研人员股权激励力度。创新培养、用好和吸引人才机制，构建创新型人才培养模式，建立健全科研人才双向流动机制，实行更具竞争力的人才吸引制度，充分激发了创新型人才的创新热情[1]。同时，《意见》在营造激励创新的公平竞争环境、建立技术创新市场导向机制、强化金融创新的功能、构建更加高效的科研体系、推动形成深度融合的开放创新局面、加强创新政策统筹协调等方面给予了明确的任务，创新驱动进入实质推动阶段。

### 三、强调新型创新体系建设

创新是工业发展的重要引擎，是建设制造强国的关键核心。技术的创新，除了能带动传统工业领域提高生产率和提升产品性能，还能推动战略性新兴产业新能源、新材料、新设备、新生物产品，推进制造业的转型升级。2014年，我国的研发投入总量为13015.6亿元，研发投入强度达到2.05%，已经连续两年超过2%，且呈持续上升状态，表明我国研发实力进一步增强，技术创新水平不断提高，但是与发达国家相比，我国制造企业仍存在开展技术创新的动力不足、活动不够活跃等问题，尚未真正成为技术创新的主体。同时，企业、科研院所、高等学校拥有不同的评价机制和利益导向，各自创新活动的目的严重分化，科研成果转化率较低，仅为10%左右，远低于发达国家40%的水平，产学研合作创新的有效机制尚未形成[2]。创新驱动发展，必须把增强创新能力摆在更加突出的位置，必须建设以企业为主体，政产学研用相结合制造业新型创新体系。要完善政府引导、企业为主体、市场为导向、政产学研相结合的制造业新型创新体系，加强关键核心技术攻关，加速科技成果产业化，提高关键环节和重点领域的创新能力，推动我国制造业发展动力向创新驱动转变。

### 四、突出支持创新新模式新趋势

近年来，传统制造业和重工业发展处在收缩过程中，众多低附加值的加工业出口出现缓降，而高附加值的一般贸易出口迎来积极变化。以电商技术、"互联网+"等为代表的新技术、新模式、新业态正呈现出高速发展扩张的新趋势。大众创业、万众创新的氛围和环境正在形成。自2014年9月国务院总理李克强在夏季达沃斯论坛上公开发出"大众创业、万众创新"的号召，后又将其前所未有

---

[1] 《中共中央国务院关于深化体制机制改革加快实施创新驱动发展战略的若干意见》，2015年11月10日，http://www.gov.cn/gongbao/content/2015/content_2843767.htm。

[2] 工业和信息化部赛迪研究院：《政策环境持续优化创新驱动战略步伐加快》，《中国工业报》2015年7月28日。

地写入了 2015 年政府工作报告予以推动。2015 年 3 月，国务院以国发〔2015〕32 号文件印发《关于大力推进大众创业万众创新若干政策措施的意见》。指出推进大众创业、万众创新，是发展的动力之源，也是富民之道、公平之计、强国之策，对于推动经济结构调整、打造发展新引擎、增强发展新动力、走创新驱动发展道路具有重要意义，是稳增长、扩就业、激发亿万群众智慧和创造力，促进社会纵向流动、公平正义的重大举措[1]。2015 年 7 月，国务院印发《国务院关于积极推进"互联网+"行动的指导意见》（国发〔2015〕40 号）。指出"互联网+"是把互联网的创新成果与经济社会各领域深度融合，推动技术进步、效率提升和组织变革，提升实体经济创新力和生产力，形成更广泛的以互联网为基础设施和创新要素的经济社会发展新形态[2]。在全球新一轮科技和产业变革中，各领域与的互联网的融合发展拥有广阔前景，将成为不可阻挡的时代车轮，已经对各国经济、科技发展产生着不可忽视的影响。我国互联网用户群体庞大，已经形成用户优势，加快推进"互联网+"发展，有利于激发创新活力、重塑创新体系、创新公共服务模式和培育新兴业态，对增加公共产品、公共服务"双引擎"和打造大众创业、万众创新，适应经济发展新常态，实现中国工业经济提质增效具有重要意义。可以看出 2015 年，国务院对创新活动中的新模式新趋势给予了高度的重视，接连出政策支持创新新模式和新趋势。

### 五、重视知识产权强国建设

2008 年国家知识产权战略实施以来，我国发明专利申请量连续四年稳居世界首位，商标注册量保持世界第一，已成为知识产权大国。但大而不强、多而不优特征明显，保护不够严格、侵权易发多发等问题仍然突出，企业海外知识产权风险越来越高。2015 年 5 月 8 日，《国务院关于印发〈中国制造 2025〉的通知》（国发〔2015〕28 号），对知识产权工作重点给予指导，重点包括创造、运用、管理、保护、服务五部分，具体内容包括加强键核心技术知识产权创造与储备，开展重点产业知识产权协同运用，促进制造业转型升级，推动企业建立知识产权管理体系，促进产业持续健康发展，改善行业知识产权保护环境，优化、改善产业知识产权综合服务。通过甄别知识产权与制造业转型升级的交汇点与价值链，实现创新成果价值，促进制造业转型升级，形成制造强国。2015 年 12 月 18

[1] 《国务院关于大力推进大众创业万众创新若干政策措施的意见》（国发〔2015〕32号）。
[2] 《国务院关于积极推进"互联网+"行动的指导意见》（国发〔2015〕40号）。

日，国务院印发《国务院关于新形势下加快知识产权强国建设的若干意见》，指出实施创新驱动发展战略，保障和激励大众创业、万众创新，迫切需要加快知识产权强国建设[1]。

[1] 《国务院关于新形势下加快知识产权强国建设的若干意见》（国发〔2015〕71号）。

# 展望篇

# 第十八章　2016年中国工业行业技术创新发展形势展望

2015年是全面深化科技体制改革的关键之年，是全面完成"十二五"规划的收官之年，在国际竞争加剧和国内工业经济放缓的背景下，我国工业技术创新领域仍然亮点纷呈，创新的政策环境不断完善，创新基础和能力得到明显提升。展望2016年，随着科技体制改革的进一步深化，创新驱动发展战略将进一步深入落实，以创新为主要引领和支撑的经济体系和发展模式将逐步形成，工业技术创新体系将进一步得到完善，知识产权在激励创新和创业中的作用将进一步显现，制造强国战略将逐步落到实处[1]。

## 第一节　形势判断

### 一、各国将加快创新战略的细化落实，提升产业创新能力和竞争力

从全球范围来看，主要发达国家近年来不断加强创新战略部署，力图维护本国传统优势地位，争夺新一轮科技革命和产业变革的制高点。2016年，各国必将进一步加快落实前期创新战略的部署，全球围绕创新实力的竞争将愈演愈烈。

美国将加快落实新版创新战略，以制造业创新中心推动创新网络进一步完善。2015年10月，为支持美国创新生态系统的良性运转，美国政府发布新版《美国创新战略》。预计2016年，按照新版美国创新战略的部署，美国将重点发展先进制造等九大战略领域，投资建设新的制造业创新中心，加快国家制造业创新网络

---
[1]　工业和信息化部赛迪研究院：《政策环境持续优化创新驱动战略步伐加快》，《中国工业报》2015年7月28日。

建设，以加强美国在高精尖制造业创新领域中的领先地位。

法国将加快落实"未来工业"计划，转变法国经济增长模式。2015年5月，法国政府发布"未来工业"计划，作为"新工业法国"二期计划的核心内容。预计2016年，"未来工业"计划将在"新工业法国"第二阶段中扮演核心角色，通过数字技术实现法国经济增长模式转变，以建立更具竞争力的法国工业。

英国将继续投资建设新的"弹射中心"，提升英国科研成果商业化能力。2011年，英国政府开始投资建设国家级技术创新中心，即"弹射中心"。2015年，英国政府又投资建成了能源系统、分层医学诊断方向两个新弹射中心[1]。预计未来，英国将围绕《英国制造2050》战略，继续创建弹射中心，完善弹射中心网络，打造国家制造业创新体系。

韩国将加快实施制造业创新3.0战略，布局"工业4.0"。2015年3月，韩国政府又公布了经过进一步补充和完善后的《制造业创新3.0战略实施方案》。这标志着韩国版"工业4.0"战略的正式确立。未来，韩国将大力发展无人机、智能汽车、机器人、智能可穿戴设备、智能医疗等13个新兴动力产业。计划到2024年，韩国制造业出口额达到1万亿美元，竞争力进入全球前4名，超越日本，仅次于中国、美国和德国[2]。

## 二、国内进一步深入实施创新驱动发展战略，积极推进国家制造业创新体系建设

2015年是全面深化科技体制改革的关键之年，国家主动适应经济发展新常态，深化体制机制改革，确立了创新驱动发展战略的顶层谋划，推出了多项推动技术创新的政策文件。这些举动将对2016年工业技术创新发展产生重大影响。

2016年是"十三五"开局之年，随着科技体制改革的深化，创新驱动发展战略将进一步深入落实，以创新为主要引领和支撑的经济体系和发展模式将逐步形成。从全国范围来看，工业技术创新体系将逐步完善，创新环境将不断优化，主要包括：一是围绕2015年发布的《深化科技体制改革实施方案》和《中共中央国务院关于深化体制机制改革加快实施创新驱动发展战略的若干意见》，一系列关于落实科技体制改革的政策措施将陆续出台，如研发费用加计扣除、高新技

---

[1] 刘润生：《英国的"弹射中心"建设》，《学习时报》2015年4月13日。
[2] 新华网：《总理开启访韩之行中国能向韩国制造业创新3.0学习什么？》2015年12月20日，http://news.xinhuanet.com/politics/2015-11/01/c_128381490.htm。

术企业认定等政策的修订将陆续开展，各地也将积极推出贯彻落实科技体制改革和创新驱动发展战略的行动计划和实施方案；二是为加快落实《中国制造2025》战略，"1+X"规划体系将全面部署，"十三五"工业领域的33个专项规划也将在2016年逐步推出，特别是作为《中国制造2025》五大工程之一的国家制造业创新中心建设方案有望落地，不断完善我国制造业创新生态系统的建设；三是进一步打造"双引擎"，《国务院办公厅关于发展众创空间推进大众创新创业的指导意见》在各领域的落实力度将不断加大，各地的创新创业热情和氛围将更加浓厚，保障支撑的政策体系也将陆续出台，实现经济中高速增长的动力引擎将基本形成。

### 三、我国将持续加大工业技术创新投入，企业作为技术创新主体的地位和作用将进一步加强

预计2016年，我国工业在资金、人才和研发机构等创新要素的总量将继续名列世界前茅，我国工业技术创新基础会持续增强。

企业的技术创新经费投入将进一步加大。过去十年来，我国研发投入总量一直呈明显增长趋势。研发投入强度（即研发投入占GDP的比重）也从2005年的1.3%稳步提高到2015年的2.1%。企业的研发投入增长势头迅猛，近十年来企业研发投入一直占据全国研发投入的较高比例，并从2005年的68.3%提高到2015年的77.4%。可以预见，在深化科技体制改革和创新驱动发展战略的引导和带动下，2016年这一比例将继续保持在75%以上。

企业研发人员规模将继续扩大。2004—2014年间，我国规模以上工业企业研发人员全时当量由2004年的54.2万人/年提高到了2014年的264.2万人/年，在全国企业中所占比例从2004年的47.0%上升到了2014年的71.2%。从趋势看，2016年这一比值将保持在70%以上，企业研发人员规模将突破280万人/年。

工业企业投资建设研发机构的数量和比例将继续增长。2004—2014年间，我国规模以上工业企业建立的研发机构数量大幅增长，规模以上工业企业开展研发活动的企业比例呈现增长趋势。预计2016年，这种增长态势将一直持续，越来越多的企业重视技术创新，组建企业内研发机构。

从以上趋势看，2016年，我国创新环境将持续优化，创新投入力度将继续加大，我国企业技术创新的基础会更加坚实，企业作为技术创新主体的地位和作用会进一步加强，技术创新支撑经济发展的作用更加突出。

## 第二节 对策建议

### 一、加快推进创新驱动发展战略的实施，落实《中国制造2025》

当前我国工业企业处于创新驱动转型的关键期，制造业大而不强，在激发创新活力、强化创新能力的同时，政府应该强调激励性政策和倒逼性政策相兼顾的产业政策，加快推动创新驱动发展战略的实施，落实《中国制造2025》，提升制造业创新能力。一方面，进一步完善企业创新的财税扶持政策，建立健全普惠性创新政策，落实激励措施，改进科研团队创新收益权，进一步强化产权保护，加大鼓励企业创新的积极性，引导优秀人才向企业流动，加快建立以企业为主体，市场为导向，政府为主导的产学研用体系，协同推进产业转型升级。另一方面，建议加速推进电子信息、装备制造、节能环保等高新技术产业重点领域中的有偿取得制度，加快多领域改革，建立产业技术经济政策体系，强化技术、环保、质量、安全、能耗、用地等指标约束，倒逼企业走上一条产品高附加值、竞争差异化的发展道路[1]。这对于建立政府作用与市场机制有机结合的体制机制，让市场充分发挥在资源配置中的基础性调节作用，政府充分发挥引导、调控、支持等作用，从而更加有效地发挥企业创新活力将有重要意义。

### 二、加快制定出台国家制造业创新中心建设方案，积极探索地方对接模式

为提高我国制造业创新能力，落实制造强国战略，需加快制定制造业创新中心建设方案，探索地方对接模式。组建制造业创新中心是《中国制造2025》规划纲要里面一项重要的工作。按照国家制造强国领导小组办公室印发的《〈中国制造2025〉1+X规划体系方案》要求，工信部正积极制定《制造业创新中心建设方案》，规定了国家制造业创新中心的创建方式、运行机制、管理模式和保障体系等。下一步，一些有实力的地区也将结合本地区产业特点和定位，因地制宜，打造各具特色的创新中心。目前，已有一些地区结合本地区实际，启动创新中心建设，如大连高新区率先提出对接《中国制造2025》，打造"2025创新中心"；

---

[1] 工业和信息化部赛迪研究院工业技术创新形势分析课题组：《2015年中国工业技术创新发展形势展望》，《中国信息化周报》2015年1月12日。

江苏提出建设苏南"制造业创新中心"等，通过建设区域性制造业创新中心，不断完善我国制造业创新网络。

### 三、聚合知识产权资源，提高联合应对知识产权风险能力

目前我国企业由于知识产权储备和布局不足导致了海外知识产权风险加剧，企业作为个体在应对知识产权侵权风险、海外维权中资源有限、应对乏术，无法形成合力[1]。行业协会、产业联盟等可以充分参与相关立法，提出产业的整体诉求和意见建议，并在知识产权执法中发挥协助、补充作用。引导专利池等知识产权高效运用机制建立，统筹建立以服务产业为核心的知识产权服务体系。行业协会、产业联盟以及专业的知识产权产业联盟作为产业的协调者、组织者和服务者，应组织建立联合应对知识产权风险机制，为企业加快转型升级、参与国际市场竞争提供保障支撑。在关键技术领域、重点行业中建立行业知识产权信息服务平台，提供专利数据查询、咨询、检索分析等公共服务，为企业尤其是中小企业提供专利数据资源利用指导，引导企业加强专利信息利用。通过知识产权联合布局、谈判和联合应诉等多种形式，共同应对可能发生的产业重大知识产权纠纷与争端，增强企业风险防御和处置能力，为海外维权和市场竞争保驾护航。

---

[1]　工业和信息化部赛迪研究院：《政策环境持续优化创新驱动战略步伐加快》，《中国工业报》2015年7月28日。

# 第十九章　2016年中国工业技术知识产权和标准发展形势展望

## 第一节　形势判断

从国际形势看，新一轮科技革命和产业变革蓄势待发，全球制造业格局加速重构，制造强国纷纷加强制造业知识产权政策与创新政策、贸易政策等政策的融合，指导制造业创新中心加强知识产权能力建设，知识产权已经成为各国新一轮技术革命和产业变革竞争的焦点，国际知识产权博弈空前复杂激烈，我国实施《中国制造 2025》、"互联网 +"行动计划和"双创"等一系列重大战略面临的知识产权形势更加严峻。

### 一、知识产权主导权争夺白热化

以美国为首的发达国家加强国际知识产权规则主导权的争夺，占据产业发展制高点。以美国为首的 12 个国家签署的 TPP 协议，知识产权条款是 7 个关键领域之一，涉及原产地规则、知识产权保护期延长规则、保护药品专利的实验数据规则、网络知识产权保护规则等诸多方面。TPP 的核心在于发达国家力图通过主导国际知识产权标准，强化和巩固其产业技术创新能力及相应的市场化优势，将知识产权运用、保护与创新、贸易政策相结合，试图遏制我国对全球创新资源的利用，放大我国在开放创新中的知识产权后发劣势，消解和削弱我国制造业国际竞争能力的提升。

### 二、多变、双边框架内发达国家一直对我国施压

美、欧等国在双边、多边国际经贸合作框架内，将知识产权作为重要谈判议

题，一直向我国施压，并对我国广泛开展知识产权监测、调查，甚至动用特别立法条款，借此延缓、阻碍我国创新发展进程，打乱我国重点产业的国际化步伐。

### 三、制造强国纷纷强化制造业知识产权能力建设

美欧等制造强国不断强化知识产权运用和保护，巩固和扩展其全球制造业竞争主导地位。美国发布实施《制造业创新中心知识产权指引》，强化其制造业全球竞争优势，并在新兴工业领域为本国企业海外布局和战略并购提供指导和资金使用便利。日本在智能制造等优势领域强化专利技术标准制定，严格知识产权许可限制，着力提升其制造业国际竞争控制力。欧盟不断提升制造业技术标准和环保要求，构筑知识产权壁垒。韩国通过知识产权布局抢占绿色、智能发展先机。全球制造业重构中知识产权博弈异常激烈。

### 四、跨国公司更为重视运用知识产权遏制我国重点企业创新发展

美、日、欧等跨国公司策应政府举动，更加注重我国重点企业的跟踪和保持警惕，不断挑起恶意诉讼，加速知识产权的全球收购与前瞻布局；并与知识产权运营公司联手在全球范围加强关键核心技术领域知识产权战略收购、运营，在节能环保、智能制造、新能源、信息技术、生物医药等领域设立专利运营基金，加快专利收储，阻挠我国企业抢占未来市场竞争和产业变革制高点。

### 五、国内一系列重大战略实施对产业知识产权协同运用提出更高要求

从国内形势看，党的十八大作出了实施创新驱动发展战略的重大部署，党的十八届三中全会强调"加强知识产权运用和保护"，国务院发布实施《关于新形势下加快知识产权强国建设的若干意见》、《中国制造2025》和"互联网＋"行动计划，强调"强化知识产权运用"、"强化知识产权战略"。持续推动和开展知识产权协同运用，强化制造业知识产权能力建设已经成为工业和信息化领域深入实施《中国制造2025》和国家知识产权战略的重要任务。一是创新驱动发展战略的实施迫切需要将知识产权与技术创新、产品创新、品牌创新、商业模式创新等创新有机融合，激发各类创新主体的创造活力，打通技术创新与产业转型发展的通道，促进工业、通信业和信息化领域创新成果价值的实现。二是创新成果的转化与利用迫切需要进一步发挥企业创新主体作用，建立和完善知识产权成果处

置应用、利益分配共享机制，加快知识产权成果产业化。三是实施《中国制造2025》重点工程迫切需要加强重点领域关键核心技术知识产权储备，构建产业化导向的专利组合和战略布局，建立知识产权运用和保护体系。

## 第二节　对策建议

### 一、加强关键核心技术知识产权创造与储备，提升制造业创新能力

知识产权是经济发展新常态下我国工业创新发展的重要战略资源和核心竞争力，是中国制造转型升级的重要支撑和保障。在实施《中国制造2025》，建设制造强国、知识产权强国过程中，要加强国家科技重大专项关键核心技术的知识产权积累和储备。在新一代信息技术、高档数控机床和机器人、航空航天装备、海洋工程装备及高技术船舶、先进轨道交通装备、节能环保与新能源汽车、电力装备、农机装备、新材料、生物医药及高性能医疗器械等重点发展领域，以及"互联网＋"的关键环节积累和储备一批核心技术知识产权。与此相应，在《中国制造2025》的重大工程和重要专项实施中实施重大关键技术、工艺和关键零部件的专利布局。支持骨干企业、高校、科研院所联合研发，获得和拥有一批具有竞争力的关键核心共性技术专利、软件著作权、集成电路布图设计和商业秘密等知识产权，形成一批产业化导向的关键核心技术专利组合。

### 二、深化重点产业知识产权协同运用，促进产业转型升级

在巩固和扩大"工业企业知识产权运用能力培育工程"成果的基础上，实施"产业知识产权协同运用推进行动"。依托制《中国制造2025》重大工程和重要专项，扎实推进制造业关键核心技术知识产权运用和保护体系建设，切实有效地建立联合保护、风险分担、开放共享的产业知识产权协同运用机制。通过项目实施、专项行动带动等推动市场主体积极开展知识产权许可、交易和并购，以及在知识产权密集型领域开展知识产权运营。在国家自主创新示范区、高新技术产业园区、新型工业化产业示范基地、小微企业创业示范基地等产业集聚区，充分发挥骨干企业、高校和科研院所、行业组织、产业联盟和专业机构的作用，着力推动技术研发、知识产权保护、标准化、质量品牌建设、成果转移转化与产业化应用融合

发展。鼓励和支持企业主导国内、国际标准制定和海外推广应用，加强自主知识产权标准的产业化推广与应用，加快装备"走出去"和国际产能合作中的知识产权海外布局和风险应对。

### 三、加强知识产权管理，提升市场主体运用知识产权参与市场竞争的能力

加强国家科技重大专项知识产权管理，细化知识产权管理流程和评估指标体系，将知识产权管理纳入国家科技重大专项全过程管理，探索建立科技重大专项承担单位和各参与单位知识产权利益分享机制。加强高校和科研院所知识产权管理制度建设，深化高校和科研机构知识产权管理改革，建立健全知识产权转移转化机制，推广科技成果使用、处置和收益管理改革试点的成功做法，促进知识产权转化利用，促进创新成果价值尽快实现。以贯彻实施《企业知识产权管理规范》（GB/T 29490-2013）、《工业企业知识产权管理指南》（工信部科〔2013〕447号）为抓手，引导企业导入实施《工业企业知识产权管理指南》，提高企业知识产权规范化管理水平，推动技术创新示范企业、高新技术企业、企业技术中心、制造业创新中心普遍建立知识产权管理制度。组织专家分类、分行业、分主题开展知识产权管理实务指导与培训，培育一批知识产权标杆企业，推广知识产权标杆企业知识产权管理的成功经验和有效做法。

### 四、强化行业知识产权防卫体系建设，营造产业创新发展的良好环境

贯彻落实全国"打击侵犯知识产权和制售假冒伪劣商品"工作领导小组的统一部署，严厉打击网络侵权假冒，依法关闭违法违规网站；适应"互联网+"发展和信息消费发展的需要，推动建立互联网市场主体信用评价体系；加强原件盗版的源头治理，加大新出厂计算机操作系统软件正版化监督检查，规范软件市场竞争秩序；部门联动，开展农资打假，规范和引导农药、化肥、农机装备等企业提升知识产权保护意识和能力。加强行业组织、产业联盟知识产权能力建设，鼓励行业组织、产业联盟与中介机构形成合力，开展产业知识产权自律探索与实践，发布行业、产业联盟知识产权自律规范，引导企业合理合规使用知识产权，有效采取监测、预警和法律援助等手段，主动防范和规避知识产权滥用，适应我国"一带一路"战略实施和国际产能合作的需要建立海外知识产权风险防范和纠纷应对

机制。

### 五、加强行业知识产权服务能力建设，夯实产业创新发展基础

以补短板、强基础为着力点，实施"行业知识产权服务能力提升工程"。针对中国制造向中国创造、中国产品向中国品牌、中国速度向中国质量转变中的知识产权服务短板，依托专业机构，创建一批布局合理、开放协同、市场化运作的产业知识产权服务平台。支持服务平台集成、优化配置各类知识产权资源，建立专兼结合的专业人才队伍，有的放矢地开展重点产业和技术领域信息分析研究、转移转让、价值评估、风险预警、创业辅导、实务培训和知识产权态势发布等服务。行业组织、产业联盟、专业机构通过发布重点产业知识产权信息、竞争动态和年度发展态势报告等，建立知识产权风险监测、动态跟踪和态势发布的机制。推动现有中小企业公共服务平台和"互联网＋协同制造"公共服务平台、"双创"基地增强知识产权服务功能。鼓励和支持专业机构为中小微企业和创客群体提供高效、优质、精准的服务，建立中小微企业和创客群体知识产权维权援助机制。

### 六、创新政策应用，强化政策措施衔接协调

贯彻落实国务院《关于新形势下加快知识产权强国建设的若干意见》、《中国制造2025》强化知识产权运用的部署，深入实施《工业和信息化部贯彻落实〈深入实施国家知识产权战略行动计划（2014—2020年）〉实施方案》，将《实施方案》的主要目标、重点工作纳入产业技术创新、相关产业和地方经济发展的"十三五"规划中加以部署。加强知识产权与创新政策、产业政策、贸易政策、创新创业政策、中小企业政策的研究与衔接，推动知识产权与制造业创新体系建设、标准体系建设、质量品牌建设、《中国制造2025》重大工程的实施等政策措施有效衔接。完善技术创新示范企业认定、企业技术中心认定管理办法，将企业知识产权运用情况作为重要参考条件，积极推动产业技术服务平台建设、制造业创新中心建设、中小企业服务平台建设，将知识产权能力作为重要考核指标。

# 第二十章　2016年中国工业质量品牌发展形势展望

质量和品牌是中国制造竞争新优势的重要内涵，李克强总理在首届中国质量大会上提出，中国经济要保持中高速增长，必须把注意力转移到提高产品和服务质量上来，《中国制造 2025》规划提出"质量为先"的基本方针。展望 2016 年，随着科技体制改革的深化，创新驱动战略和《中国制造 2025》战略将进一步深入落实，我国应继续积极加强质量品牌工作，促进工业提质增效升级，全系统以提高发展质量和效益为中心，主动适应经济发展新常态，促进实现"三个转变"，增强工业质量品牌竞争力。

## 第一节　形势判断

### 一、政府将持续推进质量品牌工作，为工业发展营造良好的环境

质量和品牌是中国制造竞争新优势的重要内涵，《中国制造 2025》规划提出"质量为先"的基本方针，要提升质量控制技术，完善质量管理机制，优化质量发展环境，鼓励企业追求卓越品质，形成具有自主知识产权的名牌产品等[1]。2016年，随着《中国制造 2025》的贯彻落实，我国质量和品牌将贯穿于建设制造强国，推进高技术产业发展的整个进程。一方面，政府将加大对质量品牌工作支持力度，为企业积极营造良好的发展环境，具体措施如：一是加强在信息技术、节能环保、装备制造、新材料、新能源等重点领域的质量品牌研究；二是推广制造业新思维，提升品牌建设，研究和推广"中国制造"在当前工业制造个性化生产时代的品牌

---

[1]　《国务院关于印发〈中国制造2025〉的通知》（国发〔2015〕28号）。

升级策略；三是开展质量品牌建设，质量品牌的保护、服务、推广功能，形成质量品牌国际化，树立中国制造品牌良好形象。另一方面，在政策的感召之下，我国高技术企业也将更加牢固树立质量品牌就是核心竞争力的理念，恪守市场竞争的道德底线，诚实守信，合法经营，切实维护好消费者权益，促进市场经济健康有序发展。

## 二、国家将发布《制造业质量品牌提升三年行动计划》，为制造业质量品牌建设指明方向

为贯彻落实《中国制造 2025》纲要和"互联网＋"指导意见，2015 年，工业和信息化部已经启动制定《制造业质量品牌提升三年行动计划》，这将为今后三年制造业质量品牌建设指明方向，有力地推动我国制造业质量品牌提升，促进制造强国建设。2016 年，《制造业质量品牌提升三年行动计划》将制定完成并发布实施，制造业质量品牌建设将围绕《制造业质量品牌提升三年行动计划》中五个重点任务开展工作：一是引导企业学习实践先进的质量管理方法和质量工程技术；二是优化产品结构，重点是智能制造的质量问题提升；三是健全质量监督管理，检验检测体系；四是加强标准与计量体系；五是开展质量品牌建设，质量品牌的保护、服务、推广功能，形成质量品牌国际化，树立中国制造品牌良好形象。

## 三、质量品牌建设能力将继续逐步提高，中国企业、产品和区域品牌排名将逐步得到提升

质量是工业发展的基础，品牌凝聚了产品的质量和技术水平，是工业竞争力的集中体现。2015 年，工业和信息化部认定了 33 家"全国质量标杆企业"，举行了 4 期质量标杆经验学习交流活动，分享了青岛红领集团有限公司等 6 家标杆企业的实践经验。另外，评选出 97 家"全国工业品牌培育示范企业"、113 项"全国机械工业用户满意产品"。同时，核定北京中关村科技园区管理委员会等 15 家单位作为第二批产业集群区域品牌建设试点工作组织实施单位，开展产业集群区域品牌建设工作。预计 2016 年，随着"全国质量标杆企业"、"全国工业品牌培育示范企业"、"产业集群区域品牌建设试点"等活动的评选及优秀企业示范，我国将培育一批知名度高、美誉度好、竞争力强、附加值高的工业企业品牌，从而推动工业技术创新与产品创新、品牌创新、产业组织创新和商业模式创新的有机结合，探索形成了工业和信息化领域各类创新协同推进的模式与机制。将会有更

多中国企业入选世界500强、入选国际品牌集团（Interbrand）评选的年度世界品牌100强，也将会有更多创新示范区成为全球知名的科技创新中心，提升区域品牌价值。

## 第二节　对策建议

### 一、夯实质量发展基础，推进工业产品整体质量提升

一是加强营造创新的政策环境，支持企业加大研发投入，鼓励企业开展多元化的技术创新活动，引导企业加快科技成果转化、应用和产业化，帮助企业引进培养创新型人才，促进企业创新发展做大做强，使企业真正成为技术创新主体，提高企业创新能力。二是在加强技术创新的基础上，优先推进关键材料、零部件、元器件的技术升级和质量提升，夯实质量发展基础，促进整机和系统产品的整体质量提升，打造一批具有国际竞争力的知名品牌，加快淘汰落后产能的步伐。

### 二、加快制订制造业质量品牌提升行动计划，促进制造强国建设

2016年，我国应继续积极加强质量品牌工作，促进工业提质增效升级，全系统以提高发展质量和效益为中心，主动适应经济发展新常态，促进实现"三个转变"，增强工业质量品牌竞争力。着眼"十三五"规划布局，以两化深度融合，加快转型升级等中心任务为主线，部署年度任务，谋划长远发展。建议一手抓全面推进，夯实质量品牌工作基础，建立长效机制；一手抓重点提升，解决质量品牌建设突出问题[1]。加快《制造业质量品牌提升三年行动计划》制定步伐，指明今后三年制造业质量品牌建设方向，推动我国制造业质量品牌提升，促进制造强国建设。以工业强基专项行动为依托，加快实施工业质量品牌推进行动计划，具体建议包括：一是改善质量品牌社会和市场环境；二是深化工业品牌培育；三是推广先进质量方法；四是加强政策规划研究；五是提升产品实物质量。

### 三、建立健全行业监督管理机制，开展质量互认

针对部分工业领域行业监管不足的现状，建议加大工业产品监督抽查力度，扩大抽查范围和检测项目，及时向社会公布质量监督报告，保障产业能在高质量

---

[1] 工业和信息化部赛迪研究院：《政策环境持续优化创新驱动战略步伐加快》，《中国工业报》2015年7月28日。

状况下稳定和健康发展。同时根据产业特点，继续推进产品质量认证和测量管理体系认证工作，不断扩大国内外市场占有率，努力促进质量认证机构国际互认，为提高工业产品质量总体水平打下坚实基础。

## 四、强化企业质量主体责任，提高企业质量意识

建议有关部门综合运用质量规划、产业政策、技术改造、技术标准等手段，指导支持企业加大质量投入、建立健全从技术创新、产品研发、生产制造、储运销售、服务等的全过程、全员、全方位的质量管理体系；加强行业质量诚信体系建设，遏制部分生产企业违法违规行为，切实提高质量违法成本，最大限度地挤压质量违法企业的生存空间，进一步净化行业市场环境。

# 附　录

**附录1**

<h1 style="text-align:center">中共中央国务院关于深化体制机制改革<br>加快实施创新驱动发展战略的若干意见</h1>

创新是推动一个国家和民族向前发展的重要力量，也是推动整个人类社会向前发展的重要力量。面对全球新一轮科技革命与产业变革的重大机遇和挑战，面对经济发展新常态下的趋势变化和特点，面对实现"两个一百年"奋斗目标的历史任务和要求，必须深化体制机制改革，加快实施创新驱动发展战略，现提出如下意见。

## 一、总体思路和主要目标

加快实施创新驱动发展战略，就是要使市场在资源配置中起决定性作用和更好发挥政府作用，破除一切制约创新的思想障碍和制度藩篱，激发全社会创新活力和创造潜能，提升劳动、信息、知识、技术、管理、资本的效率和效益，强化科技同经济对接、创新成果同产业对接、创新项目同现实生产力对接、研发人员创新劳动同其利益收入对接，增强科技进步对经济发展的贡献度，营造大众创业、万众创新的政策环境和制度环境。

——坚持需求导向。紧扣经济社会发展重大需求，着力打通科技成果向现实生产力转化的通道，着力破除科学家、科技人员、企业家、创业者创新的障碍，着力解决要素驱动、投资驱动向创新驱动转变的制约，让创新真正落实到创造新的增长点上，把创新成果变成实实在在的产业活动。

——坚持人才为先。要把人才作为创新的第一资源，更加注重培养、用好、吸引各类人才，促进人才合理流动、优化配置，创新人才培养模式；更加注重强化激励机制，给予科技人员更多的利益回报和精神鼓励；更加注重发挥企业家和技术技能人才队伍创新作用，充分激发全社会的创新活力。

——坚持遵循规律。根据科学技术活动特点，把握好科学研究的探索发现规律，为科学家潜心研究、发明创造、技术突破创造良好条件和宽松环境；把握好技术创新的市场规律，让市场成为优化配置创新资源的主要手段，让企业成为技术创新的主体力量，让知识产权制度成为激励创新的基本保障；大力营造勇于探索、鼓励创新、宽容失败的文化和社会氛围。

——坚持全面创新。把科技创新摆在国家发展全局的核心位置，统筹推进科技体制改革和经济社会领域改革，统筹推进科技、管理、品牌、组织、商业模式创新，统筹推进军民融合创新，统筹推进引进来与走出去合作创新，实现科技创新、制度创新、开放创新的有机统一和协同发展。

到 2020 年，基本形成适应创新驱动发展要求的制度环境和政策法律体系，为进入创新型国家行列提供有力保障。人才、资本、技术、知识自由流动，企业、科研院所、高等学校协同创新，创新活力竞相迸发，创新成果得到充分保护，创新价值得到更大体现，创新资源配置效率大幅提高，创新人才合理分享创新收益，使创新驱动发展战略真正落地，进而打造促进经济增长和就业创业的新引擎，构筑参与国际竞争合作的新优势，推动形成可持续发展的新格局，促进经济发展方式的转变。

## 二、营造激励创新的公平竞争环境

发挥市场竞争激励创新的根本性作用，营造公平、开放、透明的市场环境，强化竞争政策和产业政策对创新的引导，促进优胜劣汰，增强市场主体创新动力。

### （一）实行严格的知识产权保护制度

完善知识产权保护相关法律，研究降低侵权行为追究刑事责任门槛，调整损害赔偿标准，探索实施惩罚性赔偿制度。完善权利人维权机制，合理划分权利人举证责任。

完善商业秘密保护法律制度，明确商业秘密和侵权行为界定，研究制定相应保护措施，探索建立诉前保护制度。研究商业模式等新形态创新成果的知识产权保护办法。

完善知识产权审判工作机制，推进知识产权民事、刑事、行政案件的"三审合一"，积极发挥知识产权法院的作用，探索跨地区知识产权案件异地审理机制，打破对侵权行为的地方保护。

健全知识产权侵权查处机制，强化行政执法与司法衔接，加强知识产权综合

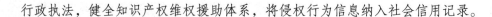

行政执法，健全知识产权维权援助体系，将侵权行为信息纳入社会信用记录。

### （二）打破制约创新的行业垄断和市场分割

加快推进垄断性行业改革，放开自然垄断行业竞争性业务，建立鼓励创新的统一透明、有序规范的市场环境。

切实加强反垄断执法，及时发现和制止垄断协议和滥用市场支配地位等垄断行为，为中小企业创新发展拓宽空间。

打破地方保护，清理和废除妨碍全国统一市场的规定和做法，纠正地方政府不当补贴或利用行政权力限制、排除竞争的行为，探索实施公平竞争审查制度。

### （三）改进新技术新产品新商业模式的准入管理

改革产业准入制度，制定和实施产业准入负面清单，对未纳入负面清单管理的行业、领域、业务等，各类市场主体皆可依法平等进入。

破除限制新技术新产品新商业模式发展的不合理准入障碍。对药品、医疗器械等创新产品建立便捷高效的监管模式，深化审评审批制度改革，多种渠道增加审评资源，优化流程，缩短周期，支持委托生产等新的组织模式发展。对新能源汽车、风电、光伏等领域实行有针对性的准入政策。

改进互联网、金融、环保、医疗卫生、文化、教育等领域的监管，支持和鼓励新业态、新商业模式发展。

### （四）健全产业技术政策和管理制度

改革产业监管制度，将前置审批为主转变为依法加强事中事后监管为主，形成有利于转型升级、鼓励创新的产业政策导向。

强化产业技术政策的引导和监督作用，明确并逐步提高生产环节和市场准入的环境、节能、节地、节水、节材、质量和安全指标及相关标准，形成统一权威、公开透明的市场准入标准体系。健全技术标准体系，强化强制性标准的制定和实施。

加强产业技术政策、标准执行的过程监管。强化环保、质检、工商、安全监管等部门的行政执法联动机制。

### （五）形成要素价格倒逼创新机制

运用主要由市场决定要素价格的机制，促使企业从依靠过度消耗资源能源、低性能低成本竞争，向依靠创新、实施差别化竞争转变。

加快推进资源税改革，逐步将资源税扩展到占用各种自然生态空间，推进环境保护费改税。完善市场化的工业用地价格形成机制。健全企业职工工资正常增长机制，实现劳动力成本变化与经济提质增效相适应。

### 三、建立技术创新市场导向机制

发挥市场对技术研发方向、路线选择和各类创新资源配置的导向作用，调整创新决策和组织模式，强化普惠性政策支持，促进企业真正成为技术创新决策、研发投入、科研组织和成果转化的主体。

### （六）扩大企业在国家创新决策中话语权

建立高层次、常态化的企业技术创新对话、咨询制度，发挥企业和企业家在国家创新决策中的重要作用。吸收更多企业参与研究制定国家技术创新规划、计划、政策和标准，相关专家咨询组中产业专家和企业家应占较大比例。

国家科技规划要聚焦战略需求，重点部署市场不能有效配置资源的关键领域研究，竞争类产业技术创新的研发方向、技术路线和要素配置模式由企业依据市场需求自主决策。

### （七）完善企业为主体的产业技术创新机制

市场导向明确的科技项目由企业牵头、政府引导、联合高等学校和科研院所实施。鼓励构建以企业为主导、产学研合作的产业技术创新战略联盟。

更多运用财政后补助、间接投入等方式，支持企业自主决策、先行投入，开展重大产业关键共性技术、装备和标准的研发攻关。

开展龙头企业创新转型试点，探索政府支持企业技术创新、管理创新、商业模式创新的新机制。

完善中小企业创新服务体系，加快推进创业孵化、知识产权服务、第三方检验检测认证等机构的专业化、市场化改革，壮大技术交易市场。

优化国家实验室、重点实验室、工程实验室、工程（技术）研究中心布局，按功能定位分类整合，构建开放共享互动的创新网络，建立向企业特别是中小企业有效开放的机制。探索在战略性领域采取企业主导、院校协作、多元投资、军民融合、成果分享的新模式，整合形成若干产业创新中心。加大国家重大科研基础设施、大型科研仪器和专利基础信息资源等向社会开放力度。

### （八）提高普惠性财税政策支持力度

坚持结构性减税方向，逐步将国家对企业技术创新的投入方式转变为以普惠性财税政策为主。

统筹研究企业所得税加计扣除政策，完善企业研发费用计核方法，调整目录管理方式，扩大研发费用加计扣除优惠政策适用范围。完善高新技术企业认定办法，重点鼓励中小企业加大研发力度。

### （九）健全优先使用创新产品的采购政策

建立健全符合国际规则的支持采购创新产品和服务的政策体系，落实和完善政府采购促进中小企业创新发展的相关措施，加大创新产品和服务的采购力度。鼓励采用首购、订购等非招标采购方式，以及政府购买服务等方式予以支持，促进创新产品的研发和规模化应用。

研究完善使用首台（套）重大技术装备鼓励政策，健全研制、使用单位在产品创新、增值服务和示范应用等环节的激励和约束机制。

放宽民口企业和科研单位进入军品科研生产和维修采购范围。

## 四、强化金融创新的功能

发挥金融创新对技术创新的助推作用，培育壮大创业投资和资本市场，提高信贷支持创新的灵活性和便利性，形成各类金融工具协同支持创新发展的良好局面。

### （十）壮大创业投资规模

研究制定天使投资相关法规。按照税制改革的方向与要求，对包括天使投资在内的投向种子期、初创期等创新活动的投资，统筹研究相关税收支持政策。

研究扩大促进创业投资企业发展的税收优惠政策，适当放宽创业投资企业投资高新技术企业的条件限制，并在试点基础上将享受投资抵扣政策的创业投资企业范围扩大到有限合伙制创业投资企业法人合伙人。

结合国有企业改革设立国有资本创业投资基金，完善国有创投机构激励约束机制。按照市场化原则研究设立国家新兴产业创业投资引导基金，带动社会资本支持战略性新兴产业和高技术产业早中期、初创期创新型企业发展。

完善外商投资创业投资企业规定，有效利用境外资本投向创新领域。研究保险资金投资创业投资基金的相关政策。

### （十一）强化资本市场对技术创新的支持

加快创业板市场改革，健全适合创新型、成长型企业发展的制度安排，扩大服务实体经济覆盖面，强化全国中小企业股份转让系统融资、并购、交易等功能，规范发展服务小微企业的区域性股权市场。加强不同层次资本市场的有机联系。

发挥沪深交易所股权质押融资机制作用，支持符合条件的创新创业企业发行公司债券。支持符合条件的企业发行项目收益债，募集资金用于加大创新投入。

推动修订相关法律法规，探索开展知识产权证券化业务。开展股权众筹融资试点，积极探索和规范发展服务创新的互联网金融。

### （十二）拓宽技术创新的间接融资渠道

完善商业银行相关法律。选择符合条件的银行业金融机构，探索试点为企业创新活动提供股权和债权相结合的融资服务方式，与创业投资、股权投资机构实现投贷联动。

政策性银行在有关部门及监管机构的指导下，加快业务范围内金融产品和服务方式创新，对符合条件的企业创新活动加大信贷支持力度。

稳步发展民营银行，建立与之相适应的监管制度，支持面向中小企业创新需求的金融产品创新。

建立知识产权质押融资市场化风险补偿机制，简化知识产权质押融资流程。加快发展科技保险，推进专利保险试点。

## 五、完善成果转化激励政策

强化尊重知识、尊重创新，充分体现智力劳动价值的分配导向，让科技人员在创新活动中得到合理回报，通过成果应用体现创新价值，通过成果转化创造财富。

### （十三）加快下放科技成果使用、处置和收益权

不断总结试点经验，结合事业单位分类改革要求，尽快将财政资金支持形成的，不涉及国防、国家安全、国家利益、重大社会公共利益的科技成果的使用权、处置权和收益权，全部下放给符合条件的项目承担单位。单位主管部门和财政部门对科技成果在境内的使用、处置不再审批或备案，科技成果转移转化所得收入全部留归单位，纳入单位预算，实行统一管理，处置收入不上缴国库。

### （十四）提高科研人员成果转化收益比例

完善职务发明制度，推动修订专利法、公司法等相关内容，完善科技成果、知识产权归属和利益分享机制，提高骨干团队、主要发明人受益比例。完善奖励报酬制度，健全职务发明的争议仲裁和法律救济制度。

修订相关法律和政策规定，在利用财政资金设立的高等学校和科研院所中，将职务发明成果转让收益在重要贡献人员、所属单位之间合理分配，对用于奖励科研负责人、骨干技术人员等重要贡献人员和团队的收益比例，可以从现行不低于20%提高到不低于50%。

国有企业事业单位对职务发明完成人、科技成果转化重要贡献人员和团队的奖励，计入当年单位工资总额，不作为工资总额基数。

### （十五）加大科研人员股权激励力度

鼓励各类企业通过股权、期权、分红等激励方式，调动科研人员创新积极性。

对高等学校和科研院所等事业单位以科技成果作价入股的企业，放宽股权奖励、股权出售对企业设立年限和盈利水平的限制。

建立促进国有企业创新的激励制度，对在创新中作出重要贡献的技术人员实施股权和分红权激励。

积极总结试点经验，抓紧确定科技型中小企业的条件和标准。高新技术企业和科技型中小企业科研人员通过科技成果转化取得股权奖励收入时，原则上在5年内分期缴纳个人所得税。结合个人所得税制改革，研究进一步激励科研人员创新的政策。

## 六、构建更加高效的科研体系

发挥科学技术研究对创新驱动的引领和支撑作用，遵循规律、强化激励、合理分工、分类改革，增强高等学校、科研院所原始创新能力和转制科研院所的共性技术研发能力。

### （十六）优化对基础研究的支持方式

切实加大对基础研究的财政投入，完善稳定支持和竞争性支持相协调的机制，加大稳定支持力度，支持研究机构自主布局科研项目，扩大高等学校、科研院所学术自主权和个人科研选题选择权。

改革基础研究领域科研计划管理方式，尊重科学规律，建立包容和支持"非共识"创新项目的制度。

改革高等学校和科研院所聘用制度，优化工资结构，保证科研人员合理工资待遇水平。完善内部分配机制，重点向关键岗位、业务骨干和作出突出成绩的人员倾斜。

### （十七）加大对科研工作的绩效激励力度

完善事业单位绩效工资制度，健全鼓励创新创造的分配激励机制。完善科研项目间接费用管理制度，强化绩效激励，合理补偿项目承担单位间接成本和绩效支出。项目承担单位应结合一线科研人员实际贡献，公开公正安排绩效支出，充分体现科研人员的创新价值。

### （十八）改革高等学校和科研院所科研评价制度

强化对高等学校和科研院所研究活动的分类考核。对基础和前沿技术研究实行同行评价，突出中长期目标导向，评价重点从研究成果数量转向研究质量、原创价值和实际贡献。

对公益性研究强化国家目标和社会责任评价，定期对公益性研究机构组织第三方评价，将评价结果作为财政支持的重要依据，引导建立公益性研究机构依托国家资源服务行业创新机制。

### （十九）深化转制科研院所改革

坚持技术开发类科研机构企业化转制方向，对于承担较多行业共性科研任务的转制科研院所，可组建成产业技术研发集团，对行业共性技术研究和市场经营活动进行分类管理、分类考核。

推动以生产经营活动为主的转制科研院所深化市场化改革，通过引入社会资本或整体上市，积极发展混合所有制，推进产业技术联盟建设。

对于部分转制科研院所中基础研究能力较强的团队，在明确定位和标准的基础上，引导其回归公益，参与国家重点实验室建设，支持其继续承担国家任务。

### （二十）建立高等学校和科研院所技术转移机制

逐步实现高等学校和科研院所与下属公司剥离，原则上高等学校、科研院所不再新办企业，强化科技成果以许可方式对外扩散。

加强高等学校和科研院所的知识产权管理，明确所属技术转移机构的功能定位，强化其知识产权申请、运营权责。

建立完善高等学校、科研院所的科技成果转移转化的统计和报告制度，财政资金支持形成的科技成果，除涉及国防、国家安全、国家利益、重大社会公共利益外，在合理期限内未能转化的，可由国家依法强制许可实施。

## 七、创新培养、用好和吸引人才机制

围绕建设一支规模宏大、富有创新精神、敢于承担风险的创新型人才队伍，按照创新规律培养和吸引人才，按照市场规律让人才自由流动，实现人尽其才、才尽其用、用有所成。

### （二十一）构建创新型人才培养模式

开展启发式、探究式、研究式教学方法改革试点，弘扬科学精神，营造鼓励创新、宽容失败的创新文化。改革基础教育培养模式，尊重个性发展，强化兴趣爱好和创造性思维培养。

以人才培养为中心，着力提高本科教育质量，加快部分普通本科高等学校向应用技术型高等学校转型，开展校企联合招生、联合培养试点，拓展校企合作育人的途径与方式。

分类改革研究生培养模式，探索科教结合的学术学位研究生培养新模式，扩大专业学位研究生招生比例，增进教学与实践的融合。

鼓励高等学校以国际同类一流学科为参照，开展学科国际评估，扩大交流合作，稳步推进高等学校国际化进程。

### （二十二）建立健全科研人才双向流动机制

改进科研人员薪酬和岗位管理制度，破除人才流动的体制机制障碍，促进科研人员在事业单位和企业间合理流动。

符合条件的科研院所的科研人员经所在单位批准，可带着科研项目和成果、保留基本待遇到企业开展创新工作或创办企业。

允许高等学校和科研院所设立一定比例流动岗位，吸引有创新实践经验的企业家和企业科技人才兼职。试点将企业任职经历作为高等学校新聘工程类教师的必要条件。

加快社会保障制度改革，完善科研人员在企业与事业单位之间流动时社保关系转移接续政策，促进人才双向自由流动。

### （二十三）实行更具竞争力的人才吸引制度

制定外国人永久居留管理的意见，加快外国人永久居留管理立法，规范和放宽技术型人才取得外国人永久居留证的条件，探索建立技术移民制度。对持有外国人永久居留证的外籍高层次人才在创办科技型企业等创新活动方面，给予中国籍公民同等待遇。

加快制定外国人在中国工作管理条例，对符合条件的外国人才给予工作许可便利，对符合条件的外国人才及其随行家属给予签证和居留等便利。对满足一定条件的国外高层次科技创新人才取消来华工作许可的年龄限制。

围绕国家重大需求，面向全球引进首席科学家等高层次科技创新人才。建立访问学者制度。广泛吸引海外高层次人才回国（来华）从事创新研究。

稳步推进人力资源市场对外开放，逐步放宽外商投资人才中介服务机构的外资持股比例和最低注册资本金要求。鼓励有条件的国内人力资源服务机构走出去与国外人力资源服务机构开展合作，在境外设立分支机构，积极参与国际人才竞争与合作。

## 八、推动形成深度融合的开放创新局面

坚持引进来与走出去相结合，以更加主动的姿态融入全球创新网络，以更加开阔的胸怀吸纳全球创新资源，以更加积极的策略推动技术和标准输出，在更高层次上构建开放创新机制。

### （二十四）鼓励创新要素跨境流动

对开展国际研发合作项目所需付汇，实行研发单位事先承诺，商务、科技、税务部门事后并联监管。

对科研人员因公出国进行分类管理，放宽因公临时出国批次限量管理政策。

改革检验管理，对研发所需设备、样本及样品进行分类管理，在保证安全前提下，采用重点审核、抽检、免检等方式，提高审核效率。

### （二十五）优化境外创新投资管理制度

健全综合协调机制，协调解决重大问题，合力支持国内技术、产品、标准、品牌走出去，开拓国际市场。强化技术贸易措施评价和风险预警机制。

研究通过国有重点金融机构发起设立海外创新投资基金，外汇储备通过债权、股权等方式参与设立基金工作，更多更好利用全球创新资源。

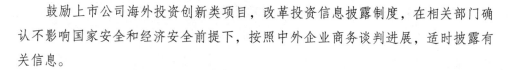

鼓励上市公司海外投资创新类项目，改革投资信息披露制度，在相关部门确认不影响国家安全和经济安全前提下，按照中外企业商务谈判进展，适时披露有关信息。

### （二十六）扩大科技计划对外开放

制定国家科技计划对外开放的管理办法，按照对等开放、保障安全的原则，积极鼓励和引导外资研发机构参与承担国家科技计划项目。

在基础研究和重大全球性问题研究等领域，统筹考虑国家科研发展需求和战略目标，研究发起国际大科学计划和工程，吸引海外顶尖科学家和团队参与。积极参与大型国际科技合作计划。引导外资研发中心开展高附加值原创性研发活动，吸引国际知名科研机构来华联合组建国际科技中心。

## 九、加强创新政策统筹协调

更好发挥政府推进创新的作用。改革科技管理体制，加强创新政策评估督查与绩效评价，形成职责明晰、积极作为、协调有力、长效管用的创新治理体系。

### （二十七）加强创新政策的统筹

加强科技、经济、社会等方面的政策、规划和改革举措的统筹协调和有效衔接，强化军民融合创新。发挥好科技界和智库对创新决策的支撑作用。

建立创新政策协调审查机制，组织开展创新政策清理，及时废止有违创新规律、阻碍新兴产业和新兴业态发展的政策条款，对新制定政策是否制约创新进行审查。

建立创新政策调查和评价制度，广泛听取企业和社会公众意见，定期对政策落实情况进行跟踪分析，并及时调整完善。

### （二十八）完善创新驱动导向评价体系

改进和完善国内生产总值核算方法，体现创新的经济价值。研究建立科技创新、知识产权与产业发展相结合的创新驱动发展评价指标，并纳入国民经济和社会发展规划。

健全国有企业技术创新经营业绩考核制度，加大技术创新在国有企业经营业绩考核中的比重。对国有企业研发投入和产出进行分类考核，形成鼓励创新、宽容失败的考核机制。把创新驱动发展成效纳入对地方领导干部的考核范围。

### （二十九）改革科技管理体制

转变政府科技管理职能，建立依托专业机构管理科研项目的机制，政府部门不再直接管理具体项目，主要负责科技发展战略、规划、政策、布局、评估和监管。

建立公开统一的国家科技管理平台，健全统筹协调的科技宏观决策机制，加强部门功能性分工，统筹衔接基础研究、应用开发、成果转化、产业发展等各环节工作。

进一步明晰中央和地方科技管理事权和职能定位，建立责权统一的协同联动机制，提高行政效能。

### （三十）推进全面创新改革试验

遵循创新区域高度集聚的规律，在有条件的省（自治区、直辖市）系统推进全面创新改革试验，授权开展知识产权、科研院所、高等教育、人才流动、国际合作、金融创新、激励机制、市场准入等改革试验，努力在重要领域和关键环节取得新突破，及时总结推广经验，发挥示范和带动作用，促进创新驱动发展战略的深入实施。

各级党委和政府要高度重视，加强领导，把深化体制机制改革、加快实施创新驱动发展战略，作为落实党的十八大和十八届二中、三中、四中全会精神的重大任务，认真抓好落实。有关方面要密切配合，分解改革任务，明确时间表和路线图，确定责任部门和责任人。要加强对创新文化的宣传和舆论引导，宣传改革经验、回应社会关切、引导社会舆论，为创新营造良好的社会环境。

附录2

# 贯彻实施质量发展纲要2015年行动计划

为贯彻落实《质量发展纲要（2011—2020年）》，适应经济发展新常态，加强质量、标准和品牌建设，明确2015年质量工作重点，制定本行动计划。

## 一、简政放权，充分发挥企业的质量主体作用

（一）继续清理行政审批事项。进一步减少和下放质量安全准入类行政审批事项，研究建立质量安全监管权力清单、责任清单。加强质量安全执法部门间的协作，推进信息共享，形成质量安全监管合力。（全国质量工作部际联席会议成员单位按职责分工负责）

（二）大力提高劳动者技能。研究建立新的质量工程技术人员人才评价制度。实施卓越工程师计划、企业质量管理人才素质提升工程。组织开展提升农民工职业技能的活动。实施国家高技能人才振兴计划，促进技能人才队伍建设。组织开展职业技能竞赛。（教育部、工业和信息化部、人力资源社会保障部、质检总局等按职责分工负责）

（三）大力推动企业质量技术创新。制定推动制造业质量升级指导意见。加大制造业企业质量技术改造支持、引导力度。完善国家技术改造贴息等激励政策，支持企业积极采用新技术、新工艺、新设备、新材料。加强质量技术创新领域知识产权保护，加大对质量技术创新领域侵权假冒行为的打击力度。（发展改革委、科技部、工业和信息化部、财政部、国资委、质检总局、知识产权局按职责分工负责）

（四）鼓励企业采用先进管理制度和先进标准。开展第二届中国质量奖评选表彰活动。引导企业广泛开展QC小组（质量管理小组）、"五小"（小建议、小革新、小攻关、小发明、小创造）、岗位练兵、技能竞赛等群众性质量活动。建立企业产品和服务标准自我声明公开和监督制度。鼓励企业参与国家标准和国际标准制修订。开展旅游服务质量标杆单位遴选。（质检总局、工业和信息化部、旅

游局按职责分工负责)

（五）坚持以质量提升推动品牌建设。制定品牌评价国际标准，推动建立国际互认的品牌评价体系。推进农业、制造业、服务业企业品牌培育能力建设，建立完善品牌培育管理体系，制定并推广品牌培育评价准则。保护和传承老字号，提升传统产业质量水平。开展知名品牌创建工作，提升区域品牌价值。将品牌建设情况纳入中央企业工作考核，提升中央企业品牌价值和效应。推动开展工业产品生态设计，促进绿色品牌建设。（发展改革委、科技部、工业和信息化部、财政部、商务部、国资委、工商总局、质检总局按职责分工负责）

（六）推动落实企业质量安全主体责任。推动企业严格落实质量首负责任制和产品"三包"、缺陷产品强制召回等质量安全责任。全面实行工程质量终身责任书面承诺制、永久性标牌制度和信息档案制度，督促建设、勘察、设计、施工、监理五方主体项目负责人落实质量终身责任。建立消费品质量安全事故强制报告制度。加大重点领域、重要场所特种设备安全监督检查力度。（工业和信息化部、住房城乡建设部、水利部、商务部、卫生计生委、工商总局、质检总局、食品药品监管总局、保监会按职责分工负责）

## 二、改进监管，提高监管的针对性和有效性

（七）加强质量安全风险研判和防范。以大中型医疗机构为基础，建立产品伤害监测体系。加强农产品、食品药品、食品相关产品质量安全监测。加强日用消费品质量监督抽查。完善学校食品安全管理和监督相关制度措施，防范校园食物中毒事件发生。构建农产品和食品药品质量安全突发事件监测预警网络。严格防范有害动植物疫病疫情风险，有效防范外来埃博拉病毒、禽流感病毒等传染病传入。开展边境贸易生物安全隐患排查和专项治理。加快构建电子商务产品质量安全风险防控和查处机制。（教育部、工业和信息化部、农业部、卫生计生委、工商总局、质检总局、食品药品监管总局、林业局、粮食局按职责分工负责）

（八）强化重点领域质量安全监管。加强特种设备安全监察，开展电梯安全监管专项活动。开展高铁重点领域监督检查和专项整治活动。在重大工程领域推动实施重大设备监理制度。对重大水利工程实施质量安全巡查机制和重点项目驻地监督机制。加强能效标识管理产品、节水产品质量监督抽查。加强粮食质量安全检测，推进污染粮食单收单存、定向销售。深入推进重点领域消费维权工作，

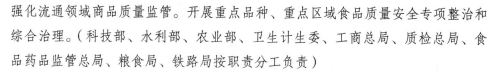

强化流通领域商品质量监管。开展重点品种、重点区域食品质量安全专项整治和综合治理。(科技部、水利部、农业部、卫生计生委、工商总局、质检总局、食品药品监管总局、粮食局、铁路局按职责分工负责)

(九)依法严厉打击质量安全违法行为。严厉打击制售假劣食品药品农资等违法犯罪行为。开展农产品质量安全执法年活动。开展消费品、汽车产品等重点专项打假活动。打击非法携带、邮寄进境种子种苗行为。开展农资市场秩序整顿行动。打击网络销售假冒伪劣商品等违法行为。开展农村食品安全专项整治行动。打击严重扰乱旅游市场秩序的"黑社"、"黑导"、"黑网站"、"黑车"。深入开展工程质量治理两年行动。开展打击侵权盗版专项行动。针对虚假宣传疗效售卖假冒伪劣产品以及互联网制售假药等质量违法行为开展打击专项行动。开展车用燃油专项整治和中国制造海外形象维护行动等。(工业和信息化部、公安部、住房城乡建设部、交通运输部、农业部、商务部、工商总局、质检总局、新闻出版广电总局、食品药品监管总局、旅游局按职责分工负责)

(十)加快质量诚信体系建设。贯彻落实《社会信用体系建设规划纲要(2014—2020年)》。加快建立质量安全征信体系。加快完善工业产品质量企业自我声明机制,推动部分行业协会制定本行业重点产品自我声明规范。推进企业质量信用信息公开和信用分级分类管理,加快建立质量失信"黑名单"制度。开展水利建设市场主体信用评价,推进农产品质量安全信用体系建设,建立旅游经营服务"失信名单"。开展电子商务质量诚信提升行动。(发展改革委、工业和信息化部、水利部、农业部、商务部、人民银行、工商总局、质检总局、食品药品监管总局、旅游局等按职责分工负责)

(十一)促进大气环境质量改善。严格钢铁、水泥、玻璃、陶瓷等行业准入和强制退出机制。加强成品油质量监督检查,推进机动车污染综合防治。实施燃煤锅炉节能环保综合提升工程。实施百项能效标准推进工程。推动实施重点区域、重点行业清洁生产水平提升计划。实施能效"领跑者"制度,推广高效节能产品。(发展改革委、科技部、工业和信息化部、质检总局等按职责分工负责)

(十二)深入开展质量提升专项行动。抓好重点消费产品质量提升、电子商务产品质量提升、输往非洲产品质量提升、服务业质量提升四大专项行动。开展"安全、诚信、优质"服务创建活动。实施售后服务质量测评,开展售后服务质量对比提升行动。实施京津冀、华东地区重点城市公共服务质量监测。实施工业质量品牌提升行动计划。制定服务业质量升级指导意见。开展提高医疗质量专项工作。督促银行业监管机构和银行业金融机构深入落实消费者保护考核评价工作，定期发布服务改进情况报告和社会责任报告。建立旅游质量第三方评估体系。（质检总局、发展改革委、工业和信息化部、商务部、卫生计生委、人民银行、旅游局、银监会、保监会按职责分工负责）

## 三、推动社会共治，形成推动质量提升的合力

（十三）加快构建质量社会共治机制。探索建立质量安全多元共治工作机制。对进口肉类、乳制品、水产品、食用植物油出口国（地区）质量安全控制体系开展回顾性审查。开展质量强市示范城市、农产品质量安全示范县、进出口食品农产品质量安全示范区创建活动。推动实施产品质量安全责任保险，探索建立质量安全多元救济机制和产品侵权责任赔偿制度。精心组织2015年全国"质量月"活动。发布"旅游市场秩序综合水平指数"。（全国质量工作部际联席会议成员单位等按职责分工负责）

（十四）加强地方政府质量工作考核。继续开展省级人民政府质量工作考核，完善考核指标体系，科学制定考核方案，用好考核结果，抓好整改落实。指导地方政府将质量工作纳入市县绩效考核范围。做好《质量发展纲要（2011—2020年）》贯彻落实情况中期评估。（全国质量工作部际联席会议成员单位按职责分工负责）

（十五）发挥新闻媒体舆论监督作用。以全国"质量月"等活动为契机，曝光质量突出问题和质量案件事件，加强社会公众关注的质量安全领域的宣传报道。做好网络舆论引导工作。建立完善广告信用"黑名单"制度。强化违法广告案件查办工作，强化互联网广告监管，提高对新媒体广告的监管执法水平，进一步打击变相发布违法广告行为。（中央宣传部、工商总局、质检总局、新闻出版广电总局按职责分工负责）

## 四、加强质量基础工作，为质量升级提供支撑

（十六）充分发挥质量基础作用。开展培育发展团体标准试点。完善国家铁路技术标准体系。推出中国装备标准名录，推动中国标准国际化。结合海外重大工程建设，推动与周边国家的交通运输标准化国际合作。以京津冀协同发展交通一体化为契机，推动综合交通运输标准实施。加快农产品、食品标准制修订，整合食品安全国家标准。研究建立新一代计量基准。开展"计量惠民生、诚信促

和谐"活动。围绕实施"一带一路"战略，加强检验检疫、认证认可等方面的国际合作。加快检验检测机构资质许可改革，推进检验检测认证机构整合。(质检总局、科技部、交通运输部、铁路局按职责分工负责)

（十七）加强质量教育和文化建设。推进质量学科建设，完善质量管理硕士等专业学位设置，鼓励高等院校设立质量教育研究机构。推动质量教育基地建设和国门生物安全知识普及宣传活动。发布企业质量文化建设指南国家标准，开展质量文化建设经验交流及成果发布。(中央宣传部、教育部、质检总局、新闻出版广电总局按职责分工负责)

（十八）完善质量法律法规体系。开展质量促进法、消费品安全法以及学生营养和食品法立法研究。推动修订农产品质量安全法、药品管理法、标准化法、计量法、动物防疫法、食品安全法实施条例、农药管理条例、生猪屠宰管理条例、组织机构代码管理条例、工业产品质量责任条例、特种设备安全监察条例。推进地方积极开展质量促进立法工作。(教育部、工业和信息化部、农业部、质检总局、食品药品监管总局按职责分工负责)

地方各级人民政府要加强对质量工作的组织领导和统筹协调，结合本地实际，参照以上工作安排和部门分工，制定本地区的具体工作方案，细化任务，明确时限和要求，逐级落实责任，确保完成各项任务。

附录3

# 国务院常务会议确定大力推进大众创业万众创新的政策措施

国务院总理李克强6月4日主持召开国务院常务会议,听取关于"东方之星"号客轮翻沉事件救援和应急处置情况及下一步工作打算的汇报;确定大力推进大众创业万众创新的政策措施,增添企业活力,拓展发展新天地;部署促进社会办医健康发展,满足群众多样化健康需求;决定实施法人和其他组织统一社会信用代码制度,提高社会运行效率和信用。

会议认为,推进大众创业、万众创新,要坚持改革推动,以市场活力和社会创造力的释放促进生产力水平上新台阶、开辟就业新空间、拓展发展新天地。一要鼓励地方设立创业基金,对众创空间等的办公用房、网络等给予优惠。对小微企业、孵化机构和投向创新活动的天使投资等给予税收支持。将科技企业转增股本、股权奖励分期缴纳个人所得税试点推至全国。二要创新投贷联动、股权众筹等融资方式,推动特殊股权结构类创业企业在境内上市,鼓励发展相互保险。发挥国家创投引导资金的种子基金作用,支持国有资本、外资等开展创投业务。三要取消妨碍人才自由流动的户籍、学历等限制,营造创业创新便利条件。为新技术、新业态、新模式成长留出空间,不得随意设卡。四要盘活闲置厂房、物流设施等,为创业者提供低成本办公场所。发展创业孵化和营销、财务等第三方服务。五要用简政放权、放管结合、优化服务更好发挥政府作用,以激发市场活力、推动"双创"。加强知识产权保护,通过打造信息、技术等共享平台和政府采购等方式,为创业创新加油添力。

附录4

## 国务院关于积极推进"互联网+"行动的指导意见

"互联网+"是把互联网的创新成果与经济社会各领域深度融合,推动技术进步、效率提升和组织变革,提升实体经济创新力和生产力,形成更广泛的以互联网为基础设施和创新要素的经济社会发展新形态。在全球新一轮科技革命和产业变革中,互联网与各领域的融合发展具有广阔前景和无限潜力,已成为不可阻挡的时代潮流,正对各国经济社会发展产生着战略性和全局性的影响。积极发挥我国互联网已经形成的比较优势,把握机遇,增强信心,加快推进"互联网+"发展,有利于重塑创新体系、激发创新活力、培育新兴业态和创新公共服务模式,对打造大众创业、万众创新和增加公共产品、公共服务"双引擎",主动适应和引领经济发展新常态,形成经济发展新动能,实现中国经济提质增效升级具有重要意义。

近年来,我国在互联网技术、产业、应用以及跨界融合等方面取得了积极进展,已具备加快推进"互联网+"发展的坚实基础,但也存在传统企业运用互联网的意识和能力不足、互联网企业对传统产业理解不够深入、新业态发展面临体制机制障碍、跨界融合型人才严重匮乏等问题,亟待加以解决。为加快推动互联网与各领域深入融合和创新发展,充分发挥"互联网+"对稳增长、促改革、调结构、惠民生、防风险的重要作用,现就积极推进"互联网+"行动提出以下意见。

### 一、行动要求

#### (一)总体思路

顺应世界"互联网+"发展趋势,充分发挥我国互联网的规模优势和应用优势,推动互联网由消费领域向生产领域拓展,加速提升产业发展水平,增强各行业创新能力,构筑经济社会发展新优势和新动能。坚持改革创新和市场需求导向,突出企业的主体作用,大力拓展互联网与经济社会各领域融合的广度和深度。着力深化体制机制改革，释放发展潜力和活力；着力做优存量，推动经济提质增效和转型升级；着力做大增量，培育新兴业态，打造新的增长点；着力创新政府服务模式，夯实网络发展基础，营造安全网络环境，提升公共服务水平。

## （二）基本原则

坚持开放共享。营造开放包容的发展环境，将互联网作为生产生活要素共享的重要平台，最大限度优化资源配置，加快形成以开放、共享为特征的经济社会运行新模式。

坚持融合创新。鼓励传统产业树立互联网思维，积极与"互联网＋"相结合。推动互联网向经济社会各领域加速渗透，以融合促创新，最大程度汇聚各类市场要素的创新力量，推动融合性新兴产业成为经济发展新动力和新支柱。

坚持变革转型。充分发挥互联网在促进产业升级以及信息化和工业化深度融合中的平台作用，引导要素资源向实体经济集聚，推动生产方式和发展模式变革。创新网络化公共服务模式，大幅提升公共服务能力。

坚持引领跨越。巩固提升我国互联网发展优势，加强重点领域前瞻性布局，以互联网融合创新为突破口，培育壮大新兴产业，引领新一轮科技革命和产业变革，实现跨越式发展。

坚持安全有序。完善互联网融合标准规范和法律法规，增强安全意识，强化安全管理和防护，保障网络安全。建立科学有效的市场监管方式，促进市场有序发展，保护公平竞争，防止形成行业垄断和市场壁垒。

## （三）发展目标

到2018年，互联网与经济社会各领域的融合发展进一步深化，基于互联网的新业态成为新的经济增长动力，互联网支撑大众创业、万众创新的作用进一步增强，互联网成为提供公共服务的重要手段，网络经济与实体经济协同互动的发展格局基本形成。

——经济发展进一步提质增效。互联网在促进制造业、农业、能源、环保等产业转型升级方面取得积极成效，劳动生产率进一步提高。基于互联网的新兴业态不断涌现，电子商务、互联网金融快速发展，对经济提质增效的促进作用更加凸显。

——社会服务进一步便捷普惠。健康医疗、教育、交通等民生领域互联网应用更加丰富，公共服务更加多元，线上线下结合更加紧密。社会服务资源配置不断优化，公众享受到更加公平、高效、优质、便捷的服务。

——基础支撑进一步夯实提升。网络设施和产业基础得到有效巩固加强，应用支撑和安全保障能力明显增强。固定宽带网络、新一代移动通信网和下一代互联网加快发展，物联网、云计算等新型基础设施更加完备。人工智能等技术及其产业化能力显著增强。

——发展环境进一步开放包容。全社会对互联网融合创新的认识不断深入，互联网融合发展面临的体制机制障碍有效破除，公共数据资源开放取得实质性进展，相关标准规范、信用体系和法律法规逐步完善。

到2025年，网络化、智能化、服务化、协同化的"互联网＋"产业生态体系基本完善，"互联网＋"新经济形态初步形成，"互联网＋"成为经济社会创新发展的重要驱动力量。

## 二、重点行动

### （一）"互联网＋"创业创新

充分发挥互联网的创新驱动作用，以促进创业创新为重点，推动各类要素资源聚集、开放和共享，大力发展众创空间、开放式创新等，引导和推动全社会形成大众创业、万众创新的浓厚氛围，打造经济发展新引擎。（发展改革委、科技部、工业和信息化部、人力资源社会保障部、商务部等负责，列第一位者为牵头部门，下同）

1. 强化创业创新支撑。鼓励大型互联网企业和基础电信企业利用技术优势和产业整合能力，向小微企业和创业团队开放平台入口、数据信息、计算能力等资源，提供研发工具、经营管理和市场营销等方面的支持和服务，提高小微企业信息化应用水平，培育和孵化具有良好商业模式的创业企业。充分利用互联网基础条件，完善小微企业公共服务平台网络，集聚创业创新资源，为小微企业提供找得着、用得起、有保障的服务。

2. 积极发展众创空间。充分发挥互联网开放创新优势，调动全社会力量，支持创新工场、创客空间、社会实验室、智慧小企业创业基地等新型众创空间发展。充分利用国家自主创新示范区、科技企业孵化器、大学科技园、商贸企业集聚区、小微企业创业示范基地等现有条件，通过市场化方式构建一批创新与创业相结合、线上与线下相结合、孵化与投资相结合的众创空间,为创业者提供低成本、便利化、全要素的工作空间、网络空间、社交空间和资源共享空间。实施新兴产业"双创"行动,建立一批新兴产业"双创"示范基地,加快发展"互联网+"创业网络体系。

3.发展开放式创新。鼓励各类创新主体充分利用互联网,把握市场需求导向,加强创新资源共享与合作,促进前沿技术和创新成果及时转化,构建开放式创新体系。推动各类创业创新扶持政策与互联网开放平台联动协作,为创业团队和个人开发者提供绿色通道服务。加快发展创业服务业,积极推广众包、用户参与设计、云设计等新型研发组织模式,引导建立社会各界交流合作的平台,推动跨区域、跨领域的技术成果转移和协同创新。

### (二)"互联网+"协同制造

推动互联网与制造业融合,提升制造业数字化、网络化、智能化水平,加强产业链协作,发展基于互联网的协同制造新模式。在重点领域推进智能制造、大规模个性化定制、网络化协同制造和服务型制造,打造一批网络化协同制造公共服务平台,加快形成制造业网络化产业生态体系。(工业和信息化部、发展改革委、科技部共同牵头)

1.大力发展智能制造。以智能工厂为发展方向,开展智能制造试点示范,加快推动云计算、物联网、智能工业机器人、增材制造等技术在生产过程中的应用,推进生产装备智能化升级、工艺流程改造和基础数据共享。着力在工控系统、智能感知元器件、工业云平台、操作系统和工业软件等核心环节取得突破,加强工业大数据的开发与利用,有效支撑制造业智能化转型,构建开放、共享、协作的智能制造产业生态。

2.发展大规模个性化定制。支持企业利用互联网采集并对接用户个性化需求,推进设计研发、生产制造和供应链管理等关键环节的柔性化改造,开展基于个性化产品的服务模式和商业模式创新。鼓励互联网企业整合市场信息,挖掘细分市场需求与发展趋势,为制造企业开展个性化定制提供决策支撑。

3.提升网络化协同制造水平。鼓励制造业骨干企业通过互联网与产业链各环节紧密协同,促进生产、质量控制和运营管理系统全面互联,推行众包设计研发和网络化制造等新模式。鼓励有实力的互联网企业构建网络化协同制造公共服务平台,面向细分行业提供云制造服务,促进创新资源、生产能力、市场需求的集聚与对接,提升服务中小微企业能力,加快全社会多元化制造资源的有效协同,提高产业链资源整合能力。

4.加速制造业服务化转型。鼓励制造企业利用物联网、云计算、大数据等技术，整合产品全生命周期数据，形成面向生产组织全过程的决策服务信息，为产品优化升级提供数据支撑。鼓励企业基于互联网开展故障预警、远程维护、质量诊断、远程过程优化等在线增值服务，拓展产品价值空间，实现从制造向"制造＋服务"的转型升级。

### （三）"互联网＋"现代农业

利用互联网提升农业生产、经营、管理和服务水平，培育一批网络化、智能化、精细化的现代"种养加"生态农业新模式，形成示范带动效应，加快完善新型农业生产经营体系，培育多样化农业互联网管理服务模式，逐步建立农副产品、农资质量安全追溯体系，促进农业现代化水平明显提升。（农业部、发展改革委、科技部、商务部、质检总局、食品药品监管总局、林业局等负责）

1.构建新型农业生产经营体系。鼓励互联网企业建立农业服务平台，支撑专业大户、家庭农场、农民合作社、农业产业化龙头企业等新型农业生产经营主体，加强产销衔接，实现农业生产由生产导向向消费导向转变。提高农业生产经营的科技化、组织化和精细化水平，推进农业生产流通销售方式变革和农业发展方式转变，提升农业生产效率和增值空间。规范用好农村土地流转公共服务平台，提升土地流转透明度，保障农民权益。

2.发展精准化生产方式。推广成熟可复制的农业物联网应用模式。在基础较好的领域和地区，普及基于环境感知、实时监测、自动控制的网络化农业环境监测系统。在大宗农产品规模生产区域，构建天地一体的农业物联网测控体系，实施智能节水灌溉、测土配方施肥、农机定位耕种等精准化作业。在畜禽标准化规模养殖基地和水产健康养殖示范基地，推动饲料精准投放、疾病自动诊断、废弃物自动回收等智能设备的应用普及和互联互通。

3.提升网络化服务水平。深入推进信息进村入户试点，鼓励通过移动互联网为农民提供政策、市场、科技、保险等生产生活信息服务。支持互联网企业与农业生产经营主体合作，综合利用大数据、云计算等技术，建立农业信息监测体系，为灾害预警、耕地质量监测、重大动植物疫情防控、市场波动预测、经营科学决策等提供服务。

4.完善农副产品质量安全追溯体系。充分利用现有互联网资源，构建农副产品质量安全追溯公共服务平台，推进制度标准建设，建立产地准出与市场准入衔接机制。支持新型农业生产经营主体利用互联网技术，对生产经营过程进行精细化信息化管理，加快推动移动互联网、物联网、二维码、无线射频识别等信息技术在生产加工和流通销售各环节的推广应用，强化上下游追溯体系对接和信息互通共享，不断扩大追溯体系覆盖面，实现农副产品"从农田到餐桌"全过程可追溯，保障"舌尖上的安全"。

### （四）"互联网＋"智慧能源

通过互联网促进能源系统扁平化，推进能源生产与消费模式革命，提高能源利用效率，推动节能减排。加强分布式能源网络建设，提高可再生能源占比，促进能源利用结构优化。加快发电设施、用电设施和电网智能化改造，提高电力系统的安全性、稳定性和可靠性。（能源局、发展改革委、工业和信息化部等负责）

1. 推进能源生产智能化。建立能源生产运行的监测、管理和调度信息公共服务网络，加强能源产业链上下游企业的信息对接和生产消费智能化，支撑电厂和电网协调运行，促进非化石能源与化石能源协同发电。鼓励能源企业运用大数据技术对设备状态、电能负载等数据进行分析挖掘与预测，开展精准调度、故障判断和预测性维护，提高能源利用效率和安全稳定运行水平。

2. 建设分布式能源网络。建设以太阳能、风能等可再生能源为主体的多能源协调互补的能源互联网。突破分布式发电、储能、智能微网、主动配电网等关键技术，构建智能化电力运行监测、管理技术平台，使电力设备和用电终端基于互联网进行双向通信和智能调控，实现分布式电源的及时有效接入，逐步建成开放共享的能源网络。

3. 探索能源消费新模式。开展绿色电力交易服务区域试点，推进以智能电网为配送平台，以电子商务为交易平台，融合储能设施、物联网、智能用电设施等硬件以及碳交易、互联网金融等衍生服务于一体的绿色能源网络发展，实现绿色电力的点到点交易及实时配送和补贴结算。进一步加强能源生产和消费协调匹配，推进电动汽车、港口岸电等电能替代技术的应用，推广电力需求侧管理，提高能源利用效率。基于分布式能源网络，发展用户端智能化用能、能源共享经济和能源自由交易，促进能源消费生态体系建设。

4. 发展基于电网的通信设施和新型业务。推进电力光纤到户工程，完善能源互联网信息通信系统。统筹部署电网和通信网深度融合的网络基础设施，实现同

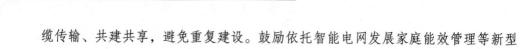

缆传输、共建共享，避免重复建设。鼓励依托智能电网发展家庭能效管理等新型业务。

### （五）"互联网 +" 普惠金融

促进互联网金融健康发展，全面提升互联网金融服务能力和普惠水平，鼓励互联网与银行、证券、保险、基金的融合创新，为大众提供丰富、安全、便捷的金融产品和服务，更好满足不同层次实体经济的投融资需求，培育一批具有行业影响力的互联网金融创新型企业。（人民银行、银监会、证监会、保监会、发展改革委、工业和信息化部、网信办等负责）

1.探索推进互联网金融云服务平台建设。探索互联网企业构建互联网金融云服务平台。在保证技术成熟和业务安全的基础上，支持金融企业与云计算技术提供商合作开展金融公共云服务，提供多样化、个性化、精准化的金融产品。支持银行、证券、保险企业稳妥实施系统架构转型，鼓励探索利用云服务平台开展金融核心业务，提供基于金融云服务平台的信用、认证、接口等公共服务。

2.鼓励金融机构利用互联网拓宽服务覆盖面。鼓励各金融机构利用云计算、移动互联网、大数据等技术手段，加快金融产品和服务创新，在更广泛地区提供便利的存贷款、支付结算、信用中介平台等金融服务，拓宽普惠金融服务范围，为实体经济发展提供有效支撑。支持金融机构和互联网企业依法合规开展网络借贷、网络证券、网络保险、互联网基金销售等业务。扩大专业互联网保险公司试点，充分发挥保险业在防范互联网金融风险中的作用。推动金融集成电路卡（IC卡）全面应用，提升电子现金的使用率和便捷性。发挥移动金融安全可信公共服务平台（MTPS）的作用，积极推动商业银行开展移动金融创新应用，促进移动金融在电子商务、公共服务等领域的规模应用。支持银行业金融机构借助互联网技术发展消费信贷业务，支持金融租赁公司利用互联网技术开展金融租赁业务。

3.积极拓展互联网金融服务创新的深度和广度。鼓励互联网企业依法合规提供创新金融产品和服务，更好满足中小微企业、创新型企业和个人的投融资需求。规范发展网络借贷和互联网消费信贷业务，探索互联网金融服务创新。积极引导风险投资基金、私募股权投资基金和产业投资基金投资于互联网金融企业。利用大数据发展市场化个人征信业务，加快网络征信和信用评价体系建设。加强互联网金融消费权益保护和投资者保护，建立多元化金融消费纠纷解决机制。改进和完善互联网金融监管，提高金融服务安全性，有效防范互联网金融风险及其外溢效应。

### （六）"互联网+"益民服务

充分发挥互联网的高效、便捷优势，提高资源利用效率，降低服务消费成本。大力发展以互联网为载体、线上线下互动的新兴消费，加快发展基于互联网的医疗、健康、养老、教育、旅游、社会保障等新兴服务，创新政府服务模式，提升政府科学决策能力和管理水平。（发展改革委、教育部、工业和信息化部、民政部、人力资源社会保障部、商务部、卫生计生委、质检总局、食品药品监管总局、林业局、旅游局、网信办、信访局等负责）

1.创新政府网络化管理和服务。加快互联网与政府公共服务体系的深度融合，推动公共数据资源开放，促进公共服务创新供给和服务资源整合，构建面向公众的一体化在线公共服务体系。积极探索公众参与的网络化社会管理服务新模式，充分利用互联网、移动互联网应用平台等，加快推进政务新媒体发展建设，加强政府与公众的沟通交流，提高政府公共管理、公共服务和公共政策制定的响应速度，提升政府科学决策能力和社会治理水平，促进政府职能转变和简政放权。深入推进网上信访，提高信访工作质量、效率和公信力。鼓励政府和互联网企业合作建立信用信息共享平台，探索开展一批社会治理互联网应用试点，打通政府部门、企事业单位之间的数据壁垒，利用大数据分析手段，提升各级政府的社会治理能力。加强对"互联网+"行动的宣传，提高公众参与度。

2.发展便民服务新业态。发展体验经济，支持实体零售商综合利用网上商店、移动支付、智能试衣等新技术，打造体验式购物模式。发展社区经济，在餐饮、娱乐、家政等领域培育线上线下结合的社区服务新模式。发展共享经济，规范发展网络约租车，积极推广在线租房等新业态，着力破除准入门槛高、服务规范难、个人征信缺失等瓶颈制约。发展基于互联网的文化、媒体和旅游等服务，培育形式多样的新型业态。积极推广基于移动互联网入口的城市服务，开展网上社保办理、个人社保权益查询、跨地区医保结算等互联网应用，让老百姓足不出户享受便捷高效的服务。

3.推广在线医疗卫生新模式。发展基于互联网的医疗卫生服务，支持第三方机构构建医学影像、健康档案、检验报告、电子病历等医疗信息共享服务平台，逐步建立跨医院的医疗数据共享交换标准体系。积极利用移动互联网提供在线预约诊疗、候诊提醒、划价缴费、诊疗报告查询、药品配送等便捷服务。引导医疗机构面向中小城市和农村地区开展基层检查、上级诊断等远程医疗服务。鼓励互联网企业与医疗机构合作建立医疗网络信息平台，加强区域医疗卫生服务资源整合，充分利用互联网、大数据等手段，提高重大疾病和突发公共卫生事件防控能力。积极探索互联网延伸医嘱、电子处方等网络医疗健康服务应用。鼓励有资质的医学检验机构、医疗服务机构联合互联网企业，发展基因检测、疾病预防等健康服务模式。

4.促进智慧健康养老产业发展。支持智能健康产品创新和应用，推广全面量化健康生活新方式。鼓励健康服务机构利用云计算、大数据等技术搭建公共信息平台，提供长期跟踪、预测预警的个性化健康管理服务。发展第三方在线健康市场调查、咨询评价、预防管理等应用服务，提升规范化和专业化运营水平。依托现有互联网资源和社会力量，以社区为基础，搭建养老信息服务网络平台，提供护理看护、健康管理、康复照料等居家养老服务。鼓励养老服务机构应用基于移动互联网的便携式体检、紧急呼叫监控等设备，提高养老服务水平。

5.探索新型教育服务供给方式。鼓励互联网企业与社会教育机构根据市场需求开发数字教育资源，提供网络化教育服务。鼓励学校利用数字教育资源及教育服务平台，逐步探索网络化教育新模式，扩大优质教育资源覆盖面，促进教育公平。鼓励学校通过与互联网企业合作等方式，对接线上线下教育资源，探索基础教育、职业教育等教育公共服务提供新方式。推动开展学历教育在线课程资源共享，推广大规模在线开放课程等网络学习模式，探索建立网络学习学分认定与学分转换等制度，加快推动高等教育服务模式变革。

## （七）"互联网＋"高效物流

加快建设跨行业、跨区域的物流信息服务平台，提高物流供需信息对接和使用效率。鼓励大数据、云计算在物流领域的应用，建设智能仓储体系，优化物流运作流程，提升物流仓储的自动化、智能化水平和运转效率，降低物流成本。（发展改革委、商务部、交通运输部、网信办等负责）

1.构建物流信息共享互通体系。发挥互联网信息集聚优势，聚合各类物流信息资源，鼓励骨干物流企业和第三方机构搭建面向社会的物流信息服务平台，整合仓储、运输和配送信息，开展物流全程监测、预警，提高物流安全、环保和诚信水平，统筹优化社会物流资源配置。构建互通省际、下达市县、兼顾乡村的物流信息互联网络，建立各类可开放数据的对接机制，加快完善物流信息交换开放标准体系，在更广范围促进物流信息充分共享与互联互通。

2. 建设深度感知智能仓储系统。在各级仓储单元积极推广应用二维码、无线射频识别等物联网感知技术和大数据技术，实现仓储设施与货物的实时跟踪、网络化管理以及库存信息的高度共享，提高货物调度效率。鼓励应用智能化物流装备提升仓储、运输、分拣、包装等作业效率，提高各类复杂订单的出货处理能力，缓解货物囤积停滞瓶颈制约，提升仓储运管水平和效率。

3. 完善智能物流配送调配体系。加快推进货运车联网与物流园区、仓储设施、配送网点等信息互联，促进人员、货源、车源等信息高效匹配，有效降低货车空驶率，提高配送效率。鼓励发展社区自提柜、冷链储藏柜、代收服务点等新型社区化配送模式，结合构建物流信息互联网络，加快推进县到村的物流配送网络和村级配送网点建设，解决物流配送"最后一公里"问题。

### （八）"互联网+"电子商务

巩固和增强我国电子商务发展领先优势，大力发展农村电商、行业电商和跨境电商，进一步扩大电子商务发展空间。电子商务与其他产业的融合不断深化，网络化生产、流通、消费更加普及，标准规范、公共服务等支撑环境基本完善。（发展改革委、商务部、工业和信息化部、交通运输部、农业部、海关总署、税务总局、质检总局、网信办等负责）

1. 积极发展农村电子商务。开展电子商务进农村综合示范，支持新型农业经营主体和农产品、农资批发市场对接电商平台，积极发展以销定产模式。完善农村电子商务配送及综合服务网络，着力解决农副产品标准化、物流标准化、冷链仓储建设等关键问题，发展农产品个性化定制服务。开展生鲜农产品和农业生产资料电子商务试点，促进农业大宗商品电子商务发展。

2. 大力发展行业电子商务。鼓励能源、化工、钢铁、电子、轻纺、医药等行业企业，积极利用电子商务平台优化采购、分销体系，提升企业经营效率。推动各类专业市场线上转型，引导传统商贸流通企业与电子商务企业整合资源，积极向供应链协同平台转型。鼓励生产制造企业面向个性化、定制化消费需求深化电子商务应用，支持设备制造企业利用电子商务平台开展融资租赁服务，鼓励中小微企业扩大电子商务应用。按照市场化、专业化方向，大力推广电子招标投标。

3. 推动电子商务应用创新。鼓励企业利用电子商务平台的大数据资源，提升企业精准营销能力，激发市场消费需求。建立电子商务产品质量追溯机制，建设电子商务售后服务质量检测云平台，完善互联网质量信息公共服务体系，解决消费者维权难、退货难、产品责任追溯难等问题。加强互联网食品药品市场监测监管体系建设，积极探索处方药电子商务销售和监管模式创新。鼓励企业利用移动社交、新媒体等新渠道，发展社交电商、"粉丝"经济等网络营销新模式。

4.加强电子商务国际合作。鼓励各类跨境电子商务服务商发展，完善跨境物流体系，拓展全球经贸合作。推进跨境电子商务通关、检验检疫、结汇等关键环节单一窗口综合服务体系建设。创新跨境权益保障机制，利用合格评定手段，推进国际互认。创新跨境电子商务管理，促进信息网络畅通、跨境物流便捷、支付及结汇无障碍、税收规范便利、市场及贸易规则互认互通。

### （九）"互联网 +"便捷交通

加快互联网与交通运输领域的深度融合，通过基础设施、运输工具、运行信息等互联网化，推进基于互联网平台的便捷化交通运输服务发展，显著提高交通运输资源利用效率和管理精细化水平，全面提升交通运输行业服务品质和科学治理能力。（发展改革委、交通运输部共同牵头）

1.提升交通运输服务品质。推动交通运输主管部门和企业将服务性数据资源向社会开放，鼓励互联网平台为社会公众提供实时交通运行状态查询、出行路线规划、网上购票、智能停车等服务，推进基于互联网平台的多种出行方式信息服务对接和一站式服务。加快完善汽车健康档案、维修诊断和服务质量信息服务平台建设。

2.推进交通运输资源在线集成。利用物联网、移动互联网等技术，进一步加强对公路、铁路、民航、港口等交通运输网络关键设施运行状态与通行信息的采集。推动跨地域、跨类型交通运输信息互联互通，推广船联网、车联网等智能化技术应用，形成更加完善的交通运输感知体系，提高基础设施、运输工具、运行信息等要素资源的在线化水平，全面支撑故障预警、运行维护以及调度智能化。

3.增强交通运输科学治理能力。强化交通运输信息共享，利用大数据平台挖掘分析人口迁徙规律、公众出行需求、枢纽客流规模、车辆船舶行驶特征等，为优化交通运输设施规划与建设、安全运行控制、交通运输管理决策提供支撑。利用互联网加强对交通运输违章违规行为的智能化监管，不断提高交通运输治理能力。

### （十）"互联网＋"绿色生态

推动互联网与生态文明建设深度融合，完善污染物监测及信息发布系统，形成覆盖主要生态要素的资源环境承载能力动态监测网络，实现生态环境数据互联互通和开放共享。充分发挥互联网在逆向物流回收体系中的平台作用，促进再生资源交易利用便捷化、互动化、透明化，促进生产生活方式绿色化（发展改革委、环境保护部、商务部、林业局等负责）

1. 加强资源环境动态监测。针对能源、矿产资源、水、大气、森林、草原、湿地、海洋等各类生态要素，充分利用多维地理信息系统、智慧地图等技术，结合互联网大数据分析，优化监测站点布局，扩大动态监控范围，构建资源环境承载能力立体监控系统。依托现有互联网、云计算平台，逐步实现各级政府资源环境动态监测信息互联共享。加强重点用能单位能耗在线监测和大数据分析。

2. 大力发展智慧环保。利用智能监测设备和移动互联网，完善污染物排放在线监测系统，增加监测污染物种类，扩大监测范围，形成全天候、多层次的智能多源感知体系。建立环境信息数据共享机制，统一数据交换标准，推进区域污染物排放、空气环境质量、水环境质量等信息公开，通过互联网实现面向公众的在线查询和定制推送。加强对企业环保信用数据的采集整理，将企业环保信用记录纳入全国统一的信用信息共享交换平台。完善环境预警和风险监测信息网络，提升重金属、危险废物、危险化学品等重点风险防范水平和应急处理能力。

3. 完善废旧资源回收利用体系。利用物联网、大数据开展信息采集、数据分析、流向监测，优化逆向物流网点布局。支持利用电子标签、二维码等物联网技术跟踪电子废物流向，鼓励互联网企业参与搭建城市废弃物回收平台，创新再生资源回收模式。加快推进汽车保险信息系统、"以旧换再"管理系统和报废车管理系统的标准化、规范化和互联互通，加强废旧汽车及零部件的回收利用信息管理，为互联网企业开展业务创新和便民服务提供数据支撑。

4. 建立废弃物在线交易系统。鼓励互联网企业积极参与各类产业园区废弃物信息平台建设，推动现有骨干再生资源交易市场向线上线下结合转型升级，逐步形成行业性、区域性、全国性的产业废弃物和再生资源在线交易系统，完善线上信用评价和供应链融资体系，开展在线竞价，发布价格交易指数，提高稳定供给能力，增强主要再生资源品种的定价权。

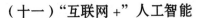

### （十一）"互联网＋"人工智能

依托互联网平台提供人工智能公共创新服务，加快人工智能核心技术突破，促进人工智能在智能家居、智能终端、智能汽车、机器人等领域的推广应用，培育若干引领全球人工智能发展的骨干企业和创新团队，形成创新活跃、开放合作、协同发展的产业生态。（发展改革委、科技部、工业和信息化部、网信办等负责）

1.培育发展人工智能新兴产业。建设支撑超大规模深度学习的新型计算集群，构建包括语音、图像、视频、地图等数据的海量训练资源库，加强人工智能基础资源和公共服务等创新平台建设。进一步推进计算机视觉、智能语音处理、生物特征识别、自然语言理解、智能决策控制以及新型人机交互等关键技术的研发和产业化，推动人工智能在智能产品、工业制造等领域规模商用，为产业智能化升级夯实基础。

2.推进重点领域智能产品创新。鼓励传统家居企业与互联网企业开展集成创新，不断提升家居产品的智能化水平和服务能力，创造新的消费市场空间。推动汽车企业与互联网企业设立跨界交叉的创新平台，加快智能辅助驾驶、复杂环境感知、车载智能设备等技术产品的研发与应用。支持安防企业与互联网企业开展合作，发展和推广图像精准识别等大数据分析技术，提升安防产品的智能化服务水平。

3.提升终端产品智能化水平。着力做大高端移动智能终端产品和服务的市场规模，提高移动智能终端核心技术研发及产业化能力。鼓励企业积极开展差异化细分市场需求分析，大力丰富可穿戴设备的应用服务，提升用户体验。推动互联网技术以及智能感知、模式识别、智能分析、智能控制等智能技术在机器人领域的深入应用，大力提升机器人产品在传感、交互、控制等方面的性能和智能化水平，提高核心竞争力。

## 三、保障支撑

### （一）夯实发展基础

1.巩固网络基础。加快实施"宽带中国"战略，组织实施国家新一代信息基础设施建设工程，推进宽带网络光纤化改造，加快提升移动通信网络服务能力，促进网间互联互通，大幅提高网络访问速率，有效降低网络资费，完善电信普遍服务补偿机制，支持农村及偏远地区宽带建设和运行维护，使互联网下沉为各行业、各领域、各区域都能使用，人、机、物泛在互联的基础设施。增强北斗卫星全球服务能力，构建天地一体化互联网络。加快下一代互联网商用部署，加强互联网协议第6版（IPv6）地址管理、标识管理与解析，构建未来网络创新试验平台。研究工业互联网网络架构体系，构建开放式国家创新试验验证平台。（发展改革委、工业和信息化部、财政部、国资委、网信办等负责）

2. 强化应用基础。适应重点行业融合创新发展需求，完善无线传感网、行业云及大数据平台等新型应用基础设施。实施云计算工程，大力提升公共云服务能力，引导行业信息化应用向云计算平台迁移，加快内容分发网络建设，优化数据中心布局。加强物联网网络架构研究，组织开展国家物联网重大应用示范，鼓励具备条件的企业建设跨行业物联网运营和支撑平台。（发展改革委、工业和信息化部等负责）

3. 做实产业基础。着力突破核心芯片、高端服务器、高端存储设备、数据库和中间件等产业薄弱环节的技术瓶颈，加快推进云操作系统、工业控制实时操作系统、智能终端操作系统的研发和应用。大力发展云计算、大数据等解决方案以及高端传感器、工控系统、人机交互等软硬件基础产品。运用互联网理念，构建以骨干企业为核心、产学研用高效整合的技术产业集群，打造国际先进、自主可控的产业体系。（工业和信息化部、发展改革委、科技部、网信办等负责）

4. 保障安全基础。制定国家信息领域核心技术设备发展时间表和路线图，提升互联网安全管理、态势感知和风险防范能力，加强信息网络基础设施安全防护和用户个人信息保护。实施国家信息安全专项，开展网络安全应用示范，提高"互联网＋"安全核心技术和产品水平。按照信息安全等级保护等制度和网络安全国家标准的要求，加强"互联网＋"关键领域重要信息系统的安全保障。建设完善网络安全监测评估、监督管理、标准认证和创新能力体系。重视融合带来的安全风险，完善网络数据共享、利用等的安全管理和技术措施，探索建立以行政评议和第三方评估为基础的数据安全流动认证体系，完善数据跨境流动管理制度，确保数据安全。（网信办、发展改革委、科技部、工业和信息化部、公安部、安全部、质检总局等负责）

## （二）强化创新驱动

1. 加强创新能力建设。鼓励构建以企业为主导，产学研用合作的"互联网＋"产业创新网络或产业技术创新联盟。支持以龙头企业为主体，建设跨界交叉领域的创新平台，并逐步形成创新网络。鼓励国家创新平台向企业特别是中小企业在线开放，加大国家重大科研基础设施和大型科研仪器等网络化开放力度。（发展改革委、科技部、工业和信息化部、网信办等负责）

2.加快制定融合标准。按照共性先立、急用先行的原则，引导工业互联网、智能电网、智慧城市等领域基础共性标准、关键技术标准的研制及推广。加快与互联网融合应用的工控系统、智能专用装备、智能仪表、智能家居、车联网等细分领域的标准化工作。不断完善"互联网＋"融合标准体系，同步推进国际国内标准化工作，增强在国际标准化组织（ISO）、国际电工委员会（IEC）和国际电信联盟（ITU）等国际组织中的话语权。（质检总局、工业和信息化部、网信办、能源局等负责）

3.强化知识产权战略。加强融合领域关键环节专利导航，引导企业加强知识产权战略储备与布局。加快推进专利基础信息资源开放共享，支持在线知识产权服务平台建设，鼓励服务模式创新，提升知识产权服务附加值，支持中小微企业知识产权创造和运用。加强网络知识产权和专利执法维权工作，严厉打击各种网络侵权假冒行为。增强全社会对网络知识产权的保护意识，推动建立"互联网＋"知识产权保护联盟，加大对新业态、新模式等创新成果的保护力度。（知识产权局牵头）

4.大力发展开源社区。鼓励企业自主研发和国家科技计划（专项、基金等）支持形成的软件成果通过互联网向社会开源。引导教育机构、社会团体、企业或个人发起开源项目，积极参加国际开源项目，支持组建开源社区和开源基金会。鼓励企业依托互联网开源模式构建新型生态，促进互联网开源社区与标准规范、知识产权等机构的对接与合作。（科技部、工业和信息化部、质检总局、知识产权局等负责）

## （三）营造宽松环境

1.构建开放包容环境。贯彻落实《中共中央国务院关于深化体制机制改革加快实施创新驱动发展战略的若干意见》，放宽融合性产品和服务的市场准入限制，制定实施各行业互联网准入负面清单，允许各类主体依法平等进入未纳入负面清单管理的领域。破除行业壁垒，推动各行业、各领域在技术、标准、监管等方面充分对接，最大限度减少事前准入限制，加强事中事后监管。继续深化电信体制改革，有序开放电信市场，加快民营资本进入基础电信业务。加快深化商事制度改革，推进投资贸易便利化。（发展改革委、网信办、教育部、科技部、工业和信息化部、民政部、商务部、卫生计生委、工商总局、质检总局等负责）

2.完善信用支撑体系。加快社会征信体系建设，推进各类信用信息平台无缝对接，打破信息孤岛。加强信用记录、风险预警、违法失信行为等信息资源在线披露和共享，为经营者提供信用信息查询、企业网上身份认证等服务。充分利用互联网积累的信用数据，对现有征信体系和评测体系进行补充和完善，为经济调节、市场监管、社会管理和公共服务提供有力支撑。（发展改革委、人民银行、工商总局、质检总局、网信办等负责）

3.推动数据资源开放。研究出台国家大数据战略，显著提升国家大数据掌控能力。建立国家政府信息开放统一平台和基础数据资源库，开展公共数据开放利用改革试点，出台政府机构数据开放管理规定。按照重要性和敏感程度分级分类，推进政府和公共信息资源开放共享，支持公众和小微企业充分挖掘信息资源的商业价值，促进互联网应用创新。（发展改革委、工业和信息化部、国务院办公厅、网信办等负责）

4.加强法律法规建设。针对互联网与各行业融合发展的新特点，加快"互联网+"相关立法工作，研究调整完善不适应"互联网+"发展和管理的现行法规及政策规定。落实加强网络信息保护和信息公开有关规定，加快推动制定网络安全、电子商务、个人信息保护、互联网信息服务管理等法律法规。完善反垄断法配套规则，进一步加大反垄断法执行力度，严格查处信息领域企业垄断行为，营造互联网公平竞争环境。（法制办、网信办、发展改革委、工业和信息化部、公安部、安全部、商务部、工商总局等负责）

### （四）拓展海外合作

1.鼓励企业抱团出海。结合"一带一路"等国家重大战略，支持和鼓励具有竞争优势的互联网企业联合制造、金融、信息通信等领域企业率先走出去，通过海外并购、联合经营、设立分支机构等方式，相互借力，共同开拓国际市场，推进国际产能合作，构建跨境产业链体系，增强全球竞争力。（发展改革委、外交部、工业和信息化部、商务部、网信办等负责）

2.发展全球市场应用。鼓励"互联网+"企业整合国内外资源，面向全球提供工业云、供应链管理、大数据分析等网络服务，培育具有全球影响力的"互联网+"应用平台。鼓励互联网企业积极拓展海外用户，推出适合不同市场文化的

产品和服务。（商务部、发展改革委、工业和信息化部、网信办等负责）

3.增强走出去服务能力。充分发挥政府、产业联盟、行业协会及相关中介机构作用，形成支持"互联网+"企业走出去的合力。鼓励中介机构为企业拓展海外市场提供信息咨询、法律援助、税务中介等服务。支持行业协会、产业联盟与企业共同推广中国技术和中国标准，以技术标准走出去带动产品和服务在海外推广应用。（商务部、外交部、发展改革委、工业和信息化部、税务总局、质检总局、网信办等负责）

### （五）加强智力建设

1.加强应用能力培训。鼓励地方各级政府采用购买服务的方式，向社会提供互联网知识技能培训，支持相关研究机构和专家开展"互联网+"基础知识和应用培训。鼓励传统企业与互联网企业建立信息咨询、人才交流等合作机制，促进双方深入交流合作。加强制造业、农业等领域人才特别是企业高层管理人员的互联网技能培训，鼓励互联网人才与传统行业人才双向流动。（科技部、工业和信息化部、人力资源社会保障部、网信办等负责）

2.加快复合型人才培养。面向"互联网+"融合发展需求，鼓励高校根据发展需要和学校办学能力设置相关专业，注重将国内外前沿研究成果尽快引入相关专业教学中。鼓励各类学校聘请互联网领域高级人才作为兼职教师，加强"互联网+"领域实验教学。（教育部、发展改革委、科技部、工业和信息化部、人力资源社会保障部、网信办等负责）

3.鼓励联合培养培训。实施产学合作专业综合改革项目，鼓励校企、院企合作办学，推进"互联网+"专业技术人才培训。深化互联网领域产教融合，依托高校、科研机构、企业的智力资源和研究平台，建立一批联合实训基地。建立企业技术中心和院校对接机制，鼓励企业在院校建立"互联网+"研发机构和实验中心。（教育部、发展改革委、科技部、工业和信息化部、人力资源社会保障部、网信办等负责）

4.利用全球智力资源。充分利用现有人才引进计划和鼓励企业设立海外研发中心等多种方式，引进和培养一批"互联网+"领域高端人才。完善移民、签证等制度，形成有利于吸引人才的分配、激励和保障机制，为引进海外人才提供有利条件。支持通过任务外包、产业合作、学术交流等方式，充分利用全球互联网人才资源。吸引互联网领域领军人才、特殊人才、紧缺人才在我国创业创新和从

事教学科研等活动。（人力资源社会保障部、发展改革委、教育部、科技部、网信办等负责）

### （六）加强引导支持

1.实施重大工程包。选择重点领域，加大中央预算内资金投入力度，引导更多社会资本进入，分步骤组织实施"互联网+"重大工程，重点促进以移动互联网、云计算、大数据、物联网为代表的新一代信息技术与制造、能源、服务、农业等领域的融合创新，发展壮大新兴业态，打造新的产业增长点。（发展改革委牵头）

2.加大财税支持。充分发挥国家科技计划作用，积极投向符合条件的"互联网+"融合创新关键技术研发及应用示范。统筹利用现有财政专项资金，支持"互联网+"相关平台建设和应用示范等。加大政府部门采购云计算服务的力度，探索基于云计算的政务信息化建设运营新机制。鼓励地方政府创新风险补偿机制，探索"互联网+"发展的新模式。（财政部、税务总局、发展改革委、科技部、网信办等负责）

3.完善融资服务。积极发挥天使投资、风险投资基金等对"互联网+"的投资引领作用。开展股权众筹等互联网金融创新试点，支持小微企业发展。支持国家出资设立的有关基金投向"互联网+"，鼓励社会资本加大对相关创新型企业的投资。积极发展知识产权质押融资、信用保险保单融资增信等服务，鼓励通过债券融资方式支持"互联网+"发展，支持符合条件的"互联网+"企业发行公司债券。开展产融结合创新试点，探索股权和债权相结合的融资服务。降低创新型、成长型互联网企业的上市准入门槛，结合证券法修订和股票发行注册制改革，支持处于特定成长阶段、发展前景好但尚未盈利的互联网企业在创业板上市。推动银行业金融机构创新信贷产品与金融服务，加大贷款投放力度。鼓励开发性金融机构为"互联网+"重点项目建设提供有效融资支持。（人民银行、发展改革委、银监会、证监会、保监会、网信办、开发银行等负责）

### （七）做好组织实施

1.加强组织领导。建立"互联网+"行动实施部际联席会议制度，统筹协调解决重大问题，切实推动行动的贯彻落实。联席会议设办公室，负责具体工作的组织推进。建立跨领域、跨行业的"互联网+"行动专家咨询委员会，为政府决

策提供重要支撑。(发展改革委牵头)

2.开展试点示范。鼓励开展"互联网+"试点示范,推进"互联网+"区域化、链条化发展。支持全面创新改革试验区、中关村等国家自主创新示范区、国家现代农业示范区先行先试,积极开展"互联网+"创新政策试点,破除新兴产业行业准入、数据开放、市场监管等方面政策障碍,研究适应新兴业态特点的税收、保险政策,打造"互联网+"生态体系。(各部门、各地方政府负责)

3.有序推进实施。各地区、各部门要主动作为,完善服务,加强引导,以动态发展的眼光看待"互联网+",在实践中大胆探索拓展,相互借鉴"互联网+"融合应用成功经验,促进"互联网+"新业态、新经济发展。有关部门要加强统筹规划,提高服务和管理能力。各地区要结合实际,研究制定适合本地的"互联网+"行动落实方案,因地制宜,合理定位,科学组织实施,杜绝盲目建设和重复投资,务实有序推进"互联网+"行动。(各部门、各地方政府负责)

附录 5

# 国务院办公厅关于推进线上线下互动加快商贸流通
# 创新发展转型升级的意见

　　近年来，移动互联网等新一代信息技术加速发展，技术驱动下的商业模式创新层出不穷，线上线下互动成为最具活力的经济形态之一，成为促进消费的新途径和商贸流通创新发展的新亮点。大力发展线上线下互动，对推动实体店转型，促进商业模式创新，增强经济发展新动力，服务大众创业、万众创新具有重要意义。为落实国务院决策部署，推进线上线下互动，加快商贸流通创新发展和转型升级，经国务院同意，现提出以下意见：

## 一、鼓励线上线下互动创新

　　（一）支持商业模式创新。包容和鼓励商业模式创新，释放商贸流通市场活力。支持实体店通过互联网展示、销售商品和服务，提升线下体验、配送和售后等服务，加强线上线下互动，促进线上线下融合，不断优化消费路径、打破场景限制、提高服务水平。鼓励实体店通过互联网与消费者建立全渠道、全天候互动，增强体验功能，发展体验消费。鼓励消费者通过互联网建立直接联系，开展合作消费，提高闲置资源配置和使用效率。鼓励实体商贸流通企业通过互联网强化各行业内、行业间分工合作，提升社会化协作水平。（商务部、网信办、发展改革委、工业和信息化部、地方各级人民政府）

　　（二）鼓励技术应用创新。加快移动互联网、大数据、物联网、云计算、北斗导航、地理位置服务、生物识别等现代信息技术在认证、交易、支付、物流等商务环节的应用推广。鼓励建设商务公共服务云平台，为中小微企业提供商业基础技术应用服务。鼓励开展商品流通全流程追溯和查询服务。支持大数据技术在商务领域深入应用，利用商务大数据开展事中事后监管和服务方式创新。支持商业网络信息系统提高安全防范技术水平，将用户个人信息保护纳入网络安全防护体系。（商务部、工业和信息化部、发展改革委、地方各级人民政府）

（三）促进产品服务创新。鼓励企业利用互联网逆向整合各类生产要素资源，按照消费需求打造个性化产品。深度开发线上线下互动的可穿戴、智能化商品市场。鼓励第三方电子商务平台与制造企业合作，利用电子商务优化供应链和服务链体系，发展基于互联网的装备远程监控、运行维护、技术支持等服务市场。支持发展面向企业和创业者的平台开发、网店建设、代运营、网络推广、信息处理、数据分析、信用认证、管理咨询、在线培训等第三方服务，为线上线下互动创新发展提供专业化的支撑保障。鼓励企业通过虚拟社区等多种途径获取、转化和培育稳定的客户群体。（商务部、工业和信息化部、网信办、地方各级人民政府）

## 二、激发实体商业发展活力

（四）推进零售业改革发展。鼓励零售企业转变经营方式，支持受线上模式冲击的实体店调整重组，提高自营商品比例，加大自主品牌、定制化商品比重，深入发展连锁经营。鼓励零售企业利用互联网技术推进实体店铺数字化改造，增强店面场景化、立体化、智能化展示功能，开展全渠道营销。鼓励大型实体店不断丰富消费体验，向智能化、多样化商业服务综合体转型，增加餐饮、休闲、娱乐、文化等设施，由商品销售为主转向"商品＋服务"并重。鼓励中小实体店发挥靠近消费者优势，完善便利服务体系，增加快餐、缴费、网订店取、社区配送等附加便民服务功能。鼓励互联网企业加强与实体店合作，推动线上交流互动、引客聚客、精准营销等优势和线下真实体验、品牌信誉、物流配送等优势相融合，促进组织管理扁平化、设施设备智能化、商业主体在线化、商业客体数据化和服务作业标准化。（商务部、发展改革委）支持新型农业经营主体对接电子商务平台，有效衔接产需信息，推动农产品线上营销与线下流通融合发展。鼓励农业生产资料经销企业发展电子商务，促进农业生产资料网络营销。（农业部、发展改革委）支持零售企业线上线下结合，开拓国际市场，发展跨境网络零售。（商务部）

（五）加快批发业转型升级。鼓励传统商品交易市场利用互联网做强交易撮合、商品集散、价格发现和信息交互等传统功能，增强物流配送、质量标准、金融服务、研发设计、展览展示、咨询服务等新型功能。鼓励传统批发企业应用互联网技术建设供应链协同平台，向生产、零售环节延伸，实现由商品批发向供应链管理服务的转变。支持发展品牌联盟或建设品牌联合采购平台，集聚品牌资源，降低采购成本。深化电子商务应用，引导商品交易市场向电子商务园区、物流园区转型。以电子商务和现代物流为核心，推动大宗商品交易市场优化资源配置、提高流通效率。鼓励线上行业信息服务平台向综合交易服务平台转型，围绕客户需求组织线下展示会、洽谈会、交易会，为行业发展提供全方位垂直纵深服务。（商务部、工业和信息化部、发展改革委）

（六）转变物流业发展方式。运用互联网技术大力推进物流标准化，重点推进快递包裹、托盘、技术接口、运输车辆标准化，推进信息共享和互联互通，促进多式联运发展。大力发展智慧物流，运用北斗导航、大数据、物联网等技术，构建智能化物流通道网络，建设智能化仓储体系、配送系统。发挥互联网平台实时、高效、精准的优势，对线下运输车辆、仓储等资源进行合理调配、整合利用，提高物流资源使用效率，实现运输工具和货物的实时跟踪和在线化、可视化管理，鼓励依托互联网平台的"无车承运人"发展。推广城市共同配送模式，支持物流综合信息服务平台建设。鼓励企业在出口重点国家建设海外仓，推进跨境电子商务发展。（发展改革委、商务部、交通运输部、邮政局、国家标准委）

（七）推进生活服务业便利化。大力推动吃住行及旅游、娱乐等生活服务业在线化，促进线上交易和线下服务相结合，提供个性化、便利化服务。鼓励餐饮企业发展在线订餐、团购、外卖配送等服务。支持住宿企业开展在线订房服务。鼓励交通客运企业、旅游景点及文化演艺单位开展在线订票、在线订座、门票配送等服务。支持家政、洗染、维修、美发等行业开展网上预约、上门服务等业务。鼓励互联网平台企业汇聚线下实体的闲置资源，发展民宿、代购、合乘出行等合作消费服务。（商务部、旅游局、文化部、交通运输部）

（八）加快商务服务业创新发展。鼓励展览企业建设网上展示交易平台，鼓励线上企业服务实体展会，打造常态化交流对接平台，提高会展服务智能化、精细化水平。支持举办中国国际电子商务博览会，发现创新、引导创新、推广创新。提升商务咨询服务网络化水平。（商务部）提升知识产权维权服务水平。（知识产权局）积极探索基于互联网的新型服务贸易发展方式，培育服务新业态，推动服务贸易便利化，提升商务服务业国际化水平。（商务部）

## 三、健全现代市场体系

（九）推进城市商业智能化。深入推进智慧城市建设，鼓励具备条件的城市探索构建线上线下互动的体验式智慧商圈，支持商圈无线网络基础设施建设，完善智能交通引导、客流疏导、信息推送、移动支付、消费互动、物流配送等功能，健全商圈消费体验评价、信息安全保护、商家诚信积累和消费者权益保障体系。实施特色商业街区示范建设工程，鼓励各地基于互联网技术培育一批具有产业特色、经营特色、文化特色的多功能、多业态商业街区。（商务部、发展改革委、科技部、工业和信息化部、人民银行、工商总局、地方各级人民政府）

（十）推进农村市场现代化。开展电子商务进农村综合示范，推动电子商务企业开拓农村市场，构建农产品进城、工业品下乡的双向流通体系。（商务部、财政部）引导电子商务企业与农村邮政、快递、供销、"万村千乡市场工程"、交通运输等既有网络和优势资源对接合作，对农村传统商业网点升级改造，健全县、乡、村三级农村物流服务网络。加快全国农产品商务信息服务公共平台建设。（商务部、交通运输部、邮政局、供销合作总社、发展改革委）大力发展农产品电子商务，引导特色农产品主产区县市在第三方电子商务平台开设地方特色馆。（商务部、地方各级人民政府）推进农产品"生产基地＋社区直配"示范，带动订单农业发展，提高农产品标准化水平。加快信息进村入户步伐，加强村级信息服务站建设，强化线下体验功能，提高新型农业经营主体电子商务应用能力。（农业部）

（十一）推进国内外市场一体化。鼓励应用互联网技术实现国内国外两个市场无缝对接，推进国内资本、技术、设备、产能与国际资源、需求合理适配，重点围绕"一带一路"战略及开展国际产能和装备制造合作，构建国内外一体化市场。（商务部、发展改革委、网信办）深化京津冀、长江经济带、"一带一路"、东北地区和泛珠三角四省区（福建、广东、广西、海南）区域通关一体化改革，推进全国一体化通关管理。（海关总署）建立健全适应跨境电子商务的监管服务体系，提高贸易便利化水平。（商务部、海关总署、财政部、税务总局、质检总局、外汇局）

## 四、完善政策措施

（十二）推进简政放权。除法律、行政法规和国务院决定外，各地方、各部门一律不得增设线上线下互动企业市场准入行政审批事项。根据线上线下互动特点，调整完善市场准入资质条件，加快公共服务领域资源开放和信息共享。（有关部门按职能分工分别负责）简化市场主体住所（经营场所）登记手续，推进一照多址、一址多照、集群注册等住所登记制度改革，为连锁企业、网络零售企业和快递企业提供便利的登记注册服务。（工商总局）

（十三）创新管理服务。坚持促进发展、规范秩序和保护权益并举，坚持在发展中逐步规范、在规范中更好发展。注意规范方式，防止措施失当导致新兴业态丧失发展环境。创新管理理念、管理体制和管理方式，建立与电子商务发展需要相适应的管理体制和服务机制，促进线上线下互动，充分发挥流通在经济发展中的基础性和先导性作用。开展商务大数据建设和应用，服务监管创新，支持电子商务产品品牌推广。(商务部、工商总局、质检总局)在不改变用地主体、规划条件的前提下，各类市场主体利用存量房产、土地资源发展线上线下互动业务的，可在5年内保持土地原用途、权利类型不变,5年期满后确需办理变更手续的，按有关规定办理。(国土资源部)

(十四)加大财税支持力度。充分发挥市场在资源配置中的决定性作用，突出社会资本推动线上线下融合发展的主体地位。同时发挥财政资金的引导作用，促进电子商务进农村。(财政部、商务部)营造线上线下企业公平竞争的税收环境。(财政部、税务总局)线上线下互动发展企业符合高新技术企业或技术先进型服务企业认定条件的,可按现行税收政策规定享受有关税收优惠。(财政部、科技部、税务总局)积极推广网上办税服务和电子发票应用。(税务总局、财政部、发展改革委、商务部)

(十五)加大金融支持力度。支持线上线下互动企业引入天使投资、创业投资、私募股权投资，发行企业债券、公司债券、资产支持证券，支持不同发展阶段和特点的线上线下互动企业上市融资。支持金融机构和互联网企业依法合规创新金融产品和服务，加快发展互联网支付、移动支付、跨境支付、股权众筹融资、供应链金融等互联网金融业务。完善支付服务市场法律制度，建立非银行支付机构常态化退出机制，促进优胜劣汰和资源整合。健全互联网金融征信体系。(人民银行、发展改革委、银监会、证监会)

(十六)规范市场秩序。创建公平竞争的创业创新环境和规范诚信的市场环境，加强知识产权和消费者权益保护，防止不正当竞争和排除、限制竞争的垄断行为。推进社会诚信体系建设，强化经营主体信息公开披露，推动行政许可、行政处罚信息7个工作日内上网公开。建立健全电子商务信用记录，纳入"信用中国"网站和统一的信用信息共享交换平台，完善电子商务信用管理和信息共享机制。切实加强线上线下一体化监管和事中事后监管，健全部门联动防范机制，严厉打击网络领域制售假冒伪劣商品、侵犯知识产权、传销、诈骗等违法犯罪行为。(商务部、发展改革委、工业和信息化部、公安部、工商总局、质检总局、食品药品监管总

局、知识产权局）

（十七）加强人才培养。鼓励各类企业、培训机构、大专院校、行业协会培养综合掌握商业经营管理和信息化应用知识的高端紧缺人才。支持有条件的地区建设电子商务人才继续教育基地，开展实用型电子商务人才培训。支持开展线上线下互动创新相关培训，引进高端复合型电子商务人才，为线上线下互动企业创新发展提供服务。（商务部、人力资源社会保障部、地方各级人民政府）

（十八）培育行业组织。支持行业协会组织根据本领域行业特点和发展需求制订行业服务标准和服务规范，倡导建立良性商业规则，促进行业自律发展。发挥第三方检验检测认证机构作用，保障商品和服务质量，监督企业遵守服务承诺，维护消费者、企业及个体创业者的正当权益。（商务部、工商总局、质检总局）

各地区、各部门要加强组织领导和统筹协调，结合本地区、本部门实际制订具体实施方案，明确工作分工，落实工作责任。商务部要会同有关部门做好业务指导和督促检查工作，重大情况及时报告国务院。

附录6

# 国务院关于积极发挥新消费引领作用加快培育形成新供给新动力的指导意见

各省、自治区、直辖市人民政府，国务院各部委、各直属机构：

我国已进入消费需求持续增长、消费结构加快升级、消费拉动经济作用明显增强的重要阶段。以传统消费提质升级、新兴消费蓬勃兴起为主要内容的新消费，及其催生的相关产业发展、科技创新、基础设施建设和公共服务等领域的新投资新供给，蕴藏着巨大发展潜力和空间。为更好发挥新消费引领作用，加快培育形成经济发展新供给新动力，现提出以下意见。

## 一、重要意义

消费是最终需求，积极顺应和把握消费升级大趋势，以消费升级引领产业升级，以制度创新、技术创新、产品创新满足并创造消费需求，有利于提高发展质量、增进民生福祉、推动经济结构优化升级、激活经济增长内生动力，实现持续健康高效协调发展。

发挥新消费引领作用是更好满足居民消费需求、提高人民生活质量的内在要求。消费关系民生福祉。随着居民收入水平提高、人口结构调整和科技进步，城乡居民的消费内容和消费模式都在发生变化，对消费质量和消费环境提出更高要求。紧紧围绕居民消费升级谋发展、促发展，符合发展的根本目的，有利于更好满足人民群众日益增长的物质文化需要，使发展成果更多体现为人民生活质量的提高和国民福利的改善。

发挥新消费引领作用是加快推动产业转型升级、实现经济提质增效的重要途径。消费升级的方向是产业升级的重要导向。我国居民消费呈现出从注重量的满足向追求质的提升、从有形物质产品向更多服务消费、从模仿型排浪式消费向个性化多样化消费等一系列转变。只有围绕消费市场的变化趋势进行投资、创新和生产，才能最大限度地提高投资和创新有效性、优化产业结构、提升产业竞争力和附加值，实现更有质量和效益的增长。

发挥新消费引领作用是畅通经济良性循环体系、构建稳定增长长效机制的必然选择。经济发展进入新常态需要构建经济循环新体系、增长动力新机制。只有从发展理念、制度环境和政策体系等深层次原因入手，破除市场竞争秩序不规范、消费环境不完善等体制机制障碍，才能充分激发市场活力和创造力，实现潜在需求向现实增长动力的有效转换，为经济长期健康发展提供保障。

## 二、总体要求和基本原则

全面贯彻党的十八大和十八届二中、三中、四中、五中全会精神，按照党中央、国务院决策部署，发挥市场在资源配置中的决定性作用，积极发现和满足群众消费升级需要，以体制机制创新激发新活力，以消费环境改善和市场秩序规范释放新空间，以扩大有效供给和品质提升满足新需求，以创新驱动产品升级和产业发展，推动消费和投资良性互动、产业升级和消费升级协同共进、创新驱动和经济转型有效对接，构建消费升级、有效投资、创新驱动、经济转型有机结合的发展路径，为经济提质增效升级提供更持久、更强劲的动力。

坚持消费引领，以消费升级带动产业升级。顺应消费升级规律，坚持消费者优先，以新消费为牵引，催生新技术、新产业，使中国制造不仅能够适应市场、满足基本消费，还能引导市场、促进新消费，加快形成消费引领投资、激励创新、繁荣经济、改善民生的良性循环机制。

坚持创新驱动，以供给创新释放消费潜力。营造有利于大众创业、万众创新的良好市场环境，以科技创新为核心引领全面创新，推动科技成果转化应用，培育形成更多新技术、新产业、新业态、新模式，以花色品种多样、服务品质提升为导向，增加优质新型产品和生活服务等有效供给，满足不同群体不断升级的多样化消费需求。

坚持市场主导，以公平竞争激发社会活力。加快推进全国统一市场建设，清除市场壁垒，维护市场秩序，促进商品和要素自由流动、平等交换，资源和要素高效配置。强化企业的市场主体地位和主体责任，完善市场监管，保护消费者合法权益，实现消费者自由选择、自主消费、安全消费，企业诚信守法、自主经营、公平竞争，最大限度地激发市场主体创新创造活力。

坚持制度保障，以体制创新培植持久动力。统筹推进体制机制和政策体系的系统性优化，着力加强供给侧结构性改革，以更加完善的体制机制引导和规范市场主体行为，推动形成节约、理性、绿色、健康的现代生产消费方式，努力构建新消费引领新投资、形成新供给新动力的良好环境和长效机制。实施更加积极主动的开放战略，更好利用全球要素和全球市场推动国内产业升级，更好利用全球商品和服务满足国内多元化、高品质的消费需求。

### 三、消费升级重点领域和方向

我国消费结构正在发生深刻变化，以消费新热点、消费新模式为主要内容的消费升级，将引领相关产业、基础设施和公共服务投资迅速成长，拓展未来发展新空间。

服务消费。随着物质生活水平提高，教育、健康、养老、文化、旅游等既满足人民生活质量改善需求、又有利于人力资本积累和社会创造力增强的服务消费迅速增长。职业技能培训、文化艺术培训等教育培训消费，健康管理、体育健身、高端医疗、生物医药等健康消费，家政服务和老年用品、照料护理等养老产业及适老化改造，动漫游戏、创意设计、网络文化、数字内容等新兴文化产业及传统文化消费升级，乡村旅游、自驾车房车旅游、邮轮旅游、工业旅游及配套设施建设，以及集多种服务于一体的城乡社区服务平台、大型服务综合体等平台建设，发展空间广阔。

信息消费。信息技术的广泛运用特别是移动互联网的普及，正在改变消费习惯、变革消费模式、重塑消费流程，催生跨区跨境、线上线下、体验分享等多种消费业态兴起。互联网与协同制造、机器人、汽车、商业零售、交通运输、农业、教育、医疗、旅游、文化、娱乐等产业跨界融合，在刺激信息消费、带动各领域消费的同时，也为云计算、大数据、物联网等基础设施建设，以及可穿戴设备、智能家居等智能终端相关技术研发和产品服务发展提供了广阔前景。

绿色消费。生态文明理念和绿色消费观念日益深入人心，绿色消费从生态有机食品向空气净化器、净水器、节能节水器具、绿色家电、绿色建材等有利于节约资源、改善环境的商品和服务拓展。这将推动循环经济、生态经济、低碳经济蓬勃发展，为生态农业、新能源、节能节水、资源综合利用、环境保护与污染治理、生态保护与修复等领域技术研发、生产服务能力提升和基础设施建设提供大量投资创业机会。

时尚消费。随着模仿型排浪式消费阶段的基本结束，个性化多样化消费渐成主流，特别是年轻一代更加偏好体现个性特征的时尚品牌商品和服务，将推动与消费者体验、个性化设计、柔性制造等相关的产业加速发展。同时，中高收入群体规模的壮大使得通用航空、邮轮等传统高端消费日益普及，消费潜力加速释放，并激发相关基础设施建设的投资需求。

品质消费。随着居民收入水平不断提高，广大消费者特别是中等收入群体对消费质量提出了更高要求，更加安全实用、更为舒适美观、更有品位格调的品牌商品消费发展潜力巨大。这类消费涉及几乎所有传统消费品和服务，将会带动传统产业改造提升和产品升级换代。

农村消费。随着农村居民收入持续较快增长、城市消费示范效应扩散、消费观念和消费方式快速更新，农村消费表现出明显的梯度追赶型特征，在交通通信、文化娱乐、绿色环保、家电类耐用消费品和家用轿车等方面还有很大提升空间。适宜农村地区的分布式能源、农业废弃物资源化综合利用和垃圾污水处理设施、农村水电路气信息等基础设施建设改造投资潜力巨大。

## 四、加快推进重点领域制度创新

加快破除阻碍消费升级和产业升级的体制机制障碍，维护全国统一市场和各类市场主体公平竞争，以事业单位改革为突破口加快服务业发展，以制度创新助推新兴产业发展，以推进人口城镇化为抓手壮大消费群体，激发市场内在活力。

（一）加快建设全国统一大市场。健全公平开放透明的市场规则，建立公平竞争审查制度，实现商品和要素自由流动、各类市场主体公平有序竞争。系统清理地方保护和部门分割政策，消除跨部门、跨行业、跨地区销售商品、提供服务、发展产业的制度障碍，严禁对外地企业、产品和服务设定歧视性准入条件。消除各种显性和隐性行政性垄断，加强反垄断执法，制定保障各类市场主体依法平等进入自然垄断、特许经营领域的具体办法，规范网络型自然垄断领域的产品和服务。

（二）加大服务业对内对外开放力度。加快推进公立教育、医疗、养老、文化等事业单位分类改革，尽快将生产经营类事业单位转为企业。创新公共服务供给方式，合理区分基本与非基本公共服务，政府重在保基本，扩大向社会购买基本公共服务的范围和比重，非基本公共服务主要由市场提供，鼓励社会资本提供个性化多样化服务。全面放宽民间资本市场准入，降低准入门槛，取消各种不合理前置审批事项。积极扩大服务业对外开放，对外资实行准入前国民待遇加负面清单管理模式，分领域逐步减少、放宽、放开对外资的限制。按照服务性质而不是所有制性质制定服务业发展政策，保障民办与公办机构在资格准入、职称评定、土地供给、财政支持、政府采购、监督管理等各方面公平发展。

（三）加强助推新兴领域发展的制度保障。加快推进适应新产业、新业态发展需要的制度建设。全面推进"三网融合"。加快推进低空空域开放。调整完善有利于新技术应用、个性化生产方式发展、智能微电网等新基础设施建设、"互联网+"广泛拓展、使用权短期租赁等分享经济模式成长的配套制度。建立健全有利于医养结合等行业跨界融合以及三次产业融合发展的政策和制度安排。在新兴领域避免出台事前干预性或限制性政策，建立企业从设立到退出全过程的规范化管理制度以及适应从业人员就业灵活、企业运营服务虚拟化等特点的管理服务方式，最大限度地简化审批程序，为新兴业态发展创造宽松环境。

（四）加快推进人口城镇化相关领域改革。加快户籍制度改革，释放农业转移人口消费潜力。督促各地区抓紧出台具体可操作的户籍制度改革措施，鼓励各地区放宽落户条件，逐步消除城乡区域间户籍壁垒。省会及以下城市要放开对吸收高校毕业生落户的限制，加快取消地级及以下城市对农业转移人口及其家属落户的限制。加快推进城镇基本公共服务向常住人口全覆盖，完善社保关系转移接续制度和随迁子女就学保障机制。鼓励中小城市采取措施，支持农业转移人口自用住房消费。

## 五、全面改善优化消费环境

加快完善标准体系和信用体系，加强质量监管，规范消费市场秩序，强化企业责任意识和主体责任，健全消费者权益保护机制，完善消费基础设施网络，打造面向全球的国际消费市场，营造安全、便利、诚信的良好消费环境。

（五）全面提高标准化水平。健全标准体系，加快制定和完善重点领域及新兴业态的相关标准，强化农产品、食品、药品、家政、养老、健康、体育、文化、旅游、现代物流等领域关键标准制修订，加强新一代信息技术、生物技术、智能制造、节能环保等新兴产业关键标准研究制定。提高国内标准与国际标准水平一致性程度。建立企业产品和服务标准自我声明公开和监督制度。整合优化全国标准信息网络平台。加强检验检测和认证认可能力建设。

（六）完善质量监管体系。建立健全预防为主、防范在先的质量监管体系，全面提升监管能力、效率和精准度。在食品药品、儿童用品、日用品等领域建立全过程质量安全追溯体系。大力推广随机抽查机制，完善产品质量监督抽查和服务质量监督检查制度，广泛运用大数据开展监测分析，建立健全产品质量风险监控和产品伤害监测体系。实行企业产品质量监督检查结果公开制度，健全质量安全事故强制报告、缺陷产品强制召回、严重失信企业强制退出机制。完善商会、行业协会、征信机构、保险金融机构等专门机构和中介服务组织以及消费者、消费者组织、新闻媒体参与的监督机制。

（七）改善市场信用环境。推动建立健全信用法律法规和标准体系，充分利用全国统一的信用信息共享交换平台，加强违法失信行为信息的在线披露和共享。加快构建守信激励和失信惩戒机制，实施企业经营异常名录、失信企业"黑名单"、强制退出等制度，推进跨地区、跨部门信用奖惩联动。引导行业组织开展诚信自律等行业信用建设。全面推行明码标价、明码实价，依法严惩价格欺诈、质价不符等价格失信行为。

（八）健全消费者权益保护机制。推动完善商品和服务质量相关法律法规，推动修订现行法律法规中不利于保护消费者权益的条款。强化消费者权益司法保护，扩大适用举证责任倒置的商品和服务范围。完善落实消费领域诉讼调解对接机制，探索构建消费纠纷独立非诉第三方调解组织。健全公益诉讼制度，适当扩大公益诉讼主体范围。加快建立跨境消费消费者权益保护机制。完善和强化消费领域惩罚性赔偿制度，加大对侵权行为的惩处力度。严厉打击制售假冒伪劣商品、虚假宣传、侵害消费者个人信息安全等违法行为。充分发挥消费者协会等社会组织在维护消费者权益方面的作用。建设全国统一的消费者维权服务网络信息平台，加强对消费者进行金融等专业知识普及工作。

（九）强化基础设施网络支撑。适应消费结构、消费模式和消费形态变化，系统构建和完善基础设施体系。加快新一代信息基础设施网络建设，提升互联网协议第6版（IPv6）用户普及率和网络接入覆盖率，加快网络提速降费。推动跨地区跨行业跨所有制的物流信息平台建设，在城市社区和村镇布局建设共同配送末端网点，提高"最后一公里"的物流配送效率。加快旅游咨询中心和集散中心、自驾车房车营地、旅游厕所、停车场等旅游基础设施建设，大力发展智能交通，推动从机场、车站、客运码头到主要景区交通零距离换乘和无缝化衔接，开辟跨区域旅游新路线和大通道。对各类居住公共服务设施实行最低配置规模限制，加快大众化全民健身和文化设施建设，推进城乡社区公共体育健身设施全覆盖。加快电动汽车充电设施、城市停车场的布局和建设。合理规划建设通用机场、邮轮游艇码头等设施。

（十）拓展农村消费市场。优化农村消费环境，完善农村消费基础设施，大幅降低农村流通成本，充分释放农村消费潜力。统筹规划城乡基础设施网络，加大农村地区和小城镇水电路气基础设施升级改造力度，加快信息、环保基础设施建设，完善养老服务和文化体育设施。加快县级公路货运枢纽站场和乡镇综合运输服务站建设。完善农产品冷链物流设施，健全覆盖农产品采收、产地处理、贮藏、加工、运输、销售等环节的冷链物流体系。支持各类社会资本参与涉农电商平台建设，促进线下产业发展平台和线上电商交易平台结合。发挥小城镇连接城乡、辐射农村的作用，提升产业、文化、旅游和社区服务功能，增强商品和要素集散能力。鼓励有条件的地区规划建设特色小镇。

（十一）积极培育国际消费市场。依托中心城市和重要旅游目的地，培育面向全球旅游消费者的国际消费中心。鼓励有条件的城市运用市场手段以购物节、旅游节、影视节、动漫节、读书季、时装周等为载体，提升各类国际文化体育会展活动的质量和水平，鼓励与周边国家（地区）联合开发国际旅游线路，带动文化娱乐、旅游和体育等相关消费。畅通商品进口渠道，稳步发展进口商品直销等新型商业模式。加快出台增设口岸进境免税店的操作办法。扩大72小时过境免签政策范围，完善和落实境外旅客购物离境退税政策。

## 六、创新并扩大有效供给

紧紧围绕消费升级需求，着力提高供给体系质量和效率，鼓励市场主体提高产品质量、扩大新产品和服务供给，营造大众创业、万众创新的良好环境，适当扩大先进技术装备和日用消费品进口，多渠道增加有效供给。

（十二）改造提升传统产业。加快推动轻工、纺织、食品加工等产业转型升级，瞄准国际标准和细分市场需求，从提高产品功效、性能、适用性、可靠性和外观设计水平入手，全方位提高消费品质量。实施企业技术改造提升行动计划，鼓励传统产业设施装备智能化改造，推动生产方式向数字化、精细化、柔性化转变;推进传统制造业绿色化改造,推行生态设计,加强产品全生命周期绿色管理。支持制造业由生产型向生产服务型转变,引导制造企业延伸产业链条、增加服务环节。实施工业强基工程,重点突破核心基础零部件(元器件)、先进基础工艺、关键基础材料、产业技术基础等瓶颈。加强计量技术基础建设,提升量传溯源、产业计量服务能力。健全国产首台(套)重大技术装备市场应用机制,支持企业研发和推广应用重大创新产品。

(十三)培育壮大战略性新兴产业。顺应新一轮科技革命和产业变革趋势,加快构建现代产业技术体系,高度重视颠覆性技术创新与应用,以技术创新推动产品创新,更好满足智能化、个性化、时尚化消费需求,引领、创造和拓展新需求。培育壮大节能环保、新一代信息技术、新能源汽车等战略性新兴产业。推动三维(3D)打印、机器人、基因工程等产业加快发展,开拓消费新领域。支持可穿戴设备、智能家居、数字媒体等市场前景广阔的新兴消费品发展。完善战略性新兴产业发展政策支持体系。

(十四)大力发展服务业。以产业转型升级需求为导向,着力发展工业设计、节能环保服务、检验检测认证、电子商务、现代流通、市场营销和售后服务等产业,积极培育新型服务业态,促进生产性服务业专业化发展、向价值链高端延伸,为制造业升级提供支撑。顺应生活消费方式向发展型、现代型、服务型转变的趋势,重点发展居民和家庭服务、健康养老服务等贴近人民群众生活、需求潜力大、带动力强的生活性服务业,着力丰富服务内容、创新服务方式,推动生活性服务业便利化、精细化、品质化发展。支持有条件的服务业企业跨业融合发展和集团化网络化经营。

(十五)推动大众创业、万众创新蓬勃发展。加强政策系统集成,完善创业创新服务链条,加快构建有利于创业创新的良好生态,鼓励和支持各类市场主体创新发展。依托国家创新型城市、国家自主创新示范区、战略性新兴产业集聚区等创业创新资源密集区域,构建产业链、创新链与服务链协同发展支持体系,打造若干具有世界影响力的创业创新中心。加快建设大型共用实验装置以及数据资源、生物资源、知识和专利信息服务等科技服务平台。发展众创、众包、众扶、众筹等新模式,支持发展创新工场和虚拟创新社区等新型孵化器,积极打造孵化与创业投资结合、线上与线下结合的开放式服务载体,为新产品、新业态、新模式成长提供支撑。健全知识、技术、管理、技能等创新要素按贡献参与分配的机制。发展知识产权交易市场，严格知识产权保护，加大侵权惩处力度，建立知识产权跨境维权救援机制。

（十六）鼓励和引导企业加快产品服务升级。引导企业更加积极主动适应市场需求变化，支持企业通过提高产品质量、维护良好信誉、打造知名品牌，培育提升核心竞争力。支持企业应用新技术、新工艺、新材料，加快产品升级换代、延长产业链条。支持企业运用新平台、新模式，提高消费便利性和市场占有率。鼓励企业提升市场分析研判、产品研发设计、市场营销拓展、参与全球竞争等能力。优化产业组织结构，培育一批核心竞争力强的企业集团和专业化中小企业。激发和保护企业家精神，鼓励勇于创新、追求卓越。

（十七）适度扩大先进技术装备和日用消费品进口。健全进口管理体制，完善先进技术和设备进口免税政策，积极扩大新技术引进和关键设备、零部件进口；降低部分日用消费品进口关税，研究调整化妆品等品目消费税征收范围，适度增加适应消费升级需求的日用消费品进口。积极解决电子商务在境内外发展的技术、政策等问题，加强标准、支付、物流、通关、计量检测、检验检疫、税收等方面的国际协调，创新跨境电子商务合作方式。

（十八）鼓励企业加强质量品牌建设。实施质量强国战略，大力推动中国质量、中国品牌建设。推行企业产品质量承诺和优质服务承诺标志与管理制度，在教育、旅游、文化、产品"三包"、网络消费等重点领域开展服务业质量提升专项行动。实施品牌价值提升工程，加大"中国精品"培育力度，丰富品牌文化内涵，积极培育发展地理标志商标和知名品牌。保护和传承中华老字号，振兴中国传统手工艺。完善品牌维权与争端解决机制。引导企业健全商标品牌管理体系，鼓励品牌培育和运营专业服务机构发展，培育一批能够展示"中国制造"和"中国服务"优质形象的品牌与企业。

## 七、优化政策支撑体系

着眼于发挥制度优势、弥补市场失灵、引导市场行为，系统调整财税、金融、投资、土地、人才和环境政策，加强政策协调配合，形成有利于消费升级和产业升级协同发展的政策环境。

（十九）强化财税支持政策。加大对新消费相关领域的财政支持力度，更好发挥财政政策对地方政府和市场主体行为的导向作用。完善地方税体系，逐步提高直接税比重，激励地方政府营造良好生活消费环境、重视服务业发展。落实小微企业、创新型企业税收优惠政策和研发费用加计扣除政策。适时推进医疗、养老等行业营业税改征增值税改革试点，扩大增值税抵扣范围。严格落实公益性捐赠所得税税前扣除政策，进一步简化公益性捐赠所得税税前扣除流程。按照有利于拉动国内消费、促进公平竞争的原则，推进消费税改革，研究完善主要适应企业对企业（B2B）交易的跨境电子商务零售进口税收政策，进一步完善行邮税政策及征管措施。健全政府采购政策体系，逐步扩大政府购买服务范围，支持民办社会事业、创新产品和服务、绿色产品等发展。完善消费补贴政策，推动由补供方转为补需方，并重点用于具有市场培育效应和能够创造新需求的领域。

（二十）推动金融产品和服务创新。完善金融服务体系，鼓励金融产品创新，促进金融服务与消费升级、产业升级融合创新。发挥金融创新对技术创新的助推作用，健全覆盖从实验研究、中试到生产全过程的科技创新融资模式，更好发挥政府投资和国家新兴产业创业投资引导基金的杠杆作用，提高信贷支持创新的灵活性和便利性。鼓励商业银行发展创新型非抵押类贷款模式，发展融资担保机构。规范发展多层次资本市场，支持实体经济转型升级。支持互联网金融创新发展，强化普惠金融服务，打造集消费、理财、融资、投资等业务于一体的金融服务平台。支持发展消费信贷，鼓励符合条件的市场主体成立消费金融公司，将消费金融公司试点范围推广至全国。鼓励保险机构开发更多适合医疗、养老、文化、旅游等行业和小微企业特点的保险险种，在产品"三包"、特种设备、重点消费品等领域大力实施产品质量安全责任保险制度。

（二十一）优化政府投资结构。聚焦提供适应新消费新投资发展需要的基础设施和公共服务，创新投资方式，更好发挥政府投资的引领、撬动和催化作用。加大政府对教育、医疗、养老等基础设施，以及农村地区和中西部地区基础设施和公共服务领域的投资力度。加强适应新消费和新产业、新业态、新模式发展需要的基础设施和公共平台建设，强化对科技含量高、辐射带动作用强、有望形成新增长点的重大科技工程项目的支持，充分发挥政府投资对创新创业、技术改造、质量品牌建设等的带动作用。推动健全政府和社会资本合作(PPP)法律法规体系，创新政府投资与市场投资的合作方式，明确并规范政府和社会资本的权责利关系，鼓励和吸引社会资本参与新消费相关基础设施和公共服务领域投资。

（二十二）完善土地政策。按照优化用地结构、提升利用效率的要求，创新建设用地供给方式，更好满足新消费新投资项目用地需求。优化新增建设用地结构，加快实施有利于新产业新业态发展和大众创业、万众创新的用地政策，重点保障新消费新投资发展需要的公共服务设施、交通基础设施、市政公用设施等用地，适当扩大战略性新兴产业、生产性和生活性服务业、科研机构及科技企业孵化机构发展用地，多途径保障电动汽车充电设施、移动通信基站等小型配套基础设施用地。优化存量建设用地结构，积极盘活低效利用建设用地。推广在建城市公交站场、大型批发市场、会展和文体中心地上地下立体开发及综合利用。鼓励原用地企业利用存量房产和土地发展研发设计、创业孵化、节能环保、文化创意、健康养老等服务业。依法盘活农村建设用地存量，重点保障农村养老、文化及社区综合服务设施建设用地，合理规划现代农业设施建设用地。

（二十三）创新人才政策。加大人才培养和引进力度，促进人才流动，为消费升级、产业升级、创新发展提供人才保障。培养适应产业转型升级和新兴产业发展需要的人才队伍，扩大家政、健康、养老等生活性服务业专业人才规模，加强信息、教育、医疗、文化、旅游、环保等领域高技能人才和专业技术人才队伍建设。培养更多既懂农业生产又懂电子商务的新型农民。推动医疗、教育、科技等领域人才以多种形式充分流动。完善医疗、养老服务护理人员职业培训补贴等政策。通过完善永久居留权、探索放宽国籍管理、创造宽松便利条件等措施加大对国际优秀人才的吸引力度。

（二十四）健全环境政策体系。建立严格的生态环境保护政策体系，强化节约环保意识，以健康节约绿色消费方式引导生产方式变革。完善统一的绿色产品标准、标识、认证等体系，开展绿色产品评价，政府采购优先购买节能环保产品。鼓励购买节能环保产品和服务，支持绿色技术、产品研发和推广应用。鼓励发展绿色建筑、绿色制造、绿色交通、绿色能源，支持循环园区、低碳城市、生态旅游目的地建设。建立绿色金融体系，发展绿色信贷、绿色债券和绿色基金。推行垃圾分类回收和循环利用，推动生产和生活系统的循环链接。推进生态产品市场化，建立完善节能量、碳排放权、排污权、水权交易制度。大力推行合同能源管理和环境污染第三方治理。

各地区、各部门要高度重视并主动顺应消费升级大趋势，积极发挥新消费引领作用，加快培育形成新供给新动力，推动经济实现有质量、有效益、可持续发展。要加强组织领导和统筹协调，强化部门协同和上下联动，推动系统清理并修订或

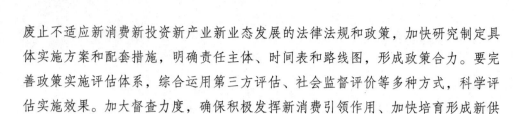 

废止不适应新消费新投资新产业新业态发展的法律法规和政策，加快研究制定具体实施方案和配套措施，明确责任主体、时间表和路线图，形成政策合力。要完善政策实施评估体系，综合运用第三方评估、社会监督评价等多种方式，科学评估实施效果。加大督查力度，确保积极发挥新消费引领作用、加快培育形成新供给新动力各项任务措施落到实处。

## 附录 7

# 中国制造2025

制造业是国民经济的主体，是立国之本、兴国之器、强国之基。十八世纪中叶开启工业文明以来，世界强国的兴衰史和中华民族的奋斗史一再证明，没有强大的制造业，就没有国家和民族的强盛。打造具有国际竞争力的制造业，是我国提升综合国力、保障国家安全、建设世界强国的必由之路。

新中国成立尤其是改革开放以来，我国制造业持续快速发展，建成了门类齐全、独立完整的产业体系，有力推动工业化和现代化进程，显著增强综合国力，支撑我世界大国地位。然而，与世界先进水平相比，我国制造业仍然大而不强，在自主创新能力、资源利用效率、产业结构水平、信息化程度、质量效益等方面差距明显，转型升级和跨越发展的任务紧迫而艰巨。

当前，新一轮科技革命和产业变革与我国加快转变经济发展方式形成历史性交汇，国际产业分工格局正在重塑。必须紧紧抓住这一重大历史机遇，按照"四个全面"战略布局要求，实施制造强国战略，加强统筹规划和前瞻部署，力争通过三个十年的努力，到新中国成立一百年时，把我国建设成为引领世界制造业发展的制造强国，为实现中华民族伟大复兴的中国梦打下坚实基础。

《中国制造2025》，是我国实施制造强国战略第一个十年的行动纲领。

## 一、发展形势和环境

### （一）全球制造业格局面临重大调整

新一代信息技术与制造业深度融合，正在引发影响深远的产业变革，形成新的生产方式、产业形态、商业模式和经济增长点。各国都在加大科技创新力度，推动三维（3D）打印、移动互联网、云计算、大数据、生物工程、新能源、新材料等领域取得新突破。基于信息物理系统的智能装备、智能工厂等智能制造正在引领制造方式变革；网络众包、协同设计、大规模个性化定制、精准供应链管理、全生命周期管理、电子商务等正在重塑产业价值链体系；可穿戴智能产品、智能家电、智能汽车等智能终端产品不断拓展制造业新领域。我国制造业转型升级、创新发展迎来重大机遇。

全球产业竞争格局正在发生重大调整，我国在新一轮发展中面临巨大挑战。国际金融危机发生后，发达国家纷纷实施"再工业化"战略，重塑制造业竞争新优势，加速推进新一轮全球贸易投资新格局。一些发展中国家也在加快谋划和布局，积极参与全球产业再分工，承接产业及资本转移，拓展国际市场空间。我国制造业面临发达国家和其他发展中国家"双向挤压"的严峻挑战，必须放眼全球，加紧战略部署，着眼建设制造强国，固本培元，化挑战为机遇，抢占制造业新一轮竞争制高点。

### （二）我国经济发展环境发生重大变化

随着新型工业化、信息化、城镇化、农业现代化同步推进，超大规模内需潜力不断释放，为我国制造业发展提供了广阔空间。各行业新的装备需求、人民群众新的消费需求、社会管理和公共服务新的民生需求、国防建设新的安全需求，都要求制造业在重大技术装备创新、消费品质量和安全、公共服务设施设备供给和国防装备保障等方面迅速提升水平和能力。全面深化改革和进一步扩大开放，将不断激发制造业发展活力和创造力，促进制造业转型升级。

我国经济发展进入新常态，制造业发展面临新挑战。资源和环境约束不断强化，劳动力等生产要素成本不断上升，投资和出口增速明显放缓，主要依靠资源要素投入、规模扩张的粗放发展模式难以为继，调整结构、转型升级、提质增效刻不容缓。形成经济增长新动力，塑造国际竞争新优势，重点在制造业，难点在制造业，出路也在制造业。

### （三）建设制造强国任务艰巨而紧迫

经过几十年的快速发展，我国制造业规模跃居世界第一位，建立起门类齐全、独立完整的制造体系，成为支撑我国经济社会发展的重要基石和促进世界经济发展的重要力量。持续的技术创新，大大提高了我国制造业的综合竞争力。载人航天、载人深潜、大型飞机、北斗卫星导航、超级计算机、高铁装备、百万千瓦级发电装备、万米深海石油钻探设备等一批重大技术装备取得突破，形成了若干具有国际竞争力的优势产业和骨干企业，我国已具备了建设工业强国的基础和条件。

但我国仍处于工业化进程中，与先进国家相比还有较大差距。制造业大而不强，自主创新能力弱，关键核心技术与高端装备对外依存度高，以企业为主体的制造业创新体系不完善；产品档次不高，缺乏世界知名品牌；资源能源利用效率低，环境污染问题较为突出；产业结构不合理，高端装备制造业和生产性服务业发展滞后；信息化水平不高，与工业化融合深度不够；产业国际化程度不高，企业全球化经营能力不足。推进制造强国建设，必须着力解决以上问题。

建设制造强国，必须紧紧抓住当前难得的战略机遇，积极应对挑战，加强统筹规划，突出创新驱动，制定特殊政策，发挥制度优势，动员全社会力量奋力拼搏，更多依靠中国装备、依托中国品牌，实现中国制造向中国创造的转变，中国速度向中国质量的转变，中国产品向中国品牌的转变，完成中国制造由大变强的战略任务。

## 二、战略方针和目标

### （一）指导思想

全面贯彻党的十八大和十八届二中、三中、四中全会精神，坚持走中国特色新型工业化道路，以促进制造业创新发展为主题，以提质增效为中心，以加快新一代信息技术与制造业深度融合为主线，以推进智能制造为主攻方向，以满足经济社会发展和国防建设对重大技术装备的需求为目标，强化工业基础能力，提高综合集成水平，完善多层次多类型人才培养体系，促进产业转型升级，培育有中国特色的制造文化，实现制造业由大变强的历史跨越。基本方针是：

——创新驱动。坚持把创新摆在制造业发展全局的核心位置，完善有利于创新的制度环境，推动跨领域跨行业协同创新，突破一批重点领域关键共性技术，促进制造业数字化网络化智能化，走创新驱动的发展道路。

——质量为先。坚持把质量作为建设制造强国的生命线，强化企业质量主体责任，加强质量技术攻关、自主品牌培育。建设法规标准体系、质量监管体系、先进质量文化，营造诚信经营的市场环境，走以质取胜的发展道路。

——绿色发展。坚持把可持续发展作为建设制造强国的重要着力点，加强节能环保技术、工艺、装备推广应用，全面推行清洁生产。发展循环经济，提高资源回收利用效率，构建绿色制造体系，走生态文明的发展道路。

——结构优化。坚持把结构调整作为建设制造强国的关键环节，大力发展先进制造业，改造提升传统产业，推动生产型制造向服务型制造转变。优化产业空

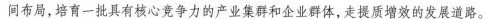

间布局,培育一批具有核心竞争力的产业集群和企业群体,走提质增效的发展道路。

——人才为本。坚持把人才作为建设制造强国的根本,建立健全科学合理的选人、用人、育人机制,加快培养制造业发展急需的专业技术人才、经营管理人才、技能人才。营造大众创业、万众创新的氛围,建设一支素质优良、结构合理的制造业人才队伍,走人才引领的发展道路。

## (二)基本原则

市场主导,政府引导。全面深化改革,充分发挥市场在资源配置中的决定性作用,强化企业主体地位,激发企业活力和创造力。积极转变政府职能,加强战略研究和规划引导,完善相关支持政策,为企业发展创造良好环境。

立足当前,着眼长远。针对制约制造业发展的瓶颈和薄弱环节,加快转型升级和提质增效,切实提高制造业的核心竞争力和可持续发展能力。准确把握新一轮科技革命和产业变革趋势,加强战略谋划和前瞻部署,扎扎实实打基础,在未来竞争中占据制高点。

整体推进,重点突破。坚持制造业发展全国一盘棋和分类指导相结合,统筹规划,合理布局,明确创新发展方向,促进军民融合深度发展,加快推动制造业整体水平提升。围绕经济社会发展和国家安全重大需求,整合资源,突出重点,实施若干重大工程,实现率先突破。

自主发展,开放合作。在关系国计民生和产业安全的基础性、战略性、全局性领域,着力掌握关键核心技术,完善产业链条,形成自主发展能力。继续扩大开放,积极利用全球资源和市场,加强产业全球布局和国际交流合作,形成新的比较优势,提升制造业开放发展水平。

## (三)战略目标

立足国情,立足现实,力争通过"三步走"实现制造强国的战略目标。

第一步:力争用十年时间,迈入制造强国行列。

到2020年,基本实现工业化,制造业大国地位进一步巩固,制造业信息化水平大幅提升。掌握一批重点领域关键核心技术,优势领域竞争力进一步增强,产品质量有较大提高。制造业数字化、网络化、智能化取得明显进展。重点行业单位工业增加值能耗、物耗及污染物排放明显下降。

到2025年,制造业整体素质大幅提升,创新能力显著增强,全员劳动生产率明显提高，两化（工业化和信息化）融合迈上新台阶。重点行业单位工业增加值能耗、物耗及污染物排放达到世界先进水平。形成一批具有较强国际竞争力的跨国公司和产业集群，在全球产业分工和价值链中的地位明显提升。

第二步：到 2035 年，我国制造业整体达到世界制造强国阵营中等水平。创新能力大幅提升，重点领域发展取得重大突破，整体竞争力明显增强，优势行业形成全球创新引领能力，全面实现工业化。

第三步：新中国成立一百年时，制造业大国地位更加巩固，综合实力进入世界制造强国前列。制造业主要领域具有创新引领能力和明显竞争优势，建成全球领先的技术体系和产业体系。

**2020 年和 2025 年制造业主要指标**

| 类别 | 指标 | 2013年 | 2015年 | 2020年 | 2025年 |
|---|---|---|---|---|---|
| 创新能力 | 规模以上制造业研发经费内部支出占主营业务收入比重（%） | 0.88 | 0.95 | 1.26 | 1.68 |
| | 规模以上制造业每亿元主营业务收入有效发明专利数1（件） | 0.36 | 0.44 | 0.70 | 1.10 |
| 质量效益 | 制造业质量竞争力指数2 | 83.1 | 83.5 | 84.5 | 85.5 |
| | 制造业增加值率提高 | — | — | 比2015年提高2个百分点 | 比2015年提高4个百分点 |
| | 制造业全员劳动生产率增速（%） | — | — | 7.5左右（"十三五"期间年均增速） | 6.5左右（"十四五"期间年均增速） |
| 两化融合 | 宽带普及率3（%） | 37 | 50 | 70 | 82 |
| | 数字化研发设计工具普及率4（%） | 52 | 58 | 72 | 84 |
| | 关键工序数控化率5（%） | 27 | 33 | 50 | 64 |
| 绿色发展 | 规模以上单位工业增加值能耗下降幅度 | — | — | 比2015年下降18% | 比2015年下降34% |
| | 单位工业增加值二氧化碳排放量下降幅度 | — | — | 比2015年下降22% | 比2015年下降40% |
| | 单位工业增加值用水量下降幅度 | — | — | 比2015年下降23% | 比2015年下降41% |
| | 工业固体废物综合利用率（%） | 62 | 65 | 73 | 79 |

1. 规模以上制造业每亿元主营业务收入有效发明专利数＝规模以上制造企业有效发明专利数/规模以上制造企业主营业务收入。

2. 制造业质量竞争力指数是反映我国制造业质量整体水平的经济技术综合指标，由质量水平和发展能力两个方面共计 12 项具体指标计算得出。

3. 宽带普及率用固定宽带家庭普及率代表，固定宽带家庭普及率＝固定宽带家庭用户数/家庭户数。

4. 数字化研发设计工具普及率＝应用数字化研发设计工具的规模以上企业数量/规模以上企业总数量（相关资料来源于 3 万家样本企业，下同）。

5. 关键工序数控化率为规模以上工业企业关键工序数控化率的平均值。

## 三、战略任务和重点

实现制造强国的战略目标，必须坚持问题导向，统筹谋划，突出重点；必须凝聚全社会共识，加快制造业转型升级，全面提高发展质量和核心竞争力。

### （一）提高国家制造业创新能力

完善以企业为主体、市场为导向、政产学研用相结合的制造业创新体系。围绕产业链部署创新链，围绕创新链配置资源链，加强关键核心技术攻关，加速科技成果产业化，提高关键环节和重点领域的创新能力。

加强关键核心技术研发。强化企业技术创新主体地位，支持企业提升创新能力，推进国家技术创新示范企业和企业技术中心建设，充分吸纳企业参与国家科技计划的决策和实施。瞄准国家重大战略需求和未来产业发展制高点，定期研究制定发布制造业重点领域技术创新路线图。继续抓紧实施国家科技重大专项，通过国家科技计划（专项、基金等）支持关键核心技术研发。发挥行业骨干企业的主导作用和高等院校、科研院所的基础作用，建立一批产业创新联盟，开展政产学研用协同创新，攻克一批对产业竞争力整体提升具有全局性影响、带动性强的关键共性技术，加快成果转化。

提高创新设计能力。在传统制造业、战略性新兴产业、现代服务业等重点领域开展创新设计示范，全面推广应用以绿色、智能、协同为特征的先进设计技术。加强设计领域共性关键技术研发，攻克信息化设计、过程集成设计、复杂过程和系统设计等共性技术，开发一批具有自主知识产权的关键设计工具软件，建设完善创新设计生态系统。建设若干具有世界影响力的创新设计集群，培育一批专业化、开放型的工业设计企业，鼓励代工企业建立研究设计中心，向代设计和出口自主品牌产品转变。发展各类创新设计教育，设立国家工业设计奖，激发全社会创新设计的积极性和主动性。

推进科技成果产业化。完善科技成果转化运行机制，研究制定促进科技成果转化和产业化的指导意见，建立完善科技成果信息发布和共享平台，健全以技术交易市场为核心的技术转移和产业化服务体系。完善科技成果转化激励机制，推动事业单位科技成果使用、处置和收益管理改革，健全科技成果科学评估和市场定价机制。完善科技成果转化协同推进机制，引导政产学研用按照市场规律和创新规律加强合作，鼓励企业和社会资本建立一批从事技术集成、熟化和工程化的中试基地。加快国防科技成果转化和产业化进程，推进军民技术双向转移转化。

完善国家制造业创新体系。加强顶层设计，加快建立以创新中心为核心载体、以公共服务平台和工程数据中心为重要支撑的制造业创新网络，建立市场化的创新方向选择机制和鼓励创新的风险分担、利益共享机制。充分利用现有科技资源，围绕制造业重大共性需求，采取政府与社会合作、政产学研用产业创新战略联盟等新机制新模式，形成一批制造业创新中心（工业技术研究基地），开展关键共性重大技术研究和产业化应用示范。建设一批促进制造业协同创新的公共服务平台，规范服务标准，开展技术研发、检验检测、技术评价、技术交易、质量认证、人才培训等专业化服务，促进科技成果转化和推广应用。建设重点领域制造业工程数据中心，为企业提供创新知识和工程数据的开放共享服务。面向制造业关键共性技术，建设一批重大科学研究和实验设施，提高核心企业系统集成能力，促进向价值链高端延伸。

专栏1　制造业创新中心（工业技术研究基地）建设工程

围绕重点行业转型升级和新一代信息技术、智能制造、增材制造、新材料、生物医药等领域创新发展的重大共性需求，形成一批制造业创新中心（工业技术研究基地），重点开展行业基础和共性关键技术研发、成果产业化、人才培训等工作。制定完善制造业创新中心遴选、考核、管理的标准和程序。

到2020年，重点形成15家左右制造业创新中心（工业技术研究基地），力争到2025年形成40家左右制造业创新中心（工业技术研究基地）。

加强标准体系建设。改革标准体系和标准化管理体制，组织实施制造业标准化提升计划，在智能制造等重点领域开展综合标准化工作。发挥企业在标准制定中的重要作用，支持组建重点领域标准推进联盟，建设标准创新研究基地，协同推进产品研发与标准制定。制定满足市场和创新需要的团体标准，建立企业产品和服务标准自我声明公开和监督制度。鼓励和支持企业、科研院所、行业组织等参与国际标准制定，加快我国标准国际化进程。大力推动国防装备采用先进的民用标准，推动军用技术标准向民用领域的转化和应用。做好标准的宣传贯彻，大力推动标准实施。

强化知识产权运用。加强制造业重点领域关键核心技术知识产权储备，构建产业化导向的专利组合和战略布局。鼓励和支持企业运用知识产权参与市场竞争，培育一批具备知识产权综合实力的优势企业，支持组建知识产权联盟，推动市场主体开展知识产权协同运用。稳妥推进国防知识产权解密和市场化应用。建立健全知识产权评议机制，鼓励和支持行业骨干企业与专业机构在重点领域合作开展专利评估、收购、运营、风险预警与应对。构建知识产权综合运用公共服务平台。鼓励开展跨国知识产权许可。研究制定降低中小企业知识产权申请、保护及维权成本的政策措施。

## （二）推进信息化与工业化深度融合

加快推动新一代信息技术与制造技术融合发展，把智能制造作为两化深度融合的主攻方向；着力发展智能装备和智能产品，推进生产过程智能化，培育新型生产方式，全面提升企业研发、生产、管理和服务的智能化水平。

研究制定智能制造发展战略。编制智能制造发展规划，明确发展目标、重点任务和重大布局。加快制定智能制造技术标准，建立完善智能制造和两化融合管理标准体系。强化应用牵引，建立智能制造产业联盟，协同推动智能装备和产品研发、系统集成创新与产业化。促进工业互联网、云计算、大数据在企业研发设计、生产制造、经营管理、销售服务等全流程和全产业链的综合集成应用。加强智能制造工业控制系统网络安全保障能力建设，健全综合保障体系。

加快发展智能制造装备和产品。组织研发具有深度感知、智慧决策、自动执行功能的高档数控机床、工业机器人、增材制造装备等智能制造装备以及智能化生产线，突破新型传感器、智能测量仪表、工业控制系统、伺服电机及驱动器和减速器等智能核心装置，推进工程化和产业化。加快机械、航空、船舶、汽车、轻工、纺织、食品、电子等行业生产设备的智能化改造，提高精准制造、敏捷制造能力。统筹布局和推动智能交通工具、智能工程机械、服务机器人、智能家电、智能照明电器、可穿戴设备等产品研发和产业化。

推进制造过程智能化。在重点领域试点建设智能工厂／数字化车间，加快人机智能交互、工业机器人、智能物流管理、增材制造等技术和装备在生产过程中的应用，促进制造工艺的仿真优化、数字化控制、状态信息实时监测和自适应控制。加快产品全生命周期管理、客户关系管理、供应链管理系统的推广应用，促进集团管控、设计与制造、产供销一体、业务和财务衔接等关键环节集成，实现智能管控。加快民用爆炸物品、危险化学品、食品、印染、稀土、农药等重点行业智能检测监管体系建设，提高智能化水平。

深化互联网在制造领域的应用。制定互联网与制造业融合发展的路线图，明确发展方向、目标和路径。发展基于互联网的个性化定制、众包设计、云制造等新型制造模式，推动形成基于消费需求动态感知的研发、制造和产业组织方式。建立优势互补、合作共赢的开放型产业生态体系。加快开展物联网技术研发和应用示范，培育智能监测、远程诊断管理、全产业链追溯等工业互联网新应用。实施工业云及工业大数据创新应用试点，建设一批高质量的工业云服务和工业大数据平台，推动软件与服务、设计与制造资源、关键技术与标准的开放共享。

加强互联网基础设施建设。加强工业互联网基础设施建设规划与布局，建设低时延、高可靠、广覆盖的工业互联网。加快制造业集聚区光纤网、移动通信网和无线局域网的部署和建设，实现信息网络宽带升级，提高企业宽带接入能力。针对信息物理系统网络研发及应用需求，组织开发智能控制系统、工业应用软件、故障诊断软件和相关工具、传感和通信系统协议，实现人、设备与产品的实时联通、精确识别、有效交互与智能控制。

专栏2　智能制造工程

紧密围绕重点制造领域关键环节，开展新一代信息技术与制造装备融合的集成创新和工程应用。支持政产学研用联合攻关，开发智能产品和自主可控的智能装置并实现产业化。依托优势企业，紧扣关键工序智能化、关键岗位机器人替代、生产过程智能优化控制、供应链优化，建设重点领域智能工厂／数字化车间。在基础条件好、需求迫切的重点地区、行业和企业中，分类实施流程制造、离散制造、智能装备和产品、新业态新模式、智能化管理、智能化服务等试点示范及应用推广。建立智能制造标准体系和信息安全保障系统，搭建智能制造网络系统平台。

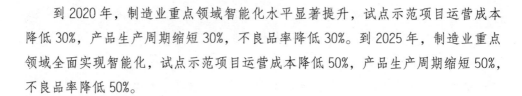

到 2020 年，制造业重点领域智能化水平显著提升，试点示范项目运营成本降低 30%，产品生产周期缩短 30%，不良品率降低 30%。到 2025 年，制造业重点领域全面实现智能化，试点示范项目运营成本降低 50%，产品生产周期缩短 50%，不良品率降低 50%。

### （三）强化工业基础能力

核心基础零部件（元器件）、先进基础工艺、关键基础材料和产业技术基础（以下统称"四基"）等工业基础能力薄弱，是制约我国制造业创新发展和质量提升的症结所在。要坚持问题导向、产需结合、协同创新、重点突破的原则，着力破解制约重点产业发展的瓶颈。

统筹推进"四基"发展。制定工业强基实施方案，明确重点方向、主要目标和实施路径。制定工业"四基"发展指导目录，发布工业强基发展报告，组织实施工业强基工程。统筹军民两方面资源，开展军民两用技术联合攻关，支持军民技术相互有效利用，促进基础领域融合发展。强化基础领域标准、计量体系建设，加快实施对标达标，提升基础产品的质量、可靠性和寿命。建立多部门协调推进机制，引导各类要素向基础领域集聚。

加强"四基"创新能力建设。强化前瞻性基础研究，着力解决影响核心基础零部件（元器件）产品性能和稳定性的关键共性技术。建立基础工艺创新体系，利用现有资源建立关键共性基础工艺研究机构，开展先进成型、加工等关键制造工艺联合攻关；支持企业开展工艺创新，培养工艺专业人才。加大基础专用材料研发力度，提高专用材料自给保障能力和制备技术水平。建立国家工业基础数据库，加强企业试验检测数据和计量数据的采集、管理、应用和积累。加大对"四基"领域技术研发的支持力度，引导产业投资基金和创业投资基金投向"四基"领域重点项目。

推动整机企业和"四基"企业协同发展。注重需求侧激励，产用结合，协同攻关。依托国家科技计划（专项、基金等）和相关工程等，在数控机床、轨道交通装备、航空航天、发电设备等重点领域，引导整机企业和"四基"企业、高校、科研院所产需对接，建立产业联盟，形成协同创新、产用结合、以市场促基础产业发展的新模式，提升重大装备自主可控水平。开展工业强基示范应用，完善首台（套）、首批次政策，支持核心基础零部件（元器件）、先进基础工艺、关键基础材料推广应用。

专栏3 工业强基工程

开展示范应用，建立奖励和风险补偿机制，支持核心基础零部件（元器件）、先进基础工艺、关键基础材料的首批次或跨领域应用。组织重点突破，针对重大工程和重点装备的关键技术和产品急需，支持优势企业开展政产学研用联合攻关，突破关键基础材料、核心基础零部件的工程化、产业化瓶颈。强化平台支撑，布局和组建一批"四基"研究中心，创建一批公共服务平台，完善重点产业技术基础体系。

到2020年，40%的核心基础零部件、关键基础材料实现自主保障，受制于人的局面逐步缓解，航天装备、通信装备、发电与输变电设备、工程机械、轨道交通装备、家用电器等产业急需的核心基础零部件（元器件）和关键基础材料的先进制造工艺得到推广应用。到2025年，70%的核心基础零部件、关键基础材料实现自主保障，80种标志性先进工艺得到推广应用，部分达到国际领先水平，建成较为完善的产业技术基础服务体系，逐步形成整机牵引和基础支撑协调互动的产业创新发展格局。

## （四）加强质量品牌建设

提升质量控制技术，完善质量管理机制，夯实质量发展基础，优化质量发展环境，努力实现制造业质量大幅提升。鼓励企业追求卓越品质，形成具有自主知识产权的名牌产品，不断提升企业品牌价值和中国制造整体形象。

推广先进质量管理技术和方法。建设重点产品标准符合性认定平台，推动重点产品技术、安全标准全面达到国际先进水平。开展质量标杆和领先企业示范活动，普及卓越绩效、六西格玛、精益生产、质量诊断、质量持续改进等先进生产管理模式和方法。支持企业提高质量在线监测、在线控制和产品全生命周期质量追溯能力。组织开展重点行业工艺优化行动，提升关键工艺过程控制水平。开展质量管理小组、现场改进等群众性质量管理活动示范推广。加强中小企业质量管理，开展质量安全培训、诊断和辅导活动。

加快提升产品质量。实施工业产品质量提升行动计划，针对汽车、高档数控机床、轨道交通装备、大型成套技术装备、工程机械、特种设备、关键原材料、基础零部件、电子元器件等重点行业，组织攻克一批长期困扰产品质量提升的关键共性质量技术，加强可靠性设计、试验与验证技术开发应用，推广采用先进成型和加工方法、在线检测装置、智能化生产和物流系统及检测设备等，使重点实物产品的性能稳定性、质量可靠性、环境适应性、使用寿命等指标达到国际同类产品先进水平。在食品、药品、婴童用品、家电等领域实施覆盖产品全生命周期的质量管理、质量自我声明和质量追溯制度，保障重点消费品质量安全。大力提高国防装备质量可靠性，增强国防装备实战能力。

完善质量监管体系。健全产品质量标准体系、政策规划体系和质量管理法律法规。加强关系民生和安全等重点领域的行业准入与市场退出管理。建立消费品生产经营企业产品事故强制报告制度，健全质量信用信息收集和发布制度，强化企业质量主体责任。将质量违法违规记录作为企业诚信评级的重要内容，建立质量黑名单制度，加大对质量违法和假冒品牌行为的打击和惩处力度。建立区域和行业质量安全预警制度，防范化解产品质量安全风险。严格实施产品"三包"、产品召回等制度。强化监管检查和责任追究，切实保护消费者权益。

夯实质量发展基础。制定和实施与国际先进水平接轨的制造业质量、安全、卫生、环保及节能标准。加强计量科技基础及前沿技术研究，建立一批制造业发展急需的高准确度、高稳定性计量基标准，提升与制造业相关的国家量传溯源能力。加强国家产业计量测试中心建设，构建国家计量科技创新体系。完善检验检测技术保障体系，建设一批高水平的工业产品质量控制和技术评价实验室、产品质量监督检验中心，鼓励建立专业检测技术联盟。完善认证认可管理模式，提高强制性产品认证的有效性，推动自愿性产品认证健康发展，提升管理体系认证水平，稳步推进国际互认。支持行业组织发布自律规范或公约，开展质量信誉承诺活动。

推进制造业品牌建设。引导企业制定品牌管理体系，围绕研发创新、生产制造、质量管理和营销服务全过程，提升内在素质，夯实品牌发展基础。扶持一批品牌培育和运营专业服务机构，开展品牌管理咨询、市场推广等服务。健全集体商标、证明商标注册管理制度。打造一批特色鲜明、竞争力强、市场信誉好的产业集群区域品牌。建设品牌文化，引导企业增强以质量和信誉为核心的品牌意识，树立品牌消费理念，提升品牌附加值和软实力。加速我国品牌价值评价国际化进程，充分发挥各类媒体作用，加大中国品牌宣传推广力度，树立中国制造品牌良好形象。

### （五）全面推行绿色制造

加大先进节能环保技术、工艺和装备的研发力度，加快制造业绿色改造升级；

积极推行低碳化、循环化和集约化，提高制造业资源利用效率；强化产品全生命周期绿色管理，努力构建高效、清洁、低碳、循环的绿色制造体系。

加快制造业绿色改造升级。全面推进钢铁、有色、化工、建材、轻工、印染等传统制造业绿色改造，大力研发推广余热余压回收、水循环利用、重金属污染减量化、有毒有害原料替代、废渣资源化、脱硫脱硝除尘等绿色工艺技术装备，加快应用清洁高效铸造、锻压、焊接、表面处理、切削等加工工艺，实现绿色生产。加强绿色产品研发应用，推广轻量化、低功耗、易回收等技术工艺，持续提升电机、锅炉、内燃机及电器等终端用能产品能效水平，加快淘汰落后机电产品和技术。积极引领新兴产业高起点绿色发展，大幅降低电子信息产品生产、使用能耗及限用物质含量，建设绿色数据中心和绿色基站，大力促进新材料、新能源、高端装备、生物产业绿色低碳发展。

推进资源高效循环利用。支持企业强化技术创新和管理，增强绿色精益制造能力，大幅降低能耗、物耗和水耗水平。持续提高绿色低碳能源使用比率，开展工业园区和企业分布式绿色智能微电网建设，控制和削减化石能源消费量。全面推行循环生产方式，促进企业、园区、行业间链接共生、原料互供、资源共享。推进资源再生利用产业规范化、规模化发展，强化技术装备支撑，提高大宗工业固体废弃物、废旧金属、废弃电器电子产品等综合利用水平。大力发展再制造产业，实施高端再制造、智能再制造、在役再制造，推进产品认定，促进再制造产业持续健康发展。

积极构建绿色制造体系。支持企业开发绿色产品，推行生态设计，显著提升产品节能环保低碳水平，引导绿色生产和绿色消费。建设绿色工厂，实现厂房集约化、原料无害化、生产洁净化、废物资源化、能源低碳化。发展绿色园区，推进工业园区产业耦合，实现近零排放。打造绿色供应链，加快建立以资源节约、环境友好为导向的采购、生产、营销、回收及物流体系，落实生产者责任延伸制度。壮大绿色企业，支持企业实施绿色战略、绿色标准、绿色管理和绿色生产。强化绿色监管，健全节能环保法规、标准体系，加强节能环保监察，推行企业社会责任报告制度，开展绿色评价。

专栏4 绿色制造工程

组织实施传统制造业能效提升、清洁生产、节水治污、循环利用等专项技术改造。开展重大节能环保、资源综合利用、再制造、低碳技术产业化示范。实施

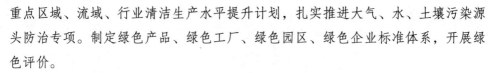

重点区域、流域、行业清洁生产水平提升计划，扎实推进大气、水、土壤污染源头防治专项。制定绿色产品、绿色工厂、绿色园区、绿色企业标准体系，开展绿色评价。

到 2020 年，建成千家绿色示范工厂和百家绿色示范园区，部分重化工行业能源资源消耗出现拐点，重点行业主要污染物排放强度下降 20%。到 2025 年，制造业绿色发展和主要产品单耗达到世界先进水平，绿色制造体系基本建立。

### （六）大力推动重点领域突破发展

瞄准新一代信息技术、高端装备、新材料、生物医药等战略重点，引导社会各类资源集聚，推动优势和战略产业快速发展。

1.新一代信息技术产业。

集成电路及专用装备。着力提升集成电路设计水平，不断丰富知识产权（IP）核和设计工具，突破关系国家信息与网络安全及电子整机产业发展的核心通用芯片，提升国产芯片的应用适配能力。掌握高密度封装及三维（3D）微组装技术，提升封装产业和测试的自主发展能力。形成关键制造装备供货能力。

信息通信设备。掌握新型计算、高速互联、先进存储、体系化安全保障等核心技术，全面突破第五代移动通信（5G）技术、核心路由交换技术、超高速大容量智能光传输技术、"未来网络"核心技术和体系架构，积极推动量子计算、神经网络等发展。研发高端服务器、大容量存储、新型路由交换、新型智能终端、新一代基站、网络安全等设备，推动核心信息通信设备体系化发展与规模化应用。

操作系统及工业软件。开发安全领域操作系统等工业基础软件。突破智能设计与仿真及其工具、制造物联与服务、工业大数据处理等高端工业软件核心技术，开发自主可控的高端工业平台软件和重点领域应用软件，建立完善工业软件集成标准与安全测评体系。推进自主工业软件体系化发展和产业化应用。

2.高档数控机床和机器人。

高档数控机床。开发一批精密、高速、高效、柔性数控机床与基础制造装备及集成制造系统。加快高档数控机床、增材制造等前沿技术和装备的研发。以提升可靠性、精度保持性为重点，开发高档数控系统、伺服电机、轴承、光栅等主要功能部件及关键应用软件，加快实现产业化。加强用户工艺验证能力建设。

机器人。围绕汽车、机械、电子、危险品制造、国防军工、化工、轻工等工业机器人、特种机器人，以及医疗健康、家庭服务、教育娱乐等服务机器人应用需求，积极研发新产品，促进机器人标准化、模块化发展，扩大市场应用。突破机器人本体、减速器、伺服电机、控制器、传感器与驱动器等关键零部件及系统集成设计制造等技术瓶颈。

3. 航空航天装备。

航空装备。加快大型飞机研制，适时启动宽体客机研制，鼓励国际合作研制重型直升机；推进干支线飞机、直升机、无人机和通用飞机产业化。突破高推重比、先进涡桨（轴）发动机及大涵道比涡扇发动机技术，建立发动机自主发展工业体系。开发先进机载设备及系统，形成自主完整的航空产业链。

航天装备。发展新一代运载火箭、重型运载器，提升进入空间能力。加快推进国家民用空间基础设施建设，发展新型卫星等空间平台与有效载荷、空天地宽带互联网系统，形成长期持续稳定的卫星遥感、通信、导航等空间信息服务能力。推动载人航天、月球探测工程，适度发展深空探测。推进航天技术转化与空间技术应用。

4. 海洋工程装备及高技术船舶。

大力发展深海探测、资源开发利用、海上作业保障装备及其关键系统和专用设备。推动深海空间站、大型浮式结构物的开发和工程化。形成海洋工程装备综合试验、检测与鉴定能力，提高海洋开发利用水平。突破豪华邮轮设计建造技术，全面提升液化天然气船等高技术船舶国际竞争力，掌握重点配套设备集成化、智能化、模块化设计制造核心技术。

5. 先进轨道交通装备。

加快新材料、新技术和新工艺的应用，重点突破体系化安全保障、节能环保、数字化智能化网络化技术，研制先进可靠适用的产品和轻量化、模块化、谱系化产品。研发新一代绿色智能、高速重载轨道交通装备系统，围绕系统全寿命周期，向用户提供整体解决方案，建立世界领先的现代轨道交通产业体系。

6. 节能与新能源汽车。

继续支持电动汽车、燃料电池汽车发展，掌握汽车低碳化、信息化、智能化核心技术，提升动力电池、驱动电机、高效内燃机、先进变速器、轻量化材料、智能控制等核心技术的工程化和产业化能力，形成从关键零部件到整车的完整工业体系和创新体系，推动自主品牌节能与新能源汽车同国际先进水平接轨。

7. 电力装备。

推动大型高效超净排放煤电机组产业化和示范应用，进一步提高超大容量水电机组、核电机组、重型燃气轮机制造水平。推进新能源和可再生能源装备、先进储能装置、智能电网用输变电及用户端设备发展。突破大功率电力电子器件、高温超导材料等关键元器件和材料的制造及应用技术，形成产业化能力。

8. 农机装备。

重点发展粮、棉、油、糖等大宗粮食和战略性经济作物育、耕、种、管、收、运、贮等主要生产过程使用的先进农机装备，加快发展大型拖拉机及其复式作业机具、大型高效联合收割机等高端农业装备及关键核心零部件。提高农机装备信息收集、智能决策和精准作业能力，推进形成面向农业生产的信息化整体解决方案。

9. 新材料。

以特种金属功能材料、高性能结构材料、功能性高分子材料、特种无机非金属材料和先进复合材料为发展重点，加快研发先进熔炼、凝固成型、气相沉积、型材加工、高效合成等新材料制备关键技术和装备，加强基础研究和体系建设，突破产业化制备瓶颈。积极发展军民共用特种新材料，加快技术双向转移转化，促进新材料产业军民融合发展。高度关注颠覆性新材料对传统材料的影响，做好超导材料、纳米材料、石墨烯、生物基材料等战略前沿材料提前布局和研制。加快基础材料升级换代。

10. 生物医药及高性能医疗器械。

发展针对重大疾病的化学药、中药、生物技术药物新产品，重点包括新机制和新靶点化学药、抗体药物、抗体偶联药物、全新结构蛋白及多肽药物、新型疫苗、临床优势突出的创新中药及个性化治疗药物。提高医疗器械的创新能力和产业化水平，重点发展影像设备、医用机器人等高性能诊疗设备，全降解血管支架等高值医用耗材，可穿戴、远程诊疗等移动医疗产品。实现生物3D打印、诱导多能干细胞等新技术的突破和应用。

专栏5  高端装备创新工程

组织实施大型飞机、航空发动机及燃气轮机、民用航天、智能绿色列车、节能与新能源汽车、海洋工程装备及高技术船舶、智能电网成套装备、高档数控机床、核电装备、高端诊疗设备等一批创新和产业化专项、重大工程。开发一批标志性、带动性强的重点产品和重大装备，提升自主设计水平和系统集成能力，突破共性关键技术与工程化、产业化瓶颈，组织开展应用试点和示范，提高创新发展能力和国际竞争力，抢占竞争制高点。

到 2020 年，上述领域实现自主研制及应用。到 2025 年，自主知识产权高端装备市场占有率大幅提升，核心技术对外依存度明显下降，基础配套能力显著增强，重要领域装备达到国际领先水平。

### （七）深入推进制造业结构调整

推动传统产业向中高端迈进，逐步化解过剩产能，促进大企业与中小企业协调发展，进一步优化制造业布局。

持续推进企业技术改造。明确支持战略性重大项目和高端装备实施技术改造的政策方向，稳定中央技术改造引导资金规模，通过贴息等方式，建立支持企业技术改造的长效机制。推动技术改造相关立法，强化激励约束机制，完善促进企业技术改造的政策体系。支持重点行业、高端产品、关键环节进行技术改造，引导企业采用先进适用技术，优化产品结构，全面提升设计、制造、工艺、管理水平，促进钢铁、石化、工程机械、轻工、纺织等产业向价值链高端发展。研究制定重点产业技术改造投资指南和重点项目导向计划，吸引社会资金参与，优化工业投资结构。围绕两化融合、节能降耗、质量提升、安全生产等传统领域改造，推广应用新技术、新工艺、新装备、新材料，提高企业生产技术水平和效益。

稳步化解产能过剩矛盾。加强和改善宏观调控，按照"消化一批、转移一批、整合一批、淘汰一批"的原则，分业分类施策，有效化解产能过剩矛盾。加强行业规范和准入管理，推动企业提升技术装备水平，优化存量产能。加强对产能严重过剩行业的动态监测分析，建立完善预警机制，引导企业主动退出过剩行业。切实发挥市场机制作用，综合运用法律、经济、技术及必要的行政手段，加快淘汰落后产能。

促进大中小企业协调发展。强化企业市场主体地位，支持企业间战略合作和跨行业、跨区域兼并重组，提高规模化、集约化经营水平，培育一批核心竞争力强的企业集团。激发中小企业创业创新活力，发展一批主营业务突出、竞争力强、成长性好、专注于细分市场的专业化"小巨人"企业。发挥中外中小企业合作园区示范作用，利用双边、多边中小企业合作机制，支持中小企业走出去和引进来。引导大企业与中小企业通过专业分工、服务外包、订单生产等多种方式，建立协同创新、合作共赢的协作关系。推动建设一批高水平的中小企业集群。

优化制造业发展布局。落实国家区域发展总体战略和主体功能区规划，综合考虑资源能源、环境容量、市场空间等因素，制定和实施重点行业布局规划，调整优化重大生产力布局。完善产业转移指导目录，建设国家产业转移信息服务平台，创建一批承接产业转移示范园区，引导产业合理有序转移，推动东中西部制造业协调发展。积极推动京津冀和长江经济带产业协同发展。按照新型工业化的要求，改造提升现有制造业集聚区，推动产业集聚向产业集群转型升级。建设一批特色和优势突出、产业链协同高效、核心竞争力强、公共服务体系健全的新型工业化示范基地。

### （八）积极发展服务型制造和生产性服务业

加快制造与服务的协同发展，推动商业模式创新和业态创新，促进生产型制造向服务型制造转变。大力发展与制造业紧密相关的生产性服务业，推动服务功能区和服务平台建设。

推动发展服务型制造。研究制定促进服务型制造发展的指导意见，实施服务型制造行动计划。开展试点示范，引导和支持制造业企业延伸服务链条，从主要提供产品制造向提供产品和服务转变。鼓励制造业企业增加服务环节投入，发展个性化定制服务、全生命周期管理、网络精准营销和在线支持服务等。支持有条件的企业由提供设备向提供系统集成总承包服务转变，由提供产品向提供整体解决方案转变。鼓励优势制造业企业"裂变"专业优势，通过业务流程再造，面向行业提供社会化、专业化服务。支持符合条件的制造业企业建立企业财务公司、金融租赁公司等金融机构，推广大型制造设备、生产线等融资租赁服务。

加快生产性服务业发展。大力发展面向制造业的信息技术服务，提高重点行业信息应用系统的方案设计、开发、综合集成能力。鼓励互联网等企业发展移动电子商务、在线定制、线上到线下等创新模式，积极发展对产品、市场的动态监控和预测预警等业务，实现与制造业企业的无缝对接，创新业务协作流程和价值创造模式。加快发展研发设计、技术转移、创业孵化、知识产权、科技咨询等科技服务业，发展壮大第三方物流、节能环保、检验检测认证、电子商务、服务外包、融资租赁、人力资源服务、售后服务、品牌建设等生产性服务业，提高对制造业转型升级的支撑能力。

强化服务功能区和公共服务平台建设。建设和提升生产性服务业功能区，重点发展研发设计、信息、物流、商务、金融等现代服务业，增强辐射能力。依托制造业集聚区，建设一批生产性服务业公共服务平台。鼓励东部地区企业加快制造业服务化转型，建立生产服务基地。支持中西部地区发展具有特色和竞争力的生产性服务业，加快产业转移承接地服务配套设施和能力建设，实现制造业和服务业协同发展。

### （九）提高制造业国际化发展水平

统筹利用两种资源、两个市场，实行更加积极的开放战略，将引进来与走出去更好结合，拓展新的开放领域和空间，提升国际合作的水平和层次，推动重点产业国际化布局，引导企业提高国际竞争力。

提高利用外资与国际合作水平。进一步放开一般制造业，优化开放结构，提高开放水平。引导外资投向新一代信息技术、高端装备、新材料、生物医药等高端制造领域，鼓励境外企业和科研机构在我国设立全球研发机构。支持符合条件的企业在境外发行股票、债券，鼓励与境外企业开展多种形式的技术合作。

提升跨国经营能力和国际竞争力。支持发展一批跨国公司，通过全球资源利用、业务流程再造、产业链整合、资本市场运作等方式，加快提升核心竞争力。支持企业在境外开展并购和股权投资、创业投资，建立研发中心、实验基地和全球营销及服务体系；依托互联网开展网络协同设计、精准营销、增值服务创新、媒体品牌推广等，建立全球产业链体系，提高国际化经营能力和服务水平。鼓励优势企业加快发展国际总承包、总集成。引导企业融入当地文化，增强社会责任意识，加强投资和经营风险管理，提高企业境外本土化能力。

深化产业国际合作，加快企业走出去。加强顶层设计，制定制造业走出去发展总体战略，建立完善统筹协调机制。积极参与和推动国际产业合作，贯彻落实丝绸之路经济带和 21 世纪海上丝绸之路等重大战略部署，加快推进与周边国家互联互通基础设施建设，深化产业合作。发挥沿边开放优势，在有条件的国家和地区建设一批境外制造业合作园区。坚持政府推动、企业主导，创新商业模式，鼓励高端装备、先进技术、优势产能向境外转移。加强政策引导，推动产业合作由加工制造环节为主向合作研发、联合设计、市场营销、品牌培育等高端环节延伸，提高国际合作水平。创新加工贸易模式，延长加工贸易国内增值链条，推动加工贸易转型升级。

## 四、战略支撑与保障

建设制造强国，必须发挥制度优势，动员各方面力量，进一步深化改革，完善政策措施，建立灵活高效的实施机制，营造良好环境；必须培育创新文化和中国特色制造文化，推动制造业由大变强。

## （一）深化体制机制改革

全面推进依法行政，加快转变政府职能，创新政府管理方式，加强制造业发展战略、规划、政策、标准等制定和实施，强化行业自律和公共服务能力建设，提高产业治理水平。简政放权，深化行政审批制度改革，规范审批事项，简化程序，明确时限；适时修订政府核准的投资项目目录，落实企业投资主体地位。完善政产学研用协同创新机制，改革技术创新管理体制机制和项目经费分配、成果评价和转化机制，促进科技成果资本化、产业化，激发制造业创新活力。加快生产要素价格市场化改革，完善主要由市场决定价格的机制，合理配置公共资源；推行节能量、碳排放权、排污权、水权交易制度改革，加快资源税从价计征，推动环境保护费改税。深化国有企业改革，完善公司治理结构，有序发展混合所有制经济，进一步破除各种形式的行业垄断，取消对非公有制经济的不合理限制。稳步推进国防科技工业改革，推动军民融合深度发展。健全产业安全审查机制和法规体系，加强关系国民经济命脉和国家安全的制造业重要领域投融资、并购重组、招标采购等方面的安全审查。

## （二）营造公平竞争市场环境

深化市场准入制度改革，实施负面清单管理，加强事中事后监管，全面清理和废止不利于全国统一市场建设的政策措施。实施科学规范的行业准入制度，制定和完善制造业节能节地节水、环保、技术、安全等准入标准，加强对国家强制性标准实施的监督检查，统一执法，以市场化手段引导企业进行结构调整和转型升级。切实加强监管，打击制售假冒伪劣行为，严厉惩处市场垄断和不正当竞争行为，为企业创造良好生产经营环境。加快发展技术市场，健全知识产权创造、运用、管理、保护机制。完善淘汰落后产能工作涉及的职工安置、债务清偿、企业转产等政策措施，健全市场退出机制。进一步减轻企业负担，实施涉企收费清单制度，建立全国涉企收费项目库，取缔各种不合理收费和摊派，加强监督检查和问责。推进制造业企业信用体系建设，建设中国制造信用数据库，建立健全企业信用动态评价、守信激励和失信惩戒机制。强化企业社会责任建设，推行企业产品标准、质量、安全自我声明和监督制度。

## （三）完善金融扶持政策

深化金融领域改革，拓宽制造业融资渠道，降低融资成本。积极发挥政策性金融、开发性金融和商业金融的优势，加大对新一代信息技术、高端装备、新材料等重点领域的支持力度。支持中国进出口银行在业务范围内加大对制造业走出去的服务力度，鼓励国家开发银行增加对制造业企业的贷款投放，引导金融机构创新符合制造业企业特点的产品和业务。健全多层次资本市场，推动区域性股权市场规范发展，支持符合条件的制造业企业在境内外上市融资、发行各类债务融资工具。引导风险投资、私募股权投资等支持制造业企业创新发展。鼓励符合条件的制造业贷款和租赁资产开展证券化试点。支持重点领域大型制造业企业集团开展产融结合试点，通过融资租赁方式促进制造业转型升级。探索开发适合制造业发展的保险产品和服务，鼓励发展贷款保证保险和信用保险业务。在风险可控和商业可持续的前提下，通过内保外贷、外汇及人民币贷款、债权融资、股权融资等方式，加大对制造业企业在境外开展资源勘探开发、设立研发中心和高技术企业以及收购兼并等的支持力度。

## （四）加大财税政策支持力度

充分利用现有渠道，加强财政资金对制造业的支持，重点投向智能制造、"四基"发展、高端装备等制造业转型升级的关键领域，为制造业发展创造良好政策环境。运用政府和社会资本合作（PPP）模式，引导社会资本参与制造业重大项目建设、企业技术改造和关键基础设施建设。创新财政资金支持方式，逐步从"补建设"向"补运营"转变，提高财政资金使用效益。深化科技计划（专项、基金等）管理改革，支持制造业重点领域科技研发和示范应用，促进制造业技术创新、转型升级和结构布局调整。完善和落实支持创新的政府采购政策，推动制造业创新产品的研发和规模化应用。落实和完善使用首台（套）重大技术装备等鼓励政策，健全研制、使用单位在产品创新、增值服务和示范应用等环节的激励约束机制。实施有利于制造业转型升级的税收政策，推进增值税改革，完善企业研发费用计核方法，切实减轻制造业企业税收负担。

## （五）健全多层次人才培养体系

加强制造业人才发展统筹规划和分类指导，组织实施制造业人才培养计划，加大专业技术人才、经营管理人才和技能人才的培养力度，完善从研发、转化、生产到管理的人才培养体系。以提高现代经营管理水平和企业竞争力为核心，实施企业经营管理人才素质提升工程和国家中小企业银河培训工程，培养造就一批优秀企业家和高水平经营管理人才。以高层次、急需紧缺专业技术人才和创新型人才为重点，实施专业技术人才知识更新工程和先进制造卓越工程师培养计划，在高等学校建设一批工程创新训练中心，打造高素质专业技术人才队伍。强化职业教育和技能培训，引导一批普通本科高等学校向应用技术类高等学校转型，建立一批实训基地，开展现代学徒制试点示范，形成一支门类齐全、技艺精湛的技术技能人才队伍。鼓励企业与学校合作，培养制造业急需的科研人员、技术技能人才与复合型人才，深化相关领域工程博士、硕士专业学位研究生招生和培养模式改革，积极推进产学研结合。加强产业人才需求预测，完善各类人才信息库，构建产业人才水平评价制度和信息发布平台。建立人才激励机制，加大对优秀人才的表彰和奖励力度。建立完善制造业人才服务机构，健全人才流动和使用的体制机制。采取多种形式选拔各类优秀人才重点是专业技术人才到国外学习培训，探索建立国际培训基地。加大制造业引智力度，引进领军人才和紧缺人才。

## （六）完善中小微企业政策

落实和完善支持小微企业发展的财税优惠政策，优化中小企业发展专项资金使用重点和方式。发挥财政资金杠杆撬动作用，吸引社会资本，加快设立国家中小企业发展基金。支持符合条件的民营资本依法设立中小型银行等金融机构，鼓励商业银行加大小微企业金融服务专营机构建设力度，建立完善小微企业融资担保体系，创新产品和服务。加快构建中小微企业征信体系，积极发展面向小微企业的融资租赁、知识产权质押贷款、信用保险保单质押贷款等。建设完善中小企业创业基地，引导各类创业投资基金投资小微企业。鼓励大学、科研院所、工程中心等对中小企业开放共享各种实（试）验设施。加强中小微企业综合服务体系建设，完善中小微企业公共服务平台网络，建立信息互联互通机制，为中小微企业提供创业、创新、融资、咨询、培训、人才等专业化服务。

## （七）进一步扩大制造业对外开放

深化外商投资管理体制改革，建立外商投资准入前国民待遇加负面清单管理机制，落实备案为主、核准为辅的管理模式，营造稳定、透明、可预期的营商环境。全面深化外汇管理、海关监管、检验检疫管理改革，提高贸易投资便利化水平。进一步放宽市场准入，修订钢铁、化工、船舶等产业政策，支持制造业企业通过委托开发、专利授权、众包众创等方式引进先进技术和高端人才，推动利用外资由重点引进技术、资金、设备向合资合作开发、对外并购及引进领军人才转变。加强对外投资立法，强化制造业企业走出去法律保障，规范企业境外经营行为，维护企业合法权益。探索利用产业基金、国有资本收益等渠道支持高铁、电力装备、汽车、工程施工等装备和优势产能走出去，实施海外投资并购。加快制造业走出去支撑服务机构建设和水平提升，建立制造业对外投资公共服务平台和出口产品技术性贸易服务平台，完善应对贸易摩擦和境外投资重大事项预警协调机制。

### （八）健全组织实施机制

成立国家制造强国建设领导小组，由国务院领导同志担任组长，成员由国务院相关部门和单位负责同志担任。领导小组主要职责是：统筹协调制造强国建设全局性工作，审议重大规划、重大政策、重大工程专项、重大问题和重要工作安排，加强战略谋划，指导部门、地方开展工作。领导小组办公室设在工业和信息化部，承担领导小组日常工作。设立制造强国建设战略咨询委员会，研究制造业发展的前瞻性、战略性重大问题，对制造业重大决策提供咨询评估。支持包括社会智库、企业智库在内的多层次、多领域、多形态的中国特色新型智库建设，为制造强国建设提供强大智力支持。建立《中国制造2025》任务落实情况督促检查和第三方评价机制，完善统计监测、绩效评估、动态调整和监督考核机制。建立《中国制造2025》中期评估机制，适时对目标任务进行必要调整。

各地区、各部门要充分认识建设制造强国的重大意义，加强组织领导，健全工作机制，强化部门协同和上下联动。各地区要结合当地实际，研究制定具体实施方案，细化政策措施，确保各项任务落实到位。工业和信息化部要会同相关部门加强跟踪分析和督促指导，重大事项及时向国务院报告。

附录8

# 深化科技体制改革实施方案

深化科技体制改革是全面深化改革的重要内容，是实施创新驱动发展战略、建设创新型国家的根本要求。党的十八大特别是十八届二中、三中、四中全会以来，中央对科技体制改革和创新驱动发展作出了全面部署，出台了一系列重大改革举措。为更好地贯彻落实中央的改革决策，形成系统、全面、可持续的改革部署和工作格局，打通科技创新与经济社会发展通道，最大限度地激发科技第一生产力、创新第一动力的巨大潜能，现制定如下实施方案。

## 一、指导思想、基本原则和主要目标

### （一）指导思想

高举中国特色社会主义伟大旗帜，全面贯彻落实党的十八大和十八届二中、三中、四中全会精神，深入学习贯彻习近平总书记系列重要讲话精神，按照"四个全面"战略布局总要求，坚持走中国特色自主创新道路，聚焦实施创新驱动发展战略，以构建中国特色国家创新体系为目标，全面深化科技体制改革，推动以科技创新为核心的全面创新，推进科技治理体系和治理能力现代化，促进军民融合深度发展，营造有利于创新驱动发展的市场和社会环境，激发大众创业、万众创新的热情与潜力，主动适应和引领经济发展新常态，加快创新型国家建设步伐，为实现发展驱动力的根本转换奠定体制基础。

### （二）基本原则

激发创新。把增强自主创新能力、促进科技与经济紧密结合作为根本目的，以改革驱动创新，强化创新成果同产业对接、创新项目同现实生产力对接、研发人员创新劳动同其利益收入对接，充分发挥市场作用，释放科技创新潜能，打造创新驱动发展新引擎。

问题导向。坚持把破解制约创新驱动发展的体制机制障碍作为着力点，找准突破口，增强针对性，在重要领域和关键环节取得决定性进展，提高改革的质量和效益。

整体推进。坚持科技体制改革与经济社会等领域改革同步发力，既继承又发展，围绕实施创新驱动发展战略和建设国家创新体系，制定具有标志性、带动性的改革举措和政策措施，抓好进度统筹、质量统筹、落地统筹，增强改革的系统性、全面性和协同性。

开放协同。统筹中央和地方改革部署，强化部门改革协同，注重财税、金融、投资、产业、贸易、消费等政策与科技政策的配套，充分利用国内国际资源，加强工作衔接和协调配合，形成改革合力，更大范围、更高层次、更有效率配置创新资源。

落实落地。坚持科技体制改革的目标和方向，统筹衔接当前和长远举措，把握节奏，分步实施，增强改革的有序性。明确部门分工，强化责任担当，注重可操作、可考核、可督查，确保改革举措落地生根，形成标志性成果。

### （三）主要目标

到 2020 年，在科技体制改革的重要领域和关键环节取得突破性成果，基本建立适应创新驱动发展战略要求、符合社会主义市场经济规律和科技创新发展规律的中国特色国家创新体系，进入创新型国家行列。自主创新能力显著增强，技术创新的市场导向机制更加健全，企业、科研院所、高等学校等创新主体充满活力、高效协同，军民科技融合深度发展，人才、技术、资本等创新要素流动更加顺畅，科技管理体制机制更加完善，创新资源配置更加优化，科技人员积极性、创造性充分激发，大众创业、万众创新氛围更加浓厚，创新效率显著提升，为到 2030 年建成更加完备的国家创新体系、进入创新型国家前列奠定坚实基础。

## 二、建立技术创新市场导向机制

企业是科技与经济紧密结合的主要载体，解决科技与经济结合不紧问题的关键是增强企业创新能力和协同创新的合力。要健全技术创新的市场导向机制和政府引导机制，加强产学研协同创新，引导各类创新要素向企业集聚，促进企业成为技术创新决策、研发投入、科研组织和成果转化的主体，使创新转化为实实在在的产业活动，培育新的增长点，促进经济转型升级提质增效。

### （一）建立企业主导的产业技术创新机制，激发企业创新内生动力

1．建立高层次、常态化的企业技术创新对话、咨询制度，发挥企业和企业家在国家创新决策中的重要作用。吸收更多企业参与研究制定国家技术创新规划、计划、政策和标准，相关专家咨询组中产业专家和企业家应占较大比例。

2．市场导向明确的科技项目由企业牵头、政府引导、联合高等学校和科研院所实施。政府更多运用财政后补助、间接投入等方式，支持企业自主决策、先行投入，开展重大产业关键共性技术、装备和标准的研发攻关。开展国家科技计划（专项、基金）后补助试点。

3．开展龙头企业创新转型试点，探索政府支持企业技术创新、管理创新、商业模式创新的新机制。

4．坚持结构性减税方向，逐步将国家对企业技术创新的投入方式转变为以普惠性财税政策为主。

5．统筹研究企业所得税加计扣除政策，完善企业研发费用计核方法，调整目录管理方式，扩大研发费用加计扣除政策适用范围。

6．健全国有企业技术创新经营业绩考核制度，加大技术创新在国有企业经营业绩考核中的比重。对国有企业研发投入和产出进行分类考核，形成鼓励创新、宽容失败的考核机制。完善中央企业负责人经营业绩考核暂行办法。

7．建立健全符合国际规则的支持采购创新产品和服务的政策，加大创新产品和服务采购力度。鼓励采用首购、订购等非招标采购方式以及政府购买服务等方式予以支持，促进创新产品的研发和规模化应用。

8．研究完善使用首台（套）重大技术装备鼓励政策，健全研制、使用单位在产品创新、增值服务和示范应用等环节的激励和约束机制。推进首台（套）重大技术装备保险补偿机制。

### （二）加强科技创新服务体系建设，完善对中小微企业创新的支持方式

9．制定科技型中小企业的条件和标准，为落实扶持中小企业创新政策开辟便捷通道。

10．完善中小企业创新服务体系，加快推进创业孵化、知识产权服务、第三方检验检测认证等机构的专业化、市场化改革，构建面向中小微企业的社会化、专业化、网络化技术创新服务平台。

11．修订高新技术企业认定管理办法，重点鼓励中小企业加大研发力度，

将涉及文化科技支撑、科技服务的核心技术纳入国家重点支持的高新技术领域。

12. 落实和完善政府采购促进中小企业创新发展的相关措施，完善政府采购向中小企业预留采购份额、评审优惠等措施。

### （三）健全产学研用协同创新机制，强化创新链和产业链有机衔接

13. 鼓励构建以企业为主导、产学研合作的产业技术创新战略联盟，制定促进联盟发展的措施，按照自愿原则和市场机制，进一步优化联盟在重点产业和重点区域的布局。加强产学研结合的中试基地和共性技术研发平台建设。

14. 探索在战略性领域采取企业主导、院校协作、多元投资、军民融合、成果分享的新模式，整合形成若干产业创新中心。

15. 制定具体管理办法，允许符合条件的高等学校和科研院所科研人员经所在单位批准，带着科研项目和成果、保留基本待遇到企业开展创新工作或创办企业。

16. 开展高等学校和科研院所设立流动岗位吸引企业人才兼职的试点工作，允许高等学校和科研院所设立一定比例流动岗位，吸引有创新实践经验的企业家和企业科技人才兼职。试点将企业任职经历作为高等学校新聘工程类教师的必要条件。

17. 改进科研人员薪酬和岗位管理制度，破除人才流动的体制机制障碍，促进科研人员在事业单位与企业间合理流动。加快社会保障制度改革，完善科研人员在事业单位与企业之间流动社保关系转移接续政策。

## 三、构建更加高效的科研体系

科研院所和高等学校是源头创新的主力军，必须大力增强其原始创新和服务经济社会发展能力。深化科研院所分类改革和高等学校科研体制机制改革，构建符合创新规律、职能定位清晰的治理结构，完善科研组织方式和运行管理机制，加强分类管理和绩效考核，增强知识创造和供给，筑牢国家创新体系基础。

### （四）加快科研院所分类改革，建立健全现代科研院所制度

18. 完善科研院所法人治理结构，推动科研机构制定章程，探索理事会制度，推进科研事业单位取消行政级别。

19. 制定科研事业单位领导人员管理暂行规定，规范领导人员任职资格、选拔任用、考核评价激励、监督管理等。在有条件的单位对院（所）长实行聘任制。

20．推进公益类科研院所分类改革，落实科研事业单位在编制管理、人员聘用、职称评定、绩效工资分配等方面的自主权。

21．坚持技术开发类科研机构企业化转制方向，对于承担较多行业共性任务的转制科研院所，可组建产业技术研发集团，对行业共性技术研究和市场经营活动进行分类管理、分类考核。推动以生产经营活动为主的转制科研院所深化市场化改革，通过引入社会资本或整体上市，积极发展混合所有制。对于部分转制科研院所中基础能力强的团队，在明确定位和标准的基础上，引导其回归公益，参与国家重点实验室建设，支持其继续承担国家任务。

22．研究制定科研机构创新绩效评价办法，对基础和前沿技术研究实行同行评价，突出中长期目标导向，评价重点从研究成果数量转向研究质量、原创价值和实际贡献；对公益性研究强化国家目标和社会责任评价，定期对公益性研究机构组织第三方评价，将评价结果作为财政支持的重要依据，引导建立公益性研究机构依托国家资源服务行业创新机制。扩大科研机构绩效拨款试点范围，逐步建立财政支持的科研机构绩效拨款制度。

23．实施中国科学院率先行动计划。发挥集科研院所、学部、教育机构于一体的优势，探索中国特色的国家现代科研院所制度。

### （五）完善高等学校科研体系，建设一批世界一流大学和一流学科

24．按照中央财政科技计划管理改革方案，实施"高等学校创新能力提升计划"（2011计划）。

25．制定总体方案，统筹推进世界一流大学和一流学科建设，完善专业设置和动态调整机制，建立以国际同类一流学科为参照的学科评估制度，扩大交流合作，稳步推进高等学校国际化进程。

26．启动高等学校科研组织方式改革，开展自主设立科研岗位试点，推进高等学校研究人员聘用制度改革。

### （六）推动新型研发机构发展，形成跨区域、跨行业的研发和服务网络

27．制定鼓励社会化新型研发机构发展的意见，探索非营利性运行模式。

28．优化国家实验室、重点实验室、工程实验室、工程（技术）研究中心布局，按功能定位分类整合，构建开放共享互动的创新网络。制定国家实验室发展规划、运行规则和管理办法，探索新型治理结构和运行机制。

## 四、改革人才培养、评价和激励机制

创新驱动实质上是人才驱动。改革和完善人才发展机制，加大创新型人才培养力度，对从事不同创新活动的科技人员实行分类评价，制定和落实鼓励创新创造的激励政策，鼓励科研人员持续研究和长期积累，充分调动和激发人的积极性和创造性。

### （七）改进创新型人才培养模式，增强科技创新人才后备力量

29．开展启发式、探究式、研究式教学方法改革试点，弘扬科学精神，营造鼓励创新、宽容失败的创新文化。改革基础教育培养模式，尊重个性发展，强化兴趣爱好和创造性思维培养。

30．以人才培养为中心，着力提高本科教育质量，加快部分普通本科高等学校向应用技术型高等学校转型，开展校企联合招生、联合培养试点，拓展校企合作育人的途径与方式。

31．分类改革研究生培养模式，探索科教结合的学术学位研究生培养新模式，扩大专业学位研究生招生比例，增进教学与实践的融合，建立以科学与工程技术研究为主导的导师责任制和导师项目资助制，推行产学研联合培养研究生的"双导师制"。

32．制定关于深化高等学校创新创业教育改革的实施意见，加大创新创业人才培养力度。

### （八）实行科技人员分类评价，建立以能力和贡献为导向的评价和激励机制

33．建立健全各类人才培养、使用、吸引、激励机制，制定关于深化人才发展体制机制改革的意见。

34．改进人才评价方式，制定关于分类推进人才评价机制改革的指导意见，提升人才评价的科学性。对从事基础和前沿技术研究、应用研究、成果转化等不同活动的人员建立分类评价制度。

35．完善科技人才职称评价标准和方式，制定关于深化职称制度改革的意见，促进职称评价结果和科技人才岗位聘用有效衔接。

36．研究制定事业单位高层次人才收入分配激励机制的政策意见，健全鼓励创新创造的分配激励机制。优化工资结构，保证科研人员合理工资待遇水平。推

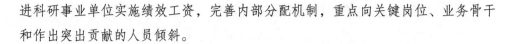

进科研事业单位实施绩效工资，完善内部分配机制，重点向关键岗位、业务骨干和作出突出贡献的人员倾斜。

### （九）深化科技奖励制度改革，强化奖励的荣誉性和对人的激励

37. 制定深化科技奖励改革方案，逐步完善推荐提名制，突出对重大科技贡献、优秀创新团队和青年人才的激励。

38. 完善国家科技奖励工作，修订国家科学技术奖励条例。

39. 引导和规范社会力量设奖，制定关于鼓励社会力量设立科学技术奖的指导意见。

### （十）改进完善院士制度，健全院士遴选、管理和退出机制

40. 完善院士增选机制，改进院士候选人推荐（提名）方式，按照新的章程及相关实施办法开展院士推荐和遴选。

41. 制定规范院士学术兼职和待遇的相关措施，明确相关标准和范围。

42. 制定实施院士退出机制的具体管理措施，加强院士在科学道德建设方面的示范作用。

## 五、健全促进科技成果转化的机制

科技成果转化为现实生产力是创新驱动发展的本质要求。要完善科技成果使用、处置和收益管理制度，加大对科研人员转化科研成果的激励力度，构建服务支撑体系，打通成果转化通道，通过成果应用体现创新价值，通过成果转化创造财富。

### （十一）深入推进科技成果使用、处置和收益管理改革，强化对科技成果转化的激励

43. 推动修订促进科技成果转化法和相关政策规定，在财政资金设立的科研院所和高等学校中，将职务发明成果转让收益在重要贡献人员、所属单位之间合理分配，对用于奖励科研负责人、骨干技术人员等重要贡献人员和团队的比例，可以从现行不低于20%提高到不低于50%。

44. 结合事业单位分类改革要求，尽快将财政资金支持形成的，不涉及国防、国家安全、国家利益、重大社会公共利益的科技成果的使用权、处置权和收益权，全部下放给符合条件的项目承担单位。单位主管部门和财政部门对科技成果在境

内的使用、处置不再审批或备案，科技成果转移转化所得收入全部留归单位，纳入单位预算，实行统一管理，处置收入不上缴国库。总结试点经验，结合促进科技成果转化法修订进程，尽快将有关政策在全国范围内推广。

45．完善职务发明制度，推动修订专利法、公司法等相关内容，完善科技成果、知识产权归属和利益分享机制，提高骨干团队、主要发明人受益比例。完善奖励报酬制度，健全职务发明的争议仲裁和法律救济制度。

46．制定在全国加快推行股权和分红激励政策的办法，对高等学校和科研院所等事业单位以科技成果作价入股的企业，放宽股权奖励、股权出售对企业设立年限和盈利水平的限制。建立促进国有企业创新的激励制度，对在创新中作出重要贡献的技术人员实施股权和分红激励政策。

47．落实国有企业事业单位成果转化奖励的相关政策，国有企业事业单位对职务发明完成人、科技成果转化重要贡献人员和团队的奖励，计入当年单位工资总额，但不纳入工资总额基数。

48．完善事业单位无形资产管理，探索建立适应无形资产特点的国有资产管理考核机制。

### （十二）完善技术转移机制，加速科技成果产业化

49．加强高等学校和科研院所的知识产权管理，完善技术转移工作体系，制定具体措施，推动建立专业化的机构和职业化的人才队伍，强化知识产权申请、运营权责。逐步实现高等学校和科研院所与下属公司剥离，原则上高等学校、科研院所不再新办企业，强化科技成果以许可方式对外扩散，鼓励以转让、作价入股等方式加强技术转移。

50．建立完善高等学校和科研院所科技成果转化年度统计和报告制度，财政资金支持形成的科技成果，除涉及国防、国家安全、国家利益、重大社会公共利益外，在合理期限内未能转化的，可由国家依法强制许可实施。

51．构建全国技术交易市场体系，在明确监管职责和监管规则的前提下，以信息化网络连接依法设立、运行规范的现有各区域技术交易平台，制定促进技术交易和相关服务业发展的措施。

52．统筹研究国家自主创新示范区实行的科技人员股权奖励个人所得税试点政策推广工作。

53．研究制定科研院所和高等学校技术入股形成的国有股转持豁免的政策。

54．推动修订标准化法，强化标准化促进科技成果转化应用的作用。

55．健全科技与标准化互动支撑机制，制定以科技提升技术标准水平、以技术标准促进技术成果转化应用的措施，制定团体标准发展指导意见和标准化良好行为规范，鼓励产业技术创新战略联盟及学会、协会协调市场主体共同制定团体标准，加速创新成果市场化、产业化，提高标准国际化水平。

## 六、建立健全科技和金融结合机制

金融创新对技术创新具有重要的助推作用。要大力发展创业投资，建立多层次资本市场支持创新机制，构建多元化融资渠道，支持符合创新特点的结构性、复合性金融产品开发，完善科技和金融结合机制，形成各类金融工具协同支持创新发展的良好局面。

### （十三）壮大创业投资规模，加大对早中期、初创期创新型企业支持力度

56．扩大国家科技成果转化引导基金规模，吸引优秀创业投资管理团队联合设立一批子基金，开展贷款风险补偿工作。

57．设立国家新兴产业创业投资引导基金，带动社会资本支持战略性新兴产业和高技术产业早期、初创期创新型企业发展。

58．研究设立国家中小企业发展基金，保留专注于科技型中小企业的投资方向。

59．研究制定天使投资相关法规，鼓励和规范天使投资发展，出台私募投资基金管理暂行条例。

60．按照税制改革的方向与要求，对包括天使投资在内的投向种子期、初创期等创新活动的投资，统筹研究相关税收支持政策。

61．研究扩大促进创业投资企业发展的税收优惠政策，适当放宽创业投资企业投资高新技术企业的条件限制，并在试点基础上将享受投资抵扣政策的创业投资企业范围扩大到有限合伙制创业投资企业法人合伙人。

62．结合国有企业改革建立国有资本创业投资基金制度，完善国有创投机构激励约束机制。

63．完善外商投资创业投资企业规定，引导境外资本投向创新领域。

64．研究保险资金投资创业投资基金的相关政策，制定保险资金设立私募投

资基金的办法。

## （十四）强化资本市场对技术创新的支持，促进创新型成长型企业加速发展

65．发挥沪深交易所股权质押融资机制作用，支持符合条件的创新创业企业发行公司债券。

66．支持符合条件的企业发行项目收益债，募集资金用于加大创新投入。

67．推动修订相关法律法规，开展知识产权证券化试点。

68．开展股权众筹融资试点，积极探索和规范发展服务创新的互联网金融。

69．加快创业板市场改革，推动股票发行注册制改革，健全适合创新型、成长型企业发展的制度安排，扩大服务实体经济覆盖面，强化全国中小企业股份转让系统融资、并购、交易等功能，规范发展服务小微企业的区域性股权市场。加强不同层次资本市场的有机联系。

## （十五）拓宽技术创新间接融资渠道，完善多元化融资体系

70．建立知识产权质押融资市场化风险补偿机制，简化知识产权质押融资流程，鼓励有条件的地区建立科技保险奖补机制和再保险制度，加快发展科技保险，开展专利保险试点，完善专利保险服务机制。

71．完善商业银行相关法律。选择符合条件的银行业金融机构，探索试点为企业创新活动提供股权和债权相结合的融资服务方式，与创业投资、股权投资机构实现投贷联动。

72．政策性银行在有关部门及监管机构的指导下，加快业务范围内金融产品和服务方式创新，对符合条件的企业创新活动加大信贷支持力度。

73．稳步发展民营银行，建立与之相适应的监管制度，支持面向中小企业创新需求的金融产品创新。

## 七、（略）

## 八、构建统筹协调的创新治理机制

深化科技管理改革是提升科技资源配置使用效率的根本途径。要加快政府职能转变，加强科技、经济、社会等方面政策的统筹协调和有效衔接，改革中央财政科技计划管理，完善科技管理基础制度，建立创新驱动导向的政绩考核机制，

推进科技治理体系和治理能力现代化。

**（十八）完善政府统筹协调和决策咨询机制，提高科技决策的科学化水平**

82．建立部门科技创新沟通协调机制，加强创新规划制定、任务安排、项目实施等的统筹协调，优化科技资源配置。

83．建立国家科技创新决策咨询机制，发挥好科技界和智库对创新决策的支撑作用，成立国家科技创新咨询委员会，定期向党中央、国务院报告国际科技创新动向。

84．建立并完善国家科技规划体系，国家科技规划进一步聚焦战略需求，重点部署市场不能有效配置资源的关键领域研究。进一步明晰中央和地方科技管理事权和职能定位，建立责权统一的协同联动机制。

85．建立创新政策协调审查机制，启动政策清理工作，废止有违创新规律、阻碍创新发展的政策条款，对新制定政策是否制约创新进行审查。

86．建立创新政策调查和评价制度，定期对政策落实情况进行跟踪分析，及时调整完善。

**（十九）推进中央财政科技计划（专项、基金等）管理改革，再造科技计划管理体系**

87．对现有科技计划（专项、基金等）进行优化整合，按照国家自然科学基金、国家科技重大专项、国家重点研发计划、技术创新引导专项（基金）、基地和人才专项等五类科技计划重构国家科技计划布局，实行分类管理、分类支持。

88．构建统一的国家科技管理平台，建立国家科技计划（专项、基金等）管理部际联席会议制度，组建战略咨询与综合评审委员会，制定议事规则，完善运行机制，加强重大事项的统筹协调。

89．建立专业机构管理项目机制，制定专业机构改建方案和管理制度，逐步推进专业机构的市场化和社会化。

90．建立统一的国家科技计划监督评估机制，制定监督评估通则和标准规范，强化科技计划实施和经费监督检查，开展第三方评估。

**（二十）改革科研项目和资金管理，建立符合科研规律、高效规范的管理制度**

91．建立五类科技计划（专项、基金等）管理和资金管理制度，制定和修订相关计划管理办法和经费管理办法，改进和规范项目管理流程，提高资金使用效率。

92．完善科研项目间接费管理制度。

93．健全完善科研项目资金使用公务卡结算有关制度，健全科研项目和资金巡视检查、审计等制度，依法查处违法违规行为，完善科研项目和资金使用监管机制。

94．制定加强基础研究的指导性文件，在科研布局、科研评价、政策环境、资金投入等方面加强顶层设计和综合施策，切实加大对基础研究的支持力度。完善稳定支持和竞争性支持相协调的机制，加大稳定支持力度，支持研究机构自主布局科研项目，扩大高等学校、科研院所学术自主权和个人科研选题选择权。在基础研究领域建立包容和支持"非共识"创新项目的制度。

95．完善科研信用管理制度，建立覆盖项目决策、管理、实施主体的逐级考核问责机制和责任倒查制度。

**（二十一）全面推进科技管理基础制度建设，推动科技资源开放共享**

96．建立统一的国家科技计划管理信息系统和中央财政科研项目数据库，对科技计划实行全流程痕迹管理。

97．全面实行国家科技报告制度，建立科技报告共享服务机制，将科技报告呈交和共享情况作为对项目承担单位后续支持的依据。

98．全面推进国家创新调查制度建设，发布国家、区域、高新区、企业等创新能力监测评价报告。

99．建立统一开放的科研设施与仪器国家网络管理平台，将所有符合条件的科研设施与仪器纳入平台管理，建立国家重大科研基础设施和大型科研仪器开放共享制度和运行补助机制。

**（二十二）完善宏观经济统计指标体系和政绩考核机制，强化创新驱动导向**

100．改进和完善国内生产总值核算方法，体现科技创新的经济价值。研究建立科技创新、知识产权与产业发展相结合的创新驱动发展评价指标，并纳入国民经济和社会发展规划。

101．完善地方党政领导干部政绩考核办法，把创新驱动发展成效纳入考核范围。

## 九、推动形成深度融合的开放创新局面

以全球视野谋划和推动科技创新。坚持引进来和走出去相结合，开展全方位、多层次、高水平的国际科技合作与交流，深入实施"千人计划"、"万人计划"，加大先进技术和海外高层次人才引进力度，充分利用全球创新资源，以更加积极的策略推动技术和标准输出，提升我国科技创新的国际化水平。

### （二十三）有序开放国家科技计划，提高我国科技的全球影响力

102．制定国家科技计划对外开放的管理办法，鼓励在华的外资研发中心参与承担国家科技计划项目，开展高附加值原创性研发活动，启动外籍科学家参与承担国家科技计划项目实施的试点。

103．在基础研究和重大全球性问题研究领域，研究发起国际大科学计划和工程，积极参与大型国际科技合作计划。吸引国际知名科研机构来华联合组建国际科技中心。鼓励和支持中国科学家在国际科技组织任职。

### （二十四）实行更加积极的人才引进政策，聚集全球创新人才

104．制定外国人永久居留管理的意见，加快外国人永久居留管理立法，规范和放宽技术型人才取得外国人永久居留证的条件，探索建立技术移民制度，对持有外国人永久居留证的外籍高层次人才在创办科技型企业等创新活动方面，给予中国籍公民同等待遇。

105．加快制定外国人在中国工作管理条例，对符合条件的外国人才给予工作许可便利，对符合条件的外国人才及其随行家属给予签证和居留等便利。对满足一定条件的国外高层次科技创新人才取消来华工作许可的年龄限制。

106．开展国有企业事业单位选聘、聘用国际高端人才实行市场化薪酬试点，加大对高端人才激励力度。

107．围绕国家重大需求，面向全球引进首席科学家等高层次科技创新人才。建立访问学者制度，广泛吸引海外高层次人才回国（来华）从事创新研究。

108．开展高等学校和科研院所非涉密的部分岗位全球招聘试点，提高科研院所所长全球招聘比例。

109．逐步放宽外商投资人才中介服务机构的外资持股比例和最低注册资本金要求。鼓励有条件的国内人力资源服务机构走出去与国外人力资源服务机构开

展合作，在境外设立分支机构。

**（二十五）鼓励企业建立国际化创新网络，提升企业利用国际创新资源的能力**

110．进一步完善同主要国家创新对话机制，积极吸收企业参与，在研发合作、技术标准、知识产权、跨国并购等方面为企业搭建沟通和对话平台。

111．健全综合协调机制，支持国内技术、产品、标准、品牌走出去，支持企业在海外设立研发中心、参与国际标准制定。强化技术贸易措施评价和风险预警机制。

**（二十六）优化境外创新投资管理制度，鼓励创新要素跨境流动**

112．研究通过国有重点金融机构发起设立海外创新投资基金，外汇储备通过债权、股权等方式参与设立基金工作，积极吸收其他性质资金参与，更多更好利用全球创新资源。

113．制定鼓励上市公司海外投资创新类项目的措施，改革投资信息披露制度。

114．制定相关规定，对开展国际研发合作项目所需付汇，实行研发单位事先承诺、事后并联监管制度。

115．对科研人员因公出国进行分类管理，放宽因公临时出国批次限量管理政策。

116．改革检验管理，对研发所需设备、样本及样品进行分类管理，在保证安全前提下，采用重点审核、抽检、免检等方式，提高审核效率。

## 十、营造激励创新的良好生态

积极营造公平、开放、透明的市场环境，推动大众创业、万众创新。强化知识产权保护，改进新技术新产品新商业模式的准入管理和产业准入制度，加快推进垄断性行业改革，建立主要由市场决定要素价格的机制，形成有利于转型升级、鼓励创新的产业政策导向，营造勇于探索、鼓励创新、宽容失败的文化和社会氛围。

**（二十七）实行严格的知识产权保护制度，鼓励创业、激励创新**

117．完善知识产权保护相关法律，研究降低侵权行为追究刑事责任门槛，调整损害赔偿标准，探索实施惩罚性赔偿制度。完善权利人维权机制，合理划分

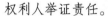 

权利人举证责任。

118．完善商业秘密保护法律制度，明确商业秘密和侵权行为界定，研究制定相关保护措施，探索建立诉前保护制度。

119．研究商业模式等新形态创新成果的知识产权保护办法。

120．完善知识产权审判工作机制，推进知识产权民事、行政、刑事案件审判"三合一"，积极发挥知识产权法院的作用，探索建立跨地区知识产权案件异地审理机制，打破对侵权行为的地方保护。

121．健全知识产权侵权查处机制，强化行政执法与司法衔接，加强知识产权综合行政执法，将侵权行为信息纳入社会信用记录。

122．建立知识产权海外维权援助机制，完善中国保护知识产权网海外维权信息平台建设和知识产权海外服务机构、专家名录。

**（二十八）打破制约创新的行业垄断和市场分割，营造激励创新的市场环境**

123．加快推进垄断性行业改革，放开自然垄断行业竞争性业务，建立鼓励创新的统一透明、有序规范的市场环境。切实加强反垄断执法，及时发现和制止垄断协议和滥用市场支配地位等垄断行为，为中小企业创新发展拓展空间。

124．打破地方保护，清理和废除各地妨碍全国统一市场的规定和做法，纠正地方政府不当补贴或利用行政权力限制、排除竞争的行为，探索实施公平竞争审查制度。

**（二十九）改进市场准入与监管，完善放活市场、拉动创新的产业技术政策**

125．改革市场准入制度，制定和实施产业准入负面清单，对未纳入负面清单管理的行业、领域、业务等，各类市场主体皆可依法平等进入。

126．破除限制新技术新产品新商业模式发展的不合理准入障碍。对药品、医疗器械等创新产品建立便捷高效的监管模式，深化审评审批制度改革，多种渠道增加审评资源，优化流程，缩短周期，支持委托生产等新的组织模式发展。

127．对新能源汽车、风电、光伏等领域制定有针对性的准入政策。

128．完善相关管理制度，改进互联网、金融、环保、医疗卫生、文化、教育等领域的监管，支持和鼓励新业态、新商业模式发展。

129．改革产业监管制度，将前置审批为主转变为依法加强事中事后监管为主。

130．明确并逐步提高生产环节和市场准入的环境、节能、节水、节地、节材、质量和安全指标及相关标准，形成统一权威、公开透明的市场准入标准体系。健全技术标准体系，制定和实施强制性标准。

131．加强产业技术政策、标准执行的过程监管。建立健全环保、质检、工商、安全监管等部门的行政执法联动机制。

**（三十）推动有利于创新的要素价格改革，形成创新倒逼机制**

132．运用主要由市场决定要素价格的机制，促使企业从依靠过度消耗资源能源、低性能低成本竞争，向依靠创新、实施差别化竞争转变。

133．加快推进资源税改革，逐步将资源税扩展到占用各种自然生态空间。

134．推进环境保护费改税。

135．完善市场化的工业用地价格形成机制。

136．健全企业职工工资正常增长机制，实现劳动力成本变化与经济提质增效相适应。

**（三十一）培育创新文化，形成支持创新创业的社会氛围**

137．发展众创、众筹、众包和虚拟创新创业社区等多种形式的创新创业模式，研究制定发展众创空间推进大众创新创业的政策措施。

138．深入实施全民科学素质行动计划纲要，加强科学普及，推进科普信息化建设，实现到2020年我国公民具备基本科学素质的比例达到10%。

139．创新科技宣传方式，突出对重大科技创新工程、重大科技活动、优秀科技工作者、创新创业典型事迹的宣传，在全社会营造崇尚科学、尊重创新的文化氛围和价值理念。

## 十一、推动区域创新改革

遵循创新区域高度集聚的规律，突出分类指导和系统改革，选择若干省（自治区、直辖市）对各项重点改革举措进行先行先试，取得一批重大改革突破，复制、推广一批改革举措和重大政策，一些地方率先实现创新驱动发展转型，引领、示范和带动全国加快实现创新驱动发展。

### （三十二）打造具有创新示范和带动作用的区域性创新平台

140．遵循创新区域高度集聚的规律，在有条件的省（自治区、直辖市）系统推进全面创新改革试验，授权开展知识产权、科研院所、高等教育、人才流动、国际合作、金融创新、激励机制、市场准入等改革试验，努力在重要领域和关键环节取得新突破，及时总结推广经验，发挥示范和带动作用，促进创新驱动发展战略的深入实施。出台关于在部分区域系统推进全面创新改革试验的总体方案，启动改革试验工作。

141．深入推进创新型省份和创新型城市试点建设。

142．按照国家自主创新示范区的建设原则和整体布局，推进国家自主创新示范区建设，加强体制机制改革和政策先行先试。

143．制定京津冀创新驱动发展指导意见，支撑京津冀协同发展。

深化科技体制改革是关系国家发展全局的重大改革，要加强领导，精心组织实施。国家科技体制改革和创新体系建设领导小组要加强统筹协调、督促落实。各有关部门、各地方要高度重视，认真落实好相关任务。各牵头单位对牵头的任务要负总责，会同其他参与单位制定具体落实方案，明确责任人、路线图、时间表，加快各项任务实施，确保按进度要求完成任务。

附录 9

# 国务院关于新形势下加快知识产权强国建设的若干意见

国家知识产权战略实施以来，我国知识产权创造运用水平大幅提高，保护状况明显改善，全社会知识产权意识普遍增强，知识产权工作取得长足进步，对经济社会发展发挥了重要作用。同时，仍面临知识产权大而不强、多而不优、保护不够严格、侵权易发多发、影响创新创业热情等问题，亟待研究解决。当前，全球新一轮科技革命和产业变革蓄势待发，我国经济发展方式加快转变，创新引领发展的趋势更加明显，知识产权制度激励创新的基本保障作用更加突出。为深入实施创新驱动发展战略，深化知识产权领域改革，加快知识产权强国建设，现提出如下意见。

## 一、总体要求

（一）指导思想。全面贯彻党的十八大和十八届二中、三中、四中、五中全会精神，按照"四个全面"战略布局和党中央、国务院决策部署，深入实施国家知识产权战略，深化知识产权重点领域改革，有效促进知识产权创造运用，实行更加严格的知识产权保护，优化知识产权公共服务，促进新技术、新产业、新业态蓬勃发展，提升产业国际化发展水平，保障和激励大众创业、万众创新，为实施创新驱动发展战略提供有力支撑，为推动经济保持中高速增长、迈向中高端水平，实现"两个一百年"奋斗目标和中华民族伟大复兴的中国梦奠定更加坚实的基础。

（二）基本原则。

坚持战略引领。按照创新驱动发展战略和"一带一路"等战略部署，推动提升知识产权创造、运用、保护、管理和服务能力，深化知识产权战略实施，提升知识产权质量，实现从大向强、从多向优的转变，实施新一轮高水平对外开放，促进经济持续健康发展。

坚持改革创新。加快完善中国特色知识产权制度，改革创新体制机制，破除制约知识产权事业发展的障碍，着力推进创新改革试验，强化分配制度的知识价值导向，充分发挥知识产权制度在激励创新、促进创新成果合理分享方面的关键作用，推动企业提质增效、产业转型升级。

坚持市场主导。发挥市场配置创新资源的决定性作用，强化企业创新主体地位和主导作用，促进创新要素合理流动和高效配置。加快简政放权、放管结合、优化服务，加强知识产权政策支持、公共服务和市场监管，着力构建公平公正、开放透明的知识产权法治环境和市场环境，促进大众创业、万众创新。

坚持统筹兼顾。统筹国际国内创新资源，形成若干知识产权领先发展区域，培育我国知识产权优势。加强全球开放创新协作，积极参与、推动知识产权国际规则制定和完善，构建公平合理国际经济秩序，为市场主体参与国际竞争创造有利条件，实现优进优出和互利共赢。

（三）主要目标。到2020年，在知识产权重要领域和关键环节改革上取得决定性成果，知识产权授权确权和执法保护体系进一步完善，基本形成权界清晰、分工合理、责权一致、运转高效、法治保障的知识产权体制机制，知识产权创造、运用、保护、管理和服务能力大幅提升，创新创业环境进一步优化，逐步形成产业参与国际竞争的知识产权新优势，基本实现知识产权治理体系和治理能力现代化，建成一批知识产权强省、强市，知识产权大国地位得到全方位巩固，为建成中国特色、世界水平的知识产权强国奠定坚实基础。

## 二、推进知识产权管理体制机制改革

（四）研究完善知识产权管理体制。完善国家知识产权战略实施工作部际联席会议制度，由国务院领导同志担任召集人。积极研究探索知识产权管理体制机制改革。授权地方开展知识产权改革试验。鼓励有条件的地方开展知识产权综合管理改革试点。

（五）改善知识产权服务业及社会组织管理。放宽知识产权服务业准入，促进服务业优质高效发展，加快建设知识产权服务业集聚区。扩大专利代理领域开放，放宽对专利代理机构股东或合伙人的条件限制。探索开展知识产权服务行业协会组织"一业多会"试点。完善执业信息披露制度，及时公开知识产权代理机构和从业人员信用评价等相关信息。规范著作权集体管理机构收费标准，完善收益分配制度，让著作权人获得更多许可收益。

（六）建立重大经济活动知识产权评议制度。研究制定知识产权评议政策。完善知识产权评议工作指南，规范评议范围和程序。围绕国家重大产业规划、高技术领域重大投资项目等开展知识产权评议，建立国家科技计划知识产权目标评估制度，积极探索重大科技活动知识产权评议试点，建立重点领域知识产权评议报告发布制度，提高创新效率，降低产业发展风险。

（七）建立以知识产权为重要内容的创新驱动发展评价制度。完善发展评价体系，将知识产权产品逐步纳入国民经济核算，将知识产权指标纳入国民经济和社会发展规划。发布年度知识产权发展状况报告。在对党政领导班子和领导干部进行综合考核评价时，注重鼓励发明创造、保护知识产权、加强转化运用、营造良好环境等方面的情况和成效。探索建立经营业绩、知识产权和创新并重的国有企业考评模式。按照国家有关规定设置知识产权奖励项目，加大各类国家奖励制度的知识产权评价权重。

## 三、实行严格的知识产权保护

（八）加大知识产权侵权行为惩治力度。推动知识产权保护法治化，发挥司法保护的主导作用，完善行政执法和司法保护两条途径优势互补、有机衔接的知识产权保护模式。提高知识产权侵权法定赔偿上限，针对情节严重的恶意侵权行为实施惩罚性赔偿并由侵权人承担实际发生的合理开支。进一步推进侵犯知识产权行政处罚案件信息公开。完善知识产权快速维权机制。加强海关知识产权执法保护。加大国际展会、电子商务等领域知识产权执法力度。开展与相关国际组织和境外执法部门的联合执法，加强知识产权司法保护对外合作，推动我国成为知识产权国际纠纷的重要解决地，构建更有国际竞争力的开放创新环境。

（九）加大知识产权犯罪打击力度。依法严厉打击侵犯知识产权犯罪行为，重点打击链条式、产业化知识产权犯罪网络。进一步加强知识产权行政执法与刑事司法衔接，加大涉嫌犯罪案件移交工作力度。完善涉外知识产权执法机制，加强刑事执法国际合作，加大涉外知识产权犯罪案件侦办力度。加强与有关国际组织和国家间打击知识产权犯罪行为的司法协助，加大案情通报和情报信息交换力度。

（十）建立健全知识产权保护预警防范机制。将故意侵犯知识产权行为情况纳入企业和个人信用记录。推动完善商业秘密保护法律法规，加强人才交流和技术合作中的商业秘密保护。开展知识产权保护社会满意度调查。建立收集假冒产品来源地相关信息的工作机制，发布年度中国海关知识产权保护状况报告。加强大型专业化市场知识产权管理和保护工作。发挥行业组织在知识产权保护中的积极作用。运用大数据、云计算、物联网等信息技术，加强在线创意、研发成果的知识产权保护，提升预警防范能力。加大对小微企业知识产权保护援助力度，构建公平竞争、公平监管的创新创业和营商环境。

（十一）加强新业态新领域创新成果的知识产权保护。完善植物新品种、生物遗传资源及其相关传统知识、数据库保护和国防知识产权等相关法律制度。适时做好地理标志立法工作。研究完善商业模式知识产权保护制度和实用艺术品外观设计专利保护制度。加强互联网、电子商务、大数据等领域的知识产权保护规则研究，推动完善相关法律法规。制定众创、众包、众扶、众筹的知识产权保护政策。

（十二）规制知识产权滥用行为。完善规制知识产权滥用行为的法律制度，制定相关反垄断执法指南。完善知识产权反垄断监管机制，依法查处滥用知识产权排除和限制竞争等垄断行为。完善标准必要专利的公平、合理、无歧视许可政策和停止侵权适用规则。

## 四、促进知识产权创造运用

（十三）完善知识产权审查和注册机制。建立计算机软件著作权快速登记通道。优化专利和商标的审查流程与方式，实现知识产权在线登记、电子申请和无纸化审批。完善知识产权审查协作机制，建立重点优势产业专利申请的集中审查制度，建立健全涉及产业安全的专利审查工作机制。合理扩大专利确权程序依职权审查范围，完善授权后专利文件修改制度。拓展"专利审查高速路"国际合作网络，加快建设世界一流专利审查机构。

（十四）完善职务发明制度。鼓励和引导企事业单位依法建立健全发明报告、权属划分、奖励报酬、纠纷解决等职务发明管理制度。探索完善创新成果收益分配制度，提高骨干团队、主要发明人收益比重，保障职务发明人的合法权益。按照相关政策规定，鼓励国有企业赋予下属科研院所知识产权处置和收益分配权。

（十五）推动专利许可制度改革。强化专利以许可方式对外扩散。研究建立专利当然许可制度，鼓励更多专利权人对社会公开许可专利。完善专利强制许可启动、审批和实施程序。鼓励高等院校、科研院所等事业单位通过无偿许可专利的方式，支持单位员工和大学生创新创业。

（十六）加强知识产权交易平台建设。构建知识产权运营服务体系，加快建设全国知识产权运营公共服务平台。创新知识产权投融资产品，探索知识产权证券化，完善知识产权信用担保机制，推动发展投贷联动、投保联动、投债联动等新模式。在全面创新改革试验区域引导天使投资、风险投资、私募基金加强对高技术领域的投资。细化会计准则规定，推动企业科学核算和管理知识产权资产。推动高等院校、科研院所建立健全知识产权转移转化机构。支持探索知识产权创造与运营的众筹、众包模式，促进"互联网＋知识产权"融合发展。

（十七）培育知识产权密集型产业。探索制定知识产权密集型产业目录和发展规划。运用股权投资基金等市场化方式，引导社会资金投入知识产权密集型产业。加大政府采购对知识产权密集型产品的支持力度。试点建设知识产权密集型产业集聚区和知识产权密集型产业产品示范基地，推行知识产权集群管理，推动先进制造业加快发展，产业迈向中高端水平。

（十八）提升知识产权附加值和国际影响力。实施专利质量提升工程，培育一批核心专利。加大轻工、纺织、服装等产业的外观设计专利保护力度。深化商标富农工作。加强对非物质文化遗产、民间文艺、传统知识的开发利用，推进文化创意、设计服务与相关产业融合发展。支持企业运用知识产权进行海外股权投资。积极参与国际标准制定，推动有知识产权的创新技术转化为标准。支持研究机构和社会组织制定品牌评价国际标准，建立品牌价值评价体系。支持企业建立品牌管理体系，鼓励企业收购海外知名品牌。保护和传承中华老字号，大力推动中医药、中华传统餐饮、工艺美术等企业"走出去"。

（十九）加强知识产权信息开放利用。推进专利数据信息资源开放共享，增强大数据运用能力。建立财政资助项目形成的知识产权信息披露制度。加快落实上市企业知识产权信息披露制度。规范知识产权信息采集程序和内容。完善知识产权许可的信息备案和公告制度。加快建设互联互通的知识产权信息公共服务平台，实现专利、商标、版权、集成电路布图设计、植物新品种、地理标志等基础信息免费或低成本开放。依法及时公开专利审查过程信息。增加知识产权信息服务网点，完善知识产权信息公共服务网络。

## 五、加强重点产业知识产权海外布局和风险防控

（二十）加强重点产业知识产权海外布局规划。加大创新成果标准化和专利化工作力度，推动形成标准研制与专利布局有效衔接机制。研究制定标准必要专利布局指南。编制发布相关国家和地区专利申请实务指引。围绕战略性新兴产业等重点领域，建立专利导航产业发展工作机制，实施产业规划类和企业运营类专利导航项目，绘制服务我国产业发展的相关国家和地区专利导航图，推动我国产业深度融入全球产业链、价值链和创新链。

（二十一）拓展海外知识产权布局渠道。推动企业、科研机构、高等院校等联合开展海外专利布局工作。鼓励企业建立专利收储基金。加强企业知识产权布局指导，在产业园区和重点企业探索设立知识产权布局设计中心。分类制定知识产权跨国许可与转让指南，编制发布知识产权许可合同范本。

（二十二）完善海外知识产权风险预警体系。建立健全知识产权管理与服务等标准体系。支持行业协会、专业机构跟踪发布重点产业知识产权信息和竞争动态。制定完善与知识产权相关的贸易调查应对与风险防控国别指南。完善海外知识产权信息服务平台，发布相关国家和地区知识产权制度环境等信息。建立完善企业海外知识产权问题及案件信息提交机制，加强对重大知识产权案件的跟踪研究，及时发布风险提示。

（二十三）提升海外知识产权风险防控能力。研究完善技术进出口管理相关制度，优化简化技术进出口审批流程。完善财政资助科技计划项目形成的知识产权对外转让和独占许可管理制度。制定并推行知识产权尽职调查规范。支持法律服务机构为企业提供全方位、高品质知识产权法律服务。探索以公证方式保管知识产权证据、证明材料。推动企业建立知识产权分析评议机制，重点针对人才引进、国际参展、产品和技术进出口等活动开展知识产权风险评估，提高企业应对知识产权国际纠纷能力。

（二十四）加强海外知识产权维权援助。制定实施应对海外产业重大知识产权纠纷的政策。研究我驻国际组织、主要国家和地区外交机构中涉知识产权事务的人力配备。发布海外和涉外知识产权服务和维权援助机构名录，推动形成海外知识产权服务网络。

## 六、提升知识产权对外合作水平

（二十五）推动构建更加公平合理的国际知识产权规则。积极参与联合国框架下的发展议程，推动《TRIPS协定与公共健康多哈宣言》落实和《视听表演北京条约》生效，参与《专利合作条约》、《保护广播组织条约》、《生物多样性公约》等规则修订的国际谈判，推进加入《工业品外观设计国际注册海牙协定》和《马拉喀什条约》进程，推动知识产权国际规则向普惠包容、平衡有效的方向发展。

（二十六）加强知识产权对外合作机制建设。加强与世界知识产权组织、世界贸易组织及相关国际组织的合作交流。深化同主要国家知识产权、经贸、海关等部门的合作，巩固与传统合作伙伴的友好关系。推动相关国际组织在我国设立知识产权仲裁和调解分中心。加强国内外知名地理标志产品的保护合作，促进地理标志产品国际化发展。积极推动区域全面经济伙伴关系和亚太经济合作组织框架下的知识产权合作，探索建立"一带一路"沿线国家和地区知识产权合作机制。

（二十七）加大对发展中国家知识产权援助力度。支持和援助发展中国家知识产权能力建设，鼓励向部分最不发达国家优惠许可其发展急需的专利技术。加强面向发展中国家的知识产权学历教育和短期培训。

（二十八）拓宽知识产权公共外交渠道。拓宽企业参与国际和区域性知识产权规则制修订途径。推动国内服务机构、产业联盟等加强与国外相关组织的合作交流。建立具有国际水平的知识产权智库，建立博鳌亚洲论坛知识产权研讨交流机制，积极开展具有国际影响力的知识产权研讨交流活动。

## 七、加强组织实施和政策保障

（二十九）加强组织领导。各地区、各有关部门要高度重视，加强组织领导，结合实际制定实施方案和配套政策，推动各项措施有效落实。国家知识产权战略实施工作部际联席会议办公室要在国务院领导下，加强统筹协调，研究提出知识产权"十三五"规划等具体政策措施，协调解决重大问题，加强对有关政策措施落实工作的指导、督促、检查。

（三十）加大财税和金融支持力度。运用财政资金引导和促进科技成果产权化、知识产权产业化。落实研究开发费用税前加计扣除政策，对符合条件的知识产权费用按规定实行加计扣除。制定专利收费减缴办法，合理降低专利申请和维持费用。积极推进知识产权海外侵权责任保险工作。深入开展知识产权质押融资风险补偿基金和重点产业知识产权运营基金试点。

（三十一）加强知识产权专业人才队伍建设。加强知识产权相关学科建设，完善产学研联合培养模式，在管理学和经济学中增设知识产权专业，加强知识产权专业学位教育。加大对各类创新人才的知识产权培训力度。鼓励我国知识产权人才获得海外相应资格证书。鼓励各地引进高端知识产权人才，并参照有关人才引进计划给予相关待遇。探索建立知识产权国际化人才储备库和利用知识产权发现人才的信息平台。进一步完善知识产权职业水平评价制度，稳定和壮大知识产权专业人才队伍。选拔培训一批知识产权创业导师，加强青年创业指导。

（三十二）加强宣传引导。各地区、各有关部门要加强知识产权文化建设，加大宣传力度，广泛开展知识产权普及型教育，加强知识产权公益宣传和咨询服务，提高全社会知识产权意识，使尊重知识、崇尚创新、诚信守法理念深入人心，为加快建设知识产权强国营造良好氛围。

附录 10

# 中华人民共和国促进科技成果转化法

## 第一章 总 则

第一条 为了促进科技成果转化为现实生产力,规范科技成果转化活动,加速科学技术进步,推动经济建设和社会发展,制定本法。

第二条 本法所称科技成果,是指通过科学研究与技术开发所产生的具有实用价值的成果。职务科技成果,是指执行研究开发机构、高等院校和企业等单位的工作任务,或者主要是利用上述单位的物质技术条件所完成的科技成果。

本法所称科技成果转化,是指为提高生产力水平而对科技成果所进行的后续试验、开发、应用、推广直至形成新技术、新工艺、新材料、新产品,发展新产业等活动。

第三条 科技成果转化活动应当有利于加快实施创新驱动发展战略,促进科技与经济的结合,有利于提高经济效益、社会效益和保护环境、合理利用资源,有利于促进经济建设、社会发展和维护国家安全。

科技成果转化活动应当尊重市场规律,发挥企业的主体作用,遵循自愿、互利、公平、诚实信用的原则,依照法律法规规定和合同约定,享有权益,承担风险。科技成果转化活动中的知识产权受法律保护。

科技成果转化活动应当遵守法律法规,维护国家利益,不得损害社会公共利益和他人合法权益。

第四条 国家对科技成果转化合理安排财政资金投入,引导社会资金投入,推动科技成果转化资金投入的多元化。

第五条 国务院和地方各级人民政府应当加强科技、财政、投资、税收、人才、产业、金融、政府采购、军民融合等政策协同,为科技成果转化创造良好环境。

地方各级人民政府根据本法规定的原则,结合本地实际,可以采取更加有利于促进科技成果转化的措施。

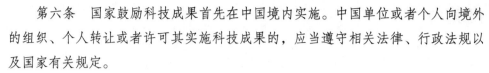

第六条 国家鼓励科技成果首先在中国境内实施。中国单位或者个人向境外的组织、个人转让或者许可其实施科技成果的，应当遵守相关法律、行政法规以及国家有关规定。

第七条 国家为了国家安全、国家利益和重大社会公共利益的需要，可以依法组织实施或者许可他人实施相关科技成果。

第八条 国务院科学技术行政部门、经济综合管理部门和其他有关行政部门依照国务院规定的职责，管理、指导和协调科技成果转化工作。

地方各级人民政府负责管理、指导和协调本行政区域内的科技成果转化工作。

## 第二章 组织实施

第九条 国务院和地方各级人民政府应当将科技成果的转化纳入国民经济和社会发展计划，并组织协调实施有关科技成果的转化。

第十条 利用财政资金设立应用类科技项目和其他相关科技项目，有关行政部门、管理机构应当改进和完善科研组织管理方式，在制定相关科技规划、计划和编制项目指南时应当听取相关行业、企业的意见；在组织实施应用类科技项目时，应当明确项目承担者的科技成果转化义务，加强知识产权管理，并将科技成果转化和知识产权创造、运用作为立项和验收的重要内容和依据。

第十一条 国家建立、完善科技报告制度和科技成果信息系统，向社会公布科技项目实施情况以及科技成果和相关知识产权信息，提供科技成果信息查询、筛选等公益服务。公布有关信息不得泄露国家秘密和商业秘密。对不予公布的信息，有关部门应当及时告知相关科技项目承担者。

利用财政资金设立的科技项目的承担者应当按照规定及时提交相关科技报告，并将科技成果和相关知识产权信息汇交到科技成果信息系统。

国家鼓励利用非财政资金设立的科技项目的承担者提交相关科技报告，将科技成果和相关知识产权信息汇交到科技成果信息系统，县级以上人民政府负责相关工作的部门应当为其提供方便。

第十二条 对下列科技成果转化项目，国家通过政府采购、研究开发资助、发布产业技术指导目录、示范推广等方式予以支持：

（一）能够显著提高产业技术水平、经济效益或者能够形成促进社会经济健康发展的新产业的；

（二）能够显著提高国家安全能力和公共安全水平的；

（三）能够合理开发和利用资源、节约能源、降低消耗以及防治环境污染、保护生态、提高应对气候变化和防灾减灾能力的；

（四）能够改善民生和提高公共健康水平的；

（五）能够促进现代农业或者农村经济发展的；

（六）能够加快民族地区、边远地区、贫困地区社会经济发展的。

第十三条　国家通过制定政策措施，提倡和鼓励采用先进技术、工艺和装备，不断改进、限制使用或者淘汰落后技术、工艺和装备。

第十四条　国家加强标准制定工作，对新技术、新工艺、新材料、新产品依法及时制定国家标准、行业标准，积极参与国际标准的制定，推动先进适用技术推广和应用。

国家建立有效的军民科技成果相互转化体系，完善国防科技协同创新体制机制。军品科研生产应当依法优先采用先进适用的民用标准，推动军用、民用技术相互转移、转化。

第十五条　各级人民政府组织实施的重点科技成果转化项目，可以由有关部门组织采用公开招标的方式实施转化。有关部门应当对中标单位提供招标时确定的资助或者其他条件。

第十六条　科技成果持有者可以采用下列方式进行科技成果转化：

（一）自行投资实施转化；

（二）向他人转让该科技成果；

（三）许可他人使用该科技成果；

（四）以该科技成果作为合作条件，与他人共同实施转化；

（五）以该科技成果作价投资，折算股份或者出资比例；

（六）其他协商确定的方式。

第十七条　国家鼓励研究开发机构、高等院校采取转让、许可或者作价投资等方式，向企业或者其他组织转移科技成果。

国家设立的研究开发机构、高等院校应当加强对科技成果转化的管理、组织和协调，促进科技成果转化队伍建设，优化科技成果转化流程，通过本单位负责技术转移工作的机构或者委托独立的科技成果转化服务机构开展技术转移。

第十八条　国家设立的研究开发机构、高等院校对其持有的科技成果，可以自主决定转让、许可或者作价投资，但应当通过协议定价、在技术交易市场挂牌交易、拍卖等方式确定价格。通过协议定价的，应当在本单位公示科技成果名称和拟交易价格。

第十九条　国家设立的研究开发机构、高等院校所取得的职务科技成果，完成人和参加人在不变更职务科技成果权属的前提下，可以根据与本单位的协议进行该项科技成果的转化，并享有协议规定的权益。该单位对上述科技成果转化活动应当予以支持。

科技成果完成人或者课题负责人，不得阻碍职务科技成果的转化，不得将职务科技成果及其技术资料和数据占为已有，侵犯单位的合法权益。

第二十条　研究开发机构、高等院校的主管部门以及财政、科学技术等相关行政部门应当建立有利于促进科技成果转化的绩效考核评价体系，将科技成果转化情况作为对相关单位及人员评价、科研资金支持的重要内容和依据之一，并对科技成果转化绩效突出的相关单位及人员加大科研资金支持。

国家设立的研究开发机构、高等院校应当建立符合科技成果转化工作特点的职称评定、岗位管理和考核评价制度，完善收入分配激励约束机制。

第二十一条　国家设立的研究开发机构、高等院校应当向其主管部门提交科技成果转化情况年度报告，说明本单位依法取得的科技成果数量、实施转化情况以及相关收入分配情况，该主管部门应当按照规定将科技成果转化情况年度报告报送财政、科学技术等相关行政部门。

第二十二条　企业为采用新技术、新工艺、新材料和生产新产品，可以自行发布信息或者委托科技中介服务机构征集其所需的科技成果，或者征寻科技成果转化的合作者。

县级以上地方各级人民政府科学技术行政部门和其他有关部门应当根据职责分工，为企业获取所需的科技成果提供帮助和支持。

第二十三条　企业依法有权独立或者与境内外企业、事业单位和其他合作者联合实施科技成果转化。

企业可以通过公平竞争，独立或者与其他单位联合承担政府组织实施的科技研究开发和科技成果转化项目。

第二十四条　对利用财政资金设立的具有市场应用前景、产业目标明确的科技项目，政府有关部门、管理机构应当发挥企业在研究开发方向选择、项目实施和成果应用中的主导作用，鼓励企业、研究开发机构、高等院校及其他组织共同实施。

第二十五条　国家鼓励研究开发机构、高等院校与企业相结合，联合实施科技成果转化。

研究开发机构、高等院校可以参与政府有关部门或者企业实施科技成果转化的招标投标活动。

第二十六条　国家鼓励企业与研究开发机构、高等院校及其他组织采取联合建立研究开发平台、技术转移机构或者技术创新联盟等产学研合作方式，共同开展研究开发、成果应用与推广、标准研究与制定等活动。

合作各方应当签订协议，依法约定合作的组织形式、任务分工、资金投入、知识产权归属、权益分配、风险分担和违约责任等事项。

第二十七条　国家鼓励研究开发机构、高等院校与企业及其他组织开展科技人员交流，根据专业特点、行业领域技术发展需要，聘请企业及其他组织的科技人员兼职从事教学和科研工作，支持本单位的科技人员到企业及其他组织从事科技成果转化活动。

第二十八条　国家支持企业与研究开发机构、高等院校、职业院校及培训机构联合建立学生实习实践培训基地和研究生科研实践工作机构，共同培养专业技术人才和高技能人才。

第二十九条　国家鼓励农业科研机构、农业试验示范单位独立或者与其他单位合作实施农业科技成果转化。

第三十条　国家培育和发展技术市场，鼓励创办科技中介服务机构，为技术交易提供交易场所、信息平台以及信息检索、加工与分析、评估、经纪等服务。

科技中介服务机构提供服务，应当遵循公正、客观的原则，不得提供虚假的信息和证明，对其在服务过程中知悉的国家秘密和当事人的商业秘密负有保密义务。

第三十一条　国家支持根据产业和区域发展需要建设公共研究开发平台，为科技成果转化提供技术集成、共性技术研究开发、中间试验和工业性试验、科技成果系统化和工程化开发、技术推广与示范等服务。

第三十二条　国家支持科技企业孵化器、大学科技园等科技企业孵化机构发展，为初创期科技型中小企业提供孵化场地、创业辅导、研究开发与管理咨询等服务。

## 第三章　保障措施

第三十三条　科技成果转化财政经费，主要用于科技成果转化的引导资金、贷款贴息、补助资金和风险投资以及其他促进科技成果转化的资金用途。

第三十四条　国家依照有关税收法律、行政法规规定对科技成果转化活动实行税收优惠。

第三十五条　国家鼓励银行业金融机构在组织形式、管理机制、金融产品和服务等方面进行创新，鼓励开展知识产权质押贷款、股权质押贷款等贷款业务，为科技成果转化提供金融支持。

国家鼓励政策性金融机构采取措施，加大对科技成果转化的金融支持。

第三十六条　国家鼓励保险机构开发符合科技成果转化特点的保险品种，为科技成果转化提供保险服务。

第三十七条　国家完善多层次资本市场，支持企业通过股权交易、依法发行股票和债券等直接融资方式为科技成果转化项目进行融资。

第三十八条　国家鼓励创业投资机构投资科技成果转化项目。

国家设立的创业投资引导基金，应当引导和支持创业投资机构投资初创期科技型中小企业。

第三十九条　国家鼓励设立科技成果转化基金或者风险基金，其资金来源由国家、地方、企业、事业单位以及其他组织或者个人提供，用于支持高投入、高风险、高产出的科技成果的转化，加速重大科技成果的产业化。

科技成果转化基金和风险基金的设立及其资金使用，依照国家有关规定执行。

## 第四章　技术权益

第四十条　科技成果完成单位与其他单位合作进行科技成果转化的，应当依法由合同约定该科技成果有关权益的归属。合同未作约定的，按照下列原则办理：

（一）在合作转化中无新的发明创造的，该科技成果的权益，归该科技成果完成单位；

（二）在合作转化中产生新的发明创造的，该新发明创造的权益归合作各方共有；

（三）对合作转化中产生的科技成果，各方都有实施该项科技成果的权利，转让该科技成果应经合作各方同意。

第四十一条　科技成果完成单位与其他单位合作进行科技成果转化的，合作各方应当就保守技术秘密达成协议；当事人不得违反协议或者违反权利人有关保守技术秘密的要求，披露、允许他人使用该技术。

第四十二条　企业、事业单位应当建立健全技术秘密保护制度，保护本单位的技术秘密。职工应当遵守本单位的技术秘密保护制度。

企业、事业单位可以与参加科技成果转化的有关人员签订在职期间或者离职、离休、退休后一定期限内保守本单位技术秘密的协议；有关人员不得违反协议约定，泄露本单位的技术秘密和从事与原单位相同的科技成果转化活动。

职工不得将职务科技成果擅自转让或者变相转让。

第四十三条　国家设立的研究开发机构、高等院校转化科技成果所获得的收入全部留归本单位，在对完成、转化职务科技成果做出重要贡献的人员给予奖励和报酬后，主要用于科学技术研究开发与成果转化等相关工作。

第四十四条　职务科技成果转化后，由科技成果完成单位对完成、转化该项科技成果作出重要贡献的人员给予奖励和报酬。

科技成果完成单位可以规定或者与科技人员约定奖励和报酬的方式、数额和时限。单位制定相关规定，应当充分听取本单位科技人员的意见，并在本单位公开相关规定。

第四十五条　科技成果完成单位未规定、也未与科技人员约定奖励和报酬的方式和数额的，按照下列标准对完成、转化职务科技成果做出重要贡献的人员给予奖励和报酬：

（一）将该项职务科技成果转让、许可给他人实施的，从该项科技成果转让净收入或者许可净收入中提取不低于百分之五十的比例；

（二）利用该项职务科技成果作价投资的，从该项科技成果形成的股份或者出资比例中提取不低于百分之五十的比例；

（三）将该项职务科技成果自行实施或者与他人合作实施的，应当在实施转化成功投产后连续三至五年，每年从实施该项科技成果的营业利润中提取不低于百分之五的比例。

国家设立的研究开发机构、高等院校规定或者与科技人员约定奖励和报酬的方式和数额应当符合前款第一项至第三项规定的标准。

国有企业、事业单位依照本法规定对完成、转化职务科技成果作出重要贡献的人员给予奖励和报酬的支出计入当年本单位工资总额，但不受当年本单位工资总额限制、不纳入本单位工资总额基数。

## 第五章　法律责任

第四十六条　利用财政资金设立的科技项目的承担者未依照本法规定提交科

359

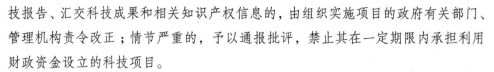

技报告、汇交科技成果和相关知识产权信息的，由组织实施项目的政府有关部门、管理机构责令改正；情节严重的，予以通报批评，禁止其在一定期限内承担利用财政资金设立的科技项目。

国家设立的研究开发机构、高等院校未依照本法规定提交科技成果转化情况年度报告的，由其主管部门责令改正；情节严重的，予以通报批评。

第四十七条 违反本法规定，在科技成果转化活动中弄虚作假，采取欺骗手段，骗取奖励和荣誉称号、诈骗钱财、非法牟利的，由政府有关部门依照管理职责责令改正，取消该奖励和荣誉称号，没收违法所得，并处以罚款。给他人造成经济损失的，依法承担民事赔偿责任。构成犯罪的，依法追究刑事责任。

第四十八条 科技服务机构及其从业人员违反本法规定，故意提供虚假的信息、实验结果或者评估意见等欺骗当事人，或者与当事人一方串通欺骗另一方当事人的，由政府有关部门依照管理职责责令改正，没收违法所得，并处以罚款；情节严重的，由工商行政管理部门依法吊销营业执照。给他人造成经济损失的，依法承担民事赔偿责任；构成犯罪的，依法追究刑事责任。

科技中介服务机构及其从业人员违反本法规定泄露国家秘密或者当事人的商业秘密的，依照有关法律、行政法规的规定承担相应的法律责任。

第四十九条 科学技术行政部门和其他有关部门及其工作人员在科技成果转化中滥用职权、玩忽职守、徇私舞弊的，由任免机关或者监察机关对直接负责的主管人员和其他直接责任人员依法给予处分；构成犯罪的，依法追究刑事责任。

第五十条 违反本法规定，以唆使窃取、利诱胁迫等手段侵占他人的科技成果，侵犯他人合法权益的，依法承担民事赔偿责任，可以处以罚款；构成犯罪的，依法追究刑事责任。

第五十一条 违反本法规定，职工未经单位允许，泄露本单位的技术秘密，或者擅自转让、变相转让职务科技成果的，参加科技成果转化的有关人员违反与本单位的协议，在离职、离休、退休后约定的期限内从事与原单位相同的科技成果转化活动，给本单位造成经济损失的，依法承担民事赔偿责任；构成犯罪的，依法追究刑事责任。

## 第六章 附 则

第五十二条 本法自 1996 年 10 月 1 日起施行。

# 后 记

《2015—2016年中国工业技术创新发展蓝皮书》是在全面贯彻党的十八大和十八届五中全会及中央经济工作会议精神，按照《中共中央关于制定国民经济和社会发展第十三个五年规划的建议》，树立创新、协调、绿色、开放、共享的发展理念，适应经济发展新常态，立足制造强国、网络强国战略全局，坚持稳增长与调结构、扩内需、促改革、强管理、减负担相结合，着力推进供给侧结构性改革，深入实施《中国制造2025》的大背景下完成的。本书专注于中国工业在技术创新以及质量品牌、知识产权与标准等方面取得的进展与成就。

本书由刘文强担任主编，何颖、曹方担任副主编。全书由综合篇、行业篇、地方篇、政策篇、展望篇共五篇内容组成。

综合篇：王磊负责。其中，第一章由宋亮、王磊撰写；第二章由杨柯巍、王磊撰写；第三章由曹方撰写。

行业篇：曹方负责。其中，第四章由任海峰撰写；第五章由石敏杰撰写；第六章由徐爽撰写；第七章由石敏杰撰写。

地方篇：徐爽负责。其中，第八章由徐爽撰写；第九章由杨柯巍撰写；第十章、第十一章由郭英撰写；第十二章、第十五章由王文平撰写；第十三章、第十四章由马冬撰写。

政策篇：何颖负责。其中，第十六章由何颖、宋亮撰写；第十七章由何颖、王文平、杨柯巍撰写。

展望篇：王文平负责。其中，第十八章由王文平撰写；第十九章由张义忠撰写；第二十章由王文平撰写。

附录部分：由李赜负责整理。

全书的编纂与编稿由何颖、曹方负责。在本书的编写过程中，得到了范书建、常利民、王锐、安平、黄先琼、孙星、刘戎骄、韦东远、王理、王刚波等领导和专家的帮助，对此我们深表感谢。

本书客观翔实地反映中国工业技术创新的最新动向、特点与趋势，研究人员尽可能多地收集分析了大量国内外最新一手资料，希冀通过本书，读者可以从不同角度领略中国工业技术创新的魅力和风采。

同时，由于时间仓促，难免有疏漏和不妥之处，欢迎并期盼各界专家、学者提出宝贵意见和建议，促进我们进一步提高研究水平，让《2015—2016年中国工业技术创新发展蓝皮书》逐渐成为客观记录与全面反映我国工业技术创新领域前进步伐的精品专著。

# 思想，还是思想
## 才使我们与众不同

《赛迪专报》            《两化融合研究》      《财经研究》
《赛迪译丛》            《互联网研究》        《装备工业研究》
《赛迪智库·软科学》      《网络空间研究》      《消费品工业研究》
《赛迪智库·国际观察》    《电子信息产业研究》  《工业节能与环保研究》
《赛迪智库·前瞻》        《软件与信息服务研究》 《安全产业研究》
《赛迪智库·视点》        《工业和信息化研究》  《产业政策研究》
《赛迪智库·动向》        《工业经济研究》      《中小企业研究》
《赛迪智库·案例》        《工业科技研究》      《无线电管理研究》
《赛迪智库·数据》        《世界工业研究》      《集成电路研究》
《智说新论》            《原材料工业研究》    《政策法规研究》
《书说新语》                                《军民结合研究》

编 辑 部：赛迪工业和信息化研究院
通讯地址：北京市海淀区万寿路27号院8号楼12层
邮政编码：100846
联 系 人：刘颖  董凯
联系电话：010-68200552 13701304215
         010-68207922 18701325686
传    真：0086-10-68209616
网    址：www.ccidwise.com
电子邮件：liuying@ccidthinktank.com

面向政府　服务决策

# 研究，还是研究
## 才使我们见微知著

| | | |
|---|---|---|
| 信息化研究中心 | 工业化研究中心 | 规划研究所 |
| 电子信息产业研究所 | 工业经济研究所 | 产业政策研究所 |
| 软件产业研究所 | 工业科技研究所 | 军民结合研究所 |
| 网络空间研究所 | 装备工业研究所 | 中小企业研究所 |
| 无线电管理研究所 | 消费品工业研究所 | 政策法规研究所 |
| 互联网研究所 | 原材料工业研究所 | 世界工业研究所 |
| 集成电路研究所 | 工业节能与环保研究所 | 安全产业研究所 |

编 辑 部：赛迪工业和信息化研究院
通讯地址：北京市海淀区万寿路27号院8号楼12层
邮政编码：100846
联 系 人：刘颖　董凯
联系电话：010-68200552 13701304215
　　　　　010-68207922 18701325686
传　　真：0086-10-68209616
网　　址：www.ccidwise.com
电子邮件：liuying@ccidthinktank.com